中韩翻译教程
（第二版）

张 敏　[韩]金宣希　编著

图书在版编目(CIP)数据

中韩翻译教程(第二版)/张敏,(韩)金宣希编著. — 2版. —北京:北京大学出版社,2013.7
(21世纪韩国语系列教材·翻译系列)
ISBN 978-7-301-21964-5

Ⅰ.中… Ⅱ.①张…②金… Ⅲ.朝鲜语-翻译-高等学校-教材 Ⅳ.H555.9

中国版本图书馆CIP数据核字(2013)第012119号

书　　　　名:	中韩翻译教程(第二版)
著作责任者:	张　敏　[韩]金宣希　编著
组 稿 编 辑:	张　娜
责 任 编 辑:	张　娜　flowin@163.com
标 准 书 号:	ISBN 978-7-301-21964-5/H·3236
出 版 发 行:	北京大学出版社
地　　　　址:	北京市海淀区成府路205号　100871
网　　　　址:	http://www.pup.cn　新浪官方微博:@北京大学出版社
电 子 信 箱:	zbing@pup.pku.edu.cn
电　　　　话:	邮购部 62752015　发行部 62750672　编辑部 62754382　出版部 62754962
印 刷 者:	三河市博文印刷有限公司
经 销 者:	新华书店
	787毫米×1092毫米　16开本　26.5印张　550千字
	2005年8月第1版
	2013年7月第2版　2023年1月第9次印刷
定　　　　价:	78.00元

未经许可,不得以任何方式复制或抄袭本书之部分或全部内容。
版权所有,侵权必究
举报电话:010-62752024　电子信箱:fd@pup.pku.edu.cn

前言

《中韩翻译教程》是"普通高等教育'十一五'国家级规划教材",2006年被评为北京高等教育精品教材。该教材自2005年正式出版以来,已被国内外的几十所大学韩国语系选为翻译必修课的教材使用。为了进一步提高韩国语翻译的教学水平,满足学习者的要求,编者根据各校师生提出的建议,在原教材基础上进行了调整和修订,使新修订版得以出版问世。新修订的主要内容如下:

1. 将原教材的18课缩减为16课。删除了原来重复的课文,如"新闻报道"等。本着循序渐进的教学法,按照翻译的难易度对各课顺序进行了重新调整,用以满足各校各学期的课时和课程进度安排。

2. 将原教材每课8个部分的内容集中在6个部分完成(0.1 课文范文; 0.2 正误辨析; 0.3 翻译知识; 0.4 翻译练习; 0.5 翻译作业; 0.6 参考资料),便于教师突出重点,开展教学。

3. 重新编写了练习题部分,使练习题与各课讲授的翻译知识要点及课文题材紧密衔接,增加了应用性和趣味性,每课的最后部分新增加了相关翻译资料,有助于学生自学并理解各课类型翻译的要求。

编者在修订教材时,特别注意保留原教材的特点,即翻译理论与实践的紧密结合,翻译技巧与课文练习的自然融会,翻译应用与外语教学的合理接轨。各课内容的设计、教案的编写、资料的选择、翻译知识的教授、翻译体裁的安排、翻译质量的评估等,均按照教学大纲的要求,方便教师授课,开展多样性教学活动。

教材中的课文、作业、练习题所选用文章的内容与形式规范、经典、多样,涉及韩国社会生活、政治文化、经贸商业、新闻等方方面面。课容量大,信息量足,可以满足不同层次学生的学习要求。附录中有一般词典不易查找的最新词汇信息,如现代流行韩国语、网络语言等。通过本教程的讲解讨论、实践练习、总结归纳,可以使学生迅速掌握中韩翻译的一般规律与技巧,达到大学教学大纲中所要求的韩国语翻译水平。

本教材也适用于选修高等学校韩国语专业翻译课的学生以及立志自学成才的读者学习使用。希望新版《中韩翻译教程》为各位仁人志士持续提供21世纪"汉流"与"韩流"文化交流的新能源。

编 者
2013年1月1日

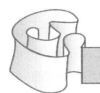

目 录

- **第1课　简历** ·· 1
  - 1.1　**课文范文** ·· 1
  - 1.2　**正误评析** ·· 5
  - 1.3　**翻译知识** ·· 14
    - ◎ 简历的文体特征　　◎ 韩国语外来语标记法
    - ◎ 公司名称及企业领导职务翻译技巧　　◎ 翻译五项原则
  - 1.4　**翻译练习** ·· 23
  - 1.5　**翻译作业**　个人简历 ·· 26
  - 1.6　**参考资料**　(1) 개인 약력 ·· 28
    - (2) 연예인 약력 ······································· 28

- **第2课　请柬** ·· 30
  - 2.1　**课文范文** ·· 30
  - 2.2　**正误评析** ·· 32
  - 2.3　**翻译知识** ·· 39
    - ◎ 邀请函的内容与文体特征　　◎ 国际会议名称的翻译
    - ◎ 近义词翻译辨析讲解
  - 2.4　**翻译练习** ·· 45
  - 2.5　**翻译作业**　世界卫生纸中国展览会参展邀请函 ············· 50
  - 2.6　**参考资料**　(1) "디지털 콘텐츠와 저작권" 국제학술세미나 ······ 51
    - (2) 레노버 아이디어패드 신제품 발표회 ············· 52

- **第3课　祝辞** ·· 54
  - 3.1　**课文范文** ·· 54
  - 3.2　**正误评析** ·· 57
  - 3.3　**翻译知识** ·· 65
    - ◎ 讲话文体的特点　　◎ 讲话中的套话
    - ◎ 政府部门及国家机构的翻译
  - 3.4　**翻译练习** ·· 69

3.5	翻译作业	中韩技术展暨洽谈会致辞	72
3.6	参考资料	(1) 북경 한국상품전시회 개막식 축사	73
		(2) 무역상담회 개막식 축사	74

第 4 课　讲话 ··· 75

4.1	课文范文		75
4.2	正误评析		78
4.3	翻译知识		87

　　◎ 汉字词翻译难点(1)　　◎ 词典的局限性
　　◎ 国际组织机构名称翻译

4.4	翻译练习		91
4.5	翻译作业	在河北省贸促会招待会上的致词	94
4.6	参考资料	(1) 환영 만찬사	95
		(2) 리셉션 환영사	96

第 5 课　致词 ··· 97

5.1	课文范文		97
5.2	正误评析		101
5.3	翻译知识		111

　　◎ 展览会名称翻译　　◎ 高科技领域专业术语　　◎ 冒号的翻译
　　◎ 祝福语的翻译

5.4	翻译练习		116
5.5	翻译作业	在欢迎韩国釜山市议会代表团宴会上的讲话	118
5.6	参考资料	(1) 환영사	119
		(2) 오찬사	119
		(3) 환송사	120

第 6 课　新闻 ··· 121

6.1	课文范文		121
6.2	正误评析		123
6.3	翻译知识		129

　　◎ 新闻报道翻译技巧详解　　◎ 句子结构转换法
　　◎ "数量"与"质量"的翻译

6.4	翻译练习		135
6.5	翻译作业	上半年国民经济增长率约为 8 %	139
6.6	参考资料	(1) 新闻报道常用词 —— 신문 기사에 자주 등장하는 단어	140

　　　　(2) 전세계 디카 생산량 올해 4000만 대에서 내년　141
　　　　　　5500만 대로 증가
　　　　(3) 무섭게 떠오르는 중국 통신장비 업체 ············ 142

第 7 课　社论 ·· **144**
　7.1　课文范文 ·· 144
　7.2　正误评析 ·· 146
　7.3　翻译知识 ·· 154
　　　◎ 汉字词翻译难点(2)　◎ 分号的翻译及连接词的运用
　　　◎ 第一人称代词的省略
　7.4　翻译练习 ·· 160
　7.5　翻译作业　汉语国际化的契机 ·················· 163
　7.6　参考资料　기술혁신형 중소기업 ·············· 164

第 8 课　评论 ·· **166**
　8.1　课文范文 ·· 166
　8.2　正误评析 ·· 169
　8.3　翻译知识 ·· 177
　　　◎ 双宾语的翻译　◎ 翻译中的词性转换　◎ 宾语的转换翻译
　8.4　翻译练习 ·· 182
　8.5　翻译作业　中国农村青年状况分析 ············ 185
　8.6　参考资料　성장동력 키워야 일자리 는다 ···· 186

第 9 课　介绍 ·· **188**
　9.1　课文范文 ·· 188
　9.2　正误评析 ·· 192
　9.3　翻译知识 ·· 199
　　　◎ 叙述文的文体特点　◎ 汉字词翻译难点(3)
　　　◎ 发挥译者的编辑作用　◎ 直译与意译
　9.4　翻译练习 ·· 203
　9.5　翻译作业　北京外商投资企业协会 ············ 207
　9.6　参考资料　한국국제교류재단 ·················· 208

第 10 课　记叙文 ·· **209**
　10.1　课文范文 ·· 209
　10.2　正误评析 ·· 212

10.3 翻译知识 ··· 221
     ◎ 翻译前的准备工作　◎ 典型词语的翻译
10.4 翻译练习 ··· 224
10.5 翻译作业　奥林匹克运动会简介 ······································ 227
10.6 参考资料　창덕궁(昌德宮) ··· 228

第11课　论文 ··· 230
11.1 课文范文 ··· 230
11.2 正误评析 ··· 233
11.3 翻译知识 ··· 244
     ◎ 助词的省略　◎ 在词典中定夺词义的方法　◎ 间隔号的使用
11.4 翻译练习 ··· 249
11.5 翻译作业　中国信息产业的发展与展望 ······························ 251
11.6 参考资料　중국의 대약진 ··· 252

第12课　合同 ··· 254
12.1 课文范文 ··· 254
12.2 正误评析 ··· 260
12.3 翻译知识 ··· 270
     ◎ 合同的文体特征　◎ 合同的结构、常用术语及标点符号
12.4 翻译练习 ··· 273
12.5 翻译作业　设立中外合资企业合同 ···································· 276
12.6 参考资料　합작투자 계약서 ··· 279

第13课　法规 ··· 285
13.1 课文范文 ··· 285
13.2 正误评析 ··· 289
13.3 翻译知识 ··· 295
     ◎ 法令法规的文体特征　◎ 法律术语的定义和略称
     ◎ 法规的隔写法与汉字标记　◎ 单音节汉字词的翻译
13.4 翻译练习 ··· 298
13.5 翻译作业　中华人民共和国外资企业法实施细则 ················· 301
13.6 参考资料　외국인투자 촉진법 ··· 302

第14课　剧本 ··· 304
14.1 课文范文 ··· 304
14.2 正误评析 ··· 310

14.3　翻译知识 ··· 318
　　　◎ 影视翻译的特点　　◎ 电影片名的翻译
　　　◎ 饮食等文化名词的翻译　　◎ 人称代词的翻译
14.4　翻译练习 ··· 323
14.5　翻译作业　甜蜜蜜 ·· 325
14.6　参考资料　중국 영화제목 번역 유형 ······························· 328

第15课　小说 ·· 332
15.1　课文范文 ··· 332
15.2　正误评析 ··· 336
15.3　翻译知识 ··· 343
　　　◎ 文学作品的翻译特征　　◎ 使役态的翻译　　◎ 敬语阶称的翻译
15.4　翻译练习 ··· 349
15.5　翻译作业　许三观卖血记 ··· 353
15.6　参考资料　중국소설 번역 현황 ······································ 354

第16课　诗歌 ·· 356
16.1　课文范文 ··· 356
16.2　正误评析 ··· 357
16.3　翻译知识 ··· 361
　　　◎ 诗歌翻译难点与技巧　　◎ 诗歌的韵律
16.4　翻译练习 ··· 367
16.5　翻译作业　再别康桥 ··· 370
16.6　参考资料　(1) 서시 ·· 371
　　　　　　　　(2) 가을의 기도 ··· 372

附录1　中韩常用经贸术语 ··· 373
附录2　中韩IT、计算机术语 ·· 378
附录3　中国最佳企业名称 ··· 392
附录4　韩国100强企业名称 ··· 396
附录5　全球部分500强公司一览表 ·· 399
附录6　世界100所著名大学 ··· 404
附录7　汉语拼音与韩国语音节对照表(外来词标记法) ··············· 408

第1课 简历

1.1 课文范文

1.1.1 简历

个人简历

基本信息		
姓名：王倩	性别：女	出生日期：1990年8月10日
身高：165cm	籍贯：河北省	通信地址：北京大学学生宿舍5号楼302室
联系方式：6275-1111	手机：13912227777	电子邮件：wangqian66@163.com
教育背景		
2009.9—2013.6	北京大学外国语学院朝鲜(韩国)语言文化系	
2010.9—2013.6	北京大学中国经济研究中心经济学双学位	
	（主修课程：微观经济学、宏观经济学、区域经济学等）	
2011.7—2011.12	韩国大学国际教育院高级韩国语进修	
获奖情况		
2009年1月	高三时被评为市级三好学生	
2008年12月	在北京市第二十届中学生高中英语竞赛中获"预赛优秀奖"	
实践经历		
2012.3—2012.10	担任北大科技园总经理随行翻译，协助公司整理韩方商务资料和商务信函	
2011.2—2011.6	曾作为北京大学学生会文体部成员，参与组织"北大毕业生晚会"，负责晚会舞台监督工作	
个人特长		
熟练掌握Word、Excel、PowerPoint等常用Office软件		
韩语精通、英语熟练		

1.1.2 词汇注释

简历 —— 이력서(履歷書), 약력(略歷)
信息 —— 정보(情報)
出生日期 —— 생년월일
籍贯 —— 본적
联系方式 —— 연락처
手机 —— 핸드폰, 휴대폰, 휴대전화
电子邮件 —— 이메일(E-mail), 전자우편
教育背景 —— 학력
学院 —— 단과대학, 대학
中心 —— 센터(center), 중심
双学位 —— 복수전공 학위
主修课程 —— 주요 이수(履修)과목, 전공 과목, 전공 수업
微观 —— 미시(微視)
宏观 —— 거시(巨視)
区域 —— 지역
进修 —— 연수
获奖 —— 수상(하다)

被评为 —— ~로 선정되다
届 —— 회(回), 차(次)
竞赛 —— 경시대회
预赛 —— 예선
担任 —— 담당하다, 맡다
科技园 —— 사이언스파크(science park)
总经理 —— 대표이사, CEO, 부장 ☞1.3.4 번역상식 참조
随行 —— 수행(하다)
翻译 —— 번역, 통역, 통역사(=통역)
商务 —— 비즈니스
文体部 —— 문화체육부
成员 —— 일원, 구성원, 회원
组织 —— 구성하다, 모집하다, 조직하다
个人特长 —— 특기
熟练 —— 능숙, 숙달
掌握 —— 익숙, 가능

1.1.3 参考译文

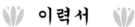

(신상 정보 - 생략)

성명: 왕천(王倩) 或 왕첸(王倩) 或 왕첸(Wang, Qian)
성별: 여
생년월일: 1990년 8월 10일
키: 165cm
본적: 하북성(或 허베이성)
현주소: 북경대학교 학생기숙사 5호동 302호(北京大學學生宿舍5號樓302室)
전화번호(집인 경우:자택 전화번호): 6275-1111
휴대폰(핸드폰): 13912227777
이메일(E-mail):wangqian66@163.com

학력 사항

2009.9 — 2013.6 　북경대학교 외국어대학 한국(언)어문화학과
2010.9 — 2013.6 　북경대학교 중국경제연구센터 경제학 복수전공
　　　　　　　　　　(전공 이수과목 : 미시경제학, 거시경제학, 지역경제학 등)
2011.7 — 2011.12 　한국대학교 국제교육원 한국어 고급과정 연수

경력 사항

수상 경력
2009.1   고3 재학시 북경시 三好(德·智·体 우수) 학생으로 선정
2008.12 "제20회 북경시 중·고등학교 영어경시대회" 고등부(고등학생 부문) 예선 우
　　　　수상 수상

기타 경력
2012.3 — 2012.10 북경대학교 사이언스파크(Peking University Science Park) 대표
　　　　　　　　　수행통역 담당, 한국 관련 자료 및 서신 정리
2011.2 — 2011.6   북경대학교 학생회 문화체육부(文體部) 임원(회원)으로 "북경대
　　　　　　　　　학교 졸업생의 밤(졸업생 환송회)" 행사의 무대 감독 담당

특기 사항

상용 오피스 프로그램(워드, 엑셀, 파워포인트 등) 능숙

외국어 구사 능력
한국어 능통, 영어 능숙

1.1.4　履历

姓名：柳传志

　　江苏镇江人。1966年毕业于西安军事电讯工程学院(现西安电子科技大学),高级工程师,曾任联想控股有限公司董事长、联想集团有限公司董事局主席兼总裁、中华全国工商业联合会副主席,九届全国人大代表。曾在国防科工委和中科院计算所从事科学研究工作,1984年率11人投资20万元人民币,创办中科院计算所技术发展公司,1989年正式成立联想集团;1988年投资30万元港币合资创办香港联想电脑有限公司。1997年,两家公司整合统一为"联想集团有限公司"。柳传志作为公司的最高决策者和管理者,负责制定公司的长远发展战略,实现经营目标。目前,联想集团已经发展为国内最大的计算机产业集团,自行研制开发的电脑板卡达到世界先进水平,大量出口海外,成为世界五大板卡制造商之一。1998

年联想集团销售收入达176亿元人民币，名列全国电子百强第一名、全国高新技术百强第一名、全国计算机行业第一名，被评为全国优秀企业、国家120家试点大型企业集团之一。

1.1.5　词汇注释

曾任 —— (어떤 직책을)역임한 바 있다
集团 —— 그룹(group)
主席 —— 대표이사, CEO, 회장, 총재
计算所 —— 전산연구소
创办 —— 설립하다, 창립하다
港币 —— 홍콩 달러(HK$)
决策 —— 정책 결정
长远 —— 장기적이다
自行 —— 자체적으로, 각자, 직접
先进 —— 선진적인, 세계적(인), 선진국 수준의
销售收入 —— 매출액
百强 —— 100大
行业 —— 업종(業種)
试点 —— 시범
中科院 —— 중국과학원

董事 —— 이사
总裁 —— 대표이사, CEO
从事 —— (어떤 일에) 종사하다
成立 —— 설립하다
整合统一 —— 통합하다
制定 —— 수립하다
实现 —— 실현하다, 달성하다
板卡 —— 마더보드(mother board)・카드, 통합 칩셋 메인보드(통합보드)
制造商 —— 제조업체, 제조사
达 —— (~에)달하다, 이르다
高新技术 —— 하이테크(hi-tech), 첨단 기술
国防科工委 —— 국방과학기술공업위원회
全国人大 —— 전국인민대표대회(의회에 해당)

1.1.6　参考译文

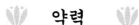

약력

성명: 류촨즈(柳傳志) 或 류촨즈(Liu, Chuanzhi) 或 유전지(柳傳志)

　　강소성(江蘇省) 진강시(鎭江市) 출생, 1966년 西安軍事電訊工程學院(現 서안전자과학대학교 전신) 졸업, 책임 기술자(시니어 엔지니어).

　　레전드홀딩스(Legend Holdings) 회장 및 레노버그룹(Lenovo Group, 聯想集團有限公司) 이사회 이사장 겸 CEO 역임, 중화전국공상업연합회(中華全國工商業聯合會) 부회장, 제9기 전국인민대표대회(全國人民代表大會:의회에 해당) 대표 역임.

　　국방과학기술공업위원회와 중국과학원 전산연구소에서 연구원으로 근무하였으며, 1984년 11명을 이끌고 20만 위안(약 31,500달러)을 투자하여 중국과학원전산기술연구소기술발전공사(中科院計算所技術發展公司)를 설립하였고, 1989년에는 레노버를 정식으로 설립하였다. 1988년 30만 홍콩달러(약 38,600달러)로 홍콩레노버컴퓨터유한공사(香港聯想電腦有限公司)를 합자 설립하였다. 그 후 1997년 두 회사를 "레노버그룹(聯想集團有限公司)"으로 통합하고, 류촨즈는 회사의 최고 정책결정권자 및 관리자로서 회사의 장기 성장전략 수립과 경영목표 달성을 책임지고 그룹을 이끌었다.

현재 레노버그룹은 컴퓨터산업 분야 중국 최대의 그룹으로 성장하였다. 특히, 자체 연구·개발한 세계적인 수준의 컴퓨터 마더보드·카드는 해외로 대량 수출되어, 레노버그룹은 세계 5大 마더보드·카드 제조업체 중 하나로 부상하였다. 1998년 레노버그룹의 매출액은 176억 위안(약 27억 9천만 달러)에 달했고, 전자분야 전국 100大 우수기업 1위, 전국 100大 첨단기술분야 기업 1위, 전국 컴퓨터업계 1위를 차지하여, 전국 우수기업 및 중국(국가) 120개 시범 (대)기업 중 하나로 선정되었다.

1.2 正误评析

❶ 2009年1月 高三时被评为市级三好学生。 2008年12月在北京市第二十届中学生高中英语竞赛中获"预赛优秀奖"。

错误翻译:
(A) 2009년 1월 고등학교 삼학년 때 북경시 시급 삼호학생 평정되었다.
(B) 2008년 12월 북경 제20차 중학생 고등학생 영어 대회에서 "豫選優秀獎"을 받았다.

正确翻译:
2009.1 고3 재학 시 북경시 三好(德·智·体 우수) 학생으로 선정
2008.12 "제20회 북경시 중·고등학교 영어경시대회" 고등부(고등학생 부문) 예선 우수상 수상

正误评析:

◎ (A)는 한국인이 이해하기 어려운 번역이다. 한국어에 존재하지 않는 표현인 "市级"과 "三好学生"을 한국 한자독음으로 표기했고, 문맥상 의미를 추측하기가 어려운 "평정되었다"라는 표현을 사용했기 때문이다. "市级"은 '북경시가 선정했다'는 의미이므로 "북경시"로 번역해야 적절하다. 그리고 "三好学生"은 正确译文과 같이 한국인이 이해할 수 있도록 그 의미를 풀어서 표현해 주어야 한다.

◎ "高三时"를 구어에서는 "고등학교 3학년 때"로 표현하지만 이력서에서는 문어체가 사용되므로 "고 3 재학 시"로 번역해야 적절하다.(☞1.3.1 번역상식 참조)

◎ "竞赛"을 "대회"로 번역하는 것은 부적절하다. '많은 인원이 모여 실력을 겨루어 보는 큰 모임' 이라는 의미를 지닌 "경시대회"로 번역해야 적절하다.

◐ "예선 우수상"은 보통 명사이므로 굳이 한자로 표기해 줄 필요가 없다. 현재 한국에서는 한글 표기만으로는 의미를 이해하기 어려운 고유명사나 의미의 혼동을 줄 수 있는 단어인 경우에는 뒤에 한자를 병기하고, 그 외에는 한글로만 표기한다. 그리고 이력서는 간결하게 표현하는 특징을 지니고 있기 때문에 "예선 우수상 수상"과 같이 명사형으로 번역해야 적절하다.(☞1.3.1 번역상식 참조)

◐ "获"을 구어체인 "받다"로 번역하는 것은 부적절하다. 문어체인 "수상하다"를 사용해야 적절하다. 그리고 이력서는 간결하게 표현하는 특징을 가지므로 "수상"이라는 명사형으로 번역해야 적절하다.

❷ 担任北大科技园总经理随行翻译,协助公司整理韩方商务资料和商务信函。
错误翻译:
북경대 과학기술원 사장의 통역자를 담당하고(번역을 맡고), 회사를 협조해서 한국 방면의 상무자료와 상무편지를 정리했다.
正确翻译:
북경대학교 사이언스파크(Peking University Science Park) 대표 수행통역 담당, 한국 관련 자료 및 서신 정리
正误评析:

◐ "科技园"을 "과학기술원"으로 번역하는 것은 부적절하다. **첫째**, 한국인은 "과학기술원(科學技術院)"으로 오인하게 되어(예:한국과학기술원) "북경대"와 "과학기술원"의 의미 관계를 이해할 수 없게 된다. **둘째**, 北大科技园의 영문 명칭을 확인하지 않은 문제점을 보인다.(☞2.3.5 번역상식 참조)

◐ "总经理"를 "사장"으로 번역하는 것은 적절하지 않다. "科技园"은 일반적으로 영리 기업이 아니므로 "总经理"를 "사장"으로 번역하는 것은 부적절하다. 게다가 "사장"은 법정 호칭이 아니다. 여기서는 공기업이나 기관(단체)의 '최고 책임자'를 의미하는 "대표"로 번역하는 것이 적절하다.(☞1.3.4 번역상식 참조)

☞ [인터뷰 내용 중: 네집 아비다, 튀니지 테크노파크 대표]
"한국의 IT와 사이언스파크의 운영 경험을 배우고 싶습니다."

◐ "担任随行翻译"을 "통역자를 담당하고" 또는 "번역을 맡고"로 번역할 수 없다. **첫째**, "翻译"은 상황에 따라 "번역(笔译)", "통역(口译、译员)", "통역사(译员)"로 번역 가능하다. 여기서는 문맥 의미상 "통역(口译)"으로 번역해야 적절하다. **둘째**, "통역사"로 번역하면 동사 "담당하다"와 호응 관계가 이루어지지 않는다. "A를 담당하다"에서 A는 '역할'이나 '업무'의 성격을 지닌 단어라야 한다. 예:홍보 업무를 담당하다. **셋째**, "担任"은 이력서의 문체 특성상 명사형인 "담당"으로 번역해야 한다.(☞1.3.1 번역상식 참조)

◐ "协助公司"를 "회사를 협조해서"로 번역하는 것은 부적절하다. **첫째**, "협조하다"는

"-에 협조하다"로 호응되어 쓰이므로 "公司"를 "회사를"으로 번역할 수 없다. (☞8.3.3 번역상식 참조) **둘째**, "협조하다"는 서로 대등한 관계(국가 對 국가, 회사 對 회사 등)일 때 주로 사용한다. 통역 업무를 맡은 이와 회사(기관)는 고용 관계로 보아야 하므로, 즉 회사와 대등한 관계로 볼 수 없어 "협조하다"라는 표현을 사용할 수 없다.

- "韩方"을 "한국 방면"으로 번역할 수 없다. 여기서 "方"은 "분야, 방면"을 의미하는 것이 아니라 '한국과 관련된' 또는 '한국측에서 발송해 온'을 의미한다. "方面"은 보통 "측", (측)면, 분야" 등으로 번역 가능하다. 참고로 한국어에서 "방면"은 "다방면에서"와 같은 일부 표현을 제외하고는, "시청(市政府) 방면" 등과 같이 주로 방향을 나타내는 단어와 같이 쓰인다.(☞2.6.2 "교통편" 관련 내용 참조)

- "商务信函"을 "상무편지"로 번역할 수 없다. **첫째**, "商务"를 "상무"로 번역하는 것은 부적절하다. 한국어에서는 국가 간의 상무관계를 제외하고는 일반적으로 "상무"라는 단어를 사용하지 않는다. "商务"는 보통 "비즈니스(business)"로 번역 가능하며(예:商务中心—비즈니스센터) "电子商务(전자상거래)"와 같이 "상거래"로 번역되는 경우도 있다. **둘째**, "信函"은 문어체인 "서신"으로 번역해야 적절하다.

- "整理"를 "정리했다"로 번역하는 것은 부적절하다. 이력서의 문체 특성상 동사형 대신 명사형인 "정리"로 번역해야 적절하다. 그리고 이력서에서는 일반적으로 과거시제로 표현하지 않는다.(☞1.3.1 번역상식 참조)

❸ 作为北大学生会文体部成员,参与组织"北大毕业生晚会",负责晚会舞台监督工作。

错误翻译:
북경대 학생회 <u>문체부에서</u> <u>직원</u>으로 "<u>졸업생 모임</u>"을 <u>조직해서</u> 무대의 감독을 <u>맡았다</u>.

正确翻译:
북경대학교 학생회 문화체육부(文體部) 임원(회원)으로 "북경대학교 졸업생의 밤(졸업생 환송회)" 행사의 무대 감독 담당

正误评析:
- "文体部"를 "문체부"로 표기하면 한국인이 이해하기 어려우므로 "문화체육부"로 풀어서 번역하는 것이 좋다. 이와 같은 약칭(简称)을 번역할 때에는 외국인이 이해하기 쉽도록 原 명칭으로 풀어서 옮겨야 적절하다.
- "成员"을 "직원"으로 번역할 수 없다. "직원"은 '직장에서 어떤 직무를 맡아 보는 사람'을 의미하므로 부적절하다. "成员"은 "회원, 일원, 구성원" 등으로 번역 가능한데(예: WTO成员-WTO 회원국) 여기서는 문맥적 의미를 고려하여 "회원" 또는 "임원(任员)"으로 번역 가능하다.
- "毕业生晚会"은 보통 "졸업생의 밤" 또는 "졸업생 환송회(의 밤)"로 표현한다.
  ☞ 三星电子赞助的"三星Anycall经典音乐<u>之夜</u>"获得圆满成功。

(翻译:삼성전자가 후원하는 "삼성Anycall 클래식음악의 밤" 성황리에 열려)

- "组织"을 "조직하다"로 번역 가능한 경우는 극히 드물다. "조직하다"는 '(고정적, 장기적으로) 어떤 단체나 기구를 조직하다'는 의미로 사용된다. 따라서 "조직하다"의 목적어는 "자원봉사단을 조직하다"와 같이 단체(기구) 명칭이라야 한다.(☞4.3.1 번역상식 참조) "组织"는 문맥적 의미에 따라 "모집·파견하다", "구성하다", "편성하다" 등으로 번역 가능하다. 그런데 여기서는 "组织"을 동사로 번역하면 한국어의 표현습관에 맞지 않기 때문에 생략하는 것이 좋지만, 굳이 직역하자면 "행사(를 준비하다)"로 번역해야 적절하다.

  ☞ 11월 열리는 주요 20개국(G20) 정상회의 준비를 위해 1년 전 G20준비위원회가 조직됐다.

- "负责"은 구어체인 "맡다"로 번역하는 것보다는 문어체인 "담당하다"의 명사 형인 "담당"으로 번역해야 적절하다.

❹ 江苏镇江人

错误翻译:

(A) 강소진강인   (B) 강소 진강 사람

正确翻译:

강소성(江蘇省) 진강시(鎭江市) 출생/출신

正误评析:

- (A)는 의미를 추측하기 조차 어려운 번역이고, 띄어쓰기를 하지 않아 "인"이 "人"을 의미하는지 조차 알기 힘들다.
- (B)는 아래의 몇 가지 이유로 인해 적절하지 않은 번역이다.
- "강소" 뒤에 "성(省)"을 덧붙여 주는 것이 좋다. 한자의 병기 없이 "강소"로만 표기하면 중국 지명을 잘 모르는 한국인은 "강소"와 "진강"이 어떤 의미 관계인지 이해하기 어렵다. 이 경우 "성(省)"을 덧붙이면 중국의 행정단위인 省의 하나로 쉽게 이해할 수 있어 문맥 이해에 큰 어려움을 느끼지 않을 것이다. "진강" 뒤에도 "시(市)"를 덧붙여 주면 省의 하위 행정단위로 쉽게 이해할 수 있다.
- "镇江人", "北京人" 등과 같은 표현 중 "人"은 "출생" 또는 "출신(笼统的说法,包括出生和成长)"으로 번역 가능하다. 단, 이력서에서는 통상적으로 "출생"으로 표현한다.

❺ 1966年毕业于西安军事电讯工程学院(现西安电子科技大学),高级工程师。

错误翻译:

1966년 서안 군사 전신 공정 학원(지금 서안전자과학대학)을 졸업하고, 고급 공정사.

正确翻译:

1966년 西安軍事電訊工程學院/西安군사전신공정대학(現 서안전자과학대학교 전신) 졸업, 책임 기술자(시니어 엔지니어).

正误评析:

- "学院"을 "학원"으로만 표기할 수 없다. "학원"은 "补习班"을 의미하므로 한글로만 표기할 경우 한국인은 이해하기가 어렵다. 따라서 고유명사인 학교명은 특별한 경우를 제외하고는 한글로 표기하되 필요하면 뒤에 한자를 병기해주거나, '단과대학(单科大学)에 해당'과 같이 역주(譯註)를 덧붙여줄 수 있다.(☞7.3.5 번역상식 참조) 만약 지면 제약으로 인해 한자를 병기할 수 없을 경우에는 차라리 "西安군사전신공정대학"으로 표기하는 것이 "학원"으로 표기하는 것보다 더 낫다. 그리고 학교 명칭은 고유명사이므로 正确翻译과 같이 모아써야 한다.

- "毕业于A"를 여기서 "A를 졸업하고"로 번역하는 것은 부적절하다. 본 텍스트와 같은 개인 약력(프로필)은 간결하게 표현하는 특징을 가지고 있는데다, 그 뒤의 "高级工程师"가 명사형이므로 문체의 통일감을 고려하여 "A 졸업"으로 번역하는 것이 좋다.

- "高级工程师"를 "고급 공정사"로 번역할 수 없다. "고급"은 "저급" 또는 "초급"과 대비되는 개념으로(예:고급 제품-저급 제품, 고급반-초급반), "고급 인력" 등과 같은 극히 일부 표현을 제외하고는 보통 무생물을 수식하는 관형어로 쓰인다. 예:고급 시계, 고급 레스토랑. "高級工程師"는 한국에서 업무 범위에 따라 "책임 기술자", "수석 기술자", "1급 기술자" 등으로 표현하는데, 여기에서는 직책이 불분명하므로 영어식 표현인 "시니어 엔지니어(senior engineer)"로 번역해도 무방하다.

❻ 曾任联想控股有限公司董事长、联想集团有限公司董事局主席兼总裁、中华全国工商业联合会副主席,九届全国人大代表。

错误翻译:

<u>과거 연상그룹유한회사 동사국 주석</u>과 총재를 겸임했으며, 중화전국공상연합회 <u>부주석</u>을 맡으며, <u>구기전국인대대표이다.</u>

正确翻译:

레전드홀딩스(Legend Holdings) 회장 및 레노버그룹(Lenovo Group, 聯想集團有限公司) 이사회 이사장 겸 CEO 역임, 중화전국공상업연합회(中華全國工商業聯合會) 부회장, 제9기 전국인민대표대회(全國人民代表大會:의회에 해당) 대표 역임

正误评析:

- "联想"은 "연상(聯想), 롄샹(聯想), 롄샹(Lenovo)" 등의 다양한 방식으로 옮길 수 있는데, 독자의 이해를 돕기위해 뒤에 한자나 영문을 병기하는 것이 좋다.(☞1.3.3 번역상식 참조) 그리고 "联想集团有限公司"는 지면의 제약이 있는 경우 "롄샹(聯想)그룹"

또는 "레노버(Lenovo)그룹"으로 번역하는 것이 일반적이지만 법인명을 정확히 표기할 필요가 있는 경우에는 "렌샹그룹유한주식회사"로 번역하거나 원명을 존중하여 "연상그룹유한공사(聯想集團有限公司)"로 번역할 수도 있다.(☞부록4 한국 100대 기업명 64번 참조)

- "主席", "副主席", "总裁" 등은 전부 한국 한자독음으로 번역할 수 없다. 참고로 한국의 직책 중에 "주석"이라는 단어는 존재하지 않는다.(☞1.3.4 번역상식 참조)
- "九届全国人大代表"는 "제9기 전국인민대표대회(의회에 해당) 대표"로 번역해야 적절하다. 한자 병기 없이 "전국인대대표"로 옮길 경우, "전국"과 "대표"는 한국인이 이해할 수 있지만 중간의 "인대"는 의미를 추측하기 어렵기 때문에 이 표현이 어떤 의미를 지니는지 이해하기가 거의 불가능하다. 사실 여기서는 역주를 덧붙이지 않으면 한자를 병기한다해도 "人大"의 정확한 의미를 모르는 한국인에게는 여전히 이해하기 어려운 번역이다.(☞7.3.5 번역상식 참조)

❼ 1984年率11人投资20万元人民币,创办中科院计算所技术发展公司,1989年正式成立联想集团;

错误翻译:
1984년 11명을 거느리고 인민폐 20만원을 투자했고, 중과원계산소기술발전회사를 창립했고, 1989년 연상그룹을 정식으로 창립했다.

正确翻译:
1984년 11명을 이끌고 20만 위안(약 31,500달러)을 투자하여 중국과학원전산기술연구소 기술발전공사(中科院計算所技術發展公司)를 설립하였고, 1989년에는 레노버를 정식으로 설립하였다.

正误评析:

- "率"을 "거느리다"로 번역하는 것은 부적절하다. "거느리다"는 '자기보다 낮은 신분의 사람을 데리고 행동하다'는 뜻을 가지고 있기 때문에 문맥상 부적절하다. 여기서는 "이끌고" 또는 "(동료 11명)과 함께"로 번역해야 적절하다.
- "20万元"은 "20만 위안" 또는 "20만元"으로 옮기고, 뒤에 "약 U$31,500(또는 약 31,500달러)"와 같이 한화(韓貨) 또는 달러로 환산한 대략적인 금액을 밝혀주는 것이 좋다. 독자의 이해를 돕기 위해 적정 선에서 정보를 제공하는 것 역시 번역사(번역자)의 역할 중 하나이다.(☞7.3.5 번역상식 참조)
- "中科院"은 "중국과학원"으로 풀어서 번역해야 한다. "한국과학기술원(KAIST)"이나 "한국과학기술연구원(KIST)"을 "한과원"으로 표현하지 않기 때문에 한국인들은 "중과원"의 의미를 이해하기 어렵다.
- "公司"를 "회사"로 번역할 수 없다. "○○○○주식회사" 또는 "○○○○지주회사" 등과 같은 정식 법인명을 제외하고는 구체적인 회사명 내의 "公司"를 "회사"로 번역하는

것은 부적절하다.(☞1.3.3 번역상식 참조)

❽ 1997年, 两家公司整合统一为"联想集团有限公司"。
错误翻译:
1997년 두 회사를 "연상그룹주식회사"로 통일했다.
正确翻译:
그 후 1997년 두 회사를 "레노버그룹"으로 통합하고(또는 통합했다)
正误评析:
- 시간 경과를 명확히 하고 문맥 흐름을 자연스럽게 만들어 주기 위해 "그 후"를 삽입하는 것이 좋다.
- "整合统一"을 "통일하다"로 번역할 수 없다. "통일하다"는 '나누어진 것들을 모아 하나의 완전한 것으로 만들다(예: 신라의 三國 통일)' 또는 '서로 다른 것들을 똑같이 되게 하다(예:의견 통일)'라는 의미를 지니고, "통합하다"는 '모두 합쳐서 하나로 만들다'라는 의미를 지닌다. 여기서는 '두 회사를 하나로 합치다'는 의미이므로 "통합하다"로 번역해야 옳다.

❾ 目前, 联想集团已经发展为国内最大的计算机产业集团, 自行研制开发的电脑板卡达到世界先进水平, 大量出口海外, 成为世界五大板卡制造商之一。
错误翻译:
현재 연상그룹은 벌써 국내 최대 컴퓨터 산업 그룹으로 발전했으며 컴퓨터를 연구제작하는 것은 세계 선진 수준에 달하고, 해외로 대량 수출하고, 세계 오대 제조상 중의 하나로 되었다.
正确翻译:
현재 레노버그룹은 컴퓨터산업 분야 중국 최대의 그룹으로 성장하였다. 특히 자체 연구·개발한 세계적인 수준의 컴퓨터 마더보드·카드는 해외로 대량 수출되어, 레노버그룹은 세계 5大 마더보드·카드 제조업체 중 하나로 부상하였다.
正误评析:
- "计算机产业集团"을 "컴퓨터 산업 그룹"으로 번역하는 것은 부적절하다. 이 문장에서 "集团"을 수식하는 문장성분은 "国内最大的 (중국 최대의)"이기 때문에 원문의 어순대로 1:1 대응 번역하여 "컴퓨터산업 그룹"으로 나열하면 호응 관계가 부적절하다. "计算机产业"과 "集团"은 문맥으로 볼 때 '레노버그룹이 컴퓨터 산업 분야에서 중국 최대의 그룹으로 성장했다'는 내용 중의 일부 문장성분이기 때문이다.
- "电脑板卡" 중 "板卡"를 번역에서 누락시키는 오류를 범했다. "板卡" 등과 같은 전문 용어는 인터넷 검색을 통해 정확한 용어로 번역하는 것이 번역자의 올바른 자세이다. (☞2.3.5 번역상식 참조)

☞板卡: 마더보드(mother board)·각종 카드, 통합 칩셋 메인보드(통합보드)

◉ "研制开发"을 "연구제작"으로 번역하는 것은 부적절하다. **첫째**, 한국에서는 "연구·개발"이라는 표현을 사용한다. **둘째**, "自行"에 대한 번역이 누락되어 있다. "自行"은 "자체적으로, 각자, 직접" 등으로 번역 가능하다.(☞2.6 연습문제 참조) 여기서 "自行"은 의미상 "자체(적으로)" 또는 "독자적으로"로 번역해야 적절하다.

◉ "达到世界先进水平"을 "세계 선진 수준에 달하고"로 번역하는 것은 부적절하다. **첫째**, "세계(적인) 수준/세계적 수준" 또는 "선진국 수준"이라는 표현을 주로 쓴다. **둘째**, "达到"는 "달하다"로 번역하는 것보다 "도달하다" 또는 "이르다"로 번역하는 것이 좋다. 한국어에서는 "A 수준에 이르다(도달하다)" 또는 "A 수준을 자랑하다"라는 표현을 주로 쓴다.

◉ "出口"를 능동형인 "수출하다"로 번역하는 것은 부적절하다. 능동형으로 번역할 경우 "수출하다"의 주어는 레노버그룹으로 볼 수 있는데, 번역문에서 바로 앞의 주어(컴퓨터 마더보드·카드)가 레노버그룹이 아니기 때문에 주어와 동사의 호응 관계가 어색하다. 따라서 "电脑板卡"를 "大量出口海外"의 주어로 삼아 피동형인 "수출되고"로 번역해야 적절하다.

◉ "五大"처럼 순위를 나타내는 서수는 "5大"와 같이 아라비아 숫자로 표기해야 한다. 예:1위, 2위, 3위.

◉ "成为A之一"을 "A 중 하나로(옳은 표현:하나가) 되었다"로 번역하는 것은 부적절하다. "A가 되다"는 A의 성질, 신분의 변화를 의미한다. 본 문장과 같이 구체적인 규모나 순위 등이 나오면서 발전했다는 것을 의미할 때는 "성장하다" 또는 "부상하다"로 번역해야 적절하다.(☞10.3.3 번역상식 참조)

❿ 1998年联想集团销售收入达176亿元人民币,名列全国电子百强第一名、全国高新技术百强第一名、全国计算机行业第一名,被评为全国优秀企业、国家120家试点大型企业集团之一。

错误翻译:
1998년 연상그룹 판매수입은 인민폐 176억 원에 달하며, 전국 전자 백강 중 일위이며, 전국 첨단기술 백강 중 일위이며, 전국 컴퓨터 업계 일위이다. 그리고 전국 우수한 기업, 중국(국가) 120개 시점 대형 기업그룹 중 하나로 평받았다.

正确翻译:
1998년 레노버그룹의 매출액은 176억 위안(약 27억9천만 달러)에 달했고, 전자 분야 전국 100大 우수기업 1위, 첨단기술분야 전국 100大 기업 1위, 컴퓨터업계 전국 1위를 차지하여, 전국 우수기업 및 중국(국가) 120개 시범 (대)기업 중 하나로 선정되었다.

正误评析：
- 错误翻译과 같이 두 문장으로 나누어 번역하는 것은 적절하지 않다. 두 문장으로 나누어 번역하려면 뒷 문장의 주어("레노버그룹")를 표현해주어야 한다. 正确译文과 같이 하나의 문장으로 연결하여 번역하는 것이 의미 전달상 효과적이다.
- "销售收入"을 "판매수입"으로 번역하는 것은 부적절하다. "收入"은 "수입" 또는 "소득"으로 번역 가능한데, "销售收入"은 한국어에서 "매출액(賣出額)"으로 표현한다.
- "达"을 "달하며"로 번역하는 것보다 "달하여"로 번역하는 것이 더 적절하다. 문맥상 앞뒤 문장이 병렬 관계가 아니기 때문이다.
- "①全国②A③百强④第一名"을 "①전국 ②A ③백강 중 ④일위"로 번역할 수 없다. "②A분야 ①전국 ③100대 우수기업 ④1위"로 번역해야 옳다. **첫째**, "百强"을 한국어에 존재하지 않는 표현인 "백강"으로 번역할 수 없다. "百强"은 "100대(100大)"로 표현한다.(☞부록4 참조) **둘째**, "전국(全国)"은 한국어의 문장성분 호응 관계를 고려하여 "100大 우수기업(百强)"의 앞으로 옮겨 번역해야 적절하다. **셋째**, 순위를 나타내는 서수는 "1위"와 같이 아라비아 숫자로 표기해야 한다. **넷째**, 문장 성분 "❷A"는 한국어의 표현 습관상 "A분야"로 번역해야 적절하다.
- "名列"를 "-이다"로 번역하는 것은 적절하지 않다. "名列", "位列" 등과 같은 동사 뒤에는 순위가 표현되므로, 순위와 호응될 수 있는 "(1위를) 차지하다/기록하다"로 번역해야 적절하다.
- "试点"은 "시범"으로 번역해야 적절하다. 예:시범 서비스, 시범 사업, 시범 운영 등.
- "被评为B"를 한국어에 존재하지 않는 표현인 "평받았다"로 번역할 수 없다. "A한(形容词) 평가를 받다" 또는 "(A한 평가를 받아) B로 선정되다"로 번역해야 적절하다.

1.3 翻译知识

1.3.1 简历的文体特征 —— 이력서 문체의 특징

이력서는 크게 양식형 이력서와 서술형 이력서로 나눌 수 있는데, 서식화되어 있는 양식형 이력서에 포함되는 내용은 어느 나라 이력서이건 대동소이하다. 서식화된 이력서에는 일반적으로 성명, 성별, 생년월일, 연락처, 학력사항, 경력사항(수상 경력, 직장 경력 등), 특기사항 등의 내용이 포함되는데, 한글 이력서에는 소속 정당(政治面貌), 민족 등의 항목은 포함되어 있지 않다.

서식화된 한글 이력서는 문장의 호흡이 긴 만연체를 사용하는 서술형 이력서와 달리 간결하게 명사형으로 끝마친다는 특징을 가지고 있다. 따라서 중국어 이력서에서 동사형으로 표현되는 내용을 한국어로 옮길 때에는 간결하게 명사형으로 번역해야 적절하며, 일반적으로 마침표를 사용하지 않는다.

☞ 熟练掌握 Word、Excel、PowerPoint 等常用 Office 软件。
错误翻译: Word, Excel, PowerPoint 등 Office 소프트웨어를 잘 이용할 수 있다.
正确译文: 상용 오피스 프로그램(워드, 엑셀, 파워포인트 등) 능숙

☞ 韩语精通、英语熟练。
错误翻译: 한국어에 정통한다. 영어에 능숙한다.
正确译文: 한국어 능통, 영어 능숙

☞ 担任北大科技园总经理随行翻译,协助公司整理韩方商务资料和商务信函。
错误翻译: 북경대 과학원 사장의 통역자가 담당하고, 회사를 협조해서 한국 방면의 상무자료와 상무편지를 정리했다.
正确译文: 북경대학 사이언스파크(Science Park) 대표 수행통역 담당, 한국 관련 자료 및 서신 정리

그리고 성명의 경우 한국의 양식형 이력서에는 일반적으로 한글 이름, 한자 이름, 영문 이름을 전부 기입하게 되어 있다. 양식형 이력서를 이용하지 않고 개인적으로 간단한 이력서를 작성하는 경우에 중국인은 다음과 같은 몇 가지 방식으로 이름을 표기할 수 있다. 다음 중 어느 표기 방식을 선택할 것인지는 서류를 심사하는 인사담당자 또는 면접관이 중국어를 알고 있는지 여부에 따라 달라진다.(☞ "외래어표기법"은 아래의 1.3.2 번역상식 참조)

① 왕천(王倩) - 한국 한자독음(한자 병기)
② 왕첸(王倩) - 외래어표기법으로 표기(한자 병기)
③ 왕첸(Wang, Qian) -외래어표기법으로 표기(한어병음)
④ 王倩(Wang, Qian) - 한자(한어병음)

언론 매체에서 중국인 이름을 표기할 때는 "한국 한자독음(한자 병기)" 또는 <외래어 표기법>에 따른 "중국어 한글 표기(한자 병기)" 방식을 주로 사용하지만 아래 예와 같이 좀 더 많은 정보를 제공하는 경우도 있다. 자세한 내용은 아래 번역상식 1.3.2의 (1)번 참조.
☞ 25일 방송된 MBC ' 우리 결혼했어요(电视节目名)'에서 티아라 효민이 중국의 인기 스타 부신박(푸신보 付辛博)과 한국에서 처음으로 만났다.

1.3.2 韩国语外来语标记法 —— 외래어 표기법(외국 인명, 지명 등의 표기)

1과에 등장한 인명인 "王倩"은 한글로 어떻게 적어야 옳은 것일까? 엄격한 의미에서 볼 때, "왕치엔"이나 "왕치앤"은 틀린 표기이고 "왕첸"이 바른 표기이다. 왜 후자가 바른 표기인지는 한국어 <외래어 표기법>과 관련이 있다.

외국의 인명, 지명 등과 같은 외래어를 한글로 적을 때는 <외래어 표기법>에 따라야 한다. 예를 들어 "咖啡厅"을 "까페"로 옮겼다면 이는 틀린 표기이다. 옳은 표기법은 "카페(café)"이다. 외래어 표기법에서는 초성에 된소리를 쓰지 않도록 규정하고 있기 때문이다. 그런데 일부 단어의 경우 외래어의 원어 발음이 외래어 표기법에서 규정한 표기법 발음과 차이가 나는 경우가 있어 2~3가지가 혼용되어 쓰이기도 한다. 위에서 예로 든 프랑스어 café의 실제 발음은 "카페"보다 "까페"에 더 가깝다. 이런 이유로 "까페"로 발음하는 사람이 더 많고 표기도 이렇게 하는 이들도 있다.

☞ 참고로 <외래어 표기법>의 기본 원칙은 다음과 같다.
　가.외래어는 국어의 현용 24자모만으로 적는다.
　나.외래어의 1음운은 원칙적으로 1기호로 적는다.
　다.받침에는 "ㄱ, ㄴ, ㄷ, ㄹ, ㅁ, ㅂ, ㅅ, ㅇ"만을 쓴다.
　라.파열음 표기에는 된소리를 쓰지 않는 것을 원칙으로 한다.(된소리: ㅆ, ㅉ, ㅃ)
　마.이미 굳어진 외래어는 관용을 존중하되, 그 범위와 용례는 따로 정한다.
　자세한 것은 국립국어원의 "외래어 표기 용례" 참조(www.korean.go.kr)

(1) 中国地名人名的翻译 —— 중국의 인명, 지명의 한글 표기

현재 한국의 신문이나 TV뉴스 등과 같은 공식 매체에 등장하는 중국어의 한글 표기는 대체적으로 <외래어 표기법>을 따르고 있으나, 영화 자막이나 각종 서적에 등장하는 중국어의 한글 표기법은 아직까지 완전히 통일되지 않고 있다. 번역자나 글쓴이에 따라 표기법이 약간씩 다르기 때문이다. 예를 들면 "毛泽东 — 마오쩌둥/마오쩌동/마오쩌뚱", "大连 — 다렌/다롄/다리엔" 등과 같이 표기가 제각각이어서 동일 인명이나 지명이 여러 가지 형태로 표기되고 있다.

국립국어원에서 확정한 "외래어 표기 용례"에는 "중국어의 한어병음 자모와 한글 대조표"를 통해 중국어의 한국말 기본 표기를 권장하고 있다. (☞ 부록 7 참조) 그렇지만 이 표기법은 언론인, 출판인, 편수관(編修官) 등이 참여하여 심의·확정한 것으로, 중국어학 분야를 연구하는 한국 학자들은 이 표기법에 대해 여러 가지 문제를 제기하고 있는 상황이다.

중국어의 한글 표기법과 관련한 정부안(政府案)에 앞으로 수정이 이루어질 지는 미지수이나 중한 번역시 중국어의 한글 표기는 <외래어 표기법>에 의거하여 옮기는 것이 바람직하다. 그리고 중국의 인명이나 지명 등과 같은 고유명사를 한국 한자독음으로 표기할 것인지 아니면 외래어 표기법에 따라 옮길 것인지는 글쓴이나 번역자가 텍스트 성격이나 시대성을 고려하여 결정하는 것이 바람직하다. 참고로 "孔子(공자)", "刘备(유비)", "曹操(조조)" 등과 같은 近代 이전의 인명은 한국 한자독음으로 이미 굳어져 사용되고 있다.

한국에서는 현재 한글 표기가 자리잡으면서 중국어를 한국 한자독음으로만 표기하고 그 뒤에 한자 표기를 병행하지 않아 독자의 이해를 더욱 어렵게 만들고 있다. 예를 들어 아래의 신문기사 중 "일대종사"가 무슨 의미인지 추측이 거의 불가능하다.

[2009.12.21 报道] 한류 스타 송혜교가 홍콩의 세계적인 영화감독 왕가위 감독의 신작 '일대종사'에 출연한다. '일대종사' 는 이소룡의 스승 엽문(葉問)의 일대기를 그린 영화로, 양조위가 엽문 역을 맡을 예정이다. 이외에도 장전, 장쯔이 등 중화권 톱스타들이 함께 출연한다.

(2) 外国地名人名的翻译 —— 외국의 인명, 지명의 한글 표기

외국의 인명, 지명 등과 같은 고유명사를 자국어로 옮길 때는 자국어의 발음체계에 부합되도록 옮기게 되어 있어 원어 발음과 차이가 생기는 경우도 많다. 특히 중국어(普通话)의 발음체계에서는 음역(音译)이라 할지라도 원어 발음과 차이가 많이 나는 경우가 적지 않다. 따라서 중국어로 옮겨진 외국의 인명, 지명 등을 한국어로 옮길 때는 반드시 인터넷 검색을 통해 해당 국가의 원어(영어, 프랑스어, 독일어 등)로 표기해주거나 한국에서 널리 통용되는 표기법으로 옮겨야 한다.

☞ 西门子公司
  错误翻译: 시먼즈회사
  正确译文: 지멘스(Siemens)
  说明: "西门子公司"를 중국어 발음에 근거해서 "시먼즈"로 적었다면 이는 잘못된 표기이다. 한국에서는 원어(독일어) 발음과 <외래어 표기법>에 의거하여 "지멘스"로 표기한다. "Siemens"와 같이 원어(영어, 불어, 독일어 등)로 직접 표기하지 않고 한국어로 표기할 때는 <외래어 표기법> 또는 널리 통용되는 표기법에 따라야 한다.

☞ 信息产业部部长吴基传和①阿尔卡特公司董事长兼首席执行官②谢瑞克签署了阿尔卡特收购上海贝尔股份的备忘录。
  正确译文: 우지촨(吳基傳) 信息産業部('정보통신부'에 해당) 장관과 서지 추룩(Serge Tchuruk) 알카텔 회장 겸 CEO는 알카텔社의 상하이벨 지분인수에 관한 양해각서(MOU)에 서명하였다.
  说明:
  ① "아얼카터"로 옮길 수 없다. "Alcatel사(社)"로 표기하거나 한국에서 통용되는 "알카텔(루슨트)"로 표기하는 것이 옳다.
  ② "시에뤠이커"로 표기하는 것은 부적절하다. 普通话의 발음체계에 맞도록 옮긴 외국인 이름을 중국어 발음에 의거하여 한글로 표기하는 것은 옳지 않다. 인터넷 검색을 통해 "서지 추룩/세르쥬 튀룩(Serge Tchuruk)"과 같이 한국어 표기법에 따라 옮기고 그 뒤에 원어(프랑스어)를 병기해 주는 것이 가장 이상적이며, 한국어 표기법을 찾을 수 없거나 지면의 제약을 받는 경우에는 "Serge Tchuruk"과 같이 원어를 그대로 표기해도 무방하다.(☞ 한국의 주요 포탈사이트 2.3.5 번역상식 참조)

☞ 日本前首相野田佳彦
  正确译文: 노다 요시히코(野田佳彦) 전 일본 총리

1.3.3　公司名称的翻译原则及注意事项 —— 기업 명칭 번역 시 주의사항

회사명을 번역할 때 고려해야 할 또는 주의해야 할 사항은 다음과 같다.
㉮ 중국 회사인지 외국계 기업(또는 다국적기업)인지를 먼저 고려해야 한다.
㉯ 법인기업의 법인 명칭을 명확히 밝히는 경우를 제외하고는 "A公司" 중의 "公司"는 번역에서 생략해야 적절하다. - 아래 (4)번 참조
㉰ 상기의 ㉯처럼 처리했을 경우, 여러 가지 이유(예:일반인들에게 많이 알려지지 않은 기업인 경우 등)로 독자가 기업명임을 알기 어렵다고 판단되는 경우에는 뒤에 "사

(社)"를 덧붙여 기업명임을 표시해 줄 수 있다. – 아래 (5)번 참조

(1) 跨国企业名称的翻译 —— 외국계 기업명(또는 다국적기업명)의 번역

중국에서는 외국계 회사명을 "索尼(中国)有限公司"처럼 음역하는 경우도 있고 "微软(中国)有限公司"처럼 의역하는 경우도 있다. 반면 한국에서는 소니, MS社처럼 주로 음역 방식을 택한다. 따라서 외국계 회사명을 한국어로 번역할 때는 반드시 인터넷 검색을 통해 한국에서 통용되는 회사명으로 옮겨야 하며, 한국어로 표기된 회사명을 검색해서 찾을 수 없는 경우에는 영문명으로 표기해야 적절하다.

☞ 上海通用汽车有限公司
　　错误翻译： 상해통용자동차유한공사
　　正确译文： 상하이GM/상해GM/上海GM
　　说明： 错误翻译과 같이 번역할 경우 한국인은 "通用"이 "GM(General Motors Corporation)"의 중국식 표현이라는 사실을 알지 못하기 때문에 상해에 소재하는 어느 중국 자동차회사로 오인할 수 밖에 없다.

　　跨国企业： 다국적기업(多國籍企業, multinational corporation)

(2) 中国公司名称的翻译 —— 중국 회사명의 번역

중국 회사명을 한국어로 번역할 때는 한국 한자독음으로 표기하는 방법(한자나 영문 병기)과 <외래어 표기법>에 의거하여 표기하는 방법(한자나 영문 병기) 중 하나를 택할 수 있다. 그런데 <외래어 표기법>의 "외래어 표기 용례"에서 권장하는 "중국어의 한어 병음 자모와 한글 대조표"의 표기법에 이의를 제기하고 이를 따르지 않는 학자들이나 번역가들도 있는 등 여러 가지 이유로 아래의 ③과 같이 <외래어 표기법>에 위배되는 표기법도 사용되고 있다.

☞ 联想集团有限公司
　　① 연상그룹(联想集团) 또는 연상(联想)그룹
　　② 롄샹그룹(联想集团) 또는 롄샹(联想)그룹
　　③ 리엔샹(联想)그룹/렌샹(联想)그룹 — 不规范的标记
　　④ 레노버그룹(Lenovo group) 또는 레노버(Lenovo)그룹
　　⑤ Lenovo group(联想集团) 또는 레노버그룹(联想集团)
　　⑥ 레노버그룹(Lenovo group, 联想集团有限公司)

이 중 어느 것이 가장 이상적이다라고 말하기는 어렵다. 독자가 어떤 정보를 원하는지에 따라 적합성 여부가 달라지기 때문이다. "联想"의 중국어 발음을 굳이 알 필요가 없

는 독자의 경우는 한국 한자독음으로 표기된 ①을 가장 쉽게 받아들일 것이고, 중국어 원음을 알 필요가 있는 독자의 경우는 ②와 ③이 적절하며(②가 옳은 표기법), 한자보다 영어에 더 익숙한 독자나 영문 회사명을 필요로 하는 독자의 경우는 ④가 더 적절하다. 영문 회사명과 중문 회사명을 모두 필요로 하는 경우에는 ⑤와 ⑥이 적절하다.

지면의 제약을 받는 신문기사의 경우에는 일반적으로 ①, ②, ④, ⑤의 우측 표기 방식을 채택하지만, 기사에서 기업명이 중요한 비중을 차지할 때는 ⑥과 같이 한글 표기, 영문 표기, 중문 표기를 모두 제공하는 경우도 있다.

☞ 신문기사 중 중국 기업명 표기의 실례
예1) 아이폰은 현재 공식적으로 중국 이동통신 2위 업체인 차이나유니콤(中國聯通)을 통해서만 개통할 수 있다. 그러나 시장에서는 올해 하반기 3위 업체인 차이나텔레콤(中國電信)도 애플과 계약을 맺을 것으로 보고 있다.
예2) 신한은행이 중국초상은행(中國招商銀行, China Merchants Bank)과 포괄적 업무제휴 협약을 체결했다고 15일 밝혔다.

(3) 韩国与中国公司名称标记方法 —— 한국과 중국의 회사명 표기법
한국에서는 "○○○○주식회사", "㈜○○○○", "○○○○㈜", "○○○○지주회사" 등과 같이 법인명(법인등록 회사명)을 정확하게 표기해야 하는 경우를 제외하고는 '주식회사'를 생략하고 앞쪽의 명칭(4글자가 가장 보편적)만 표기하는 것이 일반적이다. (☞ 부록4 한국 100대 기업명 참조)

☞ 정식 법인명으로 표기
삼성전자(주), ㈜SK, 신한금융지주회사, (주)코오롱
☞ 일반적인 표기
삼성전자, 현대자동차, LG화학, SK텔레콤, 대한항공, 롯데제과, 동부건설

이에 반해 중국의 회사명은 대체적으로 긴 편이다. 따라서 중국의 회사명이 4-6글자 이상일 경우, 한국인이 쉽게 이해할 수 있도록 의미 단위 중심으로 중간에 띄어쓰기를 하는 것도 고려해 볼 수 있다. 단, 회사명은 고유명사이므로 특별한 경우를 제외하고는 원칙적으로 모아써야 한다.

☞ 中科院计算所技术发展公司
错误翻译: 중과원 계산소 기술 발전 공사
正确译文: 중국과학원 전산연구소기술발전공사 (中科院計算所技術發展公司)
说明: 회사명은 고유명사이므로 모아쓰는 것이 원칙이다. 그렇지만 한국에는 이렇

게 긴 회사명이 거의 없기 때문에 한국인이 이해하기 쉽도록 의미 관계를 고려하여 띄어쓸 수도 있다. 단 뒤에 원명을 병기해주어야 한다.

☞ 中国国际海运集装箱(集团)有限公司
   正确译文: 중국국제해운컨테이너(그룹)유한공사 (中国国际海运集装箱〈集团〉有限公司)
   说明: "중국" 다음에 띄어쓰기를 할 경우, 회사명을 "국제해운컨테이너(그룹)유한공사"로 오인할 수 있기 때문에 뒤에 한자를 병기해주는 것이 바람직하다.

(4) **"A公司"的翻译** —— "A公司"의 번역
   "中科院计算所技术发展公司" 등과 같은 회사명 내의 "公司"를 "회사"로 번역하는 것은 적절하지 않다(위의 3번 참조). "(股份)有限公司" 등과 같은 정식 법인명을 "(유한)주식회사"로 옮기는 경우를 제외하고는 중국어 회사명에 포함된 "公司"는 번역에서 생략해야 자연스럽다. 만약 "公司"를 번역에서 생략할 경우 회사명으로 부적절하다고 판단될 때는 원명칭을 존중하여 "공사"로 번역하는 방법도 고려해 볼 수 있다. 예를 들어 "中科院计算所技术发展公司"에서 "公司"를 번역에서 생략할 경우 "--발전"으로 끝나므로 회사명으로는 부적절하며, 아래의 (5)번과 같이 뒤에 사(社)를 덧붙이는 방법도 적절하지 않다. 단, 한국어의 "공사"는 중국어의 "公司"와 다른 의미를 지니므로 주의해야 한다. 한국에서 "공사(公社)"는 공기업, 즉 정부 출자기관(政府出资的单位)을 의미한다.
   예: 한국전력공사, 한국가스공사, 농수산물유통공사.

(5) **公司名称与"社"的翻译** —— 회사명+社
   외국계 회사명에 업종(行业, 如: 电子、建设、航空、制药等)을 나타내는 표현이 포함되어 있지 않아 회사명임을 알기가 어려운 경우에는 독자들의 이해를 돕기 위해 "필립스社", "MS社(Micro Soft社)" 등과 같이 회사명 뒤에 "사(社)"를 덧붙여 주는 방법도 있다.

☞ 피터스 박사는 스탠퍼드대학교 경영대학원에서 석・박사 학위를 취득하고 맥킨지사에서 경영컨설턴트로 일했다. *맥킨지(麦肯锡公司)

☞ JMI는 국내 유일의 MS(Micro soft)社 AR(Authorized Replicator)기업이다. 'AR'은 정식복제를 의미한다.

☞ 올해 5월 미국 자동차품질조사 전문기관인 제이디 파워(J.D.Power)사의 신차품질 조사 결과, 현대자동차는 세계 최고 품질을 자랑하는 일본과 유럽의 도요타, BMW,

벤츠 뿐만 아니라 미국 빅3업체인 GM, 포드, 클라이슬러보다 우수한 평가를 받아 전 세계 자동차 업계의 주목을 받았다.

1.3.4　公司领导职务的翻译 —— "主席、总裁、总经理" 등의 직책 번역

主席、总裁、总经理 등과 같은 중국의 직책은 한국의 직책과 1:1 대응 관계가 성립하지 않아 번역에 어려움이 따른다.

☞ 国航总裁李家祥表示,国航将以优质服务为奥运贡献力量。
　说明： "总裁"를 "총재"로 번역하면 부적절하다.(아래 "총재" 관련 설명 참조)
　물론 번역문을 읽는 한국인들은 "총재"가 최고 책임자를 의미한다는 것을 짐작할 수는 있으나, 한국에서의 쓰임과 비교할 때 그 뜻이 명확하지 않기 때문이다.

일반적으로 "主席"은 "회장, 이사장, 총재, 의장, 위원장" 등으로 번역 가능하고, "总裁"는 "대표이사, CEO, 회장" 등으로 번역 가능하며, "总经理"는 "대표이사, 본부장, 부장(部门经理)"으로, "经理"는 "과장, 차장, 부장, 매니저(manager)" 등으로 번역 가능하다. 주의할 것은 한국에도 "경리(經理)"라는 직책이 있다는 점이다. '회사에서 회계나 급여(工资)에 관한 사무, 또는 그러한 사무를 보는 부서나 사람(会计)'을 말하는데, 통역이나 번역시 한국인에게 혼동을 주지 않도록 주의해야 한다. 그 외 "董事长"은 "이사장, 회장"으로, "主任"은 "센터장(中心主任), 최고 책임자" 등으로 번역 가능하다. 한국과 중국의 직책명 중 1:1 대응 관계를 보이는 경우는 드물기 때문에 번역시 신중을 기해야 한다.

☞ 한국의 사내 직책(서열순)
　社員(職員)→代理→課長/팀長(team長)→次長→部長(部门经理)→任員(理事→常務→專務→부사장→사장/CEO/대표이사)

☞ 직책과 직위의 차이
　예를 들어 홍길동이란 사람이 대리로 근무혁신 프로젝트팀의 팀장을 맡고 있다고 할 경우, 홍길동의 직위는 대리, 직책은 팀장.

▶ 최고경영자(最高經營者)/CEO(Chief Executive Officer): 미국 기업에서 처음 생긴 개념으로 기업의 최고 의사결정권자를 의미하는데, 한국에서는 보통 '대표이사'와 같은 뜻으로 쓰인다.
▶ 대표이사(代表理事): 주주총회의 결의 또는 이사회에서 선임되어 회사를 대표하는 이사, 보통 사장이라 일컫는다.

▶ 사장(社長, President): 법정 호칭이 아니므로 일부 기업에서는 이를 쓰지 않고 대표이사, 이사장 등의 명칭을 쓰기도 한다.
▶ 총재(總裁): 당파(黨派)나 단체 등과 같은 특수한 기관의 최고 의사결정권자를 의미한다. 예: 한국은행 총재, 대한적십자사 총재, 새누리당 총재 등.

1.3.5 翻译五项原则 —— 번역의 5가지 원칙

번역은 번역의 방향, 즉 출발어(译出语, Source language)와 도착어(译入语, Target language)의 관점으로 볼 때 외국어(A)에서 모국어(B)로 옮기는 A→B번역과 모국어(B)에서 외국어(A)로 옮기는 B→A 번역으로 나눌 수 있다.

중국 학생 입장에서 볼 때, 본 교재는 B→A(中→韩)번역에 해당한다. A→B 번역에서는 번역자가 모국어로 표현하므로 모국어가 가진 모든 가능성과 묘미를 살려 '언어미학적'인 측면까지 그 맛을 잘 살릴 수 있다. 반면 B→A 번역에서는 번역자가 알고 있는 어휘는 많지만 실제로 번역자가 자유자재로 활용할 수 있는 어휘는 한정되어 있다. 그렇다면 모국어로 번역할 때 확보할 수 있는 다양한 표현의 가능성과 감각이 외국어로 하는 번역의 경우 결여된다면 B→A번역 자체가 무의미한 것일까? 그렇지는 않다. B→A 번역이 가지는 한계에도 불구하고 현실적으로 한국어와 같은 소수언어(minority language)의 경우 B→A 번역이 차선책으로 불가피하기 때문이다. 하지만 B→A 번역의 경우에는 번역자가 가지는 내재적 한계가 분명히 존재하기 때문에 "완벽한 등가(等價) 찾기"는 불가능하다고 보아야 할 것이다.

이런 이유로 본 교재에서 제시된 错误翻译가 Rydning이 언급한 "수용할 만한 번역" 수준에 부합한다고 판단되는 경우에는 오류로 지적하지 않았다. 正确译文에서는 "수용할 만한 번역"보다 높은 수준, 즉 한국어를 모국어로 하는 번역자 수준(A→B 번역 수준)의 번역을 제시하여 비교해 볼 수 있도록 하였다.

그렇다면 어떤 번역이 좋은 번역이라고 할 수 있을까? 1540년 「좋은 번역을 하는 방법」이란 논문을 발표함으로써 처음으로 제대로 된 번역이론에 관한 글을 쓴 에티엔 돌레(Etienne Dolet)가 제시한 번역이론의 다섯 가지 원칙은 다음과 같다.

1. 원문의 내용을 잘 이해해야 한다.
2. 출발어와 도착어 지식이 뛰어나야 한다.
3. 단어를 일대일 대응식으로 그대로 옮겨놓아서는 안된다. 언어는 나름대로의 구조가 있으므로 단어와 단어, 행과 행, 문구와 문구를 대응시켜야 한다는 강박관념에서 벗어나야 한다.
4. 가능하다면 잘 쓰이지 않는 단어는 피하고 쉽게 이해할 수 있는 일상어를 써야 한다.
5. 웅변술을 본받아 머리 뿐만 아니라 듣는 귀도 만족할 수 있는 전체적인 조화를

이루는 문체를 쓰도록 해야 한다.

1.4　翻译练习

1.4.1　改错

❶ 2008年12月在北京市第二十届中学生高中英语竞赛中获"预赛优秀奖"。
2008년 12월 북경 제20차 중학생 고등학생 영어 대회에서 "豫選優秀獎"을 받았다.

❷ 担任北大科技园总经理随行翻译,协助公司整理韩方商务资料和商务信函。
북경대 과학원 사장의 통역자를 담당하고(번역을 맡고), 회사를 협조해서 한국 방면의 상무자료와 상무편지를 정리했다.

❸ 作为北京大学学生会文体部成员,参与组织"北大毕业生晚会",负责晚会舞台监督工作。
북경대 학생회 문체부에서 직원으로 "졸업생 모임"을 조직해서 무대의 감독을 맡았다.

❹ 1966年毕业于西安军事电讯工程学院,高级工程师。
1966년 서안 군사 전신 공정 학원을 졸업하고, 고급 공정사.

❺ 曾任联想集团有限公司董事局主席兼总裁、中华全国工商业联合会副主席,九届全国人大代表。
과거 연상그룹유한회사 동사국 주석과 총재를 겸임했으며, 중화전국공상연합회 부주석을 맡으며, 구기전국인대대표이다.

❻ 1984年率11人投资20万元人民币,创办中科院计算所技术发展公司,1989年正式成立联想集团。
1984년 11명을 거느리고 인민폐 20만 원을 투자했고, 중과원계산소기술발전회사를 창립했고, 1989년 연상그룹을 정식으로 창립했다.

❼ 1997年,两家公司合并为"联想集团有限公司"。
1997년 두 회사를 "연상그룹주식회사"로 통일했다.

❽ 目前,联想集团已经发展为国内最大的计算机产业集团,自行研制开发的电脑板卡达到世界先进水平,大量出口海外,成为世界五大板卡制造商之一。
현재 연상그룹은 벌써 국내 최대 컴퓨터 산업 그룹으로 발전했으며 컴퓨터 마더보드·카드를 연구제작하는 것은 세계 선진 수준에 달하고, 해외로 대량 수출하고 세계 오대 제조상 중의 하나로 되었다.

1.4.2 翻译句子

❶ 我来自我介绍一下,我叫林洁,来自四川省,家住九寨沟。我的家乡很美,那里俗称"中国的香格里拉"。

❷ 我是南开大学2011届毕业生,我的专业是地区经济学。

❸ 我性格开朗,乐于帮助别人。

❹ 我大学毕业,学习成绩优异,精通计算机,熟练掌握英语和韩国语两门外语。

❺ 我喜欢体育活动,经常去旅游。

❻ 我父亲是光明技术公司总裁,母亲在跨国公司工作。

❼ 我有半年实习经验,工作期间得到了领导和公司的认可和好评。

❽ 我非常希望能够到贵公司就职。
　——

❾ 首先非常感谢您在百忙之中翻阅我的求职材料!
　——

❿ 您认识人多,请您帮忙给我介绍一家大公司,我一定会努力工作的。
　——

1.4.3　翻译简历

❶　　　　　　　　　李汉生简历
1959年生于香港
1982年加入霍尼韦尔公司
1985年被派往中国内地工作
1987年加盟中国惠普
1992年任惠普信息产品部总经理
1996年出任中国惠普副总裁
1999年出任方正(香港)有限公司副总裁

❷　　　　　　　　　马云简历
　　中国企业家,浙江省杭州市人,阿里巴巴集团主要创始人之一。现任阿里巴巴集团主席和首席执行官,他是《福布斯》杂志创办50多年来成为封面人物的首位内地企业家,曾获选为未来全球领袖。除此之外,马云还担任中国雅虎董事局主席、杭州师范大学阿里巴巴商学院院长、华谊兄弟传媒集团董事等职务。

❸　　　　　　　　　林栋梁简历
　　清华大学工学硕士,曾任职于国务院发展研究中心发展预测部,从事经济政策研究;1992年至1993年间赴美国花旗银行访问工作;1993年至1995年间任北京华英投资咨询有限公司副总裁;1995年底加入美国太平洋技术风险投资基金(中国),现为IDG技术创业基金七位合伙人之一。

1.5 翻译作业

个人简历

姓名:李建国
性别:男
出生年月:1980年7月14日
联系方式:手机13901118888
E-mail:jianguo@163.com
目前工资水平:5000元(税前)
期望工资水平:6000元

教育背景:
2008.9—2012.6　东方大学韩国语系
　　　　　　　　经济系(双学位)
2009.9—2010.1　韩国首尔大学(国家教委公派留学生)
1994.9—1997.7　辽宁省沈阳市第二中学

个人特长:
熟练运用电脑办公软件(Word, Excel, PowerPoint)
了解及简单操作其他应用软件(Dreamweaver, Photoshop等)
掌握Internet的基本操作(资料查询、文件下载等)
韩语熟练(通过韩国语能力考试6级),会简单日语

工作经历:
2013.1—目前　　耐克体育用品有限公司
　　　　　　　　职位:市场总监
　　　　　　　　主要工作职责:
　　　　　　　　● 品牌的整体策划,推广
　　　　　　　　● 各分公司大型市场活动的计划及实施

2012.1—2013.1　燕京啤酒集团公司
　　　　　　　　职位:品牌推广部部长

主要工作职责:
- 组建及管理品牌推广部
- 长期产品市场策划
- 广告、促销管理

2009.4—2012.1　　好丽友食品有限公司
　　　　　　　　　职位:市场部经理
　　　　　　　　　主要工作职责:
- 长期产品市场策划
- 广告、促销管理
- 市场部人员管理

2003.4—2009.4　　中国旅行社总社
　　　　　　　　　职位:韩国部导游
　　　　　　　　　主要工作职责:
- 联络入境旅游团队
- 独立接待韩国来华旅游团队,进行全程陪同导游

单词提示:

工资 —— 급여, 월급, 샐러리(salary), 봉급(俸給), 임금(공장 근로자)
体育用品 —— 스포츠용품
市场总监 —— 마케팅부 부장
策划 —— 기획
分公司 —— 지사(支社)
组建 —— 설립하다
促销 —— 판촉(販促: '판매촉진'의 준말)
판촉 행사/판촉 사원/판촉 활동
外联导游 —— 아웃바인드 가이드
旅游团队 —— 관광팀
熟练 —— 능숙, 숙련
培训 —— 교육, 연수, 트레이닝
研讨会 —— 세미나(seminar) ☞2.3
번역상식 참조

国家公派留学生 —— 국비 장학생
工作经历 —— (근무)경력
职位 —— 직책, 직위 ☞ 1.3.4 참조
品牌 —— 브랜드, 상표
推广 —— 홍보, 보급
市场活动 —— 마케팅 이벤트 (marketing event)
入境 —— 입국
陪同 —— 동행하다
掌握 —— 능숙, 익숙
知名品牌 —— 유명 브랜드(brand)
分享 —— 공유
耐克 —— 나이키(Nike)
好丽友食品有限公司 —— ㈜오리온

1.6 参考资料

(1) 개인 약력

안철수(安哲秀, 1962년 2월 26일 ~) 의사, 프로그래머(电脑程序员), 벤처 사업가(创办IT企业)이자 대학 교수.

1986년 서울대학교 의과대학을 졸업한 후 동 대학원에서 의학 석·박사학위를 취득했고, 1990년에는 당시 최연소인 만 27세에 단국대학교 의과대학 학과장을 역임했다. 의대 재학 중에 컴퓨터에 관심을 갖게 됐고, 이후 대한민국 최초의 백신 프로그램인 V1, V2와 V3를 만들었다. 이후 7년간 의사 생활을 하면서 백신을 무료로 제작·배포했다.

1995년 2월엔 의대 학과장을 그만두고 안철수연구소를 설립해 백신 사업을 본격적으로(正式) 시작했다. 이후 2005년 3월까지 안철수연구소의 대표이사(总裁、总经理)로 재직했다.

이후에는 펜실베이니아 대학교 와튼스쿨에서 MBA를 취득한 뒤, KAIST 석좌교수로 임용됐다. 2011년에는 서울대학교로 자리를 옮겨 융합과학기술(整合技术)대학원장, 차세대(下一代)융합기술원장을 맡았다. 차세대융합기술원장 직은 2011년 10월 28일 사임했다.

(2) 연예인 약력

송혜교	탤런트, 영화배우
출생	1982년 2월 26일
나이	31세(만29세)
성별	여성
별자리	물고기자리
띠	개띠
혈액형	A형
가족	무남독녀
데뷔	1996년 CF '스마트' 모델
취미	수영
특기	피켜스케이팅, 수영, 피아노 연주
별명	딱따구리(말이 빨라서), 학교 또는 헥교(특이한 이름 때문)
성격	차분한 편
이상형	남자답게 생겼으면서도 다정다감하고 나만을 사랑해 주는 사람

죄우명　　　　　최고가 아닌 최선을 다하는 사람이 되자
매력포인트　　　맑고 투명한 눈, 도톰한 입술
좋아하는 음식　　부대찌개, 김치찌개, 순두부 등의 한식류, 햄버거, 아이스크림

학력 사항	경력 사항	수상 내역	DB제휴사 정보
2009.06	아시아 판다 친선대사		
2009.01	유튜브 심포니 오케스트라 아시아·태평양 지역 홍보대사		
~2003.04	제주국제자유도시 명예홍보대사		

第2课 请柬

2.1 课文范文

2.1.1 邀请函

　　_____先生：

　　由中国训诂学研究会主办,瑞安市文化局承办的"孙诒让研究国际研讨会"定于2012年11月19日举行,特邀请您出席会议,兹将与会具体事项告知如下：

　　一、会议地点：中国浙江瑞安市。

　　二、会议日期：2012年11月19日至11月22日。

　　三、报到时间：2012年11月18日。

　　四、报到地点：中国浙江瑞安市阳光假日大酒店(瑞安市阳光路8号)。

　　请在回执中填写抵达瑞安的航班或车次,如有变动,请于赴会前24小时告知会务组。尚不能确定航班或车次者,亦请于赴会前24小时,将赴会所乘航班或车次告知会务组,以便接站。联系电话：0577-5624111；传真：0577-5623111

　　五、会议费用：(1)赴瑞安市往返旅费自理。(2)会议期间食宿、交通费用由会议负责。(3)住宿标准为每两人一个标准间。如需单间住宿,所增加的费用自理。

　　六、回执请寄：中国浙江瑞安市文化局周OO收,邮编：325200

　　七、回执请在2012年10月15日前寄出。亦可用E-mail传至会务组。E-mail地址：zxj@bnu.edu.cn。

　　八、会议论文尚未寄出者,请将论文打印稿与电子版在2012年10月15日前发至会务组。(E-mail地址：zxj@bnu.edu.cn)。如未能及时寄出,请自行打印60份,并在报到时与电子版一并提交。

中国训诂学研究会 会长 OOO
2012年9月18日

2.1.2 词汇注释

邀请函 —— 초청장(招請狀)
承办 —— 주관하다
举行 —— 개최하다, 거행하다
出席 —— 참석하다
日期 —— 일시, 일자, 날짜
报到 —— 등록
航班 —— 항공 편명
会务组 —— 준비위원회, 사무국, 조직위원회
往返 —— 왕복
费用自理 —— 자비 부담
邮编 —— 우편번호

主办 —— 주최하다
研讨会 —— 심포지엄, 컨퍼런스, 학술대회 ☞2.3.2 번역상식 참조
地点 —— 장소
时间 —— 시간, 일시
回执 —— 회신, 답장
车次 —— 열차 번호
联系电话 —— 연락처
传真 —— 팩스(fax)
旅费 —— 여비(여행 비용)
食宿费用 —— 숙식 비용
自行 —— 자체적으로, 직접

2.1.3 参考译文

초청장

_____께:

①직역:중국훈고학연구회가 주최하고 서안시(瑞安市) 문화국이 주관하는 "孫詒讓 연구 국제학술대회"를 2012년 11월 19일 개최하오니, 부디 참석하셔서 자리를 빛내주시기 바랍니다. 자세한 사항은 아래와(다음과) 같습니다.
(☞제시: 일반적으로 일시, 장소 순)
 1. 장소: 중국 절강성(浙江省) 서안시(瑞安市)
 2. 일시(기간): 2012년 11월 19일-22일
 3. 등록 일시: 2012년 11월 18일
 ……
②의역:중국훈고학연구회가 주최하고 서안시(瑞安市) 문화국이 주관하는 "孫詒讓 연구 국제학술대회"를 아래와 같이 개최하오니, 부디 참석하셔서 자리를 빛내주시기 바랍니다. <아래>
 1. 일시: 2012년 11월 19일-22일
 2. 장소: 중국 절강성(浙江省) 서안시(瑞安市)
 3. 등록 일시: 2012년 11월 18일

4. 등록 장소: 中國 浙江省 瑞安市 陽光假日大酒店(Sunshine Holiday Hotel)
 (호텔 주소: 瑞安市 陽光路 8號)

참가신청서에 (도착) 항공(기) 편명 또는 열차번호를 기입하여 회신해 주시고, (혹시) 변동이 있으신 경우에는 학술대회 개최 24시간 전까지 학술대회 준비위원회(사무국)에 알려주시기 바랍니다. 아울러 항공(기) 편명 또는 열차번호가 아직 확정되지 않은 분들께서도 학술대회 개최 24시간 전까지 항공(기) 편명 또는 열차번호를 학술대회 준비위원회(사무국)에 알려주시면 공항이나 기차역으로 나가(마중을 나가) 안내해 드리겠습니다. (전화: 0577)562-4111, 팩스: 0577)562-3111)

5. 비용(경비)
 (1) 서안시(瑞安市)까지의 왕복 교통비는 자비 부담(본인 부담)
 (2) 학술대회 기간 동안의 숙식비, 교통비는 주최측에서 부담(지원)
 (3) 숙박 기준: 2인용 표준 객실. 1인용 객실을 희망할(원하는) 경우에는 추가(추가로 발생하는) 비용 본인 부담

6. 참가신청서 회신 주소: 中國 浙江省 瑞安市 文化局 周OO 수신 (우편번호: 325200)

7. 참가신청서는 2012년 10월 15일까지 도착되게 해 주시거나 이메일로 학술대회 준비위원회(사무국)로 보내주시기 바랍니다. E-mail: zxj@bnu.edu.cn

8. 아직까지 (발표)논문을 발송하시지 않은(못한) 분은 논문 출력본과 (전자)파일을 2012년 10월 15일까지 학술대회 준비위원회(사무국)로 보내주시기 바랍니다. (E-mail: zxj@bnu.edu.cn) 지정한 기일 내에 발송하시지 못한 분들은 60명 분의 출력본을 직접 준비하셔서 등록시 논문 (전자)파일과 함께 학술대회 준비위원회(사무국)에 제출해 주시기 바랍니다.

2012년 9월 18일
중국훈고학연구회 회장 OOO

2.2 正误评析

❶ 由中国训诂学研究会主办,瑞安市文化局承办的"孙诒让研究国际研讨会"定于2012年11月19日举行。

错误翻译:
중국 훈고학 연구회가 주최하고, 서안시 문화국이 인수받아 처리하는 손이양 연구국제토론회가 2012년 11월 19일 개최합니다.

正确翻译:

중국훈고학연구회가 주최하고 서안시(瑞安市) 문화국이 주관하는 "孫詒讓 연구 국제학술대회"를 2012년 11월 19일 개최하오니,

正误评析:

- "중국훈고학연구회(中国训诂学研究会)"는 고유명사이므로 모아써야 한다.
- "瑞安市"와 같은 지명을 한국어로 옮길 때는 "서안시"와 같이 한국 한자독음으로 표기하거나 외래어표기법에 의거하여 "뤠안시"와 같이 표기할 수 있다. 단, 전자의 방식을 택할 경우 "서안시(瑞安市)"처럼 한자를 병기해주는 것이 필요하다. 그렇지 않을 경우 정확한 지명을 알 수 없거나 西安 등과 같은 다른 도시로 오인할 수 있다. (☞1.3.2 번역상식 참조)
- "承办"은 일반적으로 "주관"으로 번역 가능하다.(☞2.3.3 번역상식 참조)
- "孙诒让"과 같은 近代史 시기 이전의 인물은 한국 한자독음으로 표기하고(한자가 쉬운 경우에는 바로 표기해도 무방), "胡锦涛"와 같은 현대 인물은 외래어표기법에 의거하여 "후진타오(胡錦濤)"로 표기하는 것이 일반적이다.(☞1.3.2 번역상식 참조)
- "研讨会"는 "심포지엄", "컨퍼런스" 등으로 번역 가능한데, 여기서는 "학술대회(학회)"로 번역해야 적절하다. "토론회"는 "학술대회"와 의미가 다르다. (☞2.5.2 번역상식 참조)
- "举行"을 능동형인 "개최하다"로 번역하려면 "研讨会"를 "학술대회를"과 같이 목적격으로 번역해야 옳다. 즉, "A가 B행사를 개최하다"로 번역해야 호응관계가 옳다. 그리고 "研讨会"를 주어로 번역할 경우에는 동사를 피동형인 "개최되다"로 번역해야 주어와 서술어의 호응 관계가 적절하다.

❷ 特邀请您出席会议,兹将与会具体事项告知如下:

错误翻译:

<u>특별히 선생님께서 출석하여</u> 주시기를 바랍니다. 구체적인 사항은 아래와 같습니다.

正确翻译:

부디 참석하셔서 자리를 빛내주시기 바랍니다. 자세한 사항은 아래와(다음과) 같습니다.

正误评析:

- "您"을 "선생님께서" 또는 "당신께서"로 번역할 수 없다. **첫째**, 한국에서는 초청장에 이와 유사한 내용을 표현할 때 통상적으로 2인칭을 생략한다. (☞2.6.1 참고자료 마지막 줄 참조) 게다가 이 학술대회의 참석 대상이 교육·연구 활동에 종사하는 이에게만 한정되는 것은 아니므로 "선생님께서"로 번역하는 것은 부적절하다. **둘째**, 한국어에서 "당신"은 극히 제한적으로 사용되며(부부간 사용, 3인칭으로 사용 등), 특별한 경우를 제외하고는 2인칭 대명사를 직접적으로 사용하지 않고 "성(성명)+ 직책"

으로 2인칭을 대신한다.
- ◉ "出席"을 "출석하다"으로 번역할 수 없다. "출석(하다)"은 수업/경찰/검찰/법원/국회 등과 같은 특정한 자리에 부름을 받고 참석하는 경우에 쓰이는데 의무적인 성격을 띤다. 예:법원에 출석하다, 증인으로 출석하다. 학술대회는 의무적으로 반드시 참석해야 하는 자리가 아니므로 "출석하다"로 번역할 수 없다.(☞4.3.1 번역상식 참조)
- ◉ "초청하다"라는 표현을 쓰려면 누가 초청하는 것인지 행위 주체를 밝혀주어야 한다. (예:정부 초청 장학생 선발) 한국어에서는 초청 받는 사람을 중심으로 하는 표현, 즉 "부디 참석하셔서(바쁘시더라도 꼭 참석하셔서) 자리를 빛내주시기 바랍니다" 등과 같은 표현을 주로 쓴다.(☞2.6.1 참고문헌 참조)

❸ 会议日期：2012年11月19日至11月22日。
错误翻译：
회의 날짜: 2012년 11월 19일-22일.
正确翻译：
일시(기간): 2012년 11월 19일-22일
正误评析：
- ◉ 원 텍스트에는 "一、会议地点, 二、会议期间 ……" 순으로 열거되어 있으나 번역문에서는 한국의 일반적인 초청장 형식에 맞게 "일시-장소" 순으로 조정하는 것이 바람직하다. 물론 중국의 초청장도 일반적으로는 일시, 장소 순으로 열거하지만, 간혹 본 텍스트와 같이 특수한 형식의 출발어 텍스트인 경우라도 도착어에서의 표현 습관에 부합하도록 내용을 재편집하는 것 또한 번역사의 역할 중 하나이다.(☞9.3.3 통역상식 참조)
- ◉ 초청장에 언급된 행사가 무엇인지 명확하므로 "会议"를 반복해서 번역하지 말고, "장소", "일시/일자" 등으로 간결하고 통일감 있게 번역하는 것이 좋다. 그리고 일시, 장소 등과 같은 항목 열거 시에는 마침표를 사용하지 않는다.(☞2.6 참고문헌 참조)
- ◉ "日期"를 구어체인 "날짜"로 번역하는 것보다는 "장소" 등과 통일감 있게 문어체인 "일시(日時)"로 번역하는 것이 더 적절하다.(☞2.6 참고문헌 참조) 일반적으로 하루 이상의 일정으로 개최되는 행사의 경우는 "기간"으로, 하루 일정의 행사의 경우에는 "일시(일자)"로 표현하지만, 하루 이상의 일정의 경우에도 "일시"로 표현하는 경우도 많다.

❹ 报到时间:2012年11月18日。
错误翻译:
도착 시간: 2012년 11월 18일.
正确翻译:
등록 일시: 2012년 11월 18일
正误评析:
- "报到"는 일반적으로 "등록"으로 번역 가능하다.(☞2.6.4 참고문헌 참조) "도착"은 "출발"의 반의어(反义词) 개념이므로 "报到"를 "도착"으로 번역할 수 없다.
- "11월 18일"은 "(구체적인) 일자"를 가리키므로 "시간"으로 번역할 수 없다. 한국어에서 "시간"은 구체적인 시각을 가리킨다. 그리고 일반적으로 초청장에서는 일시, 장소 등의 항목 뒤에 마침표를 사용하지 않으므로 11월 18일 뒤에 마침표를 사용하지 않는 것이 옳다.

❺ 报到地点:中国浙江瑞安市阳光假日大酒店
错误翻译:
도착 장소: 중국 절강 서안시 양광·가일대주점
正确翻译:
등록 장소: 중국 절강성(浙江省) 서안시(瑞安市) 陽光假日大酒店(Sunshine Holiday Hotel)
正误评析:
- 한자 병기 없이 "서안시"로만 표기하면 "西安"으로 오인하기 쉽다. 지명, 인명 등과 같은 고유명사를 한국 한자독음으로 표기할 때는 한자를 병기해 주는 것이 좋다.
- "假日"과 "大酒店"을 한국 한자독음인 "가일"과 "대주점"으로 옮기는 것은 부적절하다. 한국인이 이해할 수 있는 의미 단위가 아니기 때문이다. 한국인이 이해할 수 있는 **繁体字**로 바꿔서 표기해 주고 인터넷 검색 등을 통해 영문 호텔명을 병기하는 것이 바람직하다.(☞2.3.5 번역상식 참조)

❻ 请在回执中填写抵达瑞安的航班或车次,如有变动,请于赴会前24小时告知会务组。
错误翻译:
대답하실 때 瑞安에 오는 항공 편명이나 열차 번호를 쓰고, 변동이 있으면 회의 전 24시간 전에 회무조에게 알려주십시오.
正确翻译:
참가신청서에 (도착) 항공(기) 편명 또는 열차번호를 기입하여 회신해 주시고, (혹시) 변동이 있으신 경우에는 학술대회 개최 24시간 전까지 학술대회 준비위원회(사무국)에 알려주시기 바랍니다.

正误评析:

- "回执"는 일반적으로 "회신", "회신서"로 번역 가능한데, 여기서는 '학술대회 참석 여부를 알리는 것'을 의미하므로 문맥적 의미를 고려하여 "참가 신청서"로 번역하는 것이 적절하다.(☞9.3.4 번역상식 참조)
- "A(항공 편명)나 B(열차 번호)" 역시 선택을 나타내지만 구어체이므로 문어체인 "A 또는 B", "A 혹은 B"로 번역하는 것이 적절하다.
- "填写"와 "如有"를 구어체인 "쓰고", "-이 있으면"으로 번역하는 것은 부적절하다. 문어체인 "기입하다"와 "-ㄹ/-ㄴ 경우(境遇)"로 번역하는 것이 좋다.
- "赴会" 중 "会"를 "회의"로 번역하는 것은 부적절하다. 여기서 "会"는 "研讨会"를 의미하므로 통일감 있게 "학술대회"로 번역해야 옳다.
- "请告知会务组"를 "회무조에게 알려주십시오"로 번역하는 것은 부적절하다. **첫째**, "회무조"는 한국인이 이해할 수 없는 단어이다. 학술대회, 세미나 등과 같은 행사의 준비팀은 "준비위원회" 또는 "사무국"으로 표현한다. 예:올림픽 준비위원회. **둘째**, "A에게 알리다"에서 A는 단수 개체(사람)라야 한다. "학교(A)에 알리다"처럼 A가 단체, 집단, 회사인 경우에는 "-에게"가 아닌 "-에"로 써야 한다. **셋째**, "请告知"를 "알려주십시오"보다는 더 정중하고 완곡한 표현인 "알려주시기 바랍니다"로 번역하는 것이 더 적절하다.

❼ 尚不能确定航班或车次者,亦请于赴会前24小时,将赴会所乘航班或车次告知会务组,以便接站。

错误翻译:
선생님을 맞이하기 위하여 현재 항공 편명 또는 열차 번호를 확정하지 않은 사람도 세미나 개최 24시간 전까지 항공 편명 또는 열차번호를 세미나 준비위원회에 알려주십시오.

正确翻译:
아울러 항공(기) 편명 또는 열차번호가 아직 확정되지 않은 분들께서도 학술대회 개최 24시간 전까지 항공(기) 편명 또는 열차번호를 학술대회 준비위원회(사무국)에 알려주시면 공항이나 기차역으로 나가(마중을 나가) 안내해 드리겠습니다.

正误评析:

- 앞 문장과 이 문장을 이어주는 접속어를 삽입하여 문맥 흐름을 자연스럽게 연결해 주는 것이 좋다. 여기서는 '이와 함께'의 의미를 지니는 "아울러"를 삽입하여 문장 간의 연결 관계를 표현해주는 것이 좋다.
- "以便接站"을 "선생님을 맞이하기 위하여"로 번역할 수 없다. "마중을 나가 안내해 드리겠습니다" 또는 "공항(기차역)에서 등록장소로 안내해 드릴 수 있도록"으로 번역해야 적절하다.

- "……者,亦……"를 "사람도"로 번역하는 것은 적절하지 않다. "사람"은 경칭이 아니므로 "-분들"로 번역해야 적절하다. 그리고 "亦"는 구어체인 "(A)도"로 번역하는 것은 부적절하며 문어체인 "(A) 역시"로 번역해야 적절하다.

❽ (1)赴瑞安市往返旅费自理。(2)会议期间食宿、交通费用由会议负责。(3)住宿标准为每两人一个标准间。如需单间住宿,所增加的费用自理。

错误翻译:
(1) 서안시(瑞安市)에 가는 왕복 비용은 스스로 부담합니다.
(2) 회의 기간의 숙식, 교통비용은 회의가 책임집니다.
(3) 숙박 표준은 2인씩(두 사람마다) 표준방 하나. 단독 방이 필요하면 넘는 비용은 자기 부담.

正确翻译:
(1) 서안시(瑞安市)까지의 왕복 교통비는 자비 부담
(2) 학술대회 기간 동안의 숙식비, 교통비는 주최측에서 부담(지원)
(3) 숙박 기준: 2인용 표준 객실. 1인용 객실을 희망할(원하는) 경우에는 추가(추가로 발생하는) 비용 본인 부담

正误评析:
- "往返"은 "왕복"으로 옳게 번역했지만 "서안시에 가는"이라는 표현이 편도(单程)를 의미하기 때문에 앞뒤 내용이 논리적으로 맞지 않는다. 따라서 "서안시(瑞安市)까지의 왕복 교통비"로 번역해야 적절하다.
- "旅费"는 보통 "여비(여행 경비)"로 번역 가능하지만, 여기서는 문맥상 "교통비/교통비용(前者更常用)"을 의미하므로 "교통비"로 번역해도 무방하다. 참고로 일부 중한사전에서 "旅费"를 "노자(路资)"로 표기하고 있는데, 이 단어는 古語로 현재는 쓰이지 않는다.(☞4.3.2 번역상식 참조)
- "自理(비용을 스스로 부담하다)"는 보통 간결하게 "자비 부담"으로 표현한다. 그리고 여러 항목의 열거에서는 "부담해야 합니다"와 같이 서술형으로 번역하는 것보다 "부담"과 같이 간결하게 명사형으로 옮기는 것이 좋다.
- "由会议负责"을 비문법적인 표현인 "회의가 책임지다"로 번역할 수 없다.(☞2.3.5 번역상식 참조) "회의"가 "책임지다"라는 동사의 행위 주체가 될 수 없기 때문에 "주최측에서(이) 부담"으로 번역해야 옳다.
- "住宿标准"을 "숙박 표준"으로 번역하는 것은 부적절하다. "标准"은 "기준" 또는 "표준"으로 번역 가능한데, 여기서는 "기준"으로 번역해야 옳다. "표준"에는 '다른 것의 규범이 되다'라는 의미가 내포되어 있는데, 이 학술대회의 숙박 비용이 모든 학술대회의 숙박 비용 책정의 규범이나 근거가 될 수는 없기 때문이다.
- "标准间"과 "单间"을 "표준 방"과 "단독 방"으로 번역할 수 없다. 한국어에서 "标准

간”, “单间/双人间”은 각각 “표준 객실”, “1인용 객실/2인용 객실”로 표현하며, “스탠더드룸”, “싱글룸”, “트윈룸”과 같은 영어식 표현을 사용하기도 한다. 참고로 한국어에 “독방”이라는 단어가 존재하지만 '监狱里单独 囚禁囚犯的牢房' 의 의미도 있기 때문에 사용시 주의해야 한다.
- “增加的”를 구어인 “넘는”으로 번역하는 것은 적절하지 않다. 여기서는 “추가(추가로 발생하는)”로 번역해야 적절하다.

❾ 会议论文尚未寄出者,请将论文打印稿与电子版在2012年10月15日前发至会务组。(E-mail地址:zxj@bnu.edu.cn)。

错误翻译:
회의 논문을 아직 안 보낸 사람은 논문 인쇄고와 전자판을 2012년 10월 15일 전에 학술대회 준비위원회로 보내주십시오. (이멜 주소: zxj@bnu.edu.cn)

正确翻译:
아직까지 (발표)논문을 발송하시지 않은 분은 논문 출력본과 (전자)파일을 2012년 10월 15일까지 학술대회 준비위원회(사무국)로 보내주시기 바랍니다.(E-mail: zxj@bnu.edu.cn)

正误评析:
- “尚未寄出者”를 “아직 안 보낸 사람은”으로 번역하는 것은 부적절하다. 상대방을 높이는 정중한 표현이 아니기 때문이다. “尚未寄出者”는 “아직까지 보내시지 않은(못한) 분은” 또는 “아직까지 발송하시지 않은(못한) 분은”으로 번역해야 적절하다.
- “打印稿”를 한국어에 존재하지 않는 단어인 “인쇄고”로 번역할 수 없다. “출력본(出力本)”으로 번역해야 옳다.
- “15일 전에”와 “15일까지”는 의미가 다르다. 후자로 번역해야 옳다.
- 본 텍스트는 격식을 갖춘 공식 초청장이므로 “이멜”과 같은 속어체의 준말을 사용하는 것은 부적절하다. 정식 용어인 “이메일” 또는 “E-mail”로 표기해야 옳다.

❿ 如未能及时寄出,请自行打印60份,并在报到时与电子版一并提交。

错误翻译:
제 때에 보내지 못하면, 스스로 60부를 프린트하여 등록 때 전자파일과 같이 학술대회 준비위원회에 내기 바랍니다.

正确翻译:
지정한 기일 내에 발송하시지 못한 분들은 60명 분의 출력본을 직접 준비하셔서 등록시 논문 (전자)파일과 함께 학술대회 준비위원회(사무국)에 제출해 주시기 바랍니다.

正误评析:
- “及时”, “交”를 구어체인 “제 때에”, “내다”로 번역하는 것은 부적절하다. 문어체인

"그 때까지(또는 지정한 기일까지)", "제출하다"로 번역해야 적절하다.
- "自行"은 "자체적으로", "각자" 등으로 번역 가능한데, 여기서는 "自行"이 "打印"을 수식하는 성분이므로 동사(인쇄하다/프린트하다)와의 호응 관계를 고려하여 "직접" 또는 "각자"로 번역해야 적절하다.
- "与B一并提交"는 "B와 함께 제출해 주시기 바랍니다"로 번역해야 옳다.
  ☞ 홈페이지에서 내려 받은 신청서와 함께 제출해 주시기 바랍니다.

2.3 翻译知识

2.3.1 邀请函的内容与文体特征 —— 초청장 문체의 특징

일반적으로 초청장(招請狀)에는 일시, 장소, 행사 개최 목적 및 내용 등이 포함되며(한국의 초청장에는 행사 장소 약도 및 교통편이 상세하게 제공되는 경우가 많다. ☞ 2.6.4 초청장 참조), 참가 여부 확인을 요청하는 회신용 참가신청서(回执)가 첨부되는 경우도 종종 있다. 이러한 초청장은 대부분 우편이나 이메일로 발송되는 공식 서신이므로 문어체, 격식체를 사용하는 특징을 지닌다. 참고로 "邀请函"은 "초청장(招請狀)" 또는 "초대장(招待狀)"으로 번역 가능한데, "초청장"이 "초대장"보다 큰 개념이다. "초대장"이라는 표현은 주로 초대권에서만 일반적으로 사용된다.

☞ "내다(구어체)" → "제출하다(문어체)"
☞ "-해 주십시오" → "-해 주시기 바랍니다"(더 정중한 표현)

2.3.2 国际会议名称的翻译 —— 국제회의 명칭의 번역

국제회의는 회의의 성격이나 형태에 따라 Conference, Symposium, Forum, Meeting, Seminar, Committee, Council, Workshop 등으로 나뉜다. 한국에서는 국제회의의 명칭을 표기할 때 일반적으로 외래어를 그대로 사용하기 때문에 한영, 영한 번역 시에는 대부분 일대일 번역이 가능하다. 그런데 한중, 중한 번역 시에는 일대일 대응 관계가 성립되지 않아 번역에 어려움이 있다. 국제회의 명칭 및 관련 내용을 번역할 때에는 행사 공식 홈페이지 검색을 통해 영문 행사 명칭을 확인하는 것은 필수적이며, 또한 행사의 성격을 정확히 이해한 후 번역에 임하는 것이 바람직하다.

▶ 研讨会: ①심포지엄(symposium), ②컨퍼런스(conference)
  有时还可译成"포럼(Forum)"或者"세미나(Seminar)"。
  "学术研讨会"一般译成"학술대회"。

汉：2009国际液晶科技研讨会
英：2009 International Symposium on Liquid Crystal Science and Technology
韩：2009 액정(LC)기술 국제 심포지엄

汉：2011年信息科学、自动化和材料国际研讨会
英：2011 International Conference on Information Science, Automation and Material
韩：2011 정보과학, 자동화, 소재시스템 국제 컨퍼런스

汉：2009中国汽车出口物流国际研讨会
英：2009 China Automotive Export Logistics Forum
韩：2009 중국 자동차 수출 물류 국제 포럼

汉：中国饭店业行业标准研讨会
英：China Hotel Industry's Standards Seminar
韩：중국 호텔업계 서비스 표준화 세미나

▶ 论坛：포럼(Forum)
汉：2010上海世博会论坛
英：2010 Shanghai EXPO Forum
韩：2010 상하이 엑스포 포럼

汉：第二届(2012)环保与新能源国际论坛
英：2012 Shanghai Environment Protection & Renewable Energy International Forum
韩：제2회(2012년) 환경보호·대체에너지 국제 포럼

▶ ~~会议/大会：컨퍼런스(conference), 대회
汉：第13界国际艾滋病会议
英：XIII International AIDS Conference
韩：제13회 에이즈 국제 컨퍼런스

汉：中国网络安全专家会议
英：China Network Security Experts Conference
韩：중국 네트워크 보안문제 전문가 컨퍼런스

2.3.3 "主办"、"承办"的翻译 —— 主办, 承办 과 주최, 주관의 대응관계

일반적으로 "主办"은 "주최(主催)"로, "承办"은 "주관(主管)"으로 번역 가능하다. 그런데 "主办", "承办"이 "주최", "주관"과 1:1 대응관계를 보이지 않기 때문에 번역에 어려움이 생긴다. "主办"과 "承办"을 번역할 때는 행사의 성격과 관련 기관들 간의 관계를 정확히 이해하고 "주최"와 "주관"을 대응시키는 것이 필요하며, 정확한 이해가 부족한 상황이라면 국가 주요 부처나 상위 기관을 "주최 기관"으로, 하위 기관을 "주관 기관"으로 번역하는 것이 적절하다. 한 가지 주의할 점은 일부 사전에 "承办"을 "청부(請負)"로 표기하고 있는데 이는 부적절한 해석이다. "청부"는 건설 분야에 쓰이는 경우(예:청부계약 등)를 제외하고는 좋지 않은 의미(指使)를 지니고 있으므로 주의해야 한다.

☞ "主办", "承办"과 "주최", "주관"이 1:1 대응 관계가 아닌 경우의 예
"中、韩、日高科技商务论坛"이라는 행사가 개최된 적이 있는데, 관련 기관들은 다음과 같다.

```
(1) 中方主办:中国科学技术协会
    韩方主办:韩国产业技术财团
    日方主办:(待定)
(2) 顾问单位:科技部、国家经贸委、北京市人民政府、韩国产业资源部
(3) 支持单位:天津市人民政府、山东省人民政府、河北省人民政府、辽宁省人民政府、
    吉林省人民政府、青岛市人民政府、大连市人民政府
(4) 承办单位:中国科学技术咨询中心
(5) 协办单位:科技部高新技术中心、科技部知识产权中心、国家经贸委研究中心、国
    家计委宏观经济研究院、北京市科学技术协会
```

(备注:2008年"产业资源部"改组为"知识经济部"。)

```
(1) 주최
    중국: 중국과학기술협회
    한국: 한국산업기술재단
    일본: (미정)
(2) 고문: 과학기술부, 국가경제무역위원회, 북경시 인민정부, 한국 산업자원부
(3) 후원: 천진시 인민정부, 산동성 인민정부, 하북성 인민정부, 요녕성 인민정부,
    길림성 인민정부, 청도시 인민정부, 대련시 인민정부
(4) 주관(실무): 중국과학기술컨설팅센터
(5) 협조: 과기부 첨단기술센터, 과기부 지적재산권센터, 국가경제무역위원회연구
    센터, 국가계획위원회 거시경제연구원, 북경시 과학기술협회
```

사실 이 행사의 한국측 주최기관이 "산업자원부"였기 때문에 "主办单位"로, 그리고 "한국산업기술재단"이 주관기관이었기 때문에 "承办单位"로 표기해야 옳다. 그런데 중국에서 개최된 이 행사의 주최기관이 "中国科学技术协会"였기 때문에 형평성 문제를 고려하여(중국과학기술협회와 한국의 정부기관인 산업자원부를 대등한 관계로 간주할 수 없기 때문에) 주관기관인 "한국산업기술재단"을 "主办单位"로 옮기고 실제 주최기관이었던 "산업자원부"는 "顾问单位"로 조정할 수밖에 없었다.

2.3.4 "举办"、"举行"的翻译 —— 举办、举行 과 개최, 거행의 대응 관계

일반적으로 "举办"은 "개최하다"로, "举行"은 "거행하다"로 번역 가능하지만 100% 일대일 대응관계가 성립하지 않기 때문에 번역 시 주의해야 한다.

"举办"은 '举行+办理'의 의미를 지니고 있어 행사 주최자가 주어로 표현된 문장에서만 쓰이지만, 한국어의 "개최하다"는 이런 제약을 받지 않는다. 그런데 한국어의 "거행하다"는 "개최하다"에 비해 상대적으로 짧은 시간, 즉 제한된 단기간(主要以小时为单位)에 행사/의식(예:개막식, 폐막식)를 치르는 것을 의미한다는 점에서 "举行"과 다르다. 예를 들어 한국어에서는 "한글날 기념식 거행"이라는 표현만 가능하지만, 중국어에서는 문장 구조에 따라 "韩文节于(时间)在(地点)举行" 또는 "(主语)举办韩文节"로 표현 가능하다.

▶ 举办: 행사 주최측이 주어로 표현된 문장에서만 쓰임.
▶ 개최하다: '어떤 모임이나 행사 따위를 열다'의 의미, 주어 제약 없음.
▶ 举行: 행사 주최측이 주어인 문장에서는 쓰일 수 없음.
▶ 거행하다: '어떤 행사나 의식을 치르다'의 의미, "개최하다"에 비해 상대적으로 짧은 시간, 즉 제한된 단기간(시간 단위)에 행사/의식을 치르는 경우에 쓰임.

☞ 1:1 대응관계로 번역되는 경우의 예
举办展览会: 전시회를 개최하다
韩、日联合举办世界杯足球赛: 한일월드컵 공동 개최
奥运会闭幕式于29日举行: 올림픽 폐막식 29일 거행
举行毕业典礼: 졸업식을 거행하다
举行动工(竣工)仪式: 착공식(준공식)을 거행하다
举行诺贝尔奖颁奖仪式: 노벨상 수상식 거행

☞ "举行"이 "개최"로 번역되는 경우의 예
88年奥运会在首尔举行: 88올림픽 서울에서 개최

第3次六方会谈将于6月份在北京**举行**: 제 3차 6자회담 6월 북경에서 개최

二十国集团领导人第五次峰会下个月将在韩国首都首尔**举行**。
제5차 G20(주요 20개국) 정상회의가 다음달 한국의 수도 서울에서 개최된다(열린다).

2.3.5 网上搜索 —— 인터넷 검색의 활용

어떤 텍스트를 외국어로 번역할 때 번역사는 인터넷 검색을 다양한 용도로 활용하게 된다. 그 중 한 가지는 텍스트를 정확하게 번역하기 위한 정보 검색이고, 다른 한 가지는 본인이 번역한 표현이 도착어(译入语)에서 사용되는 표현인지 확인 차원의 검색이다.

(1) 정보 검색

번역사는 본인이 번역한 내용을 독자가 정확히 이해할 수 있도록 텍스트 번역에 필요한 정보를 검색해야 하는 경우가 종종 있게 된다. 예를 들어 2과 본문에 나오는 호텔명인 "阳光假日大酒店"을 한국 한자독음인 "양광·가일대주점"으로 번역하는 것은 부적절하다. "가일"과 "대주점"은 한국인이 이해할 수 있는 단어나 말뭉치(语块)가 아니기 때문이다. 이런 경우에는 호텔명을 한국인이 이해할 수 있는 **繁体字**로 바꿔서 표기해주고 뒤에 영문 호텔명을 병기하는 것이 바람직하다. 특히 본 초청장에는 호텔 영문명이 나와 있지 않기 때문에 인터넷 검색을 통해 정확한 정보를 제공해주는 것이 필요하다. 전문용어 역시 검색을 통해 정확한 용어로 옮기는 것이 번역사의 올바른 자세이다.

☞ 中国浙江瑞安市阳光假日大酒店
错误翻译: 양광·가일대주점
正确译文: 陽光假日大酒店(Sunshine Holiday Hotel) 또는 Sunshine Holiday Hotel(陽光假日大酒店)
说明: 호텔명을 正确译文과 같이 번역하면 한국인은 "陽光"과 "sunshine", "假日"과 "holiday", "大酒店"과 "hotel"이 대응 관계를 이룬다는 사실을 짐작할 수 있어 "陽光假日大酒店"이 호텔명임을 쉽게 인지할 수 있게 된다.

☞ 三星电子与索尼合资设立的S-LCD公司26日表示,已与两公司签定一年期间总计1.8兆韩元(约18亿美元)的**薄膜电晶体液晶显示屏面板**供货合同。
正确译文: 삼성전자와 소니가 합작 설립한 S-LCD社는 1년간 1.8조원(약 18억 달러)의 TFT-LCD기판 공급계약을 체결했다고 26일 발표했다.

(2) 정확한 표현 확인 검색(译入语验证)

　　번역사(특히 초보 번역사)는 본인이 도착어(译入语)로 번역한 표현이 실제로 사용되는 표현인지 확신이 들지 않는 경우에나, 문장 성분의 호응관계(목적어宾语-서술어谓语, 부사어状语-서술어谓语 등)가 적절한지를 사전을 통해 확인하기 어려운 경우에는 인터넷 검색을 통해서 확인할 수 있다. 1차 검색 시에는 핵심어(Key Words, 关键词)를 중심으로 하고, 만족할 만한 검색 결과를 얻지 못한 경우에는 2차 검색을 해 볼 수 있는데, 이 때는 호응관계에 있는 앞뒤 문장 성분을 일부 생략하거나 더 많이 포함시킨 표현을 검색창에 입력하여 검색하는 것도 한 방법이 될 수 있다.

　　2차 검색 후에도 "검색 결과가 없습니다(搜索无结果)"로 표시되는 경우는 본인이 검색창에 입력한 단어나 표현이 한국어에 존재하지 않는 것으로 간주해도 무방하지만 다음의 두 가지에 유의해야 한다. **첫째**, 검색 방법이 부적절하여 검색 결과를 얻을 수 없는 경우가 생길 수 있으므로 한국의 웹사이트를 자주 방문하여 검색 요령을 익히는 것이 필요하다.(☞ 아래 첫 번째 예문의 설명 참조) **둘째**, 극히 일부 예문(예:1-2개 예문)이 검색 되었는데 그 출처가 개인 블로그(个人博客)나 카페인 경우에는 정확한 표현이 아닌 번역투의 표현일 가능성도 있다. 검색된 예문의 출처가 뉴스 기사 등과 같이 공신력이 있는 텍스트라야 신뢰성이 높다.

☞ (1) 赴瑞安市往返旅费自理。(2) 会议期间食宿、交通费用由会议负责。
　　错误翻译: (2)회의 기간의 숙식, 교통비용은 회의가 책임집니다.
　　说明: "회의가 책임지다"라는 표현을 쓸 수 있는지 검색하고자 할 때 한국 포털사이트의 검색창에 "회의가 책임" 또는 "회의가 책임지-"를 입력해서 검색해 보면 결과를 알 수 있다. 한국어의 동사는 활용형이 많이 존재하므로 동사의 어근을 입력해서 검색해야 적절한 검색 결과를 얻을 수 있다.

☞ 中国经济继续保持着较高的增长度……
　　说明: "성장도(增长度)"는 한국어에 존재하지 않는 표현이기 때문에, 인터넷에서 "성장도"를 검색하면 검색 결과가 없는 것으로 표시된다. 이럴 경우에는 검색란에 "성장"을 입력하면 "성장률" 또는 "성장세"라는 단어가 포함된 많은 문장들이 검색되므로 적절한 검색 결과를 얻을 수 있다.

▶ 인터넷 검색 시 알아두면 편리한 주요 포탈사이트
　　인터넷 검색 시 中↔韩으로 문제의 해결이 어려울 때에는 중국어-영어-한국어 순서로 또는 그 반대 순서로 검색하면 도움이 되는 경우도 있다.
　　네이버 www.naver.com
　　다음 www.daum.net

구글코리아 www.google.co.kr
야후코리아 www.yahoo.co.kr

▶ 인터넷 검색 시 알아두면 편리한 분야별 사전
　* IT/计算器/互联网术语: 한국정보통신기술협회　http://word.tta.or.kr/
　　　　　　　　　　　　텀즈 컴퓨터용어 사전　http://www.terms.co.kr/
　* 经济术语: 야후 경제용어 사전　http://kr.dic.yahoo.com/search/term/
　　　　　　매일경제 경제용어 사전　http://dic.mk.co.kr/
　　　　　　한국경제 경제용어사전　http://s.hankyung.com/dic/
　* 金融术语: 매경 금융용어 사전　http://dic.mk.co.kr/
　　　　　　택스넷　http://www.taxnet.co.kr/
　* 法律术语: 네이버 법률사전　http://terms.naver.com/list.nhn?categoryId=179
　* 证券术语: koscom 증권용어사전　http://stock.koscom.co.kr/
　* 建设术语: 한국산업경제연구소　http://cmcost.or.kr/gun_dic/
　* 医学术语: kmle의학 검색엔진　http://www.kmle.co.kr/
　* 化学术语: 네이버 화학사전　http://terms.naver.com/list.nhn?categoryId=257
　* 税务术语: 택스넷　http://www.taxnet.co.kr/
　* 物理学术语: 한국물리학회 용어집　www.kps.or.kr
　* 맞춤법 검사: 우리말 배움터　http://urimal.cs.pusan.ac.kr/
　* 百科: 네이버 백과사전　www.naver.com
　　　　　야후 백과사전　www.yahoo.co.kr

2.4　翻译练习

2.4.1　选择填空

(아래 열거한 ①~⑧ 중 관련 있는 기관을 두 개 선택하여 괄호 안에 써넣으시오.)
❶ "우수산업디자인 상품전": 주최기관 (　)번, 주관기관 (　)번
❷ "서울국제발명전시회": 주최기관 (　)번, 주관기관 (　)번
❸ "제주국제게임대회": 주최기관 (　)번, 주관기관 (　)번
❹ "서울국제식품전시회": 주최기관 (　)번, 주관기관 (　)번

① 농수산물유통공사(農水産物流通公社)
② 지식경제부(知識經濟部)

③ 농림수산식품부(農林水産食品部)
④ 제주도청(濟州道廳)
⑤ 특허청(特許廳)
⑥ KBK(온라인 게임 업체명)
⑦ 한국발명진흥회(韓國發明振興會)
⑧ 한국디자인진흥원(韓國Design振興院)

2.4.2 改错

❶ 由中国训诂学研究会主办,瑞安市文化局承办的"孙诒让研究国际研讨会"定于2012年11月19日举行,特邀请您出席会议。
중국 훈고학 연구회가 주최하고, 서안시 문화국이 인수받아 처리하는 손이양 연구국제토론회가 2012년 11월 19일 개최합니다. 특별히 선생님께서 출석하여 주시기를 바랍니다.

❷ 报到时间:2012年11月18日。
도착 시간: 2012년 11월 18일.

❸ 请在回执中填写抵达瑞安航班或车次,如有变动,请于赴会前24小时告知会务组。
대답하실 때 瑞安에 오는 항공 편명이나 열차 번호를 쓰고, 변동이 있으면 회의 전 24시간 전에 회무조에게 알려주십시오.

❹ 尚不能确定航班或车次者,亦请于赴会前24小时,将赴会所乘航班或车次告知会务组,以便接站。
선생님을 맞이하기 위하여 항공기 편명 또는 열차번호를 아직 확정하지 않은 사람도 학술대회 개최 24시간 전까지 항공기 편명 또는 열차번호를 학술대회 준비위원회에 알려주십시오.

❺ (1)赴瑞安市往返旅费自理。(2)会议期间食宿、交通费用由会议负责。(3)住宿标准为每两人一个标准间。如需单间住宿,所增加的费用自理。

(1) 서안시(瑞安市)에 가는 왕복 비용은 스스로 부담합니다.
(2) 회의 기간의 숙식, 교통비용은 회의가 책임집니다.
(3) 숙박 표준은 2인씩(두 사람마다) 표준방 하나. 단독 방이 필요하면 넘는 비용은 자기 부담.

❻ 会议论文尚未寄出者,请将论文打印稿与电子版在2012年10月15日前发至会务组。
회의 논문을 아직 안보낸 사람은 논문 인쇄고와 전자판을 2012년 10월 15일 전에 학술대회 준비위원회로 보내주십시오.

❼ 如不能及时寄出,请自行打印60份,并在报到时与电子版一并提交。
제 때에 보내지 못하면, 스스로 60부를 프린트하여 도착 때 전자판과 같이 학술대회 준비위원회에 내기 바랍니다.

2.4.3　选词填空

아래 문장에서 "표준"과 "기준" 중 적절한 단어를 선택하시오.

> 提示:　▶ 표준(標準): 다른 것의 규범이 되는 준칙이나 규격
> 　　　　　기준(基準): 기본이 되는 표준

❶ 기술표준원은 이 날 기존 KS규격에 친환경성 항목을 추가한 선진국 수준의 (표준, 기준)을 도료, 접착제, 바닥재, 목재, 지류 등 5개 품목 22종의 건축자재에 적용한 새 KS 규격에 대해 설명할 예정이다.

❷ 연금 가입 기간도 20세 (표준, 기준)으로 여성이 평균 25.48년, 남성이 34.63년으로 추정됐고 30세를 (표준, 기준)으로 하면 여성이 20.95년, 남성이 30.66년으로 남녀간에 10년 가까운 차이가 났다. 연금 수급액에 결정적인 영향을 미치는 월평균 (표준, 기준)소득에서도 남녀간 차이가 적지 않은 것으로 드러났다.

❸ 이 같은 아파트 관리비 차이는 "일반관리비 항목을 나눠 따로 부과하거나 별도 항목을 일반관리비에 통합해 부과하는 등 아파트마다 관리비 (표준, 기준)이 다르기 때문이다"고 연합회측은 밝혔다.

❹ 한국 정부는 호환성 확보를 통한 소비자 편익 증진과 중복투자 방지 등을 위해 통신 기술(표준화, 기준화)가 필요하다는 입장이며, 미국은 통신분야 단일(표준, 기준)에 대해 반대해 왔다. 한국이 통신분야 기술(표준, 기준)을 확정하면 이 (표준, 기준)에 맞지 않는 미국 통신업체들은 한국 진출이 어려워진다.

❺ 신용카드의 경우 40% 이상이 변동금리를 택하고 있으며 다른 소비자부채와는 달리 연체위험이 높아 금리 (표준화, 기준화)가 이뤄지지 않고 있다.

❻ 금성개발은 타사 제품과의 차별화를 위해 자체 연구실을 운영, 특수콘크리트 생산 등 고객의 요구에 부응하는 제품 개발에 주력했다. 1999년에는 ISO 9001을 인정 받아 제품의 수주부터 출하까지 전 공정을 합리화, (표준화, 기준화)해 오류를 최소화했다.

2.4.4　选词翻译

❶ 重要通知: 2012年春季人才交流大会举办地点改在市展览馆!
　　—— 주요 공지사항: 2012년 상반기 취업박람회 (개최, 거행) 장소가 북경시전시관으로 변경되었습니다.

❷ 为了庆祝国庆60周年, 中国驻韩大使馆于10月1日起举办为期两周的中国图片展。
　　—— 중화인민공화국 건국 60주년 기념행사의 일환으로 주한중국대사관에서는 10월 1일부터 2주간 중국화보전을 (개최합니다, 거행합니다).

❸ 全国各地举行第二十个教师节庆祝和表彰活动。
　　—— 제 20회 스승의 날 경축 행사와 표창식이 전국에서 (개최되었다, 거행되었다).

❹ 选美总决赛将于12月18日在北京举行, 参赛选手从17—62岁年龄不一。
　　—— 17-62세에 걸친 다양한 연령층의 대표자들이 참가하는 미인선발대회 최종 결승전이 12월 18일 북경에서 (개최된다, 거행된다).

❺ 世界级模特在巴黎举行的内衣秀上展示了设计师的最新作品。
　　—— 최근 파리에서 (개최된, 거행된) 언더웨어 패션쇼에서 세계 유명모델들은 디자이너들의 최신 작품을 선보였다.

❻ 中国经济与全球商贸论坛在人民大会堂举行, 本届论坛将探讨中国经济与全球商贸的可

持续发展战略。

—— 중국 경제 및 전세계 무역 포럼이 인민대회당에서 (개최된다, 거행된다). 이번 포럼에서는 중국 경제와 전세계 무역의 지속발전전략이 집중적으로 논의된다.

❼ 由中国文化部和阿尔巴尼亚文化部共同举办的"中国电影周"于27号在阿尔巴尼亚首都举行。

—— 중국문화부와 알바니아문화부가 공동 주최하는 "중국영화제"가 27일 알바니아 수도에서 (개최됩니다, 거행됩니다).

2.4.5 翻译句子

❶ 相关产品的标准编号是5501。
——

❷ 大学英语四级考试"标准答案"被人泄漏了。
——

❸ 一般一个国家各地共同使用的时刻是以首都所在时区的标准时为标准而规定的。
——

❹ 国家标准委员会批准成立全国环保产品标准化技术委员会等3个技术委员会。
——

❺ 日前,北京市教委对职业学校的评价标准作出了新的调整。
——

❻ 我们把道德品质作为衡量人的一条重要评价标准。
——

2.4.6 翻译请柬

❶   2012年第二十届中国昆明进出口商品交易会邀请函
    第二十届中国昆明进出口商品交易会将于2012年6月6日至10日在昆明市举行。
敬请光临
               中国昆明出口商品交易会组委会敬邀

❷   第九届天津国际汽车贸易展览会邀请函
    由天津市滨海新区管委会、天津港保税区管委会、中国进口汽车贸易中心联合举办的"第九届天津国际汽车贸易展览会",将于2010年10月22日至27日在天津体育展览中心隆重召开,我们真诚邀请中外企业和各界朋友莅临本届展览会。

2.5 翻译作业

世界卫生纸中国展览会参展邀请函

各有关公司:
    由国际著名的纸业咨询公司Paperloop主办的世界卫生纸展览和会议(Tissue World)每年一次轮流在法国尼斯和美国迈阿密举办。鉴于中国卫生纸行业令人瞩目的发展,Paperloop决定今年12月1至3日在上海新国际博览中心举办首届世界卫生纸中国展览会(Tissue World China 2012)。中国造纸协会生活用纸委员会作为中方合作单位,将承办此次盛会并负责组织中国企业的参展、参观。2012年生活用纸秋季贸易洽谈会将并入此次活动同期举行。生活用纸委员会诚挚地邀请贵公司参展。由于有国际贸易商和产品采购商参加,也希望卫生纸制造企业参展,以拓展海外市场。

                                              中国造纸协会生活用纸专业委员会
                                                         2012.05.20

参展具体事项如下:
1. 展览会时间:2012年12月1—3日
2. 展览地点:上海新国际博览中心(SNIEC)5号馆
3. 住宿地点:浦东陆家嘴世纪酒店(350元/标准间每天,含双早餐)
   (此宾馆至展览馆每天有免费接送班车)

4. 联系方式

 联系人:曹萍宝、李建国

 地址:北京市朝阳区光华路12号 邮编:100020

 电话:010-65810022(分机2514)

 传真:010-65814944

 E-mail:cnhpia@public.bta.net.cn

2.6 参考资料

(1) "디지털 콘텐츠와 저작권" 국제학술세미나

1. **일시**: 2009년 11월 13일(금)
2. **장소**: 삼성동 코엑스 4층 국제회의실
3. **주최**: 사단법인 한국지적재산권학회
4. **후원**: 문화관광부, 동아일보사, 전자신문사

안내 말씀

 결실의 계절 가을에 한국지적재산권(知识产权)학회는 "디지털 콘텐츠와 저작권"이라는 주제로(为题) 이 분야(领域)의 국내외 전문가(专家)를 초빙(邀请)하여 국제 학술세미나를 개최합니다.

 뉴 밀레니엄(New Millennium:千禧年)에 들어와 우리나라는 산·학·연(产业/学术界/研究机构的简称) 분야에서 디지털 콘텐츠의 중요성을 인식하고 이 분야의 연구와 투자를 확대하고 있습니다. 또한 우리나라는 온라인게임(网络游戏、在线游戏), 애니메이션 등 디지털 콘텐츠 산업이 근래에 비약적으로 발전하고 있습니다.

 오늘날 녹음기나 비디오 등의 기술은 물론 인터넷의 발전으로 저작자의 권리를 보호하는 저작권(版权)은 위기를 맞고 있습니다. 예를 들어 P2P와 스트리밍 기술로 인한 음악파일의 전송이 쉽게 되면서 음반업계의 타격은 크다고 하겠습니다. 우리나라에서는 디지털 콘텐츠 산업의 발전을 통한 문화발전이라는 과제도 안고 있습니다. 오늘의 현실에서 먼저 외국 저작권법에서 이러한 문제점을 어떻게 대처하여 해결하는가를 알아보는 것은 주요한 과제라 하겠습니다. 대개 디지털 콘텐츠의 유통은 일시적 복제를 통하여 이루어지는 점에서, 이에 대한 법적 문제점을 연구하기 위하여 본 학회는 국제 학술세미나를 개최하게 되었습니다.

 바쁘시더라도 꼭 참석하셔서 함께 토론하고, 좋은 의견을 개진(提出宝贵的意见)하여

주시면 고맙겠습니다.

사단법인 한국지적재산권학회
회장 OOO

(2) 레노버 아이디어패드 신제품 발표회

초대의 글 | Invitation Greeting

한국레노버는 오는 8월 25일 화요일, 한국에서 선보이는 첫 소비자용 PC인 아이디어패드(ideaPad) S10-2 발표회를 개최합니다. 한국레노버는 2005년 5월 국내 시장에 진출(进军)한 이래로 다양한 씽크(Think)브랜드 제품으로 고객들에게 세계 최고의 기술력을 자랑하는 혁신과 진보를 제공해 왔습니다.

그리고 2009년 8월, 한국레노버는 새로운 브랜드를 통해 또 한번 국내 고객들에게 새로운 경험을 선사하고자 합니다. 새로운 idea 브랜드 출시(推出)를 기점으로 한국레노버는 B2C 사업 영역을 더욱 공고히 확장하고 집중적으로 소비자 시장을 공략하기 위한 발판을 마련함과 동시에 힘차게 도약하는 전환점(转折点)을 만들 것입니다.

국내 최초로 선보이게(亮相) 되는 idea 브랜드 중 넷북(上网本) 제품인 아이디어패드 S10-2는 레노버가 소비자 시장에 진출하기 위해 철저히 준비한 제품으로 개인 소비자들이 목말라했던 넷북의 요건을 두루 갖춘 제품입니다.

바쁘신 일정이라도 한국레노버가 마련한 신제품 발표회에 참석하셔서 레노버 아이디어패드 S10-2가 선사하는(带来) 즐거움을 함께 나눌 수 있길 바랍니다.

한국레노버
박OO 사장

일정 | Agenda

시간	일정
13:00-13:30	등록(报到) 및 포토 세션
13:30-13:32	오프닝(开幕式)
13:32-13:50	환영사(致辞) 및 레노버 소개
13:50-14:00	Cat walk show

14:00-14:20	아이디어패드 S10-2 제품소개 - Waht a lovely Idea?!
14:20-14:40	Q & A Session(现场问答)
14:40-14:45	경품 추첨(抽奖)
14:45-15:15	제품 체험 및 포토 세션

경품 추첨 | Lucky draw
참석하신 분들께 추첨을 통하여 ideapad S10-2를 드립니다.

행사 안내 | Information
- 레노버 홍보대행사 Text100
- 연락처: 02-2084-9220~4 / Lenovo@sunnypr.co.kr

- 참석하시는 모든 분께 다과 및 주차권을 제공해 드립니다.
- 행사 종료(活动结束) 후, 소정의 기념품(小礼品、纪念品)을 제공해 드립니다.
- 기타 행사 관련 문의(咨询)는 등록센터를 이용해 주시기 바랍니다.
- 교통편
  5호선 광화문역 7번 출구로 나와 THE BODY SHOP 앞의 횡단보도에서 동화면세점 방면으로 직진(朝东和免税店方向直走), 동화면세점 뒷편 할리스와 편의점 With Me 사잇 골목으로 2분 정도 올라오면 좌측에 있는 C2(C스퀘어빌딩) 1층

第3课 祝 辞

3.1 课文范文

3.1.1 在韩国商品展开幕式上的致辞

尊敬的韩国产业资源部OOO
各位来宾,女士们,先生们:

大家好!首先请允许我代表商务部对第三届韩国商品展的举行表示热烈的祝贺。

众所周知,中韩建交短短11年间,双边经贸关系迅速发展,交流与合作日益增多。据中方统计,今年1至8月,两国双边贸易额已达380亿美元,同比增长42.2%。截至7月底,中方共批准韩国企业对华投资2.5万多项,韩方实际投资176亿美元。韩国是我国第五大贸易伙伴和第六大外资来源国。另据韩方统计,中国已是韩国第三大贸易伙伴、第二大出口市场和最大的海外投资对象国。

今年7月韩国总统卢武铉成功访华,两国领导人就进一步发展双边经贸合作达成一系列重要共识,双方商定今后5年内努力使双边贸易发展到1000亿美元,中韩经贸合作展现出令人鼓舞的美好前景。

中韩两国地理位置相临,历史文化传统接近,经济结构互补性强。建立更加紧密的经贸合作关系,不仅潜力巨大,而且符合双方根本利益。相信在两国政府、企业和经贸团体的共同努力下,双边经贸合作将发展到更高水平和层次。

实践证明,相互在对方国家举办本国商品展示会是促进双方交流与合作、实现两国领导人达成的双边贸易1000亿美元目标的重要手段。8月下旬,中国在韩国成功举办了中韩技术展暨洽谈会,相信本次在中国举行的韩国商品展同样会引起中国企业和消费者的兴趣。

最后,我衷心祝愿本次韩国商品展取得圆满成功。谢谢!

3.1.2 词汇注释

致辞 —— 축사, 환영사, 개막사, 폐막사
☞3.3.1 번역상식 참조
首先 —— 먼저
届 —— 회(回), 차(次)
众所周知 —— 아시는 바와 같이, 아시다시피
迅速 —— 신속하다, 급속하다
日益增多 —— 날로 늘어나다
贸易额 —— 무역액(狭义), 교역액(广义)
同比增长 —— 동기대비
截至7月底 —— 7월 말 기준
贸易伙伴 —— 무역 파트너(狭义), 교역 파트너/교역대상국(广义)
出口 —— 수출(↔进口 수입)
总统 —— 대통령
达成……共识 —— ~하는 데(하는 것에 대해) 의견(인식)을 같이 하다
建立关系 —— 관계를 맺다(口语)/구축하다(书面语)
紧密的 —— 긴밀한
不仅……而且…… —— ~할 뿐만 아니라 ~하다
达成的 —— 합의된
暨 —— 및
同样会…… —— 역시 ~하게 될 것이다/할 수 있을 것이다
引起……兴趣 —— ~의 관심을(흥미를) 끌다
祝愿 —— 기원하다

次官 —— 차관(副部长)
举行 —— 거행하다, 개최하다, 열리다
中韩建交 —— 한·중(중·한) 수교
双边 —— 양국 간
合作 —— 협력, 합작, 공동, 제휴
据中方统计 —— 중국측 통계에 의하면/따르면
达到 —— ~에 이르다, ~에 달하다
批准 —— 비준하다, 승인·허가하다
☞13.3.4 번역상식 참조
对华投资 —— 對중국 투자, 對中 투자
进一步 —— 한층 더, 가일층, 더욱
商定 —— 합의하다
鼓舞 —— 고무적이다
两国领导人 —— 양국 정상
前景 —— 전망, 장래
今后 —— 향후(向后), 앞으로
在……努力下 —— 노력 아래, 노력 하에
相信 —— 믿다, 확신하다
实践证明 —— ~임이 증명(입증)되다
层次 —— 단계
举办 —— 개최하다, 거행하다, 설립하다
实现 —— 달성하다, 실현하다, 이루다
本次 —— 이번, 금번
最后 —— 마지막으로(끝으로), 결국, 최후에
衷心 —— 진심으로
产业资源部 —— 산업자원부
(☞3.3.6 번역상식참조)

3.1.3 参考译文

한국상품특별전시회 개막식 축사

존경하는 한국 산업자원부 OOO 차관님,
그리고 이 자리에 참석하신 내외 귀빈 여러분, 관계자 여러분! (신사, 숙녀 여러분!)

먼저, 제 3회 한국상품 특별전시회가 이 곳 북경에서 열리게 된 것을 상무부를 대표하여 진심으로 축하드립니다.

잘 아시는 바와 같이, 중국과 한국 (양국)은 수교한 지 불과 11년이라는 짧은 시간에 양국간의 경제무역 관계가 급속하게 발전해왔으며, 상호 교류와 협력도 하루가 다르게 확대되고 있습니다. 중국측 통계에 의하면(따르면), 금년 1-8월까지 양국간 교역 규모는 약 380억 불로 동기대비 42.4% 증가했습니다. 또한 7월 말 기준, 중국이 승인한 한국 기업의 對중국 투자는 2만5천 여 건에 달하며, 한국측의 실제 투자 규모는 176만 불에 이르고 있습니다(176만 달러였습니다). 이제 한국은 중국의 제 5위 무역파트너(교역파트너, 무역대상국)이자 제 6위 투자국입니다. 한편 한국측의 통계에 의하면(따르면), 중국은 이미 한국의 제 3위 교역파트너(무역대상국)이자 제 2위 수출대상국 그리고, 제 1위 해외투자대상국으로 부상하였습니다.

금년 7월 노무현 한국 대통령께서 중국을 방문하셨고(노무현 한국 대통령의 중국 방문은 대단히 성공적이었으며), 양국 정상은 (중·한) 양국간 경제·무역 협력을 한층 더 확대·발전시키는 것과 관련하여 의견을 같이했으며, 향후 5년 내 양국간 연간 교역 규모를 1000억 불 수준으로(1000억 불로) 끌어올리도록 노력한다는 점에 합의함으로써, 양국(중한) 경제·무역 협력의 미래와 전망은 상당히 고무적이고 매우 밝다고 할 수 있습니다.

중·한 양국은 지리적으로 인접해 있고(가깝고), 역사적으로 유사한 문화전통을 가지고 있으며, 경제구조적으로도 상호보완적인 성격이 강합니다. 이를 바탕으로 더욱 긴밀한 경제협력 관계를 구축하는 것은 그 잠재력이 클 뿐만 아니라 양국의 근본적인 이익을 창출하는 데에도 유리합니다. (의역: 따라서 이를 바탕으로 한 더욱 긴밀한 경제협력 관계 확립은 양국간 협력분야의 발전 잠재력을 현실화시키고 상호 국익 창출에도 부합한다고 할 수 있습니다.) 양국 정부와 기업, 경제단체가 다 함께 노력하는 가운데, 양국간 경제·무역 협력이 한층 더 확대·발전될 것으로 확신합니다.

그리고 양국이 상대국에서 자국의 상품 전시회를 개최하는 것은 양국의 교류와 협력을 촉진하고 양국 정상간 합의한 양국간 연간 교역규모 1000억 불이라는 목표를 달성할 수 있는 중요한 수단이라는 사실이 실제로 입증되었습니다. 8월 하순 중국은 한국에서 중·한 기술전시회 및 상담회를 성황리에 개최한 바 있으며, 이번에 중국에서 개최되는(열리는) (제3회) 한국상품 특별 전시회 역시 중국 기업과 소비자들의 관심을 끌 수 있을 것으로 믿습니다.

끝으로 이번 한국상품 특별전시회의 성공적(인) 개최를 진심으로 기원합니다.

감사합니다.

3.2 正误评析

* 3과 텍스트는 축사이므로 설명에서 "통역" 또는 "번역"으로 쓰는 것이 정확하지만 편의상 "번역"으로 통일한다.

❶ 首先请允许我代表商务部对第3届韩国商品展的举行表示热烈的祝贺。

错误翻译:

<u>우선 저를 허락해 주셔서 저는</u> 상무부를 대표하여 제 3<u>차</u> 한국상품전의 개최<u>에게</u>(개최에 대하여) 열렬히 축하를 표합니다.

正确翻译:

먼저, 제3회 한국상품 특별전시회가 이곳 북경에서 열리게 된 것을 상무부를 대표하여 진심으로 축하드립니다.

正误评析:

- "首先"을 "우선"으로 번역하는 것은 부적절하다. 인사말에서는 관용적으로 "먼저"라는 표현을 사용한다.
- "请允许我……"를 "저를 허락해 주셔서"로 번역할 수 없다. 이 문형을 굳이 한국어로 옮기자면 "제가 -할 수 있도록 (허락)해 주십시오(예: 제가 …… 상무부를 대표하여 축하를 드릴 수 있도록 허락해 주십시오)"로 표현 가능하지만, 한국어 축사에서는 이런 표현을 쓰지 않으므로 번역에서 생략해야 자연스럽다.
- "我代表A……"를 "저는 A를 대표하여 ……"로 번역하는 것은 부적절하다. **첫째**, 구어에서 1인칭 주어는 종종 생략되거나 생략해야 자연스럽기 때문에 번역에서 "我"를 생략해야 한다. **둘째**, "상무부를 대표하여"는 서술어인 "(진심으로) 축하드립니다"의 앞으로 옮겨 번역해야 어순이 자연스럽다.
- "第3届"를 "제 3차"로 번역하는 것은 부적절하다. 한국어에서 "차(次)"는 一次, 二次와 같은 순서(차례)를 의미하며, "회(回)"는 정기적으로 돌아오는 차례를 의미한다.

이와 같은 행사는 정기적으로(매년 또는 격년 등) 개최되는 성격을 지니므로 "제3회"로 번역해야 적절하다.

- "对B表示热烈的祝贺"를 "B에게 열렬한 축하를 표합니다"로 번역하는 것은 부적절하다. 비문법적이고 부자연스러운 표현이기 때문이다. **첫째**, 한국어에서는 "진심으로 축하하다"라는 표현을 주로 쓴다.(☞3.3.3 번역상식 참조) **둘째**, "개최(B)에게 축하를 표하다"는 비문법적인 표현이다. B가 무생물인 경우에는 "B를 축하하다"로 표현하거나 "B에 대해(或B하게 된 것에) 축하를 드리다"로 표현한다. 그리고 축하대상(B)이 사람인 경우에는 "(너의) 합격을 축하한다, (아버님의) 생신을 축하드립니다" 등과 같이 B를 소유격으로 표현하거나 대상을 생략한다.

❷ 截至7月底, 中方共批准韩国企业对华投资2.5万多项, 韩方实际投资176亿美元。

错误翻译:
7월 말까지 중국은 한국 기업이 중국에서 2.5만 개 항목을 투자하는 것을 비준하여, 한국의 실제 투자는 176만 달러로 되었습니다.

正确翻译:
7월 말 기준, 중국이 승인한 한국 기업의 對중국 투자는 2만 5천 여 건에 달하며, 한국측의 실제 투자규모는 176만불(弗)에 이르고 있습니다.

正误评析:

- "截至7月底"는 "7월 말 기준"으로 번역해야 적절하다. 한국어에서 어떤 시점(예:작년 4분기)을 기점으로 통계자료 등을 인용할 때 "기준(基準)"이라는 표현을 주로 쓴다.

- "중국은 한국 기업이 중국에 2.5만 개 항목을 투자하는 것을 비준하여"로 번역하는 것은 부적절하다. **첫째**, "韩国企业对华投资2.5万多项"이 "批准"의 목적어이므로 "한국 기업의 대중국 투자"처럼 명사구로 번역하는 것이 훨씬 간결한 느낌을 준다. **둘째**, 투자(프로젝트)의 양사는 "개"가 아니라 "건(件)"이다. **셋째**, "批准"은 의미상 승인(또는 인·허가)으로 번역해야 한다.(☞13.3.4 번역상식 참조)

- "2.5万多项"을 "2.5 만 개"로 번역하는 것은 부적절하다. **첫째**, "2만 5천"으로 표현해야 한다. 한국에서는 지면 제약 등 특별한 경우를 제외하고는 2.5만처럼 소수점을 포함하여 숫자를 표현하지 않는다. 특히 구어에서는 반드시 "2만 5천"으로 말해야 한다. **둘째**, "多"에 대한 번역이 누락되어 있다. 사실 중국어 원문을 대조해보지 않아도 숫자의 번역이 정확하지 않다는 것을 금방 알 수 있다. 어떤 통계가 정수에 가까운 숫자("2만 5천 건")이기는 거의 불가능하기 때문이다.

- "韩方实际投资176亿美元"을 "한국의 실제 투자는176만 달러로 되었습니다"로 번역하는 것은 부적절하다. **첫째**, "投资"를 "투자"로 번역하면 부적절하다. 서술어를 "-에 이르다"로 번역하는 것이 좋기 때문에, 호응관계를 고려하여 주어에 해당하는

"投资"는 "투자액" 또는 "투자 규모"로 번역해야 적절하다(투자액/ 투자 규모=176만 달러, 투자≠176만 달러). **둘째**, "-로 되었습니다"로 번역할 수 없다. "되다"는 주로 "A에서 B로 바뀌다"라는 성질, 신분의 변화를 의미하는데다 여기서는 얼마에서 얼마로 변했다는 내용이 나와 있지 않으므로 이렇게 번역하는 것은 적절하지 않다. 따라서 "투자 규모는176만불(달러)에 이르고 있습니다"로 번역해야 적절하다. 참고로 "달러"를 "딸라"에 가깝게 발음하는 한국인들이 있으나 이는 속음이다.

❸ 韩国是我国第五大贸易伙伴和第六大外资来源国。

错误翻译:
한국은 우리나라의 제 오대 무역파트너이고 제 육대 외자 내원국입니다.

正确翻译:
이제 한국은 중국의 제 5위 무역파트너(교역파트너, 교역대상국, 무역대상국)무역파트너이자 제 6위 투자국입니다.

正误评析:

☺ "我国"을 "우리나라"로 직역하는 것보다는 의미를 명확히 하기 위해 "중국"으로 번역하는 것이 좋다.

☺ "第"가 수사와 결합되어 순위를 나타낼 때, 수사는 "제 5위", "제 6위"처럼 아라비아 숫자로 표기하여야 한다.

☺ "무역파트너이고"로 번역할 수 없다. 여기서 "和"는 병렬관계를 나타내는 경우가 아니므로 "A와" 또는 "A이고"로 번역할 수 없다. "한국=제 5위 교역파트너=제 6위 투자국"이라는 의미로, "A이자 B이다"로 번역해야 적절하다. 참고로 "A이자 B"에서 "-이자"는 A, B 두 가지 모두를 겸하는 기능의 연결어미이다.

☞ 견자단은 영화 엽문에서 이소룡의 스승이자 영춘권의 대가인 엽문역을 맡았다.

☺ "外资来源国"을 한국어에 존재하지 않는 표현인 "외자 내원국"으로 번역할 수 없다. 한국어에서는 "투자국"이라는 표현을 주로 쓴다.

❹ 另据韩方统计,中国已是韩国第三大贸易伙伴、第二大出口市场和最大的海外投资对象国。

错误翻译:
한국의 통계에 의하여, 중국은 이미 한국의 제 3위 무역 파트너, 제 2위 수출시장과 가장 큰 해외 투자대상국입니다.

正确翻译:
한편 한국측(의) 통계에 의하면(따르면), 중국은 이미 한국의 제 3위 교역파트너이자 제 2위 수출대상국(수출시장), 그리고 제 1위(최대) 해외투자대상국으로 부상하였습니다.

正误评析：

- "已是……"를 "이미 –입니다"로 번역하면 문장의 호응 관계가 어색하다. 부사 "이미"는 과거형과 호응되어 쓰이고 "–입니다"와 같은 현재형과는 같이 쓰이지 않는다.
- "和"를 "–과"로 번역할 수 없다. 여기서 "和"는 병렬관계를 나타내는 경우가 아니므로 "A와" 또는 "A이고"로 번역할 수 없다. "중국=제 3위 교역파트너=제 2위 수출시장=제 1위 해외투자대상국"이라는 의미로, "A이자 B, 그리고 C이다"로 번역해야 적절하다.
- 본 텍스트의 성격상 "最大的"은 문어체인 "최대"로 번역하는 것이 좋다. 그리고 그 앞쪽에 전부 아라비아 숫자로 순위를 밝혔기 때문에 "제 1위"로 번역해도 무방하다.

❺ 总统卢武铉成功访华, 两国领导人就进一步发展双边经贸合作达成一系列重要共识……

错误翻译：
한국 대통령 노무현은 중국을 성공적으로 방문했고, 양국 영도자들은 양쪽 경제무역 협력을 깊이 발전하는 것에 대해서 일련의 중요한 공통 인식을 달성했습니다.

正确翻译：
노무현 한국 대통령의 중국 방문은 대단히 성공적이었으며, 양국 정상은 양국간 (중·한) 경제·무역 협력을 한층 더 확대·발전시키는 것과 관련하여 의견을 같이 했으며……

正误评析：

- "韩国总统卢武铉"을 "한국 대통령 노무현"이라고 번역하지 않도록 주의해야 한다. 중국어에서는 "国家主席胡锦涛"처럼 보통 "직책+이름" 순서이나 한국어에서는 직접 호칭인 경우에 "노무현 대통령", "○○○ 서울대학교 총장"과 같이 "이름+직책" 순서로 표현한다.(☞3.3.2 번역상식 참조) 이때 직책 뒤에 일반주격 조사가 아닌 존경을 나타내는 주격조사인 "–께서"를 덧붙여야 한다.
- "成功访华"를 "성공적으로 방문했고"로 번역하는 것은 부적절하다. 한국어의 통사 구조상 "방문의 결과가 성공적이었다"는 의미로 "成功"을 결과(평가)를 나타내는 补语로 표현하는 것이 자연스럽다.
- 여기서 "领导人"은 중국의 후진타오 주석과 한국의 노무현 대통령을 가리키기 때문에 "양국 정상"으로 번역하는 것이 좋다. 사전적 풀이는 "지도자, 영도자"이나, 이는 사전적·어휘적 해석이며, 한국에서는 대통령을 가리키는 말로 이 단어가 쓰이지 않는다.
- "发展" 뒤에 "合作"이라는 목적어가 있으므로 "협력을 발전하는"으로 번역해서는 안되며, "협력을 발전시키는"과 같이 타동사로 번역해야 옳다.
- "达成……共识"은 "–와 관련하여(–에 대해) 인식을 같이하다"가 고정적인 표현이다. 그리고 "一系列重要(일련의 중요한)"는 한국어의 표현 습관에 부합하지 않으므로 번

역시 생략해야 자연스럽다.

❻ 双方商定今后5年内努力使双边贸易发展到1000亿美元,中韩经贸合作展现出令人鼓舞的美好前景。

错误翻译:
쌍방은 금후 5년 내에 쌍무 무역으로 하여금 1000억 달러로 발전시키는 것 위하여 노력하는 것을 상의하여 결정했습니다. 중한 경제무역 협력은 사람을 고무시키는 아름다운 전망을 펼쳐보이고 있습니다.

正确翻译:
(省略主语)향후 5년 내 양국간 연간 교역규모를 1000억불 수준으로 끌어올리도록 노력한다는 점에 합의함으로써, 양국(중·한) 경제·무역 협력의 미래와 전망은 상당히 고무적이고 매우 밝다고 할 수 있습니다.

正误评析:
- "双方"은 여기서 중국과 한국 두 나라를 가리키므로 "쌍방"보다 "양국"으로 번역해야 더 적절하다.
- "今后"는 "향후(向后)"로 번역해야 옳다. "금후" 또는 "이후"로 번역하지 않도록 주의해야 한다. (☞4.3.2 번역상식 참조)
- "使双边贸易"을 "쌍무 무역으로 하여금"으로 번역하는 것은 적절하지 않다. **첫째**, "쌍무 무역"보다 "양국간 교역(규모)"로 번역하는 것이 좋다.(이유는 위의 설명 참조) **둘째**, "A로 하여금"이라는 표현을 사용할 때는 A가 주체가 되어 어떤 행위를 할 수 있는 행위자라야 한다. "양국간 교역(双边贸易)"은 행위를 할 수 있는 주체가 될 수 없기 때문에 부적절하다. (☞15.3.4 번역상식 참조)
- "A를 B로 발전시키다"라는 표현은 A와 B의 단위가 유사한 성격이어야 성립된다. 따라서 "A(무역)를 B(1000억 달러)로 발전시키다"로 번역할 수 없으며 "양국간 교역 규모를 1000억 달러 수준으로 끌어올리도록"으로 번역해야 적절하다.
- "商定"은 "서로 의견이 일치하다"라는 의미를 가진 "합의(하다)"로 번역해야 적절하다.
- "美好前景"을 "아름다운 전망"으로 번역하면 호응 관계가 어색하다. 한국어에서 이와 유사한 의미로 "밝은 전망(전망이 밝다)" 또는 "밝은 미래(미래가 밝다)"라는 표현을 주로 쓴다.
- 주어인 "经贸合作(경제·무역 협력)"과 동사인 "展现(펼쳐보이다)"을 직역해서 한국어로 옮기면 호응 관계가 어색하다. 이 문장은 중국어와 한국어의 표현 방식의 차이를 보여주는 좋은 예라고 할 수 있다.

❼ 中韩两国地理位置相临,历史文化传统接近,经济结构互补性强。

错误翻译：
중·한 양국은 지리 위치가 이웃하고, 역사문화전통이(도) 비슷하며(접근하면서), 경제구조의 호보성(상보성)도 강합니다.

正确翻译：
중·한 양국은 지리적으로 인접해 있고(가깝고), 역사적으로 유사한 문화전통을 가지고 있으며, 경제구조적으로도 상호보완적인 성격이 강합니다.

正误评析：
- "地理位置相临"을 "지리 위치가 잇고(비문법적인 표현)" 또는 "지리 위치가 이웃하고(비문법적인 표현)"로 번역할 수 없다. "지리적으로 가깝다" 또는 "지리적으로 인접해 있고(书面语更好)"로 번역해야 적절하다. 참고로 한국어에서는 "지리적 근접성(近接性)"으로 간략하게 표현하기도 한다.
- "接近"을 "접근하다"로 번역할 수 없다. 여기서는 한국 고유어인 "비슷하다"로 번역하는 것보다는 문어체인 "유사하다"로 번역하는 것이 좋다. 참고로 한국어에서는 "문화적 유사성(類似性)"으로 간략하게 표현하기도 한다.
- "互补性"은 "상호 보완적인 성격(측면)" 또는 "상호 보완성"으로 번역 가능하다. "호보성" 또는 "상보성"이라는 단어는 존재하지 않는다.(☞2.3.5 번역상식 참조)

❽ 实践证明,相互在对方国家举办本国商品展示会是促进双方交流与合作、实现两国领导人达成的双边贸易1000亿美元目标的重要手段。

错误翻译：
실천에 의하여(실천이 증명하여) 서로 상대방 국가에서 본국(자기 나라)의 상품 전시회를 개최하기는 쌍방의 교류와 협력을 촉진시키기와 양국 정상들이 달성한 쌍무무역 1000억 달러의 목표를 실현하기의 중요한 수단입니다.

正确翻译：
양국이 상대국에서 자국의 상품 전시회를 개최하는 것이 양국의 교류와 협력을 촉진하고 양국 정상간(께서) 합의한 양국간 연간 교역규모 1000억 불이라는 목표를 달성할 수 있는 중요한 수단이라는 사실이 실제로 입증되었습니다.

正误评析：
- "实践证明"을 "실천에 의하여" 또는 "실천이 증명하여"로 번역할 수 없다. 한국어의 통사구조상 "证明(입증되다)"을 서술어로 번역해야 자연스럽다. 따라서 "~라는 사실이 실제로/결과적으로 입증되다"로 번역해야 적절하다.
- "本国"을 "본국" 또는 "자기 나라"로 번역할 수 없다. "자국(自國)"으로 번역해야 옳다. 축사를 하는 이(화자)와 참석자(청자)의 국적이 동일한 경우에는 본국을 쓸 수 있으나, 참석자들은 양국 관계자들이기 때문에 부적절하다. 그리고 본 텍스트의 성격상

"자기 나라"로 번역하는 것은 부적절하며 문어체인 "자국(自國)"으로 번역해야 적절하다.
- "举办"을 "개최하기는"으로 번역하는 것은 부적절하다. "举办本国商品展示会"가 '~를 촉진하고 ~를 달성하는 중요한 수단'이므로 문장의 호응 관계상 "개최하는 것은"으로 번역해야 적절하다.
- "促进"과 "实现"을 "촉진시키기"와 "실현하기"로 번역하는 것은 부적절하다. "促进"과 "实现"은 "重要手段"을 수식하는 관형어로 번역해야 하므로 "촉진하고"와 "달성할 수 있는"으로 번역해야 옳다.
- "两国领导人达成的"을 "양국 정상들이 달성한"으로 번역할 수 없다. 의미상으로도 그리고 문법적으로도 성립될 수 없는 번역이다. **첫째**, "达成"을 "달성한(달성하다)"로 번역할 수 없다. 위의 6번에서 언급한 바와 같이 '향후 5년 내에 양국간 연간 교역 규모를 1000억 불로 끌어올리도록 노력한다는 점에 양국 정상이 합의한 것'이지, '양국 정상이 1000亿美元目标를 달성하는 것'이 아니기 때문이다. **둘째** "달성한 목표"는 시제상으로 볼 때 '목표가 이미 달성되었다'는 것을 의미하므로 문맥상 부적절하다. 따라서 "양국 정상 간에 합의된"으로 번역해야 옳다.
- "1000亿美元目标"는 "1000억 불이라는 목표(목표=1000억 불)"와 같이 "-라는"을 덧붙여 번역해야 적절하다.

❾ 相信本次在中国举行的韩国商品展同样会引起中国企业和消费者的兴趣。

错误翻译:
이번에 중국에서 개최된/개최하는 한국상품전시회도 중국 기업과 소비자들의 흥미를 끌겠다고 믿습니다.

正确翻译:
이번에 중국에서 개최되는(열리는) (제3회) 한국상품전시회 역시 중국 기업과 소비자들의 관심을 끌 수 있을 것으로 믿습니다.

正误评析:
- "举行的"은 "개최되는" 또는 "열리는"으로 번역해야 옳다. "개최된"으로 번역하면 "이미 개최되었다"는 의미이므로 시제상 틀린 번역이다. 그리고 문장 구조상 "举行的"은 "韩国商品展"을 수식하는 말이므로 피동형인 "개최되는"으로 번역해야 옳다. "개최하는"으로 번역할 경우 "A가 개최하는" 등과 같이 행위 주체인 개최 기관(A)을 밝혀주어야 하기 때문에 부적절하다.
- "同样"이 수식하는 성분이 서술어인 "会引起"이므로 강조의 의미를 지닌 부사 "역시"로 번역해야 의미상 옳다.
- "会引起兴趣"를 여기서 "흥미를 끌겠다"로 번역하는 것은 부적절하다. **첫째**, "兴趣"는 "관심, 흥미, 취미, 흥취" 등으로 옮길 수 있는데, 여기서는 '어떤 것에 마음이 끌

려 주의를 기울임'을 의미하는 "관심"으로 번역해야 적절하다. "흥미"는 '감정을 수반하는 관심'을 의미하여 개인적인 차원에서의 兴趣를 의미한다. "취미"는 의미가 다르고, "흥취"는 문학적 색채를 지닌 단어이다. **둘째**, "会"를 의지를 나타내는 어미인 "-겠-"으로 옮기는 것은 부적절하다.

❿ 我衷心祝愿本次韩国商品展取得圆满成功。

错误翻译：
저는 이번 한국 상품전시회가 원만한 성공을 얻기를(거두기를) 진심으로 축원합니다.

正确翻译：
이번 한국상품전시회의 성공적(인) 개최를 진심으로 기원합니다(或 이번 한국상품 특별전시회가 성황리에 개최되기를 진심으로 기원합니다).

正误评析：

- "我"를 번역에서 생략해야 자연스럽다. 중국어에서는 1인칭 주어가 생략되는 경우가 드물지만 한국어에서는 종종 생략 가능하거나 생략해야 자연스러운 경우가 있다. "我衷心祝愿……", "我(们)相信……", "我(们)认为……" 등의 문형을 한국어로 번역할 때는 주어를 생략해야 자연스럽다.(☞7.3.4 번역상식 참조)

- "取得圆满成功"을 "원만한 성공을 얻기를"으로 번역할 수 없다. **첫째**, 번역시 "圆满"을 생략하는 것이 좋다. "圆满成功"은 행사 관련 축사의 말미에 빠지지 않고 등장하는 표현인데, 한국어에서는 "원만한"이 "성공"의 수식 성분으로 쓰이지 않기 때문에 호응관계가 어색하다. 참고로 한국어에서 "성공"을 수식하는 관형어는 그리 많지 않다. 예:개인적 성공, 사회적 성공 등. **둘째**, "取得……成功"을 "성공을① 얻기를②"로 번역하면 어색하다. 짧은 문장 안에 목적격 조사가 두 번(을①, 를②)이나 반복되어 부자연스럽다. 이 문장은 서술어가 "祝愿"이기 때문에 "A를 기원하다"로 번역해야 한다. 그리고 이렇게 번역하기 위해서는 목적어(A)가 간결한 명사구라야 자연스러우므로 원문에 없는 "개최"를 삽입하여 "성공적(인) 개최"로 번역하는 것이 좋다.(☞3.3.5 번역상식 참조) 한국에서는 비슷한 의미로 "성황리에 개최되다"라는 표현을 쓰기도 한다.

  ☞ 성황리(盛况裏):성황을 이룬 가운데, 주로 '성황리에'의 꼴로 쓰인다.

- "衷心祝愿"을 "충심으로 축원합니다"로 번역하는 것은 부적절하다. "축원하다"는 '신이나 부처에게 자기의 소원이 이루어지게 해주기를 빌다'는 의미를 가져 종교적인 색채가 강한 단어이기 때문이다.(☞4.3.1 번역상식 참조) 여기서는 "진심(真心)으로 기원(祈愿)하다"로 번역해야 적절하다.

3.3 翻译知识

3.3.1 讲话文体的特点 —— 축사 문체의 특징

"致辞(speech)"는 어떤 행사의 어떤 자리에서 이루어지느냐에 따라 "축사, 인사말(씀), 기조연설(Key Note Speech), 기념사, 개막사, 폐막사, 환영사, 환송사, 오찬사, 만찬사" 등으로 다양하게 번역할 수 있다. 물론 환영과 만찬의 두 가지 목적을 겸하는 만찬 석상에서 이루어진다면 "환영 만찬사"와 같이 번역할 수도 있다. 이러한 "致辞"는 비록 구어체 형식을 띠고 있기는 하지만 대부분 공식 석상에서 이루어지므로 <u>정중한 높임체 와 문어체에 가까운 표현이 사용되며 순수 구어체에 가까운 표현은 배제된다는 특징을 지니고 있다.</u>

☞ 문어체로 번역
中韩两国地理位置<u>相临</u>, 历史文化传统<u>接近</u>, 经济结构互补性强。
说明： "相临"과 "接近"을 한국 고유어인 "가깝다", "비슷하다"로 번역하는 것보다는 书面语인 "인접해 있다", "유사하다"로 번역하는 것이 좋다.

☞ 정중한 높임체 사용
① <u>아무쪼록</u> 여러분<u>께서</u> 서울에 체류<u>하시는</u> 동안 아름답고 풍요로운 한국 가을의 정취를 만끽하시고 한국민의 넉넉한 인정을 느끼시길 바라며, 편안한 여정이 되시길 바랍니다.
② <u>앞서 말씀드린 바와 같이</u>, 양국은 그간의 협력 성과에 머무르지 말고, 호혜성, 공존 번영, 전략적 제휴의 원칙 하에서 무역, 투자, 산업 등 각 분야의 협력을 강화해 나가야 합니다.

3.3.2 职务与姓名的翻译 —— "职务+姓名"의 번역

이런 성격의 글에는 항상 제일 앞에 주요 인사를 그 직위와 主客에 따라 먼저 언급하게 되는데, 이 때 어순에 주의해야 한다.
중국어에서는 "国家主席胡锦涛", "北京大学校长○○○"과 같이 "직책+이름"의 순서이나 한국어에서는 "노무현 대통령", "○○○ 서울대학교 총장"과 같이 "이름+직책" 순서임에 주의해야 한다.

▶ 특히 본문에 등장하는 "次官(副部长)"처럼 직접적인 호칭인 경우에는 반드시 직책 뒤

에 "님"을 덧붙여야 한다.
▶ 중국어의 "先生 / 女士"라는 호칭을 그대로 한국어로 옮길 경우 적절하지 않은 경우가 대부분이므로 특별히 주의를 해야 한다.

　　가령 A가 B를 "김 선생님"이라고 호칭했다면, A와 B 두 사람은 전부 교육계 종사자(교사 또는 교수)로 동료 관계라야 한다. 학생인 C가 선생님인 A(김OO)를 호칭하는 경우에는 "김 선생님"이 아니라 "선생님" 또는 "김OO 선생님(全名+职务)"으로 불러야 바람직하다.

▶ 구어체에서 일반적인 호칭으로는 "(姓或全名)+职务"가 가장 무난하다. 예를 들어 (정OO) 총장님, (박) 과장님, (이) 박사님, (김OO) 교수님 등.
▶ "부장(部長)"은 한국에서 특수한 경우(检察官等)를 제외하고 일반적으로는 기업 내 직책 중의 하나인 "部门经理或总监"을 의미한다.(☞1.3.4 번역상식 참조)

3.3.3　讲话中的套话 —— 축사 서두에 등장하는 고정적인 표현

　　축사와 같은 인사말 서두에는 의례적으로 귀빈 및 참석자들에 대한 직접적인 호칭과 환영 및 감사의 뜻을 표하는 문구가 등장한다. "各位来宾,女士们,先生们" 또는 "女士们、先生们、朋友们"과 같은 직접적인 호칭인 경우에는 "내외 귀빈 여러분, 신사 숙녀 여러분"이 옳은 표현이다. 영어나 중국어와 달리 한국어에서는 "신사, 숙녀 여러분" 어순임을 명심해야 한다. 그렇지만 한국어 축사에서는 "女士们,先生们", "朋友们"에 해당하는 표현이 거의 등장하지 않기 때문에 번역시 생략하는 것이 자연스럽다. 대신 한국어 축사에서는 "관계자 여러분"이라는 표현을 즐겨 사용한다.
　　또한 축사에서는 환영 및 감사의 뜻을 표할 때 주로 "首先,我代表A对B表示热烈的祝贺。" 또는 "首先,我代表A对B表示热烈的欢迎和衷心的感谢。" 등과 같은 표현을 주로 사용하는데, 한국어로 번역할 때 다음의 몇 가지를 주의해야 한다.
　　"对B表示热烈的祝贺"를 "B에 열렬한 축하를 표합니다"로 번역하지 않도록 주의해야 한다. 표현이 부자연스럽고 비문법적인 문장이기 때문이다. **첫**째, 한국어에서 B가 무생물(예:행사 개최)인 경우에는 B를 목적격으로 번역하여 "-을 축하하다"로 표현하거나 "-에 대해(또는 -하게 된 것에) 축하를 드립니다"로 표현한다. 그리고 축하대상(B)이 사람인 경우에는 "OOO씨의 합격을 축하합니다, 아버님의 생신을 축하드립니다" 등과 같이 B를 소유격으로 표현한다. **둘**째, 한국어에서는 "진심으로 축하합니다"라는 표현을 주로 사용한다. "表示热烈的祝贺"에서 "热烈的"를 "진심으로"로 번역하고 "表示祝贺"를 "축하하다"라는 하나의 동사로 번역하는 것이 한국어의 표현 습관에 부합한다. 그리고 "对……表示热烈的欢迎" 역시 "열렬한 환영을 표합니다" 등과 같이 번역할 수 없고 "-에 대해 진심으로 환영하다"로 번역해야 적절하다.

3.3.4 国家名称的排列顺序 —— 병렬식으로 나열된 국가명의 번역

양국 혹은 삼국이 공동으로 행사를 개최할 경우 국가명 열거에 있어서는 행사 주최국을 앞쪽에 언급하는 것이 관례이다. 그리고 각국의 대표가 축사를 할 경우에는 자국을 우선적으로 언급하기 마련인데, 번역이나 통역 시 국가명 나열 순서에 주의를 기울일 필요가 있다.

☞ 예를 들어 China, Japan, Korea(알파벳 순) 삼국이 공동으로 행사를 개최하는 경우, 행사 주최국이 어느 나라인지 고려해야 함은 물론이고 도착어(译入语或目的语)에서 자연스러운 순서까지 고려해야 한다. 한국어에서는 "한·중·일"이, 중국어에서는 "中、日、韩"이 자연스럽지만, 상황에 따라 언급하는 순서는 다를 수 있다. 가령 중국이 행사 주최국이거나 발언자가 중국측 인사라면 "중·한·일(중국, 한국, 일본)"로 번역 또는 통역하는 것이 바람직하고, 한국이 행사 주최국이거나 발언자가 한국측 인사라면 "한·중·일"로 번역 또는 통역하는 것이 바람직하다.

3.3.5 句子成分的缩略和添加 —— 문장 성분의 생략과 삽입

중국어와 한국어는 언어 체계와 표현 방식이 다르므로 문장 성분을 일대일 대응식으로 옮길 경우 부적절한 경우가 많다. 이럴 경우에는 문장의 중심 내용을 살리면서 도착어(译入语)의 표현 방식에 부합하도록 옮겨야 한다. 각 언어는 나름대로의 구조가 있으므로 원문 텍스트와 번역문의 단어와 단어, 어구와 어구, 행과 행을 대응시켜야 한다는 강박관념에서 벗어나야 한다.

☞ ①我 ②衷心 ③祝愿 ④本次 ⑤韩国商品展览会 ⑥取得 ⑦圆满 ⑧成功。
正确译文: ④이번 ⑤한국상품 특별전시회의 ⑧성공적인 ⑨개최를 ②진심으로 ③기원합니다.
说明: 한국어로 옮길 때 ①번과 ⑦번을 생략해야 자연스러우며, ⑨번을 삽입해서 번역해야 자연스럽다. (3과 正误评析 10번 참조)

☞ 通过经济普查,摸清国家的整体经济状况,不仅有利于政府部门开展宏观调控,还有利于企业经营管理者分析市场、预测行情、改善经营管理。(7과)
错误翻译: ……, 경영관리를 개선하는 것에게도 유리하다.
正确译文: ……, 경영관리체제 개선에도 유리하다.
说明: "经营管理"를 그대로 "경영관리"로 번역하는 것은 부적절하다. "경영관리를 개선하다"는 호응관계가 어색하기 때문이다. "체제(시스템)"를 삽입하여 "경영관리체제를 개선하다"로 번역해야 적절하다.

☞ 我们相信,有国务院和各级地方政府的支持,有广大普查人员的配合,全国经济普查工作一定能够取得圆满成功。(7과)

　　错误翻译:……, 수많은 조사원의 노력 아래 …….
　　正确译文:……, 조사연구원들의 노력 하에 …….
　　说明: 번역에서 "广大"를 생략해야 자연스럽다.

3.3.6　政府部门及国家机构的翻译 —— 정부 부처명 및 국가기관명의 번역

　　정부 부처명이나 공공기관 명칭은 고유명사에 해당하므로 원칙적으로는 한국 한자독음으로 옮기고 뒤에 한자(繁体字)를 병기해 주는 것이 좋다. 단, "信息产业部"와 같이 한국어에 존재하지 않는 단어(信息)가 포함된 경우에는 "信息産業部(기존의 정보통신부에 해당)"와 같이 부가 설명(譯註)을 덧붙여 주는 것이 좋다. 참고로 한국의 주요 정부 부처명은 아래와 같다.

☞ 한국 정부 부처명
　　(18부 4처 18청 4실 10위원회 → 15부 2처 3실 5위원회)

2003.2~2008.2　18부	2008.3~현재　15부
건설교통부	국토해양부
교육인적자원부	교육과학기술부
국방부	국방부
과학기술부	교육과학기술부
노동부	고용노동부
농림부	농림수산식품부
문화관광부	문화체육관광부
법무부	법무부
보건복지부	보건복지가족부
산업자원부	지식경제부
외교통상부	외교통상부
여성가족부	여성부
정보통신부	지식경제부
재정경제부	기획재정부
통일부	통일부
해양수산부	국토해양부

행정자치부	행정안전부
환경부	환경부

3.4 翻译练习

3.4.1 翻译词组

❶ 经贸合作
❷ 技术合作
❸ 合作研究
❹ 合作生产
❺ 合作项目
❻ 合作伙伴
❼ 投资合作协议
❽ 合作推出手机照片冲印

3.4.2 选择较好的翻译

❶ 最后,我特别要感谢的就是这些年来一直支持我的球迷朋友们。
—— 결국은 지금까지 계속해서 저를 아껴주신 축구팬들에게 특히 감사를 드리고 싶습니다.
—— 마지막으로 지금까지 계속해서 저를 아껴주신 축구팬들에게 특히 감사를 드리고 싶습니다.

❷ 由于遇难者的身份还没有最后确定,所以理赔工作还没有进行。
—— 조난자의 신분이 아직도 끝까지 확인되지 않았기 때문에 배상문제는 아직 논의되지 않고 있다.
—— 조난자의 신분이 아직까지 최종적으로 확인되지 않았기 때문에 배상문제는 아직 진행되지 않고 있다.

❸ 我们有信心战斗到比赛的最后一刻。
—— 우리는 경기의 끝까지 싸울 자신이 있다.
—— 우리는 경기의 최후 순간까지 싸울 자신이 있다.

❹ 一幅名为《浴女》的绘画,起拍价为8.8元人民币,最后以5,880元成交。
——《浴女》라는 그림은 경매에서 8.8위안에서 시작하여 끝으로 5880위안에 거래가 이루어졌다.

——《浴女》라는 그림은 경매에서 8.8위안에서 시작하여 최종적으로 5,880위안에 거래가 이루어졌다.

❺ 国家体委主任最后表示：期待与国家体育总局、中国奥委会以及各体育协会进行更加密切的合作。
——국가체육위원회 주임은 마지막으로 國家體育總局, 중국올림픽위원회, 각 체육 협회 등과의 더욱 긴밀한 협력을 기대하고 있다고 밝혔다.
——국가체육위원회 위원장은 최후에 國家體育總局, 중국올림픽위원회, 각 체육 협회 등과의 더욱 긴밀한 협력을 기대하고 있다고 밝혔다.

❻ 活动的最后一轮是幸运大抽奖，所有玩家都默默祈祷幸运之星的降临。
——행사의 최후 순서는 행운의 상 추첨이었는데 모든 이들은 행운의 여신이 자신을 찾아오기를 묵묵히 빌었다.
——행사의 마지막 순서는 행운의 상 추첨이었는데 모든 이들은 행운의 여신이 자신을 찾아오기를 묵묵히 빌었다.

3.4.3　翻译句子

❶ 近日，著名网络实名服务提供商3721公司宣布：正式与国际知名互联网公司——雅虎达成重要合作。
——

❷ 英、法、德三国已就核问题与伊朗初步达成一致意见。
——

❸ 波兰和欧盟达成农业加工品贸易自由化协议。
——

❹ 以色列媒体称阿翁遗孀与巴方新领导人达成了秘密财产交易。
——

3.4.4　翻译讲话

❶　　欣闻第二届仁川"中国日"活动在金秋时节隆重拉开序幕,我谨代表中华人民共和国驻大韩民国大使馆,并以我个人的名义,向仁川市政府和全体市民致以最热烈的祝贺,并向致力于增进中韩友谊与扩大两国交流合作的安相洙市长、仁川市政府以及全体仁川市民表示诚挚的敬意和感谢!

　　前不久,仁川的松岛、青萝和永宗岛被指定为经济特区,为仁川的发展提供了新机遇,也为仁川与中国的关系创造了更加良好的条件。仁川一直处在中韩关系的最前沿,扮演着先驱角色。此次"中国日"活动很有意义,必将进一步加深两国人民间的相互了解和美好情谊,有助于密切两国经济联系与互利合作。祝愿本次仁川"中国日"圆满成功!祝愿仁川市的未来更加辉煌!祝愿中韩两国关系取得更大发展!

❷　　我很高兴地告诉大家,在各界朋友的共同关心和支持下,汉城(首尔)中国文化中心的建设工程将于今天正式开工。汉城(首尔)中国文化中心是中国在亚洲地区开设的第一个文化中心,她的成立遵照了中韩两国领导人所达成的共识,同时也符合当前中韩两国关系持续发展的总体趋势。

　　我们衷心希望,汉城(首尔)中国文化中心的成立能够促进两国文化领域内的合作取得进一步发展,并成为两国各界人士进行文化交流、合作与沟通的桥梁。中韩两国隔海相望,毗邻而居,两国的文化交流更是源远流长。 文化的交流有利于不同国家与民族间心灵的沟通。我真诚希望,汉城(首尔)中国文化中心的建设和今后各项活动的开展,能够使两国人民特别是两国年轻一代,继承先贤们留给我们的宝贵文化遗产,面向未来,永远做好邻居、好朋友。同时,我也希望今天在座的新闻界的朋友们,能够发挥你们的影响力,关心、帮助(首尔)汉城中国文化中心的建设与发展。我也借此机会,感谢诸位长期以来为中韩两国文化交流和友好事业所付出的辛勤努力。

　　最后,我宣布汉城(首尔)中国文化中心工程正式开工,汉城中国文化中心网站正式开通。

3.5 翻译作业

中韩技术展暨洽谈会致辞

尊敬的韩国产业资源部〇〇〇次长,尊敬的外经贸部部长助理〇〇女士,
尊敬的〇〇〇公使,尊敬的〇〇〇事务总长,
尊敬的中国科技部、信息产业部、国家环保总局各位领导,
各位中韩两国企业家,女士们先生们:

中国机电产品进出口商会十分荣幸受中国外经贸部的委托,与韩国产业技术财团共同承办本次"中韩技术展示暨洽谈会"。我在此对各位贵宾和企业家光临今天的洽谈会开幕式表示衷心的感谢和热烈的欢迎。

中韩建交10周年以来,在两国政府的积极推动下,双边的经贸合作迅速发展,双边贸易额由建交初期的50.3亿美元增长到2001年的359亿美元,今年截止到10月份已经达到530亿美元,相互投资也有较大增长,这证明我们两国的经济具有互补的优势,经贸合作具有不断发展的潜力。

但是,在过去相当长的时间里,由于中韩双方在进出口商品结构和技术含量方面存在明显的差距,两国贸易在质量的提高、结构的改善和总量的扩大方面都受到很大的限制。为此,两国政府决定从促进在高科技领域的合作入手为双边经贸合作的可持续发展开辟新的途径。这次举办的为期2天的首届"中韩技术展示暨洽谈会",就是为此采取的一项重要举措。30多家韩国高科技企业和80多家中国高科技企业的踊跃响应,使这项活动更加有意义。

今天与会的中方代表,有一些来自已经进入国际市场的大型企业,也有许多来自新成立的、正在国内外市场上迅速崛起的中小型高科技企业,还有相当一部分分布在中国各地的高科技园区的代表,这充分证明这一重要举措是正确和富有生命力的。

高速发展的高新技术是推动全球经济的发动机。以环保、信息和生物工程为代表的高新技术是我们这次洽谈会的主题。我们希望两国企业家充分利用这次会议的机会,通过广泛深入的交流加深相互的了解,积极探索多种形式的合作,包括双向的技术交流、技术转让、技术合作和以优势技术和资金设备开展合资合作生产,既造福两国人民,也开拓更加广阔的国际市场。

中国机电产品进出口商会愿意继续为推动中韩两国在高科技领域中的交流、贸易和合作,作出我们的最大贡献。

我预祝洽谈会圆满成功。谢谢大家!

3.6 参考资料

(1) 북경 한국상품전시회 개막식 축사

존경하는 OOO 상무부 副部장님,
OOO 하북성 副성장님,
OOO 중국국제무역촉진위원회 회장님,
그리고 이 자리에 참석하신 내외 귀빈 여러분!

　21세기 새로운 동북아 시대가 열리고 있는 이 때, 韓·中 두 나라간에 5천년 우호친선의 역사가 숨쉬는 이곳 베이징에서『한국상품 특별전시회』가 열리게 된 것을 진심으로(衷心) 축하합니다.

　또한 날로 치열해지는 국제경쟁 속에서 한·중 양국의 정부와 기업 상호간에 새로운 협력의 전기가 될 오늘 전시회에서 축하의 말씀을 드리게 된 것을 기쁘게 생각합니다.

　한국과 중국 양국은 지난 92년 수교 이래 비약적인 경제협력 관계를 발전시켜 왔습니다. 양국은 이제 연간 400억 불(美元)이 넘는 중요한 교역파트너(贸易伙伴)로 성장하였으며, 자동차·철강·IT 등 다양한 분야에서 가시적인 성과를 거두어 기업들간에도 서로 신뢰하고 경쟁하는 건설적인(健康的, 积极的) 파트너쉽 관계(伙伴关系)를 유지하고 있습니다.

　또한 연간 250만 명에 달하는 인적 교류와 '한류(韓流)'와 '한풍(漢風)'으로 표현되는 상호 이해와 친선은 양국 국민간 정치, 문화, 교육 등 다방면에 걸쳐 신뢰와 우의를 두텁게하고 있습니다.

　이 같은 호혜적인 양국 관계를 바탕으로, 이제 두 나라는 동북아시아의 새로운 주역으로 부상하기(成为) 위해 지금까지 유지해왔던 협력관계를 한층 더 확대·발전시켜 나가야 할 것입니다.

　지난 7월 양국 정상간 합의한(达成协议) "미래지향적 경제협력 관계"를 모색하기 위해 첨단기술에 대한 공동연구와 산업화 노력을 더욱 강화해 나가고 경제협력을 심화(加深、加强)시키기 위한 자유무역지대 구성에 관한 공동 연구도 결실을 맺을 수 있도록 같이 힘써 나가야 하겠습니다.

　이런 차원에서(为此) 오늘 전시회는 양국간 경제 교류의 수준을 한 차원 높이고(更上一层楼) 나아가 양국 국민간 역사적·문화적 교류를 통해 협력 기반을 더욱 공고히 하는 뜻깊은 행사가 될 것으로 확신합니다.

　중국 기업인 및 국민들의 높은 관심과 뜨거운 참여 열기 속에 이번 전시회가 끝까지 성황리에 개최(取得圆满成功)될 것으로 믿어 의심치 않으며, 아울러 성공적인 전시회 개최를 위해 수고해 주신 관계자 여러분들(有关工作人员)의 그간의 노고를 치하드리는 바입니다. 감사합니다.

(2) 무역상담회 개막식 축사

존경하는 한국 수입업협회 *** 회장님,

중국수출입상회연합회 ***부회장님, 중국상무부 **副司長님,

그리고 바쁘신 가운데에도(百忙之中) 오늘 상담회에 참석하신 한중 양국 기업인 여러분!

21세기 한·중간 경제협력 관계와 새로운 지평을 여는 동북아 시대를 맞이하여, 이곳 북경에서 무역상담회가 개최된 것에 대해 주중 한국대사관을 대표하여 환영과 축하의 말씀을 드립니다.

92년 수교 이후 11년간 양국간 교역 관계는 실로 엄청난 발전을 거듭하여 지난해에는 무역규모 400억 불을 초과함으로써 양국은 명실공히 상호 제3위의 교역대상국(贸易伙伴、贸易对象国)으로 성장(成为、发展为)하였습니다.

특히 지난 7월초 한·중 정상회담에서 노무현 대통령께서는 향후(今后) 5년내 양국간 교역규모를 1000억 불 이상 달성한다는 비전을 제시한 바 있습니다. 이 목표는 양국간 상호보완적인 산업구조를 적절히 활용한다면 충분히 달성될 수 있는 현실적인 제안이며, 이는 여기 계시는 양국 기업인들의 노력에 달려 있다고 생각합니다.

한편, 양국간 교역 관계의 발전과 더불어 파생되는 무역불균형 문제는 양국간에 상호 전향적인 노력에 위해 점차적으로 해결해 나가야 할 과제라고 생각합니다. 이를 위해 한국 정부는 지난 정상회담의 전면적 협력동반자관계 형성이라는 기본 합의에 의거하여 수입사절단 파견(派遣), 수입선 전환, 수출 자율규제, 조정관세 철폐 또는 폐지 등을 통한 양국간 교역 관계를 확대·균형적으로 발전시키기 위한 노력을 강화하고 있습니다.

이번 무역상담회는 기계, 건축, 화학, 의료 등 분야 등에서 28개 업체가 참가한 대규모 행사로서 양국간 교역 관계의 확대발전을 위한 협력의 장(平台)을 제공하고, 양국간 전면적인 협력동반자관계 형성에도 큰 기여(贡献)를 할 것이라고 확신합니다.

아무쪼록 이번 행사를 계기로 양국 기업인들간 필요한 정보를 교환하고 서로 이해의 폭을 넓히며, 상호 필요한 분야에 대한 협력의 가능성을 발견할 수 있기를 바랍니다.

다시 한번 이번 상담회(洽谈会)에 참가하신 양국 기업인 여러분을 환영하며, 행사 준비에 협조하여 주신 상무부와 중국수출입상회연합회 관계자분들께 감사의 말씀을 드립니다.

第4课 讲话

4.1 课文范文

4.1.1 在招待会上的讲话

女士们、先生们、朋友们：

首先，我代表河北省贸促会对各位朋友在百忙之中能够参加今天的招待会表示热烈的欢迎和衷心的感谢！今天，参加招待酒会的有部分国家的驻华使节、商务代表、商协会代表和工商界人士，还有中国贸促会的领导，其中有很多与河北省贸促会合作多年的老朋友，也有刚刚结识的新朋友。在圣诞节、新年即将来临之际，我们将各位新老朋友请到这里，有两个目的：一是对多年来所有朋友的合作、支持与帮助，表示诚挚的谢意；二是为大家提供一个相互认识、增进了解、促进交流、加强合作的机会，抓住中国加入世贸组织的机遇，共谋发展大计。

河北省贸促会是中国贸促会在河北省的分支机构，以促进河北省对外贸易、利用外资、引进先进技术和对外经济技术交流为宗旨，是政府与中外企业联系的纽带，是河北经济与国际经济接轨的桥梁。近年来河北省贸促会在河北省外向型经济建设中，做出了很大的努力，得到了省政府的肯定和社会各界及中外企业的好评。我们与世界许多商协会组织和企业进行了多次成功、愉快的合作，得到过许多国家驻华使节、商务官员及各界人士，包括在座的各位的大力支持和帮助。在此，我再次表示衷心的感谢。同时，希望进一步巩固友谊，加强合作，共同发展。

2011年，我们曾经组织了42个经贸及展览团组约600余人次，赴世界各个国家和地区进行考察、经贸洽谈和参展，取得了较好效果，接待了国外客商约400人次。今年，我们还将邀请世界各个国家和地区的客商预计400人来河北考察，组织河北企业有关人士500至600人到国外进行考察和经贸活动。

…………

我们衷心希望各位领导、诸位来宾、各界人士今后继续给予我们大力支持。在此，我提议，为了诸位朋友的身体健康，为了我们今后的成功合作，干杯！

河北省贸促会会长 ○○○

4.1.2　词汇注释

在百忙之中 —— 바쁘신 가운데, 바쁘신 일정에도 불구하고
招待会 —— 환영 리셉션(reception), 환영회(환영 오찬, 환영 만찬)
领导 —— 고위 관계자, 고위급 인사, 고위 관리
圣诞节 —— 크리스마스, 성탄절
在……之际 —— (어떤 시기나 단계)에 즈음하여
分支机构 —— 지부
宗旨 —— 이념, 취지
接轨 —— 근접시키다
外向型经济建设 —— 수출지향적 경제체제 확립
大力支持 —— 전폭적인 지지(지원)
组织 —— 구성하다, 준비하다, 조직하다
人次 —— 명
效果 —— 효과, 성과
地区 —— 지역
世贸组织 —— 세계무역기구(WTO)

参加 —— 참석하다, 참가하다
衷心的 —— 진심으로
驻华使节 —— 재중 외국사절
部分 —— 일부
工商界人士 —— 상공업계 인사
了解 —— 이해하다
加强 —— 강화하다, 증진시키다
抓住机遇 —— 기회를 활용하다
共谋 —— 함께 도모하다
引进 —— 도입하다
纽带 —— 창구
桥梁 —— 가교, 다리
得到……肯定 —— 긍정적인 평가를 받다
巩固 —— 공고히 하다, 확고하게 하다
团组 —— ~팀(team), ~단(團)
考察 —— 시찰(하다)
接待 —— 맞이하다
预计 —— 예상하다, 예측하다
中国贸促会 —— 중국국제무역촉진위원회(CCPIT)

4.1.3　参考译文

🌸 리셉션 환영사 🌸

(신사, 숙녀 여러분 그리고) 내외 귀빈 여러분,

　먼저, 바쁘신 중에도(바쁘신 일정에도 불구하고) 오늘 이 자리에(직역: 오늘 열린 만찬 리셉션에) 참석해주신 여러분께 중국국제무역촉진위원회 하북성 지회(지부)를 대표하여 깊은(진심으로) 감사의 말씀을 드립니다(중국국제무역촉진위원회 하북성 지회(지부)를 대표하여 환영과 감사의 말씀을 드립니다).

　오늘 만찬 리셉션에는 여러 나라의 주중 외국사절, 상무 대표, 상공협회 및 상공업계 인사들 그리고 중국국제무역촉진위원회 고위 관계자들께서 참석해주셨습니다. 이 중 많

은 분들은 중국국제무역촉진위원회 하북성 지회(지부)(CCPIT 하북성 지부)와 오랫동안 협력을 해 오신 분들이고, 이번에 새로 뵙게 된 분들도 있습니다.

크리스마스와 신년에 즈음하여, 여러분을 이 자리에 모신 것은 두 가지 이유에서입니다(여러분을 이 자리에 모신 이유는 두 가지입니다/여러분을 이 자리에 모신 데는 두 가지 목적이 있습니다). 첫 번째는 지금까지 보여주신 협력과 성원(지지)에, 그리고 도움을 주신 모든 분들께 깊은 감사를 드리기 위해서 입니다.

① 직역:두 번째는 이와 같은 만남을 통해 상호 이해 증진, 교류 촉진 그리고 협력 강화의 기회를 마련함으로써 중국의 WTO 가입을 기회로 공동발전을 모색해보기 위함입니다.

② 의역:두 번째는 이와 같은 만남을 통해 상호 이해 증진, 교류 촉진 그리고 협력 강화의 기회를 마련함으로써 공동발전을 모색해보기 위함입니다. 특히 중국의 WTO 가입을 계기로 삼아 (다양한) 분야의 협력발전 방안을 모색해보기 위함입니다.

중국국제무역촉진위원회 하북성 지회(지부)는 중국국제무역촉진위원회(CCPIT)의 하북성 지부입니다.

저희 중국국제무역촉진위원회 하북성 지회(지부)는 하북성의 대외무역, 외자 유치 및 활용, 선진기술 도입 그리고 외국과의 경제기술교류 촉진을 이념으로 삼고 있으며, 정부와 국내외 기업을 서로 연결해 주는 창구이자 하북성을 국제경제와 연결시키는 가교 역할을 수행하고 있습니다. 최근 들어(근년에 들어) 중국국제무역촉진위원회 하북성 지회(지부)는 하북성의 수출지향적 경제체제 확립에 많은 노력을 기울임으로써 성정부의 긍정적인 평가와 사회 각계 및 국내외 기업들로부터 호평을 받아왔습니다. 저희 중국국제무역촉진위원회 하북성 지회는 전세계의 (수많은) 상공협회·기구 및 기업들과 수 차례 성공적으로 협력을 진행한 바 있으며(의역:수 차례 협력을 진행한 바 있으며 대단히 성공적인 결과를 가져왔습니다. 그리고), 그 과정에서 지금 이 자리에 계신 여러 나라의 주중 외국 사절단, 경제 부처 관계자분들 그리고 각계 인사들께서 전폭적인 지지와 도움을 주셨습니다. 이에 대해 이 자리를 빌려 다시 한번 깊이 감사드리며, 또한 상호간의 우의를 더욱더 돈독하게 하고 협력을 강화시키며, 공동발전을 도모할 수 있게 되기를 희망합니다.

① 직역: 2011년에는 약 600명 규모에 달하는 총 42개의 경제무역사절단 및 전시회 참관단을 구성·파견하여, 이 대표단들이 세계 각국(및 지역)을 시찰하고 경제무역 상담회 및 전시회에 참가하게 함으로써 400여 명의 투자자 및 바이어들을 맞이하게 되는 등 상당한 성과를 거두었습니다.

② 의역: 지난 2011년에는 약 600명으로 구성된 총 42개의 경제무역사절단 및 전시회 참관단을 파견했는데, 이 대표단들은 전세계 각국(및 지역)을 방문하여 시찰 활동, 각종무역상담회·전시회 등에 참가하여 약 400명의 투자자 및 바이어들과 상담을 진행하는 등 상당한 성과를 거둔 바 있습니다.

① 직역: 금년에도 저희는 하북성(하북지역)을 시찰할 약 400여 명의 세계 각국(및 지역) 투자자 및 바이어를 초청하는 한편, 해외 시찰과 경제무역 관련 행사에 참여할 하북지역 기업 관계자 500~600명을 모집·파견할 예정입니다.

② 의역: 금년에도 저희 중국국제무역촉진위원회 하북성 지회는 세계 각국(및 지역)의 투자자 및 바이어들을 초청할 계획인데, 약 400명이 내방하여 하북성을 시찰할 것으로 예상됩니다. 또한 해외 시찰 및 경제무역 관련 행사 참가를 위해 약 500~600명의 하북성 기업 관계자들로 구성된 대표단을 파견할 계획입니다.

……

앞으로도 여러분들의 지속적인 협력과 지지를 (진심으로) 부탁드립니다. 마지막으로 이 자리에 함께 해주신 여러분들의 건강과 앞으로의 순조로운 협력을 위해 건배를 제의하고 싶습니다. 건배!

중국국제무역촉진위원회 하북성 지회(지부) 지회장 ○○○

4.2 正误评析

* 4과 텍스트는 리셉션 환영사이므로 설명에서 "통역" 또는 "번역"으로 쓰는 것이 정확하지만 편의상 "번역"으로 통일한다.

❶ 首先, 我代表河北省贸促会对各位朋友在百忙之中能够参加今天的招待会表示热烈的欢迎和衷心的感谢!

错误翻译:
먼저, 저는 하북성 무역 촉진회를 대표하여 바쁘신데 오늘 리셉션을 참가해 주신 여러분들에게 열렬한 환영과 충심으로 감사드립니다.

正确翻译:
먼저, 바쁘신 중에도(바쁘신 일정에도 불구하고) 오늘 이 자리에(직역:오늘 열린 만찬 리셉션에) 참석해 주신 여러분께 중국국제무역촉진위원회 하북성 지회를 대표하여 깊은(진심으로) 감사의 말씀을 드립니다(중국국제무역촉진위원회 하북성 지회를 대표하여 환영과 감사의 말씀을 드립니다).

正误评析:
☞"我代表A……"를 "저는 A를 대표하여"로 번역하는 것은 부적절하다. **첫째**, "A를 대표하여"라는 표현에서 "저는"과 같은 1인칭 주어는 구어에서 생략하는 것이 일반적이다.(☞14.3.5 번역상식 참조) **둘째**, 한국어의 어순상 "A를 대표하여"는 "감사드립니다/감사의 말씀을 드립니다"의 앞으로 위치를 옮겨 번역해야 자연스럽다.

- "河北省贸促会"는 고유명사이므로 원칙적으로 모아써야 하지만 시각적인 효과를 위해 하북성 다음에 한 칸을 띄어써도 무방하다. 그리고 "贸促会(英文缩写为CCPIT)"는 "中国国际贸易促进委员会(China Council for the Promotion of International Trade)"의 약칭이므로 "무역촉진회"로 번역하는 것은 옳지 않다. "중국국제무역촉진위원회 하북성 지회(지부)"로 옮겨야 하며, 하북성 지부(分会)를 의미하는 "중국국제무역촉진위원회(CCPIT) 하북성지부"로 번역해도 무방하다. 번역사는 인터넷 검색 등을 통해 텍스트를 정확히 번역하는 자세가 필요하다.(☞10.3.1 번역상식 참조)

- "百忙之中"을 "바쁘신데"로 번역하는 것은 적절하지 않다. "바쁘신데 이렇게 와 주시고" 등과 같이 사석(비공식적 자리)에서 격의 없이 사용되는 표현이기도 하고 연결어미 "-데"에는 여러 다른 의미가 있기 때문이다.(예:"바쁘신데 이런 부탁을 드려 죄송합니다") "百忙之中"은 일반적으로 "바쁘신 중에도" 또는 "바쁘신 일정에도 불구하고"와 같은 고정적인 표현을 사용한다.

- "参加"를 "참가(하다)"로 번역하는 것은 부적절하다. "参加"는 일반적으로 "참가(하다)" 또는 "참석(하다)"으로 번역 가능한데, 본 텍스트와 같이 '모임'의 성격을 지닌 단어(예:만찬 리셉션, 개막식)를 목적어로 대동하면서 "出席"의 의미를 지닌 경우에는 "참석(하다)"으로 번역해야 적절하다.(☞4.3.1 번역상식 참조)

- "여러분들에게"로 번역하는 것보다 존경을 표시하는 조사 "-께"를 사용하여 "여러분께"로 번역해야 더 적절하다.

- "表示热烈的欢迎和衷心的感谢"를 "열렬한 환영과 충심으로 감사드립니다"로 번역할 수 없다. **첫째**, "A的B和C的D"에서 A-B와 C-D의 관계가 대등한 성분이라야 직역이 가능하다. 그런데 "열렬한 환영"과 "충심의 감사"는 하나의 서술어로 연결되기가 어렵다. **둘째**, "열렬한 환영"은 주로 "받다"와 호응되어 쓰이고 "드리다"와는 호응되어 쓰이지 않는다. **셋째**, "충심의 감사"는 수식 관계상 성립될 수 없는 표현이다. 이 문장의 중심 내용은 '감사'이므로 "表示热烈的欢迎(진심으로 환영합니다)"라는 내용은 생략하고 "깊은(진심으로) 감사의 말씀을 드립니다(表示衷心的感谢)"로 간결하게 번역해도 무방하며, "환영과 감사의 말씀을 드립니다"로 옮길 수도 있다.(☞3.3.3 번역상식 참조)

❷ 在圣诞节、新年即将来临之际, 我们将各位新老朋友请到这里, 有两个目的:
   错误翻译:
   크리스마스와 신년이 <u>오기 전에</u>, <u>우리는</u> <u>친구들을</u> 이 리셉션에 초청<u>하는 목적이</u>① 두 가지<u>가</u>② 있습니다.
   正确翻译:
   크리스마스와 신년에 즈음하여, 여러분을 이 자리에 모신 것은 두 가지 이유에서입니다(이 자리에 모신 이유는 두 가지입니다/모신 데는 두 가지 목적이 있습니다).

正误评析:

- "在……之际"를 "~하기 전에(……之前)"로 번역하는 것은 의미가 다르기 때문에 부적절하다. 문어체에 가까운 "-에 즈음하여"로 번역해야 적절하다.
- "我们"과 같은 1인칭 주어는 구어에서 생략해야 자연스러운 경우가 많다. 굳이 번역하자면 "우리"가 아니라 "저희"로 번역해야 적절하다.
- "초청하는"은 미래시제형이므로 부적절하다. 대표들이 이미 초청을 받아 참석한 자리이기 때문이다. 시제를 고려하여 "초청한"으로 번역할 수 있으나 좀 더 정중한 표현인 "모시다"로 번역하는 것이 좋다.
- "有两个目的"을 "-한 목적이 두 가지가 있습니다"로 번역하는 것은 부적절하다. 주격조사가 두 번(이①, 가②)이나 반복되어 주어와 서술어의 호응이 부자연스럽기 때문이다.(☞11.3.1 번역상식 참조) 따라서 "-한 것은 두 가지 이유에서입니다(-한 이유는 두가지입니다)" 또는 "-한 데는 두 가지 목적이 있습니다"로 번역해야 적절하다.

❸ 二是为大家提供一个相互认识、增进了解、促进交流、加强合作的机会, 抓住中国加入世贸组织的机遇, 共谋发展大计。

错误翻译:
다른 한 방면으로는 여러분께 서로 알게 되는 것과 이해·교류 촉진 그리고 협력 강화의 기회를 제공하여 중국이 세계무역조직에 가입하는 기회를 잡고 발전시키는 것을 모략합니다.

正确翻译:
①직역:두 번째는 이와 같은 만남을 통해 상호 이해 증진, 교류 촉진 그리고 협력 강화의 기회를 마련함으로써 중국의 WTO 가입을 기회로 공동발전을 모색해보기 위함입니다.
②의역:두 번째는 이와 같은 만남을 통해 상호 이해 증진, 교류 촉진 그리고 협력 강화의 기회를 마련함으로써 공동발전 방안을 모색해보기 위함입니다. 특히 중국의 WTO 가입을 계기로 삼아 (다양한 분야의) 협력발전을 모색해보기 위함입니다.

正误评析:

- "一、二"는 河北省贸促会가 이 자리를 마련한 두 가지 이유(목적)를 열거한 것이므로 "첫째(笔译) 또는 첫 번째는(口译), 둘째(笔译) 또는 두번 째는(口译)"으로 번역(통역)하는 것이 의미 전달상 알아듣기 쉽고 간결하다. 그리고 "方面"은 일반적으로 "(측)면"으로 번역해야 적절하다.(☞ 1과 正误评析 ❷번 설명 참조)
- "相互认识、增进了解、促进交流、加强合作"은 병렬관계에 있는 수식어이므로 "만남, 상호 이해 증진, 교류 촉진, 협력 강화"와 같이 간결한 명사구로 번역하는 것이 좋다. "기회(机会)"의 수식어가 너무 길면 청자에게 의미 전달 효과가 떨어지기 때문이다.(☞

第4课

7.3.3 번역상식 참조)

- "中国加入世贸组织"을 "중국이 세계무역조직에 참가하는"으로 번역하는 것은 부적절하다. **첫째**, "世贸组织"은 "세계무역기구" 또는 "WTO(World Trade Organization)"로 번역해야 옳다. 한국어에서는 "Organization"을 "기구(機構)"로 표현한다.(☞4.3.4 번역상식 참조) **둘째**, "중국의 WTO 가입"으로 번역하는 것이 간결하고 의미 전달의 효과가 빠르다.
- "抓"를 구어체인 "잡다"로 번역하는 것은 부적절하다. 굳이 1:1 대응관계로 번역하자면 "활용하다"로 번역 가능하지만, 여기서는 "抓住A的机遇"를 "A를 계기로 삼다"로 번역하는 것이 자연스럽다.
- "共谋发展大计"를 "발전시키는 것을 모략합니다"로 번역할 수 없다. 표현이 부자연스럽고 "谋"를 "모략"으로 번역할 수 없기 때문이다. "모략(謀略)"은 貶义词이므로 부적절하며(☞4.3.1 번역상식 참조) "모색(摸索)"으로 번역해야 적절하다.

❹ 河北省贸促会是中国贸促会在河北省的分支机构，以促进河北省对外贸易、利用外资、引进先进技术和对外经济技术交流为宗旨，是政府与中外企业联系的纽带，是河北经济与国际经济接轨的桥梁。

错误翻译:
중국국제무역촉진위원회 하북성 지회(지부)는 중국무역촉진위원회의 하북성 지회입니다. <u>우리는</u> 하북성의 대외무역을 촉진<u>하고</u>, 외자를 이용<u>하고</u>, 선진기술을 도입<u>하고</u> 그리고 대외 경제기술교류를 ①촉진하는 것을 ②중지하여, 정부와 중외기업이 연락하는 <u>유대가 되고</u>, 하북 경제와 국제 경제를 <u>연접하는 다리가 되었습니다</u>.

正确翻译:
중국국제무역촉진위원회 하북성 지회(지부)는 중국국제무역촉진위원회(CCPIT)의 하북성 지부입니다. 저희 중국국제무역촉진위원회 하북성 지회(지부)는 하북성의 대외무역, 외자유치 및 활용, 선진기술 도입 그리고 외국과의 경제기술교류 촉진을 이념으로 삼고 있으며, 정부와 국내외 기업을 서로 연결해주는 창구이자 하북성을 국제경제와 연결시키는 가교 역할을 수행하고 있습니다.

正误评析:
- 错误翻译은 문장이 부자연스럽다. "促进"의 목적어가 4개인데, 이를 정확하게 번역하지 않아서 문장성분 간의 호응 관계가 부자연스럽다. 错误翻译에서는 병렬관계에 있는 구를 "촉진하고, 이용하고, 도입하고, 중지하여"로 번역했는데, 한 문장 안에 "-하고"를 세 번이나 반복해서 나열하는 것은 부자연스럽다. 전부 간결한 명사구로 번역해야 적절하다.(☞7.3.3 번역상식 참조)
- "우리"를 "저희"로 바꾸고 그 뒤에 구체적인 기관명을 언급하여 "저희 중국국제무역촉진위원회 하북성 지회(지부)는"으로 번역하는 것이 더 적절하다.

- "宗旨"를 "중지하다"로 번역할 수 없다. 한국어에서 "중지하다"는 "终止하다"를 의미하므로 의미 전달상 문제가 있다. 더구나 목적격조사를 두 번(를①, 을②) 나열하여 번역한 것도 부자연스럽다. "以……为宗旨"는 "–를 이념으로(취지로) 삼다"로 번역하는 것이 적절하다.
- "……是A与B联系的纽带"를 "A와 B가 연락하는 유대가 되고"로 번역하는 것은 부적절하다. 첫째, "연락(하다)"은 보통 간단한 일회성 정보의 전달을 의미하므로, 여기서는 서로 간의 긴밀하고 잦은 정보의 교류를 의미하는 "접촉하다"로 번역하는 것이 적절하다. 둘째, "유대(관계)"는 '서로 인연을 맺은 관계'를 의미하는데 어떤 행위 주체를 대체하는 추상명사로 사용하기에는 부적절하다. 여기서 "纽带"는 '중간 역할을 하는 주체'를 의미하므로 "창구(窓口)"로 번역하는 것이 적절하다. 셋째, "中外企业"을 "중외기업"으로 번역할 수 없다.(☞4.3.3 번역상식 참조)
- "接轨"를 "연접하는"으로 번역할 수 없다. "연접"은 '서로 잇닿음'을 의미하는데, 동작성을 지니고 있지 않아 부적절하다.(예:해안선과 연접한 마을) 여기서는 "연결시키다(직역:근접시키다)"로 번역해야 적절하다.
- "桥梁"을 "다리"로 번역하는 것은 부적절하다. "다리"는 주로 구체적인 시설물인 다리를 의미할 때 사용한다. 이와 같이 "桥梁"이 추상적인 의미로 쓰일 경우에는 한자어인 "가교(架橋)"로 번역해야 더 적절하다.
  - ☞ 국립중앙박물관은 과거와 미래를 이어주는 가교 역할의 공간입니다.

❺ 近年来河北省贸促会在河北省外向型经济建设中, 作出了很大的努力, 得到了省政府的定和社会各界及中外企业的好评。

错误翻译:
근년에는 중국국제무역촉진위원회 하북성 지회(지부)는 하북성의 외향형 경제 건설하는 중에 많은 노력을 해서 성정부의 긍정과 사회 각계 그리고 중외기업의 호평을 받았습니다.

正确翻译:
최근 들어(근년에 들어) 중국국제무역촉진위원회 하북성 지회(지부)는 하북성의 수출지향적 경제체제 확립에 많은 노력을 기울임으로써 성정부의 긍정적인 평가와 사회 각계 및 국내외 기업들로부터 호평을 받아왔습니다.

正误评析:
- "外向型经济建设"을 단순히 한국 한자독음으로 옮기는 것은 부적절하다. 한국인 번역사가 아닌 경우 이와 같이 전형적인 중국식 표현을 한국인이 이해할 수 있는 표현으로 번역하기란 사실 쉽지 않다. 여건이 된다면 한국인에게 조언을 구하거나 검색을 통해 적절하게 번역하는 노력이 필요하다. 여기서는 "수출지향적 경제체제 확립"으로 번역해야 적절하다. 참고로 "건설"이라는 단어는 '구체적인 건물이나 시설물을

만들어 세우는 것'을 의미하는 경우에 주로 사용되며, 중국어에서처럼 '추상적인 무형의 가치를 만들거나 이룩하다'라는 의미로는 잘 사용되지 않기 때문에 번역시 주의해야 한다.

- "作出了很大的努力"을 "많은 노력을 해서"로 번역하는 것보다는 "많은 노력을 기울임으로써"로 번역하는 것이 더 적절하다. **첫째**, "노력을 하다"보다는 "노력을 기울이다"라는 표현이 더 강한 의미를 지닌다. **둘째**, "노력을 해서"에서 "-해서"는 구어체이므로 적절하지 않다. 따라서 도구격 조사인 "-함으로써"를 사용하여 "많은 노력을 기울임으로써"로 번역해야 적절하다.

- "得到了省政府的肯定"을 "성정부의 긍정을 받았습니다"로 번역할 수 없다. 명사 "긍정"은 주로 "否定"의 반대 의미로 사용되며 "받다"라는 동사와 호응되어 쓰일 수 없기 때문이다. 한국어에서는 "긍정적인 평가를 받다"라는 표현을 사용한다.

- "中外企业"을 "중외기업"으로 번역할 수 없다. "중외"는 한국인이 이해할 수 없는 단어이다. 일반적으로 "中外"는 "중국과 외국", 또는 "국·내외" 등으로 번역해야 적절하다.(☞4.3.3 번역상식 참조)

❻ 2011年, 我们曾经组织了42个经贸及展览团组约600余人次, 赴世界各个国家和地区进行考察、经贸洽谈和参展, 取得了较好效果, 接待了国外客商约400人次。

错误翻译:

2011년에 우리는 42개 경제무역과 전시단의 약 600명을 조직해서 세계 각국과 지역에서 고찰하고(조사하고) 경제무역 상담과 전시회를 참가하여 좋은 효과를 거두었습니다. 국내외 상인들 약 400명을 접대했습니다.

正确翻译:

①직역: 2011년에는 약 600명 규모에 달하는 총 42개의 경제무역사절단 및 전시회 참관단을 구성·파견하여, 이 대표단들이 세계 각국(및 지역)을 시찰하고 경제무역 상담회 및 전시회에 참가하게 함으로써 400여 명의 투자자 및 바이어들을 맞이하게 되는 등 상당한 성과를 거두었습니다.

②의역: 2011년에는 약 600명으로 구성된 총 42개의 경제무역사절단 및 전시회 참관단을 파견했는데, 이 대표단들은 전세계 각국(및 지역)을 방문하여 시찰 활동, 각종 (경제)무역상담회·전시회 등에 참가하여 약 400명의 투자자 및 바이어들과 상담을 진행하는 등 상당한 성과를 거둔 바 있습니다.

正误评析:

- "我们"은 번역에서 생략하는 것이 자연스럽다. 굳이 직역하자면 "우리"가 아니라 "저희"로 번역해야 한다.

- "组织"을 "조직하다"로 번역할 수 없다. "조직하다"의 목적어는 단체(기구) 명칭이라야 한다.(☞1과 正误评析 3번, 4.3.1 번역상식 참조) 여기서는 문맥을 고려하여 "모

집·파견하다", "구성하다", "편성하다" 등으로 번역해야 적절하다.

☞ 한국발명진흥회는 오는 4월 시행되는 '2012 선진 유럽 혁신 기술 및 산업 시찰단'을 다음달 23일까지 모집한다고 27일 밝혔다.

◉ "42个经贸及展览团组约600余人次"를 "42개 경제무역과 전시단의 약 600명을"으로 번역하는 것은 부적절하다. 첫째, "及"을 "-과"로 번역할 수 없다. "A와 B"로 번역할 경우, A와 B는 대등한 성분이라야 하는데 "경제무역"과 "전시단"은 대등한 문장성분이 아니다. 그리고 "경제무역단", "전시단"이라는 단어는 존재하지 않는다. 한국어에서는 "경제무역"과 "전시"가 "단(團)"을 수식할 수 없기 때문에 "경제무역사절단 및 전시회 참가단(참관단)"으로 번역해야 적절하다. 둘째, 규모를 나타내는 수사 "42개"와 "600명"을 분리하여 번역하면 그 의미가 명확하지 않으므로 "42개, 약 600명"과 같이 연결하여 번역해야 총 42개 대표단으로 인원이 약 600명이라는 사실을 명확히 보여줄 수 있다. (☞9.3.3 번역상식 참조)

◉ "考察"을 "고찰하고" 또는 "조사하고"로 번역하면 부적절하다. 첫째, "시찰하다"로 번역해야 옳다. "고찰하다"는 '깊이 생각하여 살피다'라는 의미로 학술논문에서 많이 사용되며, "조사하다"는 '어떤 원인이나 현황에 대해 진상을 규명하다'라는 의미를 지니므로 부적절하다. 둘째, "약 600명을 조직하여 고찰하고(옳은 번역:모집하여 ~을 시찰하고)"로 번역할 경우 "중국국제무역촉진위원회 하북성 지회(지부)(우리)"가 시찰하는 행위 주체자가 되기 때문에 의미상 부적절하다.

◉ "效果"를 "효과"가 아니라 "성과"로 번역해야 적절하다.(☞4.3.1 번역상식 참조)

◉ "接待"를 "접대하다"로 번역할 수 없다. "접대하다"는 '손님을 맞이하여 식사 등을 대접하다'라는 의미를 지니므로 "무역상담회와 전시회에 참석한 해외 바이어들을 접대했다"라고 표현하는 것은 부적절하다. 여기서는 "바이어들을 맞이하다" 또는 "상담을 진행하다"로 표현해야 적절하다.

❼ 今年,我们还将邀请世界各个国家和地区的客商预计400人来河北考察、组织河北企业有关人士500至600人到国外进行考察和经贸活动。

错误翻译:
금년에 저희는 세계 각 나라와 지역의 상인들 약 400명을 하북으로 시찰하러 오라고 초청하고 하북 기업의 유관인사 약 500~600명을 조직하여 외국에서 시찰하거나 경무 활동을 할 계획입니다.

正确翻译:
①직역:금년에도 저희는 하북성(하북지역)을 시찰할 약 400여 명의 세계 각국(및 지역) 투자자 및 바이어를 초청하는 한편, 해외 시찰과 경제무역 관련 행사에 참여할 하북지역 기업 관계자 500~600명을 모집·파견할 예정입니다.
②의역:금년에도 저희 중국국제무역촉진위원회 하북성 지회는 세계 각국(및 지역)

의 투자자 및 바이어들을 초청할 계획인데, 약 400명이 내방하여 하북성을 시찰할 것으로 예상됩니다. 또한 해외 시찰 및 경제무역 관련 행사 참가를 위해 약 500~600명의 하북성 기업 관계자들로 구성된 대표단을 파견할 계획입니다.

正误评析:

- "客商"을 "상인"으로 번역할 수 없다. "상인"은 보통 '재래시장 등에서 작은 규모의 개인 사업을 하는 사업자(个体户)'를 의미한다. 여기서는 중국을 방문하는 외국인 구매자를 가리키므로 "(해외) 바이어(buyer)"로 번역해야 적절하다.
- "河北"을 "하북"으로 번역하는 것보다 "하북성(하북 지역)"으로 번역하는 것이 의미상 더 명확하다.
- "邀请400人来河北考察"을 "약 400명을 하북으로 시찰하러 오라고 초청하고"로 번역하는 것은 부적절하다. "-하러 오라고"는 정중한 표현이 아니므로 부적절하다. 따라서 "하북성(지역)을 시찰할 약 400여 명의 세계 각국(및 지역) 투자자 및 바이어를 초청하는 한편" 또는 "바이어들을 초청할 계획인데 약 400명이 내방하여 하북성을 시찰할 것으로 예상됩니다"로 번역하는 것이 적절하다.
- "到国外进行考察和经贸活动"을 "외국에서 시찰하거나 경무 활동을 할 계획입니다"로 번역하는 것은 부적절하다. **첫째**, "외국에서 시찰하거나"에는 무엇을 시찰하는지 목적어가 누락되어 있기 때문에 호응 관계가 부적절하다. 따라서 "해외 시찰"과 같이 간결한 명사구로 번역해야 적절하다. **둘째**, "经贸活动"을 "경무 활동"으로 번역할 수 없다. 한국어에서 "경무"는 "警務"를 의미하며, "경제무역"의 준말로 사용하지 않는다. **셋째**, "A+组织+B+动词"에서 组织의 주어는 A(중국국제무역촉진위원회 하북성 지회(지부))이고 B(500~600명의 하북성 기업인들)가 "到国外进行考察和经贸活动"의 행위자이다. 그런데 错误翻译에서는 B를 목적격으로 번역하여, 마치 "我们"이 "到国外进行考察和经贸活动"의 행위 주체인 것처럼 보여 적절한 번역이라고 보기 어렵다.

❽ 我们衷心希望各位领导、诸位来宾、各界人士, 今后继续给予我们大力支持。

错误翻译:

오늘 찾아오신 장관, 귀빈들 그리고 각계의 인사 여러분, 향후에 우리에게 계속 대대적인 지지를 진심으로 바랍니다.

正确翻译:

앞으로도 여러분의 지속적인 협력과 지지를 (진심으로) 부탁드립니다.

正误评析:

- "各位领导、诸位来宾、各界人士"을 굳이 "给予支持"의 행위 주체자로 직역하자면 "내외 귀빈 여러분 그리고 각계 인사 여러분"으로 옮길 수 있지만, 관형어로 옮겨 "여러분의"로 번역하는 것이 가장 자연스럽다.(☞6.3.3 번역상식 참조) "여러분"으로 번

역해도 이 리셉션에 참석한 이들을 지칭한다는 것을 알 수 있기 때문이다.
- "领导"를 "장관"으로 번역할 수 없다.(☞4.3.2 번역상식 참조) "领导"는 상황에 따라 구체적인 직위로 번역 가능한 경우도 있다. 만약 이 행사에 참석한 정부 (고위)관계자가 장관급이라면 "이름+ 장관+ 님"으로 표현해야 한다. 그렇지만 이 자리에 참석한 정부 관계자들의 직급이 다양하기 때문에 하나의 구체적인 직위로 번역하는 것은 부적절하다.
  - ☞왕천(王晨) 중국 인민일보 사장님, 왕윈쿤(王云坤) 지린성(吉林省) 당서기님, 안민(安民) 상무부 부부장님, 리빈(李濱) 주한 중국대사님, 방상훈 조선일보 사장님, 그리고 이 자리에 참석하신 韓·中 양국 정부 관계자(领导) 및 경제계 인사 여러분!
- "来宾"은 "내빈", "귀빈", "내외 귀빈" 등으로 번역 가능하며, 구어에서는 일반적으로 복수형으로 쓰지 않고 "내빈 여러분" 또는 "귀빈 여러분"으로 복수의 의미를 대신한다.
- "继续"을 "계속"으로 번역하는 것은 부적절하다. 부사 "계속"으로 번역할 경우 "给予" 또는 "支持"를 동사로 번역해야 하기 때문이다. 여기서는 "지지(支持)"를 수식하는 관형어 "지속적인(계속적인)"으로 번역해야 적절하다.(☞6.3.3 번역상식 참조)
- "我们"은 번역에서 생략해야 자연스럽다. "给予"를 동사로 번역해야만이 "우리에게(我们)"와 호응 관계가 자연스럽기 때문이다.
- "大力支持"를 "대대적인 지지"로 번역할 수 없다. 일반적으로 "전폭적인 지지"로 번역 가능하지만, 여기서는 "大力"을 번역에서 생략해야 자연스럽다.
- "衷心希望……"은 일반적으로 "-를 진심으로 바랍니다"로 옮길 수 있지만, 여기서는 "希望"을 "바랍니다"로 번역하는 것은 적절하지 않다. 한국에서는 상대방에게 지지를 호소할 때 "지지를 부탁드립니다"라는 표현을 사용한다.

❾ 在此,我提议,为了诸位朋友的身体健康,为了我们今后的成功合作干杯!
错误翻译:
이 자리를 빌려서 여러분의 건강과 우리 향후의 성공적인 협력을 위하여 건배!
正确翻译:
마지막으로 이 자리에 함께 해주신 여러분의 건강과 앞으로의 순조로운 협력을 위해 건배를 제의하고 싶습니다. 건배!
正误评析:
- 错误翻译은 문형이 부자연스럽고 "我提议"에 대한 번역이 빠져있어 청중들이 갑작스러운 건배사(祝酒词)에 당황할 수 있다는 문제점을 보인다. 리셉션 등과 같은 행사에서 건배를 제의하는 맺음말은 관용적으로 "마지막으로 A를 위해 건배를 제의하고 싶습니다. 건배!" 또는 "마지막으로 건배를 제의하고 싶습니다. A를 위해 건배!"로 표현한다.

- "在此"를 "이 자리를 빌려서"로 번역하는 것은 적절하지 않다. 환영리셉션 등과 같은 행사에서 건배를 제의하는 맺음말은 관용적으로 "마지막으로"로 표현한다.
- "我们今后的"을 "우리 향후의"로 번역하는 것은 부적절하다. 의미상 "우리의 앞으로의 (순조로운 협력)"로 볼 수 있는데 "-의"가 중복되므로 "我们"을 번역에서 생략해야 자연스럽다.

4.3 翻译知识

4.3.1 不能一一对应翻译的汉字词(1) —— 1:1 대응시켜 번역할 수 없는 한자어(1)

한국어에 존재하는 많은 汉字词 중 일부는 常用词义不同、词性不同、贬褒不同、轻重不同、同形异义、搭配不同 등으로 인해 汉语词와 1:1 대응시켜 번역할 수 없으므로 주의해야 한다. 즉 중국어와 한국어에 동일한 단어가 존재한다고 해서 무조건 일대일로 대응시켜 번역하면 부적절한 경우가 적지 않다. 예를 들어 4과에 두 번 등장하는 "效果"는 전부 "효과"로 번역할 수 없다. 한국어에서 "효과"는 '효율이 높다'의 의미가 강한 반면, 본 텍스트에서는 '전시회 등을 통해 이룩한 결과(有所收获)'를 강조하는 것이므로 "성과"로 번역해야 적절하다. 그리고 4과에 여러 번 등장하는 "组织" 역시 번역하기가 상당히 까다로운 단어 중 하나이다. "组织"을 "조직하다"로 번역 가능한 경우가 극히 드물기 때문이다. 한국어에서 "조직"은 명사형으로 쓰이며(예: 정부 조직, 조직 개편, 조직 문화, 국제범죄조직), 동사로 쓰이는 경우에는 '(고정적, 장기적, 영구적으로) 어떤 단체나 기구를 조직하다'라는 의미로 사용된다.(예: 자원 봉사단을 조직하다) 즉, 동사 "조직하다"의 목적어는 "자원봉사단"과 같이 단체(기구)명칭이라야 한다. 따라서 동사 "组织"은 문맥적 의미를 고려하여 "준비하다", "구성하다", "편성하다", "모집하다" 등과 같은 표현으로 번역해야 적절하다.

☞ 词组前后搭配不同
◎ 今天,参加招待会的有部分国家的驻华使节、商务代表、商协会代表和工商界人士,还有中国贸促会的领导……

说明: "参加"를 "참가하다"로 번역하는 것은 부적절하다. "参加"는 일반적으로 "참가하다" 또는 "참석하다"로 번역 가능한데, 위 문장과 같이 '모임'의 성격을 지닌 단어(예: 만찬 리셉션, 개막식)를 목적어로 대동하면서 "出席"의 의미를 지닌 경우에는 "참석하다"로 번역해야 적절하다.

"참석하다"相对于"참가하다"和"참여하다"来讲,所指的范围更小,意义也更具体。"참

가하다"相对于"참석하다"有着更宽泛的词义,它更强调动态的行为。"참여하다"一词则含有"참가해서 관계하다(不仅参与活动且强调与活动的相关性)",即更加强调"참석한 것에서 어떤 역할을 한다는 것(在所参加的活动中所担任的角色)"。

◎ 曾任北大学生会文体部成员,参与组织"北大毕业生晚会",担任晚会舞台监督工作。

说明:"组织"을 "조직하다"로 번역할 수 없다. 한국어에서 "조직하다"의 목적어는 "자원봉사단"과 같이 반드시 단체(기구)명칭이라야 한다.

☞ 词性不同

◎ 这次展览作为河北省第十九届对外经贸洽谈会的重要组成部分,展览面积大,展品丰富,全面反映河北经济发展水平、产业优势、地方特色。

说明:"优势"를 "우세"로 번역하는 것은 적절하지 않으며, 일반적으로 "(비교)우위, 장점" 등으로 번역해야 적절하다. 한국어에서는 "우세"가 명사로 쓰이는 경우는 거의 없으며, "우세하다, 우세적이다"의 형태로 쓰인다.

☞ 贬褒不同

◎ 基金公司所募集的几十亿甚至上百亿的资金怎么运作呢?

说明:"甚至"를 "심지어"로 번역하는 것은 부적절하다. "심지어"는 "그보다 더 심하게는"이라는 의미를 지니고 있어 주로 贬义로 사용된다. 여기서는 "至"의 의미에 해당하는 "-에 이르는"으로 번역해야 적절하다.

◎ 有利于理论和教学研究人员依据大量第一手资料,分析总结经济改革实践中的经验和问题,建立和完善中国特色社会主义市场经济理论体系,为继续推进经济改革和加快社会发展提供更好的方法策略。

说明:"策略"을 "책략"으로 번역할 수 없다. "책략"은 '일을 처리하는 꾀와 방법'이라는 의미를 지니는데 贬义词로 볼 수 있다. 여기서는 "方法策略"을 "방안"으로 번역해야 적절하다.

☞ 轻重不同(词义的大小不同)

① 河北省国际医疗器械展,将于4月2日至5日在石家庄举办。已连续举办了六届,是河北省名牌国际展览会,是中国举办的同类展览中效果最好的展会之一,中外客商参展踊跃,成交好。

② 2001年共组织了42个经贸及展览团组约600余人次,赴世界各个国家和地区进行考察、经贸洽谈和参展,取得了较好效果,接待了国外客商约400人次。

说明:"效果"는 "효과" 또는 "성과"로 번역 가능한데, 여기서 "효과"로 번역하는 것은 부적절하다. "효과"는 '효율이 높다'는 의미가 강한 반면 여기서는 전시회 등을 통해 이룩한 결과(有所收获)를 강조하는 의미이기 때문에 "전시회의 성과"로 번역해야 적절하다.

4.3.2 外语词典的局限性 —— 외국어사전의 한계

외국어 학습에서 사전의 역할은 매우 중요하다. 그런데 중한사전이나 한중사전 등과 같은 외국어사전은 한정된 지면에 모든 어휘를 일일이 수록할 수는 없기 때문에 기본 어휘 위주로 기본 의미(基本义), 파생 의미(引申义) 등을 기술하고 있다. 문제는 외국어사전의 뜻풀이에 근거하여 번역했을 때 부적절한 번역이 이루어지는 경우가 발생한다는 점이다. 어휘의 의미는 '사전적 의미'와 '문맥적 의미'로 나누어 볼 수 있는데, 이 중 문맥적 의미로 번역해야 하는 경우에는 외국어사전으로 해결하기가 어렵다. 특히 B→A 번역(1과 참조)에서 그러하다. 예를 들어 3과와 4과에 나오는 "领导"와 "领导人"을 사전에서 찾아보면 "지도자, 영도자(现代韩语中很少用后者)" 등으로 기재되어 있으나, 이는 사전적 의미에 해당한다. 3과에 나오는 "领导人"은 문맥적 의미를 고려할 때 중국의 후진타오 주석과 한국의 노무현 대통령을 가리키므로 "양국 정상"으로 번역해야 적절하다. 한국에서는 대통령을 가리키는 말로 위의 두 단어가 쓰이지 않기 때문이다.

"领导"가 정부와 관련된 내용에서 등장하는 경우에는 "정부(부처) 고위 관계자", "고위급 인사", "고위 관리" 등으로, 기업이나 단체와 관련된 내용에 등장하는 경우에는 "최고 책임자, 고위 간부, 임원(회사에서 이사급 이상을 가리킴), 상사" 등으로 번역해야 적절하다.

☞ ① 有合作意向的省、市政府领导。
  협력 의사가 있는 성(省)과 시당국(市) 관계자
② 中国奥运金牌代表全体成员与送行的领导合影留念。
  올림픽 중국 금메달리스트들과 배웅을 나온 정부 관계자들의 기념촬영

게다가 외국어사전은 여러 가지 요인으로 인해 급변하는 언어현실을 사전에 신속하게 반영하기가 어렵다. 특히 중국에서 편찬·발행되는 일부 중한사전의 경우에는 현대한국어에 존재하지 않거나 거의 사용되지 않는 단어를 수록하고 있는 경우도 적지 않다.

☞ 일부 사전에서는 "特长"을 "특장"으로 표기하고 있으나, 이는 현재 쓰이지 않는 단어로 현대인이 의미를 이해하기 어려운 단어이다.
☞ 일부 사전에서는 "今后"를 "금후"로 표기하고 있으나, 이 단어는 현재 한국에서 거의 쓰이지 않으며 사용도 매우 제한적인 단어이기 때문에 "앞으로" 또는 "향후(向后)"로 번역해야 적절하다.

바로 이러한 이유들 때문에 외국어사전에 수록된 어휘의 사전적 의미에만 근거해서 번역할 경우 적절하지 않은 번역이 이루어지는 것이다. 따라서 사전적 의미에 따라 번역했음에도 불구하고 어색한 단어나 표현으로 번역했다는 지적을 받을 경우에는 반드시 그 단어나 표현법을 따로 정리하여 기억하는 습관을 기르는 것이 바람직하다.

4.3.3 "中外"的翻译 —— "中外"의 번역

본 텍스트에 "中外企业" 등 "中外"가 두 번 등장하는데 한국어에 존재하지 않는 단어인 "중외"로 번역할 경우 한국인 독자들은 의미를 이해하기가 어렵다. 따라서 문맥의 의미를 고려하여 "국·내외"로 번역하는 것이 적절하다. 그 외 자주 사용되는 표현인 "中外代表、中外交流、中外文化、中外文、中外互补" 등 역시 의미를 고려하여 "中外"를 "국·내외(或 국내외)" 또는 "중국과 외국(或 국명)" 등과 같은 다른 표현으로 번역해야 적절하다.

☞ 河北省贸促会是……, 是政府与中外企业联系的纽带, 是河北经济与国际经济接轨的桥梁。
正确译文: 중국국제무역촉진위원회 하북성 지회(지부)는 중국국제무역촉진위원회의 하북성 지부입니다. ……, 정부와 국내외 기업을 서로 연결해 주는 창구이자 하북성 경제와 국제 경제를 연결시키는 가교 역할을 수행하고 있습니다.

☞ 近年来河北省贸促会在……中, 作出了很大的努力, 得到了省政府的肯定和社会各界及中外企业的好评。
正确译文: 최근 들어 중국국제무역촉진위원회 하북성 지회(지부)는 …… 많은 노력을 기울임으로써 성정부의 긍정적인 평가와 사회 각계 및 국내외 기업들로부터 호평을 받아왔습니다.

☞ 中外股东作为发起人签定设立公司的协议、章程, 报企业所在地审批机关初审同意后转报对外贸易经济合作部审批。(关于设立外商投资股份有限公司若干问题的暂行规定18条)
正确译文: 중국측과 외국인 주주가 발기인으로서 회사설립 합의서 및 정관에 서명하고 이를 외국인투자기업 소재지의 1차 심의·승인 기관의 동의를 받아 대외무역경제합작부에 심의·승인을 신청한다.

4.3.4 国际机构名称翻译 —— 국제기구 명칭 번역

4과에 등장하는 "世贸组织"과 같은 국제기구의 명칭은 반드시 인터넷 검색을 통해 한국에서 통용되는 명칭이나 영문 명칭으로 번역해야 한다. "组织"을 "조직"으로 번역하지 않도록 주의해야 한다. 참고로 주요 국제기구의 명칭은 다음과 같다.

☞ 주요 국제기구 명칭
① 世界贸易组织:세계무역기구(WTO: World Trade Organization)
② 世界卫生组织:세계보건기구(WHO: World Health Organization)
③ 国际货币基金组织:국제통화기금(IMF: International Monetary Fund)
④ 经济合作与发展组织:경제협력개발기구(OECD:Organization for Economic Coop eration and Development)
⑤ 联合国教科文组织:국제연합 교육과학문화기구/유네스코(UNESCO:United Nations Educational, Scientific and Cultural Organization)
⑥ 联合国儿童基金组织:국제연합 아동기금/유니세프(UNICEF)
⑦ 联合国贸发会议:국제연합 무역개발협의회(UNCTAD: United Nations Conference on Trade and Development)
⑧ 联合国工发组织:국제연합 공업개발기구(UNIDO)
⑨ 国际复兴开发银行:국제부흥개발은행(IBRD: International Bank for Reconstruction and Development)
⑩ 国际劳工组织:국제노동기구(ILO: International Labour Organization)
⑪ 国际金融公司:국제금융공사(IFC: International Finance Corporation)
⑫ 亚太经济合作组织:아시아태평양경제협력체(APEC:Asia-Pacific Economic Cooperation)
⑬ 东南亚国家联盟:동남아(시아)국가연합(ASEAN:Association of South-East Asian Nations)
⑭ 亚欧会议:아시아유럽정상회의(ASEM: Asia Europe Meeting)
⑮ 欧盟:유럽연합(EU:European Union)

4.4 翻译练习

4.4.1 翻译词组

❶ 前台接待
❷ 外事接待
❸ 接待工作
❹ 接待外宾
❺ 官方指定接待酒店

4.4.2 选词填空

(참가, 참석 중 적절한 단어를 선택하시오.)

❶ 이날 학교폭력 공감서적 ' 미안해······' 출판기념 홍보사인회에는 김기용 경찰청장, 가수 아이유가 (참가, 참석)했다.

❷ 환경부는 오는 12월 2일 길림省 장춘市에서 양국 정부·협회 및 업체 관계자 100여 명이 (참가, 참석)한 가운데 기술설명회와 함께 수출·투자상담 및 환경산업 협력회의를 개최한다.

❸ 이 밖에도 영국 여왕, 프랑스 대통령과 총리, 폴란드 대통령 등 국가 정상들이 주최하는 공식행사에 (참가, 참석)해 정부 차원의 대외 경제외교를 적극 지원한다.

❹ 이번 지방설명회에는 환경부를 비롯하여 국내 우수 환경산업체가 공동으로 "환경 산업 수출협력단"을 구성하여 (참가, 참석)하게 된다. 한편, 지방설명회 개최에 앞서 11월 30일 북경에서 양국 환경부 및 환경산업협회 관계자가 (참가, 참석)한 가운데 "한·중 환경산업센터 공동운영위원회" 제2차 회의가 열린다.

❺ 이날 개막식에는 허남식 부산시장과 최장현 해양수산부 차관보를 비롯해 연근해 수산업계 조합장과 원양업계 대표 등 100여 명이 (참가, 참석)해 엑스포 개막을 축하했다.

❻ 이번 방문기간 동안 경협사절단은 한-영 기업인 회의, 한-폴란드 비즈니스 포럼, 한-불 최고경영자클럽 합동회의를 개최하고 방문국 기업들과의 구체적 사업기회 발굴에 나설 예정입니다. 먼저 영국 방문기간 중 한-영 기업인 회의 개최와 하이테크포럼 (참가, 참석)을/를 통해 전자, 자동차, 정보통신, 금융 등 전략 업종에서 영국 기업들과의 기술협력과 전략적 제휴를 통한 사업기회 발굴을 모색합니다.

4.4.3 翻译句子

❶ 参加本次论坛的韩日代表的食宿接待由中方负责。
___

❷ 此外,本次论坛还提供10~15个标准展台的费用。
___

❸ 来自互联网界、商业界、投资界、媒体界等近500人参加了2005中国商业论坛。
　―――

❹ 登记您要参加的旅游线路、标准、出发时间、人数、性别、年龄、联系电话等资料,我们会尽快与您联络。
　―――

❺ 参加婚礼,送上贺礼,不是让你夸财显富,它只是表示一下心意,同时也是一种礼节。
　―――

❻ 在个人简历中,要填写参加工作时间、工资待遇、身体状况等个人信息。
　―――

> **翻译提示**:"聚会(如:만찬 리셉션, 개막식)"作为宾语出现时,并且其意思为"出席"时应译成"참석(하다)"。

4.4.4　翻译讲话

❶ 大家好!首先,请允许我代表人民日报社,感谢各位参加今天的晚宴。春暖花开,风和日丽,正是出行时节。孔子说:"有朋自远方来,不亦乐乎?"今天我怀着愉快的心情恭候各位造访人民日报社,并与各位进行了轻松坦率的交流,加深了我们的相互了解。

❷ 为欢迎贵代表团的光临,我们在这里设晚宴,为诸位接风。借此机会,我代表公司总经理,向贵公司赠送一点小礼品,不成敬意,请笑纳。

❸ 团长先生、各位代表:
　　我代表中国纺织品进出口公司浙江分公司,并以我个人的名义,对贵团的来访表示热烈欢迎!向贵宾们表示亲切的问候!对于你们的来访,我们感到由衷的高兴。虽然我们与代表团中的多数成员都是第一次见面,但由于业务信函的往来,我们已经相当了解,相当熟悉了,一见面就有一种久别重逢之感。可以说,我们是初次见面的老朋友。
　　在以往的合作中,由于贵方的真诚配合,使我们之间的贸易不断扩大,互相信赖。在平等互利的基础上,建立了真正的友谊和亲如兄弟的密切关系。贵公司通情达理、严守信义的经营作风,给我们留下了极深的印象,为我们友好合作打下了坚实的基础。
　　你们此次来访,将通过参观丝绸印染的联合厂、丝绸纺织厂、丝绸商店,对中国的丝绸业更进一步加深了解,进而对洽谈起到促进作用。通过双方人员的密切接触,必将进一步加深友谊,使我们的关系更加密切,更加巩固。

最后,祝这次洽谈取得圆满成功!祝各位贵宾在访华期间生活愉快!

❹ 女士们、先生们:

我代表中国服装进出口公司北京分公司,并以我个人的名义,对各位光临北京表示欢迎和真诚的问候!在过去的贸易往来中,在诸位的密切配合下,在平等互利的基础上,我们建立了友好合作的贸易关系,并取得了令人满意的成绩。这次来北京参加交易会,愿各位都能选中自己满意的服装品种,并留下宝贵的意见!

我们作为东道主,在交易会之余还为诸位安排了游览北京名胜古迹的日程,希望各位在北京逗留期间能过得舒适、愉快!希望北京能给诸位留下美好的回忆!

衷心祝愿各位贵宾此次来访圆满成功!

4.5 翻译作业

在河北省贸促会招待会上的致词

尊敬的各位来宾、女士们、先生们、朋友们:

大家好!

圣诞、新年将至,借此机会,我代表河北省人民政府向出席今天招待酒会的各位驻华使节、商协会代表以及所有来宾表示热烈的欢迎和节日的问候!向多年来为河北省的经济发展给予大力支持和热忱帮助的各个国家和地区的所有朋友们,表示衷心的感谢!

圣诞、新年是世界各国人民共同欢庆的传统佳节。节前河北省贸促会在这里举办招待酒会,新朋老友欢聚一堂,共谋发展大计,是很有意义的。河北省人民政府非常重视和支持这次活动。我真诚地希望通过这次酒会,达到增进友谊、加强合作、共同发展的目的。

河北省是中国北方的一个重要沿海省份,内环中国首都北京和北方重工业城市天津,外环渤海,地理位置优越。河北省自然资源丰富,耕地面积648.46万公顷,海岸带总面积100万公顷,海洋生物资源200多种,是中国北方重要的水产品基地。河北是全国矿产资源大省,目前已发现116种具有工业价值的矿产。河北省也是旅游资源全国最丰富的省份之一。全省现有省级以上文物保护单位542处,有国家一级文物保护单位58处。其中最著名的有承德避暑山庄、万里长城之首山海关、北戴河旅游度假区、清东陵和清西陵等。河北省经济基础较强,发展潜力很大。全省现已形成化工(医药)、冶金、建材、机械、食品等支柱产业和轻工、纺织等传统优势行业。河北省也是农业大省,农产品资源丰富,是全国粮棉油集中产区之一。河北省交通便捷,通信发达,是首都北京连通全国的交通枢纽,经过多年的建设与发展,高速公路通车里程已达1500多公里,全省已初步形成了陆、海、空综合交通运输网。河北省市场容量广阔,河北与北京、天津共同构成的京津冀经济区内拥有1.2亿消费群体,市场容量占全国内地总量的10%以上,是中国市场容量最大的地区之一。

经过多年的开放与发展,河北省已成为中国最具经济发展活力的地区之一,并越来越受到投资者的青睐。目前,已有160个国家和地区与河北有经贸往来,有80多个国家地区的客商在河北投资兴业,全省现有外商投资企业4000多家,截至2000年底累计实际利用外资124亿美元,投资客商中有34家世界500强跨国公司。2000年进出口贸易总额52亿美元。在我国加入世贸组织和世界经济一体化的新形势下,河北省将本着互利互惠的原则,进一步扩大对外开放,加强对外贸易合作,积极引进先进技术,拓宽利用外资领域,努力提高利用外资规模和水平,促进中外双方共同发展,让世界了解河北,使更多的国外朋友到河北投资、贸易、交流、合作。

最后,预祝招待酒会圆满成功!

祝朋友们节日愉快,身体健康,工作顺利!

谢谢大家!

河北省人民政府省长○○○

4.6 参考资料

(1) 환영 만찬사

존경하는 엘우드 IOI 총재님, 그리고 이 자리에 참석하신 ○○○○협회 이사 여러분과 귀빈 여러분!

바쁘신 일정에도 불구하고 이번 이사회에 참석하여 주신 여러분에게 한국○○○○을 대표하여 깊은 감사의 말씀을 드리며, 동방의 아름다운 나라 한국을 방문하시게 된 것을 진심으로 환영합니다.

저는 지난 3월 임기 3년의 제5대 국민고충처리위원장으로 부임하였으며, 오늘 이렇게 세계○○○○협회 이사회를 통하여 여러분들과 소중한 인연을 맺을 수 있게 된 것을 매우 영광으로 생각합니다.

특히 전임 ○○○ 위원장에 이어 저를 아시아지역 부총재라는 중요한 자리에 만장일치로 선출하여 주신데 대하여 감사의 말씀을 드리며, 세계○○○○ 발전을 위해 주어진 소임을 다할 것을 약속드립니다.

세계○○○○협회 이사회의 성공적인 개최를 위하여 자리를 빛내 주신 여러분들께 다시 한번 감사의 말씀을 드리며, 이번 이사회가 세계ㅇㅇㅇㅇ협회의 활동과 각국의 ㅇㅇㅇㅇ제도 발전에 기여하는 뜻깊은 이사회가 되기를 기원합니다.

아무쪼록 여러분께서 서울에 체류하시는 동안 아름답고 풍요로운 한국 가을의 정취를 만끽하시고 한국민의 넉넉한 인정을 느끼시길 바라며, 편안한 여정이 되시길 바랍니다.

감사합니다.

(2) 리셉션 환영사

존경하는 신사숙녀 여러분!

여러 가지로 바쁘신 중에도 불구하고 이처럼 자리를 함께 해주셔서 대단히 감사합니다. 아울러 이렇게 귀한 자리를 마련해 주신 관계자 여러분의 노고에도 심심한 감사를 표하는 바입니다.

신사 숙녀 여러분!

저희 KOIMA는 호혜주의 원칙을 존중하며, 이를 위해 세계 각국의 주요 무역 관련 기관과 긴밀한 협조체제를 강화하는 등 교역 증진을 위한 다양한 노력을 기울이고 있습니다. 아울러 세계의 공동번영을 위한 각국과의 균형무역 발전을 위해 매년 통상사절단을 해외 각국에 파견해 오고 있습니다.

금번 이곳을 방문한 저희 통상사절단의 활동 목적 역시 한·중 양국간의 공동 이익을 창출하기 위함입니다.

한 국가의 발전을 위해서는 국가간의 상호 신뢰를 바탕으로 한 이해와 양보가 절대적으로 필요한 만큼, 아무쪼록 오늘 이 자리가 한·중 양국의 신뢰와 우의를 더욱 증진시키는 한편, 양국간의 교역 증진을 위한 귀중한 대화의 장이 되어지길 바라마지 않습니다.

끝으로 한국시장 진출(进军韩国市场)을 원하시는 중국 기업인 여러분을 위해 우리 KOIMA는 아낌없는 지원과 적절하고도 유익한 파트너(合作伙伴)가 되어드릴 것을 약속드리며, 부디 좋은 시간 가지시길 바랍니다.

감사합니다.

第5课 致词

5.1 课文范文

5.1.1 招待酒会上的致词

尊敬的各位来宾：

大家好！

首先，请允许我代表河北省国际商会感谢诸位在百忙之中出席此次酒会。在圣诞、新年即将到来之际，在这欢聚一堂的时刻，我谨代表河北省国际商会向光临今天招待酒会的各位驻华使节、商协会代表以及所有来宾表示热烈的欢迎，并向诸位致以节日的问候！

同时，向多年来为河北省的经济发展给与大力支持和热忱帮助的各个国家和地区的所有朋友们，表示衷心的感谢！

…………

2007年，在河北省政府的领导和中国贸促会的大力支持下，河北省国际商会将主办或承办几项较大的涉外经贸活动，借此机会向大家通报一下，以寻求进一步合作的机会。

1. 由河北省人民政府主办的河北省第二十四届对外经贸洽谈会。这是河北省对外开放、招商引资方面最大的活动，已连续举办了十八届，具有广泛的社会影响。洽谈会将于5月18日在河北廊坊市举办。在这次会议上，我们国际商会将举办会中会"2007中国（河北）国际采购洽谈会"，邀请国外采购商到会采购产品，同时进行经贸项目洽谈活动。我们将于近期发出邀请函和企业产品名录，请有意参会的采购商将采购意向反馈给我们，以便组织对口洽谈。

2. 由河北省人民政府和中国贸促会主办，省贸促会和承德市人民政府承办的中国（承德）国际旅游文化投资贸易洽谈会。该洽谈会发挥地方特色，集经贸洽谈与旅游于一体，已连续举办了两届，本届将于8月28日在河北承德举办。

3. 由河北省人民政府和中国贸促会主办，省贸促会和唐山市人民政府承办的中国（唐山）陶瓷博览会，已连续举办了三届，是以陶瓷系列产品为主的专业博览会，将于9月18日在河北唐山举办。

4. 由中国商业联合会、中国轻工协会和省贸促会主办的石家庄南三条国际小商品交易会。石家庄南三条小商品市场位于中国十大小商品集散地前列，产品十分丰富。交易会将于6月份在河北省石家庄举办。

5. 其他主要展览会。2007年初有二十余个，其中较大型的十几个，主要有：1月份的英国伯明翰春季国际贸易博览会，3月份的中国香港博览会，5月份的澳大利亚国际消费品贸易展览会，7月份的日本中国贸易展览会，9月份的美国中国贸易展览会，10月份的南非国际贸易展览会，11月份的澳大利亚奥兰治皇家国际农业展等。在省内举办的展览主要有：河北省第二十四届对外经贸洽谈会展览，将于5月18日至22日在廊坊举办。这次展览作为河北省第二十四届对外经贸洽谈会的重要组成部分，展览面积大，展品丰富，全面反映河北经济发展水平、产业优势、地方特色。第七届河北省国际医疗器械展，将于4月2日至5日在石家庄举办。该展会是河北省名牌国际展览会，是中国举办的同类展览中效果最好的展会之一，已连续举办了六届，中外客商参展踊跃，成交量高。另外，还有农业展、河北省房地产展、建材展、IT产业及电脑展等展览也将在省会石家庄举办。

上述活动各有特色，欢迎各个国家和地区的朋友踊跃参加，到河北进行投资、贸易、洽谈、旅游。我们河北省国际商会愿意为各商社、公司在经贸等方面做好服务。

祝大家节日愉快、工作顺利、身体健康！

谢谢大家！

河北国际商会会长 〇〇〇

5.1.2 词汇注释

主办 —— 주최(하다) ☞ 2.3.4 번역상식 참조
涉外 —— 외국(인)과 관련된, 외국인을 위한, 외국의
洽谈会 —— 상담회
采购 —— 구매
邀请 —— 초청하다
产品名录 —— 상품 목록, 상품소개 브로셔(brochure)
对口 —— 일치하다, 부합하다
系列 —— 계열, 시리즈
展览会 —— 전람회, 전시회
小商品 —— 소상품, 잡화

承办 —— 주관 ☞ 2.3.4 번역상식 참조
活动 —— 행사, 활동
通报 —— 알리다
招商引资 —— 외국인 투자가를 모집하고 외자를 유치하다
项目 —— 프로젝트, 사업
反馈 —— ~에 대해 회신하다
组织 —— 구성하다, 준비하다
陶瓷 —— 도자기, 세라믹(ceramics)
博览会 —— 박람회, 엑스포(Expo)
轻工 —— 경공업
交易会 —— 교역회, 전시회

位于……前列 —— 선두를 차지하다, 수위를 차지하다
展品 —— 전시 제품(상품)
全面 —— 전면적으로, 종합적으로
器械 —— 기계, 기기, 기구
效果 —— 효과, 성과
踊跃 —— 적극적으로, 활발하게
房地产 —— 부동산
节日 —— 경축일, 명절
伯明翰 —— 버밍험(Birmingham)

组成部分 —— 구성 요소, -의 일부, ~ 중 하나
优势 —— (비교)우위, 장점
名牌 —— 유명 브랜드(상표)
客商 —— 바이어(buyer)
成交 —— 거래(계약)가 이루어지다
建材 —— 건(축)자재
奥兰治皇家国际农业展 —— Orange Imperial Int'l Agricultural Fair
南非 —— 남아프리카

5.1.3 参考译文

(만찬)리셉션 환영사

존경하는 내외 귀빈 여러분,

먼저, 바쁘신 중에도(바쁘신 일정에도 불구하고) 오늘 이 자리에(직역:오늘 열린 만찬 리셉션에) 참석해 주신 여러분께 하북성국제상회(河北省國際商會)를 대표하여 진심으로 감사의 말씀을 드립니다. 크리스마스와 신년에 즈음하여, 오늘 이 자리에(오늘 만찬 리셉션에) 참석해주신 주중 각국 사절, 상공협회 관계자분들 그리고 모든 귀빈 여러분들을 하북성국제상회를 대표하여 진심으로 환영하는 바이며, 또한 이 자리를 빌려 연말연시 인사를 대신 하고자 합니다.

그리고 하북성의 경제발전을 위해 오랫동안 전폭적인 지지와 도움을 주신 각국(및 지역) 관계자분들께 (다시 한번) 진심으로 감사를 드립니다.

……

2007년 하북성 정부 (고위) 관계자 및 중국 국제 무역촉진위원회의 전폭적인 지원 아래, 저희 하북성국제상회는 대규모의 대외무역경제 행사들을 주최 또는 주관할 예정입니다. 이에 더욱 많은 협력 기회를 모색해보고자 이 자리를 빌려 (여러분께) 행사의 주요 내용들을 간단히 말씀드릴까 합니다.

첫 번째는 하북성 인민정부가 주최하는 "제24회 하북성 대외경제무역 상담회"로, 하북성 대외개방, 투자가 모집 및 외자유치 차원에서 준비하는 규모가 가장 큰 행사입니다. 이미 18회나 개최한 바 있으며 사회적으로도 영향력이 큰 행사입니다. 이번 상담회는 5월 18일 하북성 랑방시(廊坊市)에서 개최됩니다. 이 상담회 기간 중 저희 하북성국제상회는 가장 중요한 상담회인 "2007년 중국 (하북성) 국제 구매상담회"를 개최하게 되는데, 해외 구매사절단을 초청하여 제품을 구매할 수 있도록 하는 한편 경제무역 프로젝트 상담 행사를 같이 진행할 계획(예정)입니다. 가까운 시일 내에 초청장과 (참가)기업의 제품 목록을 발송할 예정이오니, 참가 의향이 있으신 구매사절단께서는 저희가 적정 파트너(업체)를 선정하여 상담을 준비할 수 있도록(저희가 일대일 맞춤형 수출상담회를 주선할 수 있도록) 구매의향서를 기입하신 후 (다시) 보내주시기 바랍니다.

 두 번째는 하북성 인민정부와 중국 국제 무역촉진위원회가 (공동) 주최하고, 중국국제무역촉진위원회 하북성 지회(지부)와 승덕시(承德市) 인민정부가 (공동) 주관하는 "중국(承德)국제여행문화 투자무역상담회"입니다. 올해로 3회째를 맞이하는(이미 두 차례나 개최된 바 있는) 이 상담회는 지방특색을 살려 (경제)무역상담과 관광을 결합한 방식으로, 올해는 8월 28일 하북성 승덕시에서 개최됩니다.

 세 번째는 하북성 인민정부와 중국 국제 무역촉진위원회가 주최하고, 중국국제무역촉진위원회 하북성 지회(지부)와 당산시(唐山市) 인민정부가 주관하는 "중국(唐山)도자기박람회"입니다. 올해로 4회째를 맞이하는(이미 세 차례나 개최한 바 있는) 이 박람회는 도자기 전문 박람회로서(도자기 계열 제품이 주가 되는 전문 박람회로서) (올해는) 9월 18일 하북성 당산시에서 개최됩니다.

 네 번째는 중국상업연합회, 중국경공업협회(中國輕工協會) 그리고 중국국제무역촉진위원회 하북성 지회(지부)가 주최하는 "석가장 남삼조 국제소상품교역회(石家庄 南三條 國際小商品交易會)"입니다. "석가장 남삼조 소상품시장(石家庄 南三條 小商品市場)"은 중국 10大 잡화 집산지 중 수위(선두)를 차지하는 시장으로 제품의 종류가 상당히 다양한 편입니다. 올해는 6월 하북성 석가장에서 개최됩니다.

2007년에는 이 밖에도 약 20여 개의 주요 전시회가 열릴 예정입니다. 그 중 규모가 비교적 큰 것으로는 10여 개가 있는데, 몇 가지 중요한 전시회만 말씀 드리겠습니다.
 (1) 1월에 개최되는 영국 버밍험(Birmingham) 춘계국제무역박람회
 (2) 3월에 개최되는 홍콩박람회
 (3) 5월에 개최되는 호주 국제소비품무역박람회
 (4) 7월에 개최되는 日·中 무역전시회
 (5) 9월에 개최되는 美·中 무역전시회
 (6) 10월에 개최되는 남아프리카국제무역전시회
 (7) 11월에 개최되는 호주 오렌지 임페리얼 국제농업전시회 (등이 있습니다.)
   (Austria Orange Imperial Int'l Agricultural Fair)

그 외 하북성에서 개최되는 중요한 전시회로는 다음과 같은 것들이 있습니다.
 (1) "제24회 하북성 대외경제무역 상담회 및 전시회"가 5월 18일-22일 동안 랑방시에서 개최됩니다. "제24회 하북성 대외경제무역 상담회"의 주요 행사 중의 하나인 이

전시회는 전시 면적이 넓고 제품이 다양하다는 특징을 가지고 있어, 하북경제의 발전상과 비교우위를 가지고 있는 산업(경쟁력을 지니고 있는 산업) 그리고 지방 특색을 종합적으로 반영한다 하겠습니다.

(2) 제7회 "하북성 국제의료기기전(醫療器械展)"이 4월 2일-5일 동안 석가장에서 개최됩니다. 하북성의 지명도 높은 국제전시회인 이 전시회는 중국에서 개최되는 동종의 전시회 중 성과가 가장 좋은 전시회 중 하나입니다. 이미 6차례 개최된 바 있으며 국내외 바이어들의 참가가 활발하고 상담·거래액의 규모가 큰 편입니다.

그 밖에도 농업전시회, 하북성 부동산전시회, 건축자재전시회, IT산업 및 컴퓨터 전시회 등이 하북성의 행정중심 도시인 석가장에서 개최됩니다.
①직역:위에서 언급한(말씀드린) 행사들은 각기(각각) 그 특징이 있습니다. 각국(및 지역)의 기업인 및 관계자 여러분의 적극적인 참가를 환영합니다. 투자, 무역상담, 관광 등을 위해(등의 목적으로) 하북성을 찾아주시면 저희 하북성국제상회는 여러 상사와 기업들을 위해 경제무역 분야에서 최선의 서비스를 제공하겠습니다.
②의역:이상으로(앞에서) 소개한 행사들은 각기(각각) 특색을 지니고 있사오니 각국의 기업인 및 관계자 여러분께서 (많은 관심을 가지고) 투자, 무역상담, 관광 등을 위해(등의 목적으로) 하북성을 찾아주시기를 부탁드립니다(바랍니다). 저희 하북성국제상회에서는 각국의 상업기구·단체 및 협회, 기업들을 위해 경제무역 분야에서 최선의 서비스와 노력을 다할 것임을 약속드립니다.

즐거운 연말연시가 되(시)기를 바라며, 이 자리에 참석해 주신 분들의 모든 일들이 순조롭고 항상 건강하시기를 기원합니다. 감사합니다.

河北省國際商會 會長 OOO

5.2 正误评析

* 5과 텍스트는 리셉션 환영사이므로 설명에서 "통역" 또는 "번역"으로 쓰는 것이 정확하지만 편의상 "번역"으로 통일한다.

❶ 2007年,在河北省政府的领导和中国贸促会的大力支持下,河北省国际商会将主办或承办几项较大的涉外经贸活动,借此机会向大家通报一下,以寻求进一步合作的机会。
  错误翻译:
  2007년 하북성 정부의 영도자와 중국무역촉진위원회의 크게 지지하기에, 하북성 국제상회는 몇 번 외국과 관련하는 경무 행사를 주최 또는 주관할 것입니다. 지금 여러분들께 통보해 드리겠습니다. 여러분들과 또 협력하는 기회를① 찾아보기를② 바랍니다.

正确翻译:

2007년 하북성 정부 (고위)관계자 및 중국국제무역촉진위원회의 전폭적인 지원 아래, 저희 하북성국제상회는 대규모의 대외무역경제 행사들을 주최 또는 주관할 예정입니다. 이에 더욱 많은 협력 기회를 모색해 보고자 이 자리를 빌려 (여러분께) 행사의 주요 내용들을 간단히 말씀드릴까 합니다.

正误评析:

- 错误翻译은 세 문장 간의 연결이 매우 부자연스럽다. 원문을 그대로 한국어로 옮길 경우 문장이 너무 길어지기 때문에 두 세 문장으로 나누어 번역하는 것이 좋으며, 이때 문맥을 고려하여 적절한 접속어나 접속 부사를 삽입해주어야 문장 간의 연결이 자연스러워진다. 正确译文과 같이 "이에"를 삽입하고 "借此机会向大家通报一下"를 뒤로 옮겨 번역해서 문장 연결을 자연스럽게 만들어 주는 것이 좋다.

- "领导"를 "영도자"로 번역할 수 없다.(☞4.3.2 번역상식 참조)

- "大力支持"를 "크게 지지하기"로 번역할 수 없다. 부사 "크게"는 "지지하다"라는 동사의 수식어로 사용될 수 없다. "전폭적으로 지지(지원)하다"로 번역해야 옳다.

- "几项"을 "몇 번"으로 번역하는 것은 부적절하다. 한국어에서는 양사를 수량단위 의존명사 반드시 필요로 하는 일부 가산명사를 제외하고는 표현하지 않는 것이 자연스럽다.

- "涉外经贸活动"을 "외국과 관련하는 경무 행사"로 번역하는 것은 부적절하다. **첫째**, "涉外"의 사전적 의미는 '외국(인)과 관련되는'이지만 이 표현을 그대로 관형어로 사용하면 어색하다. **둘째**, "经贸"를 "경무"로 번역할 수 없다. "경무"는 "警务"를 의미하며, "경제무역"의 준말로 사용하지 않는다. **셋째**, "관련하는"이라는 표현은 피동형인 "관련된"으로 표현해야 옳다.

- "将+动词"를 "-할 것입니다"로 번역하는 것은 부적절하다. 여기서는 '어떤 일을 하겠다'는 의지를 표현한 것이 아니라 앞으로 있을 행사 계획을 알려주는 것이기 때문이다. 따라서 "-할 예정(계획)입니다"로 번역해야 적절하다.

- "通报"를 "통보하다"로 번역하는 것은 부적절하다. "통보하다"는 상급기관이 하급기관에 또는 기관이 개인에게 어떤 사실을 통지하는 것을 의미한다.(예: 합격 통보) 따라서 "말씀드리다"로 번역해야 적절하다.

- "寻求进一步合作的机会"를 "또 협력하는 기회를① 찾아보기를② 바랍니다"로 번역하는 것은 부적절하다. 목적격 조사가 두 번 연달아 등장하고 문장 성분 간의 호응관계가 부자연스럽기 때문이다. **첫째**, "进一步"는 "한층 더, 더욱" 등으로 번역 가능한데, 여기서는 의미상 "더욱 많은"으로 번역해야 적절하다. **둘째**, "寻求机会"는 "기회를 모색하다"로 번역해야 적절하다.

❷ 我们将于近期发出邀请函和企业产品名录，请有意参会的采购商将采购意向反馈给我们，以便组织对口洽谈。

错误翻译：

저희는 가까운 시일 내에 초청장과 기업의 제품 목록을 여러분께 보내드리겠습니다. 서로 맞추는 상담을 조직하기 위하여 참가하고 싶어하는 구매사절단께서는 구매 의향을 저희에게 알려주시기 바랍니다.

正确翻译：

가까운 시일 내에 초청장과 (참가) 기업의 제품 목록을 발송할 예정이오니, 참가 의향이 있으신 구매사절단께서는 저희가 적정 파트너(업체)를 선정하여 상담을 준비할 수 있도록(저희가 일대일 맞춤형 수출상담회를 주선할 수 있도록) 구매의향서를 기입하신 후 (다시) 보내주시기 바랍니다.

正误评析：

☯ "我们"은 번역시 생략해야 자연스럽다. 이미 여러 차례 "저희는"이라는 표현이 등장했고, 초청장을 발송하는 주최가 누구인지 명확하기 때문이다.

☯ "以便组织对口洽谈"을 "서로 맞추는 상담을 조직하기 위하여"로 번역할 수 없다. 첫째, "以便"은 "A하기 위하여 B하고자 하오니 C해 주십시오" 또는 "B할 수 있도록 C해 주십시오" 두 문형 중 하나로 번역 가능하다. 여기서는 A의 내용을 정확히 알 수 없으므로(예:시간 절약, 신속한 상담 등등) "B할 수 있도록 C해 주십시오"라는 문형으로 번역해야 적절하다. 둘째, "对口洽谈"은 보통 "1:1(일대일) 맞춤형 상담"으로 표현한다. 셋째, "组织"을 "조직하다"로 번역할 수 없다. (☞4.3.1번역상식 참조)

☯ "有意"는 "-할 의향이 있다"로 번역해야 적절하다. "참가하고 싶어하는"은 격의(隔意) 없는 구어체 표현이므로 적절하지 않다.

❸ 该洽谈会发挥地方特色，集经贸洽谈与旅游于一体，已连续举办了两届，本届将于8月28日在河北承德举办。

错误翻译：

이 상담회는 지방 특색을 발휘하고 경제무역 상담과 여행을 한 것으로 결합하는데 이미 연속하게 두 번 개최되었으며, 이번에는 8월 28일에 하북성 승덕(承德市)에서 개최하겠습니다/개최할 것입니다/개최되겠습니다.

正确翻译：

올해로 3회째를 맞이하는(이미 두 차례나 개최된 바 있는) 이 상담회는 지방 특색을 살려 (경제)무역상담과 관광을 결합한 형식으로, 올해는 8월 28일 하북성 承德市에서 개최됩니다.

正误评析：

☯ "发挥特色"을 "특색을 발휘하다"로 옮기면 호응 관계가 어색하다. "발휘하다"는 주

로 "장점/능력/효과/영향력/융통성/전문성/실력" 등과 호응되어 쓰인다. 여기서는 동사를 목적어인 "특색"과 호응 관계가 자연스러운 "살리다"로 번역해야 적절하다.

- "旅游"는 "여행"으로 번역하는 것보다는 "관광"으로 번역하는 것이 더 적절하다. "여행"과 "관광"이 비슷한 의미로 쓰이는 경우(예:여행객, 관광객)도 있으나 "여행"은 보통 '개인적으로 다른 지방이나 나라로 가는 것'을 의미하는데 관광 외 다른 목적(예:휴식 등)이 있을 수도 있다. 반면 "관광"은 '단체로 다른 지방이나 외국의 풍물과 풍속을 구경하는 것'을 주목적으로 삼는다. 참고로 한국어에서 "여행"과 "관광"은 다른 단어와의 결합에서도 차이가 있다. 예:여행사(无"관광사"), 신혼 여행(无"신혼 관광"), 배낭 여행(无"배낭 관광").

- "连续"을 "연속하게"로 번역할 수 없다. 부사어로 쓰이는 경우에는 "연속해서" 또는 "연속으로"로 표현해야 한다. 그리고 "연속"은 "이틀 연속/2주 연속/3년 연속/두 번 연속/5차례 연속" 등과 같이 주로 기간이나 횟수를 나타내는 수사가 앞에 오기 때문에 "연속"을 사용한다면 "2년 연속 개최되었으며"로 표현해야 옳다. 그렇지만 한국에서는 "OOOO년부터 개최되어 올해로 O회를 맞이하다"라는 표현을 많이 사용하기 때문에 "올해로 3회 째를 맞이하는" 또는 "이미 두 차례나 개최한 바 있는"으로 번역하는 것이 자연스럽다.

- "将于……举办"는 "개최됩니다" 또는 "개최할 예정입니다"로 번역해야 적절하다.

❹ 3. 由河北省人民政府和中国贸促会主办, 省贸促会和唐山市人民政府承办的中国(唐山)陶瓷博览会, ⓐ已连续举办了三届, ⓑ是以陶瓷系列产品为主的专业博览会, ⓒ将于9月18日在河北唐山举办。

错误翻译:
3.허베이성 인민정부와 중국무역촉진위원회가 주최하여, 허베이성 무역촉진위원회와 탕산시 인민정부가 주관하는 중국(탕산)도자기박람회. 연속 3회를 개최하고 도자기 계열 제품을 위주로 하는 전문 박람회입니다. (需要连词) 9월 18일 허베이 탕산에서 개최하겠습니다.

正确翻译:
세 번째는 하북성 인민정부와 중국(국제)무역촉진위원회가 주최하고, 중국국제무역촉진위원회 하북성 지회(지부)와 당산시(唐山市) 인민정부가 주관하는 "중국(唐山)도자기박람회"입니다. 올해로 4회째를 맞이하는(이미 세 차례나 개최한 바 있는) 이 박람회는 도자기 전문 박람회로서(도자기 계열 제품이 주가 되는 전문 박람회로서) (올해는) 9월 18일 하북성 당산시에서 개최됩니다.

正误评析:
- 错误翻译의 "연속 3회를 ~~ 전문 박람회입니다."와 "9월 18일 ~~ 개최하겠습니다." 두 문장은 문장 구조가 부적절하고, 문맥 흐름도 부자연스럽다. 원문의 문장 구조를

第5课

일대일 대응식으로 한국어로 번역해서 이런 문제가 생긴 것이다. 주어가 서로 다른 ⓐ와 ⓑ의 문장 구조를 그대로 한국어로 옮길 경우 한국어 통사구조상 부적절하다. 이런 경우 ⓐ와 ⓑ 중 하나를 관형어구로 번역해 주어야 적절하다.

- 번역 텍스트에서 중복해서 등장하는 단어는 번역자가 정한 원칙에 따라 한 가지 표기법으로 통일해야 한다. 번역자는 "河北省"을 위에서는 전부 한국 한자 독음인 "하북성"으로 표기하다가, 이 문장에서만 갑자기 "허베이성"으로 옮겼는데 이런 실수를 범하지 않도록 주의해야 한다.
- "唐山市"는 원음을 존중하여 외래어표기법에 의거하여 옮겨도 무방하나 번역 시에는 "탕산시(唐山市)"와 같이 뒤에 한자를 병기해 주는 것이 바람직하며, 지명이 한국인이 인지할 수 있는 쉬운 한자인 경우에는 바로 한자로 표기해 주어도 무방하다.
- "已连续举办了三届"를 "연속 3회를 개최하고"로 번역하는 것은 부적절하다. **첫째**, "개최하고"로 번역할 경우 생략된 주어를 "중국국제무역촉진위원회 하북성 지회(지부)"로 볼 수 있는데, 이 경우 주어와 서술어(개최하고, -이다)의 호응관계가 부자연스럽다. 따라서 "개최한 바 있는"으로 번역해야 적절하다. **둘째**, "连续"을 "연속"으로 번역하는 것은 부적절하다(正误评析 5번 참조).
- "河北唐山"은 행정단위 관계를 명확히 하기 위해 "省"과 "市"를 삽입하여 "하북성 당산시(河北省 唐山市)"로 통역(번역)하는 것이 좋다.
- "개최하겠습니다"로 번역하는 것은 부적절하다. "개최하다"와 같이 능동형으로 번역할 경우 누가 개최하는지 행위의 주체자를 주어로 표현해 주어야 한다. 따라서 피동형으로 번역하여 "개최됩니다" 또는 "개최될 예정입니다"로 번역해야 적절하다.

❺ 4、由中国商业联合会、中国轻工协会和省贸促会主办的石家庄南三条国际小商品交易会。石家庄南三条小商品市场位于中国十大小商品集散地前列，产品十分丰富。交易会将于6月份在河北省石家庄举办。

错误翻译：
4.중국상업연합회, 중국경공업협회와 하북성 무역촉진위원회가 주최하는 석가장 남3조 국제 작은 상품 교역회. 석가장 남3조 작은 상품 시장은 중국 십대 작은 상품 집산지의 선두에 있고 제품이 아주 풍부합니다. 교역회는 6월 하북성 석가장에서 개최됩니다.

正确翻译：
네 번째는 중국상업연합회, 중국경공업협회(中國輕工協會) 그리고 중국국제무역촉진위원회 하북성 지회가 주최하는 "석가장 남삼조 국제소상품교역회(石家庄 南三條 國際小商品交易會)"입니다. "석가장 남삼조 소상품시장(石家庄 南三條 小商品市場)"은 중국 10 大 잡화 집산지 중 수위를 차지하는 시장으로 제품의 종류가 상당히 다양한 편입니다. 올해는 6월 하북성 석가장에서 개최됩니다.

正误评析：

- "A、B和C"를 "A, B와 C"로 번역하면 한국인은 "A,(B+C)"의 관계로 이해하기 쉽다. 세 가지가 병렬관계로 나열된 경우에는 "A, B, C" 또는 "A, B, 그리고 C"로 번역해야 옳다. 단, A와 B가 밀접한 관계인 경우에는 "A와 B, 그리고 C"로 번역 가능하다.
- "小商品"을 "작은 상품"으로 번역하는 것은 부적절하다. "부피가 큰/작은 상품" 등과 같이 크기를 강조하는 의미가 아니기 때문이다. 한국어에서 사용되지는 않지만 의미를 추측할 수 있는 한자어 표현인 "소상품"으로 번역하든지 한국인이 쉽게 이해할 수 있는 단어인 "잡화(雜貨)"로 번역하는 것이 좋다.
- "南三条"를 "남3조"로 표기하는 것은 부적절하다. 중간에 아라비아 숫자가 포함되어 있어서 어떤 의미의 조합인지 이해하기 어렵기 때문이다. "남삼조"와 같이 전부 한자독음으로 표기해주고 뒤에 한자를 병기해주면 고유명사로 이해하기 쉽다.
- "十大"는 "10대(10大)"와 같이 "아라비아 숫자+대(大)"로 표기하는 것이 일반적이다. 이처럼 순위를 나타내는 경우는 아라비아 숫자로 표기해야 한다. 예: "世界500强跨国公司" 전세계 500大 다국적기업.
- "位于……前列"는 일반적으로 "선두를 달리다, 선두를 차지하다, 수위(首位)를 차지하다, 상위권을 차지하다" 등으로 번역 가능하다.

❻ 主要有：1月份的英国伯明翰春季国际贸易博览会……9月份的美国中国贸易展览会……11月份的澳大利亚奥兰治皇家国际农业展等。

错误翻译：

주요는: 1월에 영국 버밍험 봄철 국제무역박람회……9월에 미국중국 무역전시회, ……, 11월에 호주 오렌지 황실 국제농업전.

正确翻译：

몇 가지 중요한 전시회만 말씀 드리겠습니다.

(1) 1월에 개최되는 영국 버밍험(Birmingham) 춘계 국제무역박람회……(중략)

(5) 9월에 개최되는 美·中 무역전시회 ……(중략)

(7) 11월에 개최되는 호주 오렌지 임페리얼 국제농업전시회 (등이 있습니다.)

正误评析：

- "主要有：A, B, C。"는 "중요한/주요 OOO(행사, 전시회 등 구체적으로 명시)로는 다음과 같은 것들이 있습니다. A, B, C." 또는 "A, B, C 등과 같은 주요 OOO가 있습니다."로 번역해야 적절하다(A、B、C为短语时可用后者表达). "주요"는 관형어로 쓰이며, 주어 등과 같은 단독 문장 성분으로 쓰일 수 없다. ("주요는"은 비문법적인 표현이다.) 여기서는 중국측 관계자가 관련 전시회를 설명하는 상황이므로 "몇 가지 중요한(주요) 전시회만 말씀드리겠습니다"로 번역(또는 통역)해도 무방하다. 그리고 중국어 문장부호인 冒号와 한국어 문장부호인 쌍점(:)은 용법이 다르므로 주의해야 한다.

(☞5.3.3 번역상식 참조)
- ◉ "1月份的", "9月份的" 등을 "1월에", "9월에"로만 번역하는 것은 적절하지 않다. "1월에"는 부사어구로, 뒤에 있는 행사명을 수식하는 관형어로 쓰일 수 없기 때문이다. 따라서 "1월의……, "9월의 ……"로 번역하거나 원문에는 없지만 "개최되는"을 삽입하여 뒤의 행사명을 꾸며주는 관형어구로 만들어 주어야 적절하다.
- ◉ "美国中国贸易展览会"는 "美·中 무역전시회"와 같이 가운뎃점을 사용하여 표기해주어야 시각적인 효과가 좋다.(☞11.3.4 번역상식 참조) 참고로 한자어 국가명이 있는 경우는 "한·중 수교(韓·中 수교)"와 같이 국가명의 첫음절만 한자독음으로 표기하고, 칠레(智利) 등과 같이 한자어 국가명이 없는 경우에는 보통 "한·칠레 FTA(자유무역협정) 국회 비준" 등과 같이 표현한다.
- ◉ "皇家"는 한자어인 "황실"로 번역할 수도 있으나 앞에 "오렌지"라는 외래어가 있으므로 "임페리얼(Imperial)"로 번역하는 것이 더 자연스럽다. 예를 들어 "目录"을 한국어로 번역할 때 한자어 "목록"과 외래어 "리스트" 중 어느 것으로 번역할지는 텍스트의 성격이나 앞뒤 문장 성분의 성격을 보고 결정해야 한다. (☞7.3.6 번역상식 참조)

❼ 这次展览作为河北省第二十四届对外经贸洽谈会的重要组成部分, 展览面积大, 展品丰富, 全面反映河北经济发展水平、产业优势、地方特色。

错误翻译:
"하북성 제24회 대외경제무역 상담회"의 중요 구성 부분으로서 이 전시회는 전람 면적이 크고 전시품이 풍부하고, 하북성 경제발전의 수준과 산업의 우세 그리고 지방 특색을 전면적으로 반영할 수 있습니다.

正确翻译:
"제24회 하북성 대외경제무역 상담회"의 주요 행사 중의 하나인 이 전시회는 전시 면적이 넓고 제품이 다양하다는 특징을 가지고 있어, 하북경제의 발전상과 비교우위를 가지고 있는 산업(경쟁력을 지니고 있는 산업) 그리고 지방 특색을 종합적으로 반영한다 하겠습니다.

正误评析:
- ◉ "展览面积"을 "전람 면적"으로 번역하는 것은 부적절하다. "전람"은 참관, 감상 목적이 강하다.(예: 미술전람회, 사진전람회) 여기서 의미하는 행사는 전시회이기 때문에 "전시 면적"으로 번역해야 적절하다.
- ◉ "面积大"를 "면적이 크고"로 번역하는 것은 부적절하다. "면적"은 "넓다", "좁다"와 호응되어 쓰인다.
- ◉ "展品"을 "전시품"으로 번역할 수 없다. "전시품"은 전시되는 예술작품이나 문화재 등을 주로 의미한다. 여기서는 4음절인 "전시 품목" 또는 "전시 제품(상품)"으로 번

역해야 한다.
- "产业优势"를 "산업의 우세"로 번역하는 것은 부적절하다. 한국어에서는 "우세"가 단독으로 명사형으로 쓰이는 경우는 거의 없으며 "-하다" 또는 "-적이다"와 결합하여 "우세하다", "우세적이다"의 형태로 쓰인다.(☞5.3.4 번역상식 참조)
- "全面反映"을 "전면적으로 반영할 수 있습니다"로 번역하는 것은 적절하지 않다. **첫째**, "종합적으로 반영하다"라는 표현을 많이 사용한다. **둘째**, 문장의 전체적인 구조는 "전시회는 …… 특색을 반영할 것입니다"인데, 여기에 화자의 자신감 섞인 추측이 포함되어 있기 때문에 "반영한다 하겠습니다"로 번역하는 것이 더 적절하다.

❽ 第七届河北省国际医疗器械展,将于4月2日至5日在石家庄举办。该展会是河北省名牌国际展览会,是中国举办的同类展览中效果最好的展会之一,已连续举办了六届,中外客商参展踊跃,成交好。

错误翻译:
제7회 "하북성 국제 의료<u>기계</u>전"<u>은</u> 4월 2일—5일 동안 석가장에서 개최됩니다. 이 전시회는 <u>하북성 유명한</u> 국제전시회이며, <u>중국 개최하는</u> 같은 전시회 중 <u>효과</u>가 가장 좋은 전시회 중 하나입니다. 이미 <u>연속하게 6번</u> 개최되었으며, 국내외 <u>상인</u>들은 <u>열렬히</u> 참가하고 <u>거래량이 좋습니다</u>.

正确翻译:
제7회 "하북성 국제의료기기전(醫療器械展)"이 4월 2일~5일 동안 석가장에서 개최됩니다. 하북성의 지명도 높은 국제전시회인 이 전시회는 중국에서 개최되는 동종의 전시회 중 성과가 가장 좋은 전시회 중 하나입니다. 이미 6차례 개최된 바 있으며 국내외 바이어들의 참가가 활발하고 상담·거래액의 규모가 큰 편입니다.

正误评析:
- "医疗器械"를 "의료기계"로 번역할 수 없다. "器械"는 "기계, 기구, 기기" 등으로 번역 가능한데, 이 중 "기계"는 '장치해두고 다룬다'는 특징을 지니고 있고(如:器械体操), "기구"는 '손으로 들고 다룬다'는 특징을 지니고 있으며, "기기"는 기계와 기구를 통틀어 이르는 말이다. 바로 이런 특징 때문에 "医疗器械"는 한국어에서 "의료기기"로 표현한다. 예: 음향기기, 정보통신기기, 컴퓨터 주변기기
- "河北省名牌国际展览会" 중 "河北省"은 관형격 조사를 덧붙여서 "하북성의"로 번역하든지 처소격 조사를 덧붙여서 "하북성에서"로 번역해야 옳다. 그리고 "名牌"이 명사로 사용된 경우는 보통 "유명 브랜드(상표)"로 번역 가능하며, 여기서는 행사를 꾸미는 수식어이므로 "유명한" 또는 "지명도(가) 높은"으로 번역 가능하다.
- "中国举办"을 "중국 개최하는"으로 번역하는 것은 부적절하다. "中国"은 여기에서 행위 주체가 아니라 장소를 의미하므로 "중국에서"로 번역하는 것이 옳으며, "举办"은 피동형인 "개최되는"으로 번역해야 옳다.

❤ "同类"를 "같은"으로 번역하는 것은 적절하지 않다. "동종의" 또는 "같은 류의"로 번역해야 옳다.

❤ "效果"는 "효과" 또는 "성과"로 번역 가능한데, 여기서 "효과"로 번역하는 것은 부적절하다. "효과"는 "효율이 높다"는 의미가 강한 반면 여기서는 전시회를 통해 이룩한 결과를 강조하는 의미이기 때문에 "전시회의 성과"로 번역해야 적절하다.

❤ "客商"을 "상인"으로 번역하는 것은 부적절하다. "상인"은 보통 '재래시장 등에서 작은 규모의 개인 사업을 하는 사업자(个体户)'를 의미한다. 여기서는 중국을 방문하는 외국인 구매자를 의미하므로 "바이어(buyer)"로 번역해야 적절하다.

❤ "参展踊跃"을 "열렬히 참가하다"로 번역하는 것은 부적절하다. 부사와 동사의 호응 관계가 어색하기 때문인데, "열렬히"는 "열렬히 사모하다" 등과 같이 감정과 관련된 동사와 주로 호응되어 쓰인다. 따라서 "적극적으로(활발히) 참가하다"로 번역해야 적절하다.

❾ 上述活动各有特色,欢迎各个国家和地区的朋友踊跃参加,到河北进行投资、贸易、洽谈、旅游。我们河北省国际商会愿意为各商社、公司在经贸等方面做好服务。

错误翻译:
상술한 활동은 자기의(자신의) 특색을 가지고 있습니다. 세계 각 나라와 지역의 친구들이 열렬히 참가하고 하북에 대해(하북에서) 투자, 무역, 상담과 여행을① 하는 것을② 환영합니다. 우리 하북성국제상회는 각 상사와 회사에게 경제무역 등 방면에 봉사하겠습니다. (서비스를 잘 제공하겠습니다.)

正确翻译:
① 직역:위에서 언급한(말씀드린) 행사들은 각기(각각) 그 특징이 있습니다. 각국(및 지역)의 기업인 및 관계자 여러분의 적극적인 참가를 환영합니다. 투자, 무역상담, 관광 등을 위해(등의 목적으로) 하북성을 찾아 주시면 저희 하북성 국제상회는 여러 상사와 기업들을 위해 경제무역 분야에서 최선의 서비스를 제공하겠습니다.

② 의역:이상으로(앞에서) 소개한 행사들은 각기(각각) 특색을 지니고 있사오니 각국의 기업인 및 관계자 여러분께서 (많은 관심을 가지고) 투자, 무역상담, 관광 등을 위해(등의 목적으로) 하북성을 찾아 주시기를 부탁드립니다(바랍니다). 저희 하북성 국제상회에서는 각국의 상업기구·단체 및 협회, 기업들을 위해 경제무역 분야에서 최선의 서비스와 노력을 다할 것임을 약속드립니다.

正误评析:
❤ "上述活动"을 "상술한 활동"으로 번역할 수 없다. "위에서 언급한(말씀드린) 행사들" 또는 "이상으로(앞에서) 소개한 행사들"로 번역해야 적절하다. **첫째**, "上述"은 "상술한" 또는 "위에서 언급한(말씀드린)"으로 번역 가능한데, 이 텍스트는 환영사이므로 직접 말로 표현하는 의미의 "위에서 언급한(말씀드린)"으로 번역해야 한다. 참고로

"상술"은 "詳述"의 뜻도 있으므로 주의해야 한다. **둘째**, "活动"은 "행사"로 번역해야 옳다. "활동"은 '어떤 일의 성과를 거두기 위하여 애쓰다, 또는 어떤 일을 이루려고 돌아다니다'라는 의미를 지니고 있다. 예:의료 활동, 봉사 활동, 취미 활동.

- "各有特色" 중의 "各"을 "자기의" 또는 "자신의"로 번역할 수 없다. "자기, 자신"은 사람에 대해서만 사용할 수 있다. 따라서 "각기" 또는 "각각"으로 번역해야 적절하다.
- "朋友"를 "친구"로 번역할 수 없다. 중국어에서는 친근감의 표현으로 상대방을 지칭할 때 "朋友"를 광범위하게 사용하지만, 한국어에서는 그 의미가 상대적으로 협소하다. 여기서는 "기업인 및 관계자 여러분" 또는 "많은 분들"로 번역해야 적절하다.
- "하북에 대해(하북에서) 투자, 무역, 상담과 여행을 하는 것을 환영합니다"로 번역하는 것은 부적절하다. "하북(성)에 대해 무역", "하북(성)에 대해 상담", "하북(성)에 대해 여행"은 호응 관계가 이루어질 수 없다. 따라서 "투자, 무역, 상담, 관광 등을 위해 하북성을 찾아주시면"으로 번역해야 적절하다.
- "为各商社、公司"를 "각 상사와 회사에게"로 번역할 수 없다. **첫째**, "A에게"를 사용할 경우에 A는 사람이어야 한다. 따라서 "각국의 상업기구·단체 및 협회, 기업들을 위해"로 번역해야 적절하다. **둘째**, "商社"와 "公司"를 "상사"와 "회사"로 번역하는 것은 적절하지 않다. "상사"는 주로 무역회사(예:종합상사)를 의미한다. 그리고 "기업"이 "회사"보다 좀 더 규모가 크고 정식적인 느낌을 준다.
- "方面"을 "방면"으로 번역하는 것은 부적절하다.(☞1과 正误评析 2번 참조)
- "做好服务"를 "서비스를 잘 제공하겠습니다"로 번역하는 것은 부적절하다. "서비스를 제공하다"의 호응관계에는 문제가 없으나, 부사 "잘"과 동사 "제공하다"의 호응 관계가 어색하기 때문이다. "최선의 서비스를 제공하다"로 번역해야 적절하다.

❿ 祝大家节日愉快、工作顺利、身体健康！

错误翻译:
여러분 명절을 축하하겠습니다. 사업은 성공하시고 여러분 건강을 진심으로 바랍니다.

正确翻译:
즐거운 연말연시가 되(시)기를 바라며, 이 자리에 참석해 주신 분들의 모든 일들이 순조롭고 항상 건강하시기를 기원합니다.

正误评析:
- "节日愉快"를 "명절을 축하하다"로 번역하는 것은 적절하지 않다. **첫째**, "명절"은 설, 추석 등과 같은 전통적인 기념일을 의미한다. 즉 서양의 크리스마스나 중국의 "五一", "十一" 등과 같은 각종 경축일(국경일)은 포함되지 않는다. **둘째**, "A를 축하하다"에서 A는 일반적으로 축하의 대상인 일이어야 한다.(예: 합격을 축하하다, 졸업을 축하하다, 결혼을 축하하다) "성탄을 축하하며" 등과 같이 어떤 특정한 명절이 축하

의 대상으로 쓰이는 경우는 있지만 예가 많지는 않다. 이 글의 문두에 "在圣诞节、新年即将来临之际"라는 내용이 나왔으므로 이 표현으로 "节日"을 대신하는 것이 더 자연스럽다. 따라서 "즐거운 크리스마스와 신년이 되시기를 바라며"로 번역 가능한데, 이보다는 "즐거운 연말연시(가) 되(시)기를 바라며"라는 표현을 더 많이 쓴다. 참고로 공식석상에서가 아니라 편안한 분위기의 약간 사적인 모임에서 사용된 표현이라면 더 생동감 있게 "새해 복 많이 받으십시오"로 통역할 수도 있다. 다만 발언의 마지막 부분에서 아무런 연결 접속어를 쓰지 않고 "새해 복 많이 받으십시오"라는 표현을 갑자기 쓰면 앞뒤의 내용과 호응이 어색해지므로 문장 제일 끝으로 이 인사말을 옮기는 것이 좋다.

- "工作顺利"를 "사업은 성공하시고(비문법적인 표현)"로 번역하는 것은 부적절하다. 이 자리에 참석한 이들의 직업이 다양하므로 "工作"을 "하시는 일, 하시는 모든 일"로 번역해야 적절하다.
- "身体健康"은 "항상 건강하시기를 기원합니다"로 번역해야 적절하다. (☞5.3.5 번역상식 참조)

5.3 翻译知识

5.3.1 各种展览会名称的翻译 —— 전시회, 박람회 행사명의 번역

국제적 규모로 개최되는 문화와 산업에 관한 박람회인 "국제박람회(international exhibition)"는 만국박람회·세계박람회·국제종합박람회 등 여러 가지 명칭이 있으며, 그 외국어 명칭도 exhibition, fair, great exhibition, exposition universelle, world fair, world exposition, EXPO 등 다양하다.

☞ 2012年丽水世界博览会官方网站上的介绍

> 국문: 2012여수세계박람회 ←정식 명칭
>   국문 단문 명칭은 개최년도, 장소를 나타낼 수 있도록 '2012여수엑스포',
>   '2012여수박람회' 등을 약칭으로 사용함
> 영문: 'International Exposition Yeosu Korea 2012'
>   영문 단문 명칭은 기존 사례를 고려하여 박람회 홍보에 용이하게 활용될 수 있도록 기억하기 쉽고 간단명료하며, 개최년도 및 장소를 모두 나타낼 수 있는 'Expo 2012 Yeosu Korea'로 정함

"博览会"는 한자어인 "박람회" 또는 외래어인 "엑스포(Expo)"로 번역 가능하다. "展

览会"는 일반적으로 "전시회"로 번역 가능한데, "박람회", "페어(fair)", "-전(展)/대전(大展)", "전람회" 등으로 번역되는 경우도 있다. 참고로 한국어에서는 참관 목적 위주의 미술전람회, 사진전람회 등과 같은 행사를 주로 "전람회"로 표현한다. "洽谈会"는 일반적으로 "상담회"로 번역 가능하다.

☞ 英: The International Consumer Electronics Show(CES)
汉: 国际消费电子展览会
韩: 국제전자제품박람회(CES)

☞ 다양한 행사명
디지털 광고마케팅 전시회 2012
2012 프랜차이즈 산업박람회
2011 디지털 미디어 페어

박람회나 전시회 같은 행사의 명칭은 고유명사이므로 "서울국제사진영상기자재전(PHOTO & IMAGING 2012)", "2013국제전자제품박람회(CES 2013)" 등과 같이 띄어쓰기를 하지 않고 모아쓰는 것이 원칙이지만 종종 띄어쓰기도 한다.

중국어로 된 행사명을 한국어로 번역하면 단문 명칭으로 쓰기에는 너무 길어져 띄어쓰기를 해야 하는 경우가 많다. 중국어의 함축적인 특성상 한글 번역문이 길어지게 마련이고, 아래의 (a), (b)처럼 지역명 앞에 국가명인 "중국"이 덧붙여지는 경우도 많기 때문이다(한국의 경우는 지역명만 포함하는 경향이 강함).

행사명 번역 시에 다음의 몇 가지를 고려해야 한다.

첫째, 영문 명칭을 확인하고 번역에 참고한다.

둘째, 연관성을 가진 단어는 모아쓴다. 예: 환경 보호→환경보호.

둘째, "A 与 B 及 C 展览会" 등과 같은 행사명은 아래 (c)와 같이 '대등하고 밀접한 관계'임을 의미하는 가운뎃점과 "및"을 이용하여 간결하게 표현하는 것이 좋다.

(a) 第七届中国北京国际科技产业博览会
　　제7회 중국 북경 국제하이테크산업박람회(엑스포)
(b) 第5届中国广东国际体育用品博览会
　　제5회 중국(광동) 국제스포츠용품박람회
(c) 2004 中国国际环保技术与装备及绿色建材展览会
　　2004 중국 국제 환경보호 기술·장비 및 친환경 건축자재전(전시회)

5.3.2 尖端高科技领域名称 —— 첨단산업/하이테크산업 분야 용어

최근 첨단산업 분야와 관련된 각종 박람회(Expo), 전시회가 활발히 개최되고 있으므로 이와 관련된 용어를 숙지하는 것이 필요하다. 한국 정부는 2001년도에 "2006년까지 향후 5년간 한국 경제성장을 이끌 차세대 성장산업인 IT·BT·NT·ET·ST·CT 등 6T에 대한 연구개발에 총 9조 1986억 원을 투자하겠다"는 방침을 밝힌 바 있다.

☞ 아래 6가지 첨단기술산업을 "6T"라고 한다.
  정보통신기술:信息通讯技术 (IT, Information/Telecommunication Technology)
  생명공학기술:生物工程技术 (BT, Biology Technology)
  나노기술:纳米技术 (NT, Nano Technology)
  환경공학·에너지기술:环境(环保)与能源技术 (ET, Environment/Energy Technology)
  우주항공기술:航空航天技术 (ST, Space/Aerospace Technology)
  문화·디지털콘텐츠기술:文化信息数字化技术 (CT, Culture Contents Technology)

이 밖에 첨단산업, 하이테크산업 관련 행사명에 자주 등장하는 용어는 다음과 같다.
① 生命科学:생명공학(Life Science)
  生物工程:생물공정, 바이오 엔지니어링(Bio-engineering)
  生物医学:생물의학(Bio-engineering & Pharmaceutical)
  生物化学:생물화학
  生物环境:생물환경
  生物食品:바이오식품
② 环保:환경보호(Environmental Protection)
③ 能源:에너지(Energy)
④ 新材料:신소재(New Materials)
⑤ 绿色产品:환경친화 상품/친환경 제품
⑥ 传媒科技:미디어 기술(Media Technology)
⑦ 科技创新与成果:기술혁신 및 그 성과물(Sci-tech Innovation and Achievements)

5.3.3 "冒号"的翻译 —— "冒号"가 포함된 단락의 번역

중국어의 문장부호 "冒号(:)"와 한국어의 문장부호 "쌍점(:)"은 문법적인 기능이 다르다. 冒号는 总括性话语 뒤에 사용되는 특징을 지니고 있지만, 쌍점은 주로 "일시: 2015년 2월 9일" 등과 같이 소표제 뒤에 설명이 나올 때 사용되기 때문에 문장의 뒤에 쓰일 수 없다. 따라서 冒号가 포함된 단락을 한국어로 번역할 때는 문장 구조를 변형시켜 번역해야 적절하다.

▶ 冒号: 用在总括性话语的后边,表示引起下文的分说。
▶ 쌍점: ① 소표제 뒤에 설명이 나올 때(장소:연세대학교 백주년기념관)
② 내포되는 종류를 들 때(문장 부호: 마침표, 쉼표, 따옴표 ……)
③ 저자명 다음의 저서명을 적을 때(주시경: 국어문법, 서울 박문서관, 1910)
④ 시와 분(오전 10:20)
⑤ 장과 절(요한 3:16)을 구분할 때
⑥ 둘 이상을 대비할 때(대비 65:60) 쓰임

☞ 主要有:1月份的英国伯明翰春季国际贸易博览会……
  错误翻译: 주요는: 1월 영국 버밍험 춘계국제무역박람회……
  正确译文: 몇 가지 중요한 전시회만 말씀 드리겠습니다. 1월에 개최되는 영국 버밍험(Birmingham) 춘계국제무역박람회……

☞ 第六,通过多年不懈的努力,争取到了一些有利于今后经济增长和发展的条件:加入WTO及2008年奥运会的申办成功。
  错误翻译: 여섯 째, 몇 년 동안 끊임없는 노력을 통하여 향후 경제 성장과 발전에 유리한 조건을 쟁취했다. WTO에 가입하고 게다가 2008년 올림픽을 성공하게 신청했다.
  正确译文: 여섯 째, 수년간에 걸친 부단한 노력을 통해 WTO 가입 및 2008년 올림픽(개최) 유치 성공과 같은 향후 경제성장과 발전에 유리한 조건들을 마련했다.
  说明: 冒号(:) 뒤에 있는 문장 성분들은 그 앞에서 언급한 "유리한 조건들"을 부연 설명한 것으로, 앞 문장과 하나의 문장으로 연결하여 번역하는 것이 적절하다.

5.3.4 "优势"的翻译 —— "优势"의 번역

본 텍스트에 나오는 "产业优势"를 "산업의 우세"로 번역할 수 없다. "비교 우위(경쟁 우위)를 가지고 있는 산업" 또는 "경쟁력을 지니고 있는 산업"으로 번역해야 적절하다. 한국어에서는 "우세"가 단독으로 명사형으로 쓰이는 경우는 거의 없으며 "-하다" 또는 "-적이다"와 결합하여 "우세하다", "우세적이다"의 형태로 쓰인다. "优势"는 일반적으로 "(비교)우위"로 번역 가능한데, "강점", "이점", "경쟁력" 등으로 번역해야 더 적절한 경우도 있다. 그리고 "有……的优势"라는 중국식 표현을 그대로 옮겨 "-한 우세가 있다"로 번역(또는 통역)하는 경우를 가끔 볼 수 있는데, 이는 한국어에 존재하지 않는 표현이므로 적절하지 않다. 한국어에서는 "~ 분야에서 (비교)우위를 가지고 있다"로 표현하기 때문에 이 표현을 정확하게 숙지하는 것이 필요하다.

☞ 德国在太阳能板的生产方面**具有优势**。
   正确译文： 독일은 태양에너지판 생산분야에서 비교우위를 가지고 있다.

☞ 这种微型手机除了样式小巧外,还有一个更大的**优势**是极其低廉的价格。
   正确译文： 이런 초미니형 휴대폰은 크기가 작다는 점 외에 가격이 아주 저렴하다는 큰 장점 (이점)을 가지고 있다(장점이 있다).

☞ 《经济时报》首次报道了2005年中国最具竞争**优势**的百家企业名单。
   正确译文： 經濟時報는 2005년도 가장 경쟁력 있는 중국 100대 기업 명단을 처음으로 보도했다.

5.3.5　常用祝福语句的翻译 —— 덕담 등의 관용어구 번역

중국어는 함축적인 언어이기 때문에 외국어로 옮길 때 상당히 길게 번역되는 특징을 지닌다. 이런 특징으로 인해 중한 번역시 번역자들이 어려움을 많이 느끼는데, 특히 고사 성어, 4자성어, 음식명 등의 번역시 어려움이 더욱 크다고 할 수 있다. 본 텍스트의 마지막에 나오는 "祝大家节日愉快、工作顺利、身体健康！" 역시 번역하기가 상당히 까다롭다. 중국어에서는 함축적으로 각각 네 글자로 표현되지만 그 의미를 한국어로 옮기다 보면 긴 서술형 문장이 되어버리기 쉽기 때문이다. 더구나 이런 표현이 둘 이상 나열되면 원어의 음률을 살리기가 거의 불가능해진다.

☞ 예를 들어, 영화 甜蜜蜜에서 "恭喜发财、一帆风顺、身体健康、事事如意(万事如意)、龙马精神、如意吉祥、大吉大利" 등이 대화 중 연이어 등장하는데, 원어의 리듬을 제대로 살려 번역하기가 쉽지 않다. 이와 같은 덕담이나 관용적인 표현의 번역 또는 통역 시에는 번역자가 임의적으로 옮기는 것은 부자연스럽고 한국어에서 비슷한 의미로 많이 쓰이는 관용적인 표현으로 옮겨주는 것이 가장 자연스럽다. 중국어에서 자주 쓰이는 덕담 또는 의례적인 인사말의 유사한 한국어 표현은 다음과 같다.

周末愉快！：주말 잘 보내세요.(즐거운 주말 되세요.)
生日快乐！：생일 축하합니다.
一帆风顺！：모든 일이 순조로우시길 (빕니다)!
万事如意！：만사 형통 하시길 (빕니다)!/ 모든 일이 순조로우시길 (빕니다)!
恭喜发财！：부자 되세요! (사업가에게는 "사업 번창하시길 빕니다.")
新年快乐！：새해 복 많이 받으십시오.
身体健康！：건강하세요/건강하십시오.
合家欢乐！：웃음이 넘치는 가정이 되시길 (빕니다)!

合家美满!:가정이 화목하시길 빕니다.
祝你好梦!:좋은 꿈 꾸세요.
请慢用!:맛있게 드세요!
百年好合!:백년해로 하시기를 빕니다.

5.4 翻译练习

5.4.1 翻译词组

❶ 高科技商务论坛
❷ 主题报告会及分会场研讨会
❸ 技术经济合作洽谈
❹ 投资、合资、进出口等洽谈
❺ 商务考察
❻ 中国国际展览中心

5.4.2 选择较好的翻译

❶ 中韩建交20周年纪念研讨会
　　——중·한 수교 20주년 기념 심포지엄
　　——중·한 수교 20주년 기념 포럼

❷ 北京高科技博览会国际投资项目洽谈会
　　——북경과학기술박람회 국제투자항목 상담회
　　——북경하이테크엑스포 국제투자프로젝트 상담회

❸ 奥运场馆建设项目推介会
　　——올림픽운동장 건설프로젝트 소개회
　　——올림픽경기장 건설프로젝트 소개설명회

❹ 文艺晚会(evening gala)
　　——예술공연 저녁 행사
　　——야간 공연 행사

❺ 技术及经济合作商谈与投资、合资以及进出口的商务洽谈
——기술과 경제협력 상담, 투자, 합자투자, 수출입 등 상무 상담
——기술 및 경제협력 상담과 투자, 합자투자, 수출입 등 비즈니스 상담

❻ 科博会闭幕新闻发布会(Closing Ceremony and Press Conference)
——과학기술박람회의 폐막식 신문발포회
——과학기술박람회의 폐막식 기자회견

5.4.3 翻译句子

❶ 中、日、韩三国管理、科研、生产、开发方面的官员、专家、企业家等约300名代表参加了北京论坛。

❷ 参加这次大型商务论坛的中国代表约200人,有合作意向的各国企业家约100人。

❸ 商务洽谈会上,我们向来宾介绍了基础设施建设、制造业、旅游业、高新技术产业1600多个投资与贸易项目。

❹ 国内10余个省市代表团与20多个国际和地区近300位客商参与了洽谈。

❺ 国内有300余家企业机构与境外150多位客商参与了洽谈。

5.4.4 翻译短文

第十二届科博会国际投资项目洽谈会

　　科博会"国际投资项目洽谈会"以"投融资促发展"为主题;以项目对接、快速约谈、投融资交流互动为特色,是历届"科博会"的主要活动之一,也是我国吸引外资成功率最高的品牌会议之一,曾连续三年荣获由数十家境外主流媒体共同评选的科博会"最成功洽谈奖"。在前十一届投洽会中累计签订投资合作项目达2590个,成交总金额将近315亿美元。

会议内容：
科博会开幕式及主题报告
投融资项目对接洽谈（配备专职翻译,专题对口洽谈）
来自美、欧、亚、澳等洲数十国投融资机构、风险投资机构、私募股权基金、股权并购机构及世界500强、中国500强企业等将就3000余个投资意向与参会企业进行对接洽谈,到会寻找商机。
时间：2009年5月19日—21日
地点：北京人民大会堂、北京京都信苑饭店

5.5 翻译作业

在欢迎韩国釜山市议会代表团宴会上的讲话

尊敬的釜山市议会代表团团长、釜山市议会议长〇〇〇先生
尊敬的釜山市议会代表团副团长、釜山市议会副议长〇〇〇先生
尊敬的釜山市议会代表团的各位先生
女士们、先生们、朋友们：

  在槐花盛开的季节里,我们迎来了来自友好城市的尊贵客人釜山市议会代表团。首先,请允许我代表大连市人大常委会,并以五百万大连市人民的名义,对以〇〇先生为首的釜山市议会代表团访问我市并参加赏槐会表示热烈的欢迎。

  自1998年我们两市结成友好城市关系以来,至今已经有3个年头。3年来,贵我两市的友谊不断加深,经济、文化等方面的交流不断扩大。为促进两市的友好交流和经济合作,釜山市议会作了大量的、细致的、卓有成效的工作,使我们感到非常钦佩。去年,我们大连市人大代表团访问贵市时,受到了以〇〇先生为首的釜山市议会的热烈欢迎和盛情款待,给我们留下许多美好的回忆。在这里,我们再次表示衷心的感谢。

  釜山市与大连市都是港口城市,也都是工商业城市,而且两市之间有着广泛的交流、合作领域及共同关心的问题。今后,我们更应该进一步拓宽交流与合作的领域,尽可能多地进行一些实质性交流。我相信这样做一定会有助于我们两市的繁荣与发展。

  明天,釜山市议会代表团将出席赏槐会开幕式,并将开始对我市经济技术开发区及一些工厂、农村、学校的访问,先生们将会亲身感受到大连市民对贵市的友好情谊。我们希望先生们多走走、多看看、多谈谈,把两市的友谊传播得更深更广。

5.6 参考资料

(1) 환영사

존경하는 엘우드 IOI 총재님, 바쿠아 부총재님, 다니엘 자코비 사무총장님, 루이스 클라 재정이사님! 그리고 국민권리 및 인권보호를 위해 애쓰시는 각국 OOOO대표 여러분!

먼저(首先) 세계 ○○○○(IOI) 아시아지역 부총재 자격으로 의미있는 이사회를 서울에서 개최하게 됨을 무한한 영광으로 생각하며, 이번 이사회가 화창한 서울의 가을 햇살처럼 밝은 분위기 속에서 이루어지기를 바랍니다.

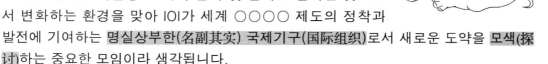

이번 회의는 사실상 21세기 들어 첫 번째로 열리는 것으로서 변화하는 환경을 맞아 IOI가 세계 ○○○○ 제도의 정착과 발전에 기여하는 명실상부한(名副其实) 국제기구(国际组织)로서 새로운 도약을 모색(探讨)하는 중요한 모임이라 생각됩니다.

한국에 체류하시는 동안 불편한 점이 있으시면 기탄없이(尽量) 저희 위원회에 말씀하여 주시면 최선을 다해 도와드릴 것을 약속드리며, 여러분의 적극적인 참여 속에 활발한 토론으로 성공적 회의가 될 수 있기를 기대해 봅니다.

감사합니다.

(2) 오찬사

존경하는 엘우드 IOI 총재님과 각국의 이사님들! 그리고 성공적인 행사를 위해 노력하신 ○○○ 국민고충처리위원회 위원장님과 직원 여러분!

오늘 이 자리에서 세계○○○○협회 이사회 구성원 및 관계자 여러분들을 만나게 된 것을 뜻깊게 생각하며, 여러분들의 헌신적인 노고에 깊은 경의를 표합니다.

행정자치부는 정부 내에서 민원행정제도에 대한 기본지침을 마련하고 그 이행 실태를 관리하는 민원업무의 총괄부서입니다.

그간 저희 부처는 고객인 민원인의 입장과 편의를 최우선적으로 고려하고 최고 수준의 민원 서비스를 제공한다는 원칙 아래, 각급 기관으로 하여금 행정서비스 헌장을 제정하여 이를 실천토록 하고 있으며, 민원처리절차의 간소화와 각종 구비서류(有效文件) 감축 및 전자민원(电子行政) 처리체제 구축(构建体制) 등 민원행정의 투명성과 효율성을 제고하기 위해 부단한 노력(不懈的努力)을 기울여 왔습니다.

각국 ○○○○ 대표단 여러분!

21세기 변화의 물결 속에 복잡·다양화되고 있는 행정환경으로부터 국민 권익을 보호하고 바른 행정을 위한 감시자로서 이 자리에 참석하신 ○○○○ 여러분의 책임과 역할은 아무리 강조해도 지나치지 않는다고 하겠습니다.

국민의 고충을 해결함에 있어서 국경이 있을 수가 없습니다. 위법하고 부당한 행정으로부터 국민의 권익을 보호하기 위하여 각국의 경험과 지혜를 공유(共享、分享)하고 교환하는 일은 세계 각국 국민의 존엄과 가치를 고양하는 데 크게 이바지할 것입니다. 이러한 의미에서 이번 모임이 여러분 모두에게 유익한(有收获的) 회의가 되었기를 바랍니다.

이번 오찬을 끝으로, IOI 서울 이사회의 공식 일정이 끝나는 것으로 알고 있습니다. 여러분들께서 그 동안 쌓인 긴장과 피로를 모두 잊고 한국의 사계절 중 가장 아름다운 가을의 정취 속에서 서울의 명소를 둘러보실 것을 권하고, 이번 서울에서 맺은 소중한 인연과 추억들을 영원히 간직하시길 바랍니다.

감사합니다.

(3) 환송사

존경하는 엘우드 IOI 총재님과 이사님들! 그리고 ○○○ 행정자치부 차관님!

먼저 빠듯한 일정에도 불구하고 환송 오찬시간까지 열성적으로 활발한 토론과 토의에 참여해주신 여러분의 성원(积极参与) 속에 이번 서울이사회를 무사히 마치게 된 것을 진심으로 감사드립니다.

또한 바쁘신데도 불구하시고 귀중한 시간을 내셔서 오늘의 자리를 더욱 빛내주신 ○○○ 행정자치부 차관님께 세계○○○○협회를 대표하여 감사의 말씀을 드립니다.

우리는 이번 이사회를 통하여 각 대륙별 옴부즈만의 다양한 활동과 경험을 교환하였고, 2004년 제8회 IOI 총회를 퀘벡에서 열기로 하였으며, 특히 변화하는 21세기를 맞아 IOI 살림을 이끌어 갈 새로운 사무총장을 선출하는 등 IOI가 새롭게 도약할 수 있는 모든 준비를 갖추었습니다.

회의주최국으로서 우리 국민고충처리위원회는 그간 나름대로 최선의 노력을 다하였습니다마는, 다소간 미흡한 점(不足之处)이 있었다 하더라도 너그럽게 이해하여 주시면 고맙겠습니다.

끝으로(最后) 이번 서울에서 개최된 IOI 이사회가 세계 각국의 ○○○○ 제도 발전에 기여하는 더욱 뜻깊은 기회가 되었기를 바라며, 대한민국의 방문에 대한 추억이 여러분들의 기억 속에서 늘 함께 하기를 기원합니다.

내년 이사회에서 다시 만날 때까지 여러분의 건강과 가정의 행복을 기원합니다.

안녕히 돌아가십시오.

第6课　新闻

6.1　课文范文

6.1.1　新闻报道

中国照相机产量居全球首位

　　中国2003年生产各类照相机达到6000万台,数量已跃居世界第一位,这是中国文化办公设备制造行业协会提供的数据。

　　据统计,中国照相机2003年1月至11月累计产量5439万台,比上年同期增长16%,照相机及器材累计完成进出口总额超过49.85亿美元,其中出口额为36.78亿美元,增长102%,进口额为13亿美元,增长69.96%,照相机行业已成为以三资企业为主导的外向型高科技产业。据专家预测,2004年中国照相机产量将在2003年的基础上再增长9%。

　　另悉,第七届中国国际照相机械影像器材与技术博览会定于今年4月10日至13日在北京中国国际展览中心举办。本届博览会由中国机械工业联合会、中国文化办公设备制造行业协会、中国摄影家协会、中国展览中心集团公司联合主办。从1998年开始,举办此博览会已成为亚洲规模最大的同类展会,为国内外制造商提供了科技交流和商贸合作的平台,也为摄影工作者和爱好者提供了一睹国内外最新摄影设备的机会,2003年展会吸引了来自日本、欧美等200多家中外厂商参展。

6.1.2　词汇注释

产量 —— 생산량
데이터 —— 데이터(data), 통계 수치
上年 —— 전년(전년)
进出口 —— 수·출입
成为 —— ~가 되다, ~으로 부상하다
外向型 —— 수출 주도형, 수출 지향적

行业 —— 업종
据 —— ~에 따르면(의하면)
器材 —— 기자재
超过 —— 초과하다, 넘다
三资企业 —— 三资기업(合资경영, 合作경영, 獨资경영 기업을 뜻함)

专家 —— 전문가
博览会 —— 전시회, 박람회, 엑스포
　☞5.3.1 번역상식 참조
中心 —— 센터, 중심
联合 —— 공동, 연합, 제휴
主办 —— 주최(하다)
商贸 —— 무역, 교역
平台 —— 플랫폼, -의 장(場), 채널
欧美 —— 구미, 서구
厂商 —— 생산업체, 제조업체

另悉 —— 관련 업계(소식)에 따르면
举办 —— 개최하다, 거행하다
集团 —— 그룹(group)
摄影家 —— 촬영가, 사진작가
制造商 —— 제조업체, 제조사
合作 —— 협력(하다)
爱好者 —— 애호가
吸引 —— 유치(誘致)하다
中外 —— 국·내외
参展 —— 전시회를 참가하다

6.1.3　参考译文

중국 카메라 생산량 세계 1위 (기록)

①2003년 중국의 카메라 생산량이 6천만대에 달해 세계 1위를 기록했다고 중국문화사무(기기)설비제조업협회(中國文化辦公設備製造行業協會)가 밝혔다.

②중국문화사무설비제조업협회(中國文化辦公設備製造行業協會)가 제공한 자료에 따르면/의하면, 2003년 중국의 카메라 생산량이 6천만 대에 달해 세계 1위를 기록한 것으로 나타났다.

이 자료에 따르면, 중국의 카메라 생산량은 2003년 11월말(1-11월까지) 누계 기준으로(직역:2003년 1-11월간 중국의 카메라 누계 생산량은) 전년 동기대비 16% 증가한 5439만 대이며, 카메라 및 기자재 수출입 누계는 총 49억8천5백만 달러로 그 중 수출은 전년 동기대비 102% 증가한 36억7천8백만 달러, 수입은 전년 동기대비 69.96% 늘어난 13억 달러를 기록했다. (이로써) 카메라 업종은 三資기업 (合資경영, 合作경영, 獨資경영 기업을 뜻함)이 주도하는 수출지향적 하이테크산업으로 부상했다.

전문가들은 2004년 중국의 카메라 생산량이 2003년보다 9% 늘어날 것으로 예측하고 있다(2004년 중국의 카메라 생산량은 2003년보다 9% 증가할 것으로 전문가들은 전망하고 있다).

관련 업계(소식)에 따르면, "제7회 중국국제카메라·영상기자재기술전(직역:제7회 중국 국제카메라·영상기자재 및 기술 전시회)"이 오는 4월 10일부터 13일까지 북경의 중국국제전시센터/중국국제전람센터(CIEC)에서 열린다(개최된다). 이번 박람회는 중국기계공업연합회, 중국문화사무(기기)설비제조업협회, 중국촬영가협회, 중국전람센터그룹(中國展覽中心集團公司)이 공동(으로) 주최한다. 1998 년 처음 개최된 이 박람회는 동분야 전시회 중 아시아에서 가장 규모가 큰 전시회로(아시아에서 동분야 최대 규모의 전시회로/이 분야의 아시아 최대 전시회로) 자리잡았는데, 국내외 제조업체들에게는 (과학)기술교류 및 비즈니스 협력의 장을 제공하는 한편 촬영가들과 이 분야 애호가들에게는 국내외 최신 촬영설비를 접할 수 있는 좋은 기회가 되고 있다. 지난 2003년 전시회에는 일본, 구미 지역 등에서 온 200여 국내외 (생산)업체들이 참가한 바 있다.

6.2 正误评析

❶ 中国照相机产量居全球首位

错误翻译:
중국 사진기 생산량은 세계 1위를 차지한다.

正确翻译:
중국 카메라 생산량 세계 1위 (기록)

正误评析:
- 错误翻译은 신문기사 제목으로 부적절하다. 신문기사 제목은 메시지를 요약·압축하여 한 눈에 볼 수 있도록 해야 하기 때문에 조사 생략 등을 통해 최대한 간결하게 번역해야 하며, 일반적으로 명사형이나 부사형으로 끝나거나 기본형 종결어미로 끝나는 특징을 보인다. 참고로 기사 제목에서는 주격 조사를 생략하고 이를 쉼표(逗号)로 대체할 수 있다. 예:인터파크HM, 中 커피전문점 시장 진출 (☞6.3.1 번역상식 참조)
- "照相机"는 "카메라(외래어)", "사진기(한자어)"로 번역 가능한데, "数码相机"는 "디지털 카메라(디카)"라는 표현을 더 많이 사용한다.(☞7.3.6 번역상식 참조)
- "产量"은 "생산량", "年产量"은 "연간 생산량"으로 번역 가능하다.
  ☞ 胡锦涛表示到2010年,中国和东盟10国之间的年贸易额可能会达到2000亿美元。(후진타오 주석은 2010년경 중국-ASEAN 10개국간 연간 교역액이 2000억 달러에 이를 것이라고 언급했다.)

❷ 中国2003年生产各类照相机达到6000万台,数量已跃居世界第一位,这是中国文化办公设备制造行业协会提供的数据。

错误翻译:
(A) 중국이 생산한 2003년 여러 가지 카메라가 6천만 대에 달해 수량이 세계 1위를 차지했다. 이는 중국 문화판공설비제조항업협회에서 밝힌 수치이다.
(B) 중국 문화사무설비 제조업협회가 제공한 수치에 의하면, 중국은 2003년 각종 카메라가 6000만 대에 달해, 그 수량은 세계 1위를 차지했다.

正确翻译：
① 2003년 중국의 카메라 생산량이 6천만 대에 달해 세계 1위를 기록했다고 중국문화사무기기설비제조업협회(中國文化辦公設備製造行業協會)가 밝혔다.
② 중국문화사무설비제조업협회(中國文化辦公設備製造行業協會)가 제공한 자료에 따르면/의하면, 2003년 중국의 카메라 생산량이 6천만 대에 달해 세계 1위를 기록한 것으로 나타났다.

正误评析：
- 错误翻译과 같이 번역하는 것보다 "ⓐ의 자료에 따르면(ⓐ가 제공한 자료에 따르면)-으로 드러났다" 또는 "-(다)고 ⓐ가 밝혔다"로 번역하는 것이 적절하다. (☞6.3.2 번역상식 참조)

- "中国生产各类照相机达到6000万台"에서 "中国"을 "중국이 생산한" 또는 "중국은"으로 번역하는 것은 부적절하다. "중국의 카메라 생산량이"로 번역해야 호응관계가 자연스럽다. 错误翻译 (A)는 "중국"을 "생산하다"의 행위 주체로 번역했기 때문에 부적절하다. 생산의 실제 주체는 중국이 아니라 "중국의 카메라 생산업체(메이커:maker)"이다. 따라서 "中国"은 처소격인 "중국에서 (생산된)"의 의미로 이해해야 옳다. 그리고 错误翻译 (B)와 같이 "중국은"으로 번역할 경우 서술어와의 호응관계가 적절하지 않다.

- "各类"를 "여러 가지" 또는 "각종"으로 번역하는 것은 적절하지 않다. "여러 가지"는 구어체이므로 적절하지 않다. 그리고 한국어로 번역시 "각종"은 불필요한 수식어이므로 생략하는 것이 좋다. 문맥상 모든 종류의 카메라를 의미한다는 것을 알 수 있기 때문이다.

- "数量已跃居……"를 "수량이 차지하다"로 번역하는 것은 부적절하다. 호응관계가 부자연스럽기 때문이다.(☞6.3.4 번역상식 참조) "数量"을 굳이 주어로 번역하자면 서술어와의 호응관계를 고려하여 "생산량(产量)이"로 번역할 수 있지만, 앞쪽에 "생산량이"로 번역한 주어가 이미 있으므로 표현 중복을 피하기 위해 여기서는 "数量"을 번역에서 생략해야 자연스럽다.

- "中国文化办公设备制造行业协会"는 "중문문화사무설비제조업협회"로 번역해야 적절하며 뒤에 한자를 병기해주는 것이 좋다.(☞6.3.5 번역상식 참조) 그리고 기관명은 고유명사이므로 원칙적으로 모아써야 한다.

- "数据"를 "(통계)수치"로 번역하는 것은 부적절하다. "수치"는 일반적으로 구체적인 숫자를 의미하며, 본문에서와 같이 특정 기관(기구)을 자료 출처로 인용하는 경우는 "(통계)자료"로 번역해야 적절하다.
  ☞ "수치"의 사전적 의미는 "계산하여 얻은 수의 값"
  예: 수치가 보여주듯/절반 이하의 수치다/2.5% 하락한 수치/1.7배나 늘어난 수치다.

☞ 참고로 IT 분야에 등장하는 "数据"는 "데이터(data)"로 번역하는 것이 적절. (예:데이터베이스(data base), 데이터 통신, 데이터 네크워크)

❸ 中国照相机2003年1月至11月累计产量5439万台, 比上年同期增长16%, ……
错误翻译:
(A)중국 카메라는 ①2003년 1-11월까지 누계 생산량은 ②5439만 대에 도달하고 동기대비 16% 증가했으며
(B)2003년 1-11월 중국의 카메라 생산량은① 누계가② 5439만 대로 동기대비 16% 증가했으며
正确翻译:
중국의 카메라 생산량은 2003년 11월말(1-11월) 누계 기준으로(직역:2003년 1-11월 중국의 카메라 누계 생산량은) 전년 동기대비 16% 증가한 5439만 대이며,
正误评析:
◐ 错误翻译 (A)를 이중 주어문(겹문장)으로 보기에는 주어와 서술절의 호응관계가 부자연스럽다. "중국 카메라는"이 아니라 "중국의 카메라(의:생략) 누계 생산량은"과 같이 "中国照相机"를 관형어로 번역하고 "도달하고"를 "달하여"로 번역해야 그나마 자연스럽다. (B)는 연달아 2개의 주격조사(은①, 가②)를 써서 호응관계가 부자연스럽다. 굳이 직역하자면 "카메라 생산량(의) 누계는"와 같이 "累计"의 앞 성분을 관형어로 번역해야 적절하다. 한국에서는 아래 예문과 같이 "○월 누계 기준으로" 또는 "○월~○월까지 누계 기준으로"라는 표현을 많이 쓴다.
　　☞ 8월말 누계 기준으로 전년 동기대비 5.2%의 감소 추세를 보이고 있는데, ……
◐ "比上年同期增长16%"를 "동기대비 16% 증가했으며"와 같이 서술형으로 번역하는 것보다는 5439만 대를 꾸며주는 관형어("동기대비 16% 증가한")로 번역하는 것이 한국어 글쓰기 방식에 더 부합한다.(☞6.3.2와 6.3.3 번역상식 참조) 굳이 서술형으로 번역한다면 "동기대비 16% 증가했다"와 같이 한 문장으로 종결해야 의미 전달이 더 명확해지고 그 뒤의 내용과 연결이 자연스러워진다.

❹ 照相机行业已成为以三资企业为主导的外向型高科技产业。
错误翻译:
카메라 업종은 이미 삼자기업이 주도하는 외향형 하이테크산업이 됐다.
正确翻译:
카메라 업종은 三資기업(合資경영, 合作경영, 獨資경영 기업을 뜻함)이 주도하는 수출지향적 하이테크산업으로 부상했다.
正误评析:
◐ 한국어에 없는 용어인 "三资企业"을 부가 설명(譯註) 없이 "삼자기업"으로만 쓰면

한국인들은 이해하기 어렵다. 正确译文과 같이 문장의 전체 흐름을 방해하지 않는 범위 내에서 역주(譯註)를 덧붙여 주는 것이 바람직하다.(☞7.3.5 번역상식 참조)

- "外向型"을 성격 묘사시 주로 사용하는 표현인 "외향형"으로 번역할 수 없다. "외향형 산업"은 한국인이 이해할 수 없는 표현이다. "수출 지향적" 또는 "수출 주도형"으로 번역해야 적절하다.

- "成为"를 "-가 되다"로 번역하는 것은 부적절하다. 여기서는 성질, 상태의 변화를 의미하는 것이 아니므로 '관심의 대상이 되다'는 의미를 지닌 "-으로 부상(浮上)했다"로 번역하는 것이 적절하다. (☞10.3.4 번역상식 참조)

❺ 据专家预测，2004年中国照相机产量将在2003年的基础上再增长9%。

错误翻译:
전문가의 예측에 의하면, 2004년 중국 카메라 생산량이 2003년보다 9%가 증가할 것이다.

正确翻译:
① 전문가들은 2004년 중국의 카메라 생산량이 2003년보다 9% 늘어날 것으로 예측하고 있다.
② 2004년 중국의 카메라 생산량은 2003년보다 9% 증가할 것으로 전문가들은 전망하고 있다.

正误评析:

- "据专家预测"을 "전문가의 예측에 의하면"으로 번역하는 것은 부적절하다. 첫째, "专家"는 복수형인 "전문가들"로 번역해야 적절하다. 둘째, 한국에서는 "전문가들은 ~ 것으로(것이라고) 예측하고 있다" 또는 "~라는 것이 전문가들의 예측/전망/분석이다"라는 표현을 주로 쓴다. (☞6.3.2 번역상식 참조)

  ☞ 향후 페이스북, 구글, 애플간의 삼자 대결구도가 그려질 것이라고 전문가들은 예측하고 있다.

- "增长9%"는 주격 조사를 생략하여 "9% 증가할(늘어날) 것"으로 번역해야 자연스럽다. 단, "9%가 늘어난(증가한)"처럼 관형어로 쓰이는 경우는 주격 조사를 써도 무방하다.

❻ 另悉，第七届中国国际照相机械影像器材与技术博览会定于4月10日至13日在北京中国国际展览中心举办。

错误翻译:
또한(아는 바로는), 제7회 중국 국제 카메라기계, 영상기재와 기술 박람회가 4월 10일부터 13일까지 북경에 있는 중국국제전시센터에서 개최될 것을 정했다.

第6课

正确翻译:

관련 업계(소식)에 따르면, "제7회 중국국제카메라·영상기자재기술전(제7회 중국국제 카메라·영상기자재 및 기술 전시회)"이 오는 4월 10일–13일(4월 10일부터 13일까지) 북경의 중국국제전시센터/중국국제전람센터(CIEC)에서 열린다(개최된다).

正误评析:

- "另悉"를 "또한"이나 "아는 바로는"으로 번역하는 것은 부적절하다. 앞의 내용에 대한 추가 설명이 아니므로 "또한"으로 번역하는 것은 부적절하다. 그리고 "아는 바로는"은 "제가 아는 바로는(据我所知)"의 형으로 쓰이는데 의미상 부적절하다. 굳이 번역하자면 "관련 소식에 따르면"으로 옮길 수 있으며, 한국에서는 비슷한 의미로 "관련 업계에 따르면"이라는 표현을 많이 쓴다.

- "照相机械影像器材与技术博览会"는 단어 간의 의미 관계를 고려하여 "카메라·영상기자재기술전(카메라·영상기자재 및 기술 전시회)"으로 번역하는 것이 좋다.(☞ 5.3.1 와 11.3.4 번역상식 참조) 그리고 "器材"는 "기자재"로 번역해야 한다.

  ☞ 아시아 최대 규모의 사진·영상 분야 전문 전시회 '2012 서울국제사진영상기자재전(PHOTO & IMAGING 2012)'이 오는 2012년 4월 26일부터 29일까지 4일간 서울 코엑스에서 개최된다.

- "A定于(日期/时间)举办"을 "A가 개최될 것을 정했다"로 번역할 수 없다. 한국어에서는 "A행사가(文中首次提到时)/A행사는 ○일부터 ○일까지 개최된다(열린다)" 또는 "A행사를 ○일부터 ○일까지 개최한다"로 표현한다. 행사의 주최기관이 표현된 문장이라야 A를 목적격(后者)으로 번역 가능하다.

❼ 从1998年开始,举办此博览会已成为亚洲规模最大的同类展会,为国内外制造商提供了科技交流和商贸合作的平台,也为摄影工作者和爱好者提供了一睹国内外最新摄影设备的机会,2003年展会吸引了来自日本、欧美等200多家中外厂商参展。

错误翻译:

1998년부터 이 박람회는 이미 아시아에서 같은 종류의 전시회 중 규모가 가장 큰 전시회가 되고, 국내외 제조상들에서 과학기술 교류와 무역 협력의 플랫폼을 제공하며 촬영사들(촬영자들)과 기호자들(애호자들, 팬들)에게 국내외 최신 촬영 설비를 볼 수 있는 기회를 제공한다. 2003년의 전시회는 일본과 구미에서 온 200여 개의 국내외 제조업자를 끌어당겨(끌어들여) 전시회를 참가하게 했다.

正确翻译:

1998년 처음 개최된 이 박람회는 동분야 전시회 중 아시아에서 규모가 가장 큰 전시회로(아시아에서 동분야 최대 규모의 전시회로/이 분야의 아시아 최대 전시회로) 자리잡았는데, 국내외 제조업체들에게는 (과학)기술교류 및 비즈니스 협력의 장을 제공하는 한편 촬영가들과 이 분야 애호가들에게는 국내외 최신 촬영설비를 접할 수 있는 좋은 기회가 되고 있다. 지난 2003년 박람회에는 일본, 구미 지역 등에서 온 200여 국내외 (생산)업체들이 참가한 바 있다.

正误评析:

- 함축적인 중국어의 특성상 한국어로 번역하면 길어지기 마련이다. 이 문장 역시 한 문장으로 번역하면 문장이 너무 길어져 의미 전달의 효과가 떨어지기 때문에 문맥을 고려하여 2~3개의 문장으로 나누어 번역하는 것이 좋다.

- 错误翻译에서는 "2003年展会吸引了……200多家中外厂商参展"을 단독 문장으로 번역했는데, 접속어를 사용하지 않아서 앞 문장과의 연결이 부자연스럽다. 正确译文 중 직역과 같이 "지난"을 삽입하여 문맥을 연결해주거나 의역과 같이 "2003年……"을 앞 문장에 연결시켜 번역하는 것이 자연스럽다.

- "成为B"를 "B가 되다"로 번역하는 것은 부적절하다. "成为"의 사전적인 의미는 "되다"이지만, 이는 일반적으로 성질·신분의 변화를 의미한다. "成为"는 "발전하다", "성장하다", "부상하다" 등으로 번역 가능한데, 여기서는 '규모 등이 커져서 어느 정도 위치를 차지하다'는 의미로 쓰였으므로 "자리매김하다(자리잡다)"로 번역하거나 "成为"를 번역에서 생략해야 자연스럽다. (☞10.3.4 번역상식 참조)

- "平台"를 "플랫폼"으로 번역하는 것은 부적절하다. IT분야 텍스트에서 등장하는 "平台"는 대부분 "플랫폼(platform)"으로 번역되지만, 이와 같이 추상적인 의미의 '장소(기회)'를 뜻하는 경우에는 "-의 장(場)"으로 번역해야 적절하다. 예:협력의 장, 체험의 장, 토론의 장, 대화의 장, 의사소통의 장, 만남의 장.
  ☞ 이번 행사는 정월대보름을 맞이해 외국인들에게 한국을 알리고 민속문화 체험의 장을 마련하자는 취지로 개최됐다.

- "摄影工作者"를 "촬영사" 또는 "촬영자"로 번역하는 것은 부적절하다. "촬영사"는 '촬영기사(摄影技师)'의 준말로 사용되며, "촬영자"는 '촬영하는 사람(者)'을 의미하므로 의미가 다르다. 여기서는 '어떤 일에 전문적으로 종사하는 사람'이라는 뜻을 지닌 "-가(家)"와 결합된 "촬영가(摄影家)"로 번역해야 적절하다.

- "一睹A的机会"를 "A를 볼 수 있는 기회"로 번역하는 것보다 "A를 접할(체험할) 수 있는 기회"로 번역하는 것이 더 적절하다. 구어체인 "볼(보다)"로 번역할 경우 '시각적인 체험'으로만 한정하는 느낌을 주기 때문이다.

- "2003年展会" 중 "展会"은 "전시회"나 "박람회"로 번역 가능하지만, 한 텍스트 안에서 "박람회"와 "전시회"를 혼용하는 것은 바람직하지 않다.(☞5.3.1 번역상식 참조)

- "吸引"을 "끌어당겨(끌어들여) 전시회를 참가하게 했다"로 번역할 수 없다. **첫째**, "B를 끌어당기다"에서 B는 끌어서(움직여서) 이동이 가능한 것이어야 하는데 "생산업체(厂商)"는 B의 성분으로 쓰일 수 없다. 예:줄을 끌어당기다, 몸을 끌어당기다. **둘째**, "끌어들이다"는 '남을 권하거나 꾀어서 자기 편이 되게 하다', '사람이나 세력을 자기 쪽으로 오게 하여 이용하다(拉拢人或势力)', '어떤 일에 개입시키다(使插手某事)'

등의 의미를 지니고 있어 주로 貶义로 사용된다. 여기서 "吸引"은 번역에서 생략하고, 뒤쪽의 "中外厂商"과 "参展"을 각각 주어와 서술어("참가했다" 또는 "참가한 바 있다")로 번역해야 적절하다.

6.3 翻译知识

6.3.1 新闻报道的翻译及其注意事项 —— 신문 기사 번역시 주의사항

(1) 新闻报道文章题目的翻译 —— 신문 기사 제목의 번역

　　신문은 새로운 사실을 주로 언어에 의해 독자에게 전달하는 매스미디어이다. 신문의 특성을 가장 잘 나타내주는 것은 제목으로, 신문의 생명력은 제목에서 나온다고 볼 수 있다. 신문기사의 제목은 "표제"와 "부제"로 나누어지는데, 신문기사를 대표하는 제목이 "표제(headline)"라고 한다면 "부제"는 표제를 더욱 구체화시키고 표제만으로 전달하기 어려운 내용들을 보충해주는 역할을 한다.(☞6.6.2 참고문헌 표제, 부제 참조) 제목이 뛰어나면 기사의 미흡함을 보충하는 동시에 신문의 품격을 높여준다. 반면 제목이 부적절하면 신문 전체의 인상을 흐려 신문의 상품적 가치를 떨어뜨릴 수 있다.

　　신문기사의 제목은 메시지를 요약·압축하여 한 눈에 볼 수 있도록 하여 메시지를 이해하고 정보를 얻는데 도움을 준다. 또한 기사의 내용을 전달하는 것 외에 독자의 흥미와 관심을 유도하기도 한다. 따라서 신문기사 제목을 번역할 때는 주격 조사/목적격 조사와 연결 어휘 등을 생략하여 10자~15자 사이의 명사형이나 부사형으로 끝나거나 기본형 종결어미로 끝나도록 최대한 간결하게 번역해야 한다. 주격 조사 생략 시에 아래의 예와 같이 보통 쉼표(逗号)로 대체한다.

☞ 跨国公司在华发展战略出现大幅度调整 (题目)
　　错误翻译: 다국적 기업은 중국에서 발전전략을 대폭적으로 조절하다.
　　正确译文: 다국적기업, 對中 진출전략(진출방안) 대폭 조정

▶ 신문기사 제목의 중요성
　① 기사의 내용을 함축한다.
　② 정보 파악을 빠르게 한다.
　③ 기사를 읽게 유도한다. (→광고 기능)
　④ 지면에 활력을 불어넣는다.
　⑤ 뉴스의 정보가치를 대변한다. (→암시 기능)

⑥ 뉴스 등급(等级)화 기능을 한다.

▶ 신문기사 제목의 유형
① 관점에 따른 유형
② 육하원칙에 따른 유형
③ 단어 선택에 따른 유형
④ 종결 형식에 따른 유형
⑤ 경어법에 따른 유형
⑥ 수사법에 따른 유형

(2) 新闻报道文章的特点 —— 신문 기사 문체의 특징
　　신문기사는 지면의 제약을 받기 때문에 핵심적인 내용을 육하원칙(who, what, when, where, why, how)에 따라 간결하게 표현한다는 특징을 지닌다. 그런데 중국어의 함축적인 특징으로 인해 한국어로 옮기면 문장이 길어지므로 필요한 경우 원문을 2-3 문장으로 나누어 번역해야 한다. 단, 이때 문맥을 정확히 파악하여 적절한 접속어를 삽입하는 것이 필요하다.

☞ 《2001跨国公司在中国投资报告》的调查结果显示：即将加入WTO的中国一直在不断调整对外开放、利用外资的战略，中国企业与跨国公司合作的新阶段已经到来，跨国公司在华发展战略也在大幅度调整。

　　正确译文：「2001년 다국적기업의 對中 투자 보고서」의 조사 결과에 따르면, WTO 가입을 앞두고 있는 중국은 대외개방 및 외자유치활용 전략을 계속해서 수정해오고 있었던 것으로 나타났다. 그리고 중국기업과 다국적기업간의 협력이 새로운 단계에 접어들면서, 다국적기업의 중국 진출전략 또한 대폭 조정되고 있는 것으로 드러났다.

　　说明："调查结果显示ⓑ"는 "조사 결과에 따르면 ⓑ로 드러났다(나타났다)"로 번역해야 적절하므로 冒号 뒤의 내용을 ⓑ로 번역해주어야 하는데, 그대로 한국어로 옮길 경우 ⓑ성분이 너무 길어져 의미전달 효과 면에서 볼 때 좋은 문장이라고 할 수 없다. 따라서 의미 관계를 고려하여 "그리고"라는 접속어를 삽입하여 두 문장으로 나누어 번역하는 것이 좋다.

(3) 新闻报道文章中隔写法的灵活使用 —— 신문기사 상의 띄어쓰기 유동적
　　신문 기사는 지면의 제약을 받기 때문에 핵심적인 내용을 육하원칙에 따라 간결하게 표현하는 특성을 지닌다. 그리고 의미상 긴밀하게 연관된 단어들은 띄어쓰지 않고 편의상 모아쓰는 경우가 많다.

예를 들어 아래 "/"로 표시한 단어들은 엄격한 의미에서는 띄어쓰기를 해야 옳지만 신문 기사 등에서는 편의상 모아쓰는 경우가 많다.

☞ 한편, IEKC는 디지털/카메라 가격이 하락하면 통합된 산업/구조를 가진 대만이 이상적인 생산/계약지가 되겠지만 소니·올림푸스·캐논·후지필름 등 일본 제조업 체들이 중국에 생산/설비를 늘리는 등 직접/투자를 하고 있어 대만 제조업체들이 계약/수주 기회를 잃을 수도 있다고 지적했다.

6.3.2 新闻报道中的固定说法 —— 신문 기사에 자주 등장하는 표현

아래와 같은 신문 기사나 TV 보도에 자주 사용되는 표현은 이에 상응하는 한국어 표현을 숙지하는 것이 필요하다. (☞ 6.6 참고문헌 참조)

- ▶ A表示: A는 ~~라고 밝혔다/언급했다/시사했다
- ▶ A称/说: A는 ~~라고 밝혔다
- ▶ A指出: A는 ~~라고 지적했다
- ▶ A显示/表明: ~~한 것으로 드러났다/밝혀졌다
- ▶ A将会: ~~할 것으로 보인다/~~하게 될 전망이다(~~할 것으로 전망된다)/~~할 예정이다/~~할 계획이다
- ▶ 据A预测: A는 ~~라고 예측하고 있다(전망했다)/ ~~라는 것이 A의 예측/전망이다
- ▶ ……数量(或数字),比同期增长(减少)A%: 동기대비 A% 증가(감소)한 수량(숫자)로 ……

☞ 表示

① 胡锦涛表示,到2010年,中国和东盟10国之间的年贸易额可能会达到2000亿美元。
正确译文: 후진타오 주석은 2010년경 중국-ASEAN 10개국간 연간 교역액이 2000억 달러에 이를 것이라고 언급했다.

② 西门子CEO克劳斯·克莱恩菲尔德公开表示,计划先将手机部门分拆出去,然后再寻求一家或数家合作伙伴,并计划在合资企业中持少数股份。
正确译文: Klaus Kleinfeld 지멘스 CEO는 휴대폰 부문 분리(매각) 후 제휴파트너를 모색, 향후 신규 합자기업의 일부 지분을 보유할 계획임을 공식 시사했다.

☞ 显示

《2011中国人婚恋状况调查报告》的调查结果显示,有92%的女性选择对方"有稳定收入"为结婚的必要条件,而近七成女性选择"男性要有房才能结婚"。
正确译文: 「2011년 중국인의 연애와 결혼 관련 조사 보고서」의 조사 결과에 따르

면, 92%의 여성이 "(결혼 상대자의) 안정된 수입"을 결혼의 필수 조건으로 꼽았고, 또한 70%에 가까운 여성이 "남성이 집을 소유하고 있어야 결혼하겠다"고 응답한 것 <u>으로 나타났다/드러났다</u>.

☞ 预测
　　<u>据</u>专家<u>预测</u>，明年广州职工月平均工资有望超过4000元。
　　<u>正确译文</u>: 전문가들은 내년 광저우 근로자들의 월 평균 급여는 4천 위안을 넘어설 (상회할) 것으로 전망하고 있다. / 내년 광저우 근로자들의 월 평균 급여는 4천 위안을 넘어설 것이라는 것이 전문가들의 예측이다.

☞ ……数量(或数字), 比同期增长(减少)A%
　　① 中国照相机2003年1月至11月累计完成<u>5439万台,比上年同期增长16%</u>，照相机及器材累计完成进出口总额超过49.85亿美元，其中出口36.78亿美元……
　　<u>正确译文</u>: 2003년 1-11월 간 중국의 카메라 총 생산량은 <u>전년 동기대비 16% 증가한 5439만 대</u>이며……
　　<u>说明</u>: "比上年同期增长16%"를 원문 어순대로 "동기대비 16% 증가했으며"와 같이 번역하는 것보다는 "동기대비 16% 증가한"과 같이 "5439만 대"를 꾸며주는 관형어로 번역하는 것이 더 적절하다. 한국어에서는 증가나 감소(%)를 먼저 언급하고 그 다음 구체적인 숫자를 밝히는 문형을 주로 쓴다.
　　② 诺基亚第一季度手机的销售量达到了<u>5380万部,较上年同期增长了20.4%</u>……
　　<u>正确译文</u>: 노키아 1/4분기 휴대폰 판매량은 <u>전년 동기대비 20.4% 증가한 5380만 대로</u> ……

6.3.3　句子结构转换法 —— 번역시 문장 구조의 변화

중국어와 한국어는 언어 체계와 표현 방식이 다르기 때문에 중국어 문장 구조를 일대일 대응식으로 한국어로 번역하면 부적절한 경우가 적지 않다. 이럴 경우에는 <u>원문의 중심 내용(주로 주어 또는 목적어)을 살리면서 도착어(译入语)의 표현 방식에 부합되도록 문장 구조를 변화시키는 것이 필요하다</u>. 각 언어는 나름대로의 구조가 있으므로 원문과 번역문의 단어와 단어, 행과 행, 문구와 문구를 대응시켜야 한다는 강박관념에서 벗어나야 한다.

☞ 원문의 주어 → 번역문에서 관형어
　　① <u>中国</u>2003年生产各类照相机达到6000万台……
　　<u>正确译文</u>: 2003년 <u>중국의</u> 카메라 연간 생산량이 6천만 대에 달해……

② 中国照相机2003年1月至11月累计完成5439万台,比上年同期增长16%……
正确译文: 2003년 1-11월 간 중국의 카메라 생산량 누계는 전년 동기대비 16% 증가한 5439만 대이며 ……

☞ 원문의 주어 → 번역문에서 서술어 일부 성분
원문의 주어 수식 관형어 → 번역문에서 주어(서술어와의 호응관계 때문)
中国企业与跨国公司合作的新阶段已经到来,跨国公司在华发展战略也在大幅度调整。
正确译文: 중국기업과 다국적기업간의 협력이 새로운 단계에 접어들면서, 다국적기업의 중국 진출전략 또한 대폭 조정되고 있다.

☞ 원문의 주어 → 번역문에서 목적어 (서술어와의 호응관계 때문)
今年前三季度,中国经济的增长率为7.6%,……
正确译文: 올해 3분기 동안 중국은 7.6%의 경제성장률을 보여……

☞ 원문의 주어→관형어, 원문의 목적어 일부 성분→ 주어
这些问题已引起了中国政府的高度重视……
正确译文: 중국 정부는 이와 같은 문제들의 중요성을 깨닫고……
说明: "A引起了B的高度重视"는 일반적으로 "B는 A 를 중요시하다" 또는 "B는 A의 중요성을 깨닫다"로 번역해야 적절하다.

☞ 원문의 부사어 → 번역문에서 서술어
显然,经济高速发展的中国将成为跨国公司激烈竞争的平台。
正确译文: 급속한 경제성장을 보이고 있는 중국은 다국적기업들의 치열한 경쟁 무대가 될 것이 분명하다.

6.3.4 "数量"与"质量"的翻译 —— "数量"과 "质量"의 번역

"数量"은 단음절인 "수(数)" 또는 이음절인 "수량"으로 번역 가능한데, 대부분 "수"로 번역해야 적절하다. 한국어에서 "수량"은 가산 명사의 단순한 수효(数) 외에도 추상명사(주식 등)나 불가산 명사(식품, 광물 등)의 "수효+ 분량"까지 의미하기 때문이다. 그리고 "质量"은 "질(口语)"이나 "품질(书面语)"로 번역 가능하다. 한국어에서 "질량"은 물리 용어로만 사용되므로 번역시 주의해야 한다.
▶ 불가산 명사: 재고(섬유, 식품 등) 수량, 폐수량, 용수량 등
▶ 추상명사: 주문(주식 등) 수량

☞ 中国2003年生产各类照相机达到6000万台,数量已跃居世界第一位,这是中国文化办公设备制造行业协会提供的数据。(6과)
　　错误翻译: …… 수량이 세계 1위를 차지했다. 이는 중국문화사무설비제조업협회가 밝힌 통계자료이다.
　　正确译文: 2003년 중국의 카메라 생산량이 6천만 대에 달해 세계 1위를 기록했다고 중국문화사무(기기)설비제조업협회(中國文化辦公設備製造行業協會)가 밝혔다.

☞ 索尼公司将在2009年前削减共计2万员工(占总数12%),并将供应商数量从目前的4700家减少到1000家。
　　正确译文: 소니(Sony)는 2009년까지 직원 2만 명(약 12%)을 감원하고, 협력업체 수도 현재의 4700개에서 1000개로 감축할 예정이다.
　　说明: "협력업체"는 "협력 파트너(合作伙伴)"와 동일한 의미로 사용되는 경우도 있지만, 보통 "하청업체(下請業體——分包商), 부품 납품업체(部品納品業體——零部件供應商), 외주업체/아웃소싱업체(外注業體/outsourcing 業體——外包公司、代加工廠)" 등을 의미한다.

☞ 第一,中国经济继续保持着较高的增长度,经济运行质量不断得到提高,各类价格水平变动平稳。(11과)
　　错误翻译: ……경제 운용의 질량은 계속 향상되고 있으며……
　　正确译文: ……경제 운용의 질적인 면에서도 지속적인 향상을 거듭해오고 있으며……

6.3.5　固有名词的翻译(1)团体名称 —— 고유명사의 번역(1) 단체명

　　기관 및 단체명은 고유명사이므로 중국의 원(原) 명칭 그대로 한국 한자독음으로 옮기는 것이 일반적이다. 그렇지만 원 명칭에 한국어에 없는 표현(단어)이 포함되어 있을 경우에는 무조건 일대일로 대응시켜 한자독음으로 옮기면 한국인이 이해하기 어렵다. 그리고 설령 한국어에 있는 표현(단어)이라 할지라도 그대로 번역했을 때 앞뒤 호응관계가 부자연스러워 한국어 표현습관에 맞지않는 경우에는 한자독음대로 옮길 것인지에 대해 신중을 기해야 한다. 전자의 경우에는 한국인이 이해할 수 있는 단어로 번역하고 뒤에 한자(繁體字)나 영문명을 덧붙여주는 것이 일반적이고, 후자의 경우에는 어색한 정도에 따라 판단하는 것이 좋다. 글을 읽는 독자가 원 명칭을 알 필요가 없다고 판단되는 경우나 지면 제약을 받는 경우에는 원 명칭의 한자 또는 영문 표기를 생략할 수도 있다.

☞ 中国文化办公设备制造行业协会
　　错误翻译: 중국문화판공설비제조항업협회

正确译文: 중국문화사무설비제조업협회(中國文化辦公設備製造行業協會)
说明: "판공"과 "항업"은 한국어에 존재하지 않는 단어인데다가 한자에 대한 지식이 어느 정도 있는 한국인이라 할지라도 그 의미를 유추하기 거의 불가능한 한자의 조합이다. 따라서 "办公"과 "行业"을 "사무"와 "업종"으로 번역하고 그 뒤에 한자로 原 협회명을 덧붙여주어야 적절하다.

☞ 中国网通
　　错误翻译: 중국망통
　　正确译文: CNC(中國網通)
　　说明: 한국어에 존재하지도 않고 그 의미를 도저히 알 수 없는 단어인 "망통"으로 옮기는 것은 부적절하다. 이런 경우에는 "CNC(中國網通)"와 같이 영문명으로 표기해주고 뒤에 原 기업 명칭을 한자로 표기해주는 것이 좋다.

☞ 中国国际展览中心(China International Exhibition Center)
　　翻译: ①중국국제전람중심, ②중국국제전람센터, ③중국국제전시센터,
　　　　④중국국제전시컨벤션센터
　　说明: ①은 "중심"이 무엇을 의미하는지 이해하기 어려워 적절하지 않고 ②-④ 중 어느 것으로 번역할지는 이 표현이 텍스트에서 등장하는 횟수나 중요도 등과 같은 여러 가지 요인을 고려하여 결정하는 것이 바람직하다.

6.4 翻译练习

6.4.1　翻译词组

❶ 中国人口数量
❷ 网民数量
❸ 中国互联网用户数量

6.4.2　填空

❶ 根据美国国内互联网用户的报告,今年的垃圾邮件数量下降了75%以上。
　　—— 미국 국내 인터넷 이용자들에 관한 보고서에 따르면 올해 (　　　　) 75% 이상 줄어든 것으로 나타났다.

中韩翻译教程(第二版)

❷ 20世纪,人类在电子信息、新材料、新能源、生物、空间、海洋等高新科技领域取得了一系列的重大突破和进展。
—— 20세기에 이르러, (　　　,　　　,　　　,　　　,　　　,　　　) 등 첨단기술산업 영역에서 인류는 주요한 돌파구를 마련함으로써 큰 진전을 이루었다.

❸ 三星电子是国际奥委会TOP赞助商,也是全球重大体育和文化盛会的重要支持者。
—— 삼성전자는 국제올림픽위원회의 TOP (　　　)이자, 세계적으로 중요한 (　　　) 및 문화축제 행사의 주요 후원자이기도 하다.

❹ 当今世界,以微电子、计算机、通信和网络技术为代表的信息技术进步日新月异,发展速度一日千里。
—— 현재 전세계는 (　　　,　　　,　　　)로 대표되는 정보통신기술이 하루가 다르게 급변하고 있다.

❺ 索尼与三星合资投产的第七代液晶生产线已开始批量生产,但第一批产品目前还没有上市,中国市场暂时不会供货。
—— 소니와 삼성이 공동 투자한 제 7세대 액정 (　　　)이 양산체제로 돌입했지만, 첫 제품은 아직 출시되지 않은 상태이며 중국시장에는 당분간 공급하지 않을 계획이다.

❻ 同时,邮政业务种类齐全,基本满足了社会对邮政通信的多层次需求。
—— 또한 (　　　)을/를 통해 우정통신과 관련된 사회 각층의 다양한 수요를 기본적으로 만족시킬 수 있게 되었다.

❼ 飞利浦表示专利许可将是其未来在中国的重要业务,并且业务量会更大。
—— 필립스는 향후 중국에서 (　　　) 업무의 중요성이 높아지고 업무량도 증가할 것이라고 밝혔다.

❽ 微软选择三星电子作为下一代Xbox高清电视唯一全球伙伴。
—— MS사는 삼성전자를 (　　　) X박스의 유통매장에 (　　　)를 독점공급하는 (　　　)로 선정했다.

❾ 由三星电子开发的以数字电视为中心的家庭网络解决方案XHT被采纳为美国消费电子协会(CEA)的标准。

—— 삼성전자가 개발한 디지털TV 중심의 (　　　　　) XHT가 미국가전협회 (CEA)의 표준 규격으로 채택됐다.

❿ 深入研究WTO的各项例外条款、操作规程和争端裁决机制,按照WTO规则,吸收和借鉴其他国家和地区的有效做法,改进和完善《海关法》和外贸政策的执行手段和实施方式,防止因加入WTO削弱海关监管手段,而导致走私和偷逃税泛滥,以保护国家经济安全。
—— WTO의 예외조항과 운영규정 및 분쟁중재 (　　　)을 심도있게 연구하고 WTO의 (　　　)에 따라 외국의 효율적인 방법을 (　　　)하여 세관법과 대외무역정책의 집행수단 및 실시방식을 개선시켜 WTO 가입에 따른 세관의 관리 감독 약화를 틈탄 밀수, 탈세 등의 범람을 방지하여 국가경제의 안전을 보호한다.

6.4.3　选择较好的翻译

❶ 在进口关税税率逐步降低的基础上,分阶段调整清理完善关税减免税政策。
—— 수입관세율을 점진적으로 하향 조정한다는 원칙 아래, 단계로 나누어 관세 감면 정책을 정비·개선한다.
—— 수입관세율을 점진적으로 하향 조정한다는 원칙 아래, 관세 감면정책을 단계별로 정비·개선한다.

❷ 近年来,我国不断大幅度降低关税税率,平均关税税率已由1992年43.2%下降到目前的15.3%,到2008年,我国关税税率一定会按照承诺降到发展中国家的平均水平以下,工业品的进口平均关税税率将降至10%左右。
—— 최근 산출평균관세율은 1992년의 43.2%에서 현재의 15.3%로 대폭 하향 조정하였고, 2008년까지 중국은 협정에 따라 관세율을 개발도상국의 평균수준 이하로 하향 조정할 예정이며 공산품의 수입 평균관세율도 약 10% 수준으로 조정할 예정이다.
—— 최근 몇 년간 중국은 지속적인 관세율 인하 조정을 실시하고 있으며 산출평균관세율은 1992년의 43.2%에서 현재의 15.3%로 대폭 하향 조정하였고 2008년까지 협정에 따라 관세율을 개발도상국의 평균수준 이하로 하향 조정할 예정이며 공산품의 수입 평균관세율도 약 10% 수준으로 조정할 예정이라고 밝혔다.

❸ 据说,海关总署专门成立了由两位副署长牵头负责的WTO工作领导小组和WTO事务办公室,专门研究加入WTO后海关工作如何适应,协调处理与WTO相关的海关工作。
—— 세관총서(海關總署:관세청에 해당)는 두 명의 부서장(부청장에 상당)이 관할하

는 WTO업무 책임부서와 WTO테스크포스팀을 (구성)설치하여 WTO가입 후 세관업무 추진에 대해 본격적으로 연구하고 WTO와 관련된 세관업무 등을 조정 처리할 계획이다.

——세관총서(海關總署:관세청에 해당)는 두 명의 副署長(부청장에 상당)이 관할하는 WTO업무 책임부서와 WTO테스크포스팀을 (구성)설치하여 WTO가입 후 세관업무 추진에 대해 본격적으로 연구하고 WTO와 관련된 세관업무 등을 조정 처리할 계획인 것으로 알려졌다.

❹ 随着中国加入WTO及市场经济日益成熟,涉及电子商务、金融、反倾销、知识产权、房地产等相关法律方面的问题也应运而生,律师业务领域不断拓宽。

——중국의 WTO 가입 및 시장경제의 발전으로 전자상거래, 금융, 반덤핑, 지적재산권, 부동산 등과 관련된 각종 법률 문제가 잇달아 발생하여 변호사들의 업무 분야가 계속 확대될 것으로 보인다.

——중국의 WTO 가입 및 시장경제의 발전으로 전자상거래, 금융, 반덤핑, 지적재산권, 부동산 등과 관련된 법률 방면의 문제가 발생하여 변호사들의 업무 분야가 계속 확대될 것으로 보인다.

6.4.4　翻译句子

❶ 中国的对外贸易持续增长,并保持了相当数额的顺差。

❷ 生活质量大大提高,生活内容丰富多彩,生活环境逐步改善。

❸ 美国商务部统计显示,2001年以来美国和日本的逆差稳定缩小,和中国内地的逆差仍持续扩大。

❹ 据韩方统计,2012年1月份中韩双边贸易额为166.2亿美元,同比减少2.8%。

❺ 其中日本对华出口额为155.5亿美元,同比增长15.3%;进口额为283.7亿美元,同比增长12.4%。

❻ 今年上半年,日本的全球出口贸易整体上减少了0.1%,而对华出口却出现了大幅度的增长,增幅近30%,进口的增幅也在20%以上。
——

❼ 韩国对华出口增幅较大的商品有石油产品(52.1%)、化工产品(6.1%)、液晶设备(3.7%)、半导体(0.5%),轿车、钢铁产品和汽车零部件出口则分别下降27.1%、23.9%和10.0%。
——

6.4.5 翻译短文

日前从外经贸部获悉,今年上半年我国利用外资情况良好。据报道,1—6月,全国共新批外商投资企业11973个,比去年同期增长18.53%;合同外资金额334.10亿美元,同比增长38.23%;实际使用外资金额206.91亿美元,同比增长20.53%。截至2001年6月底,全国共批准外商投资企业376,318个,合同外资7101.28亿美元,实际使用外资3693.15亿美元。

6.5 翻译作业

上半年国民经济增长率约为8%

国家统计局副局长邱晓华今天在海南表示,今年上半年我国整体经济增长估计在8%左右,依然保持较好的发展态势。他还强调指出,在当前世界经济增速减缓的情况下,我国经济要发挥以内需为主导的特点,继续保持国民经济平稳增长。

邱晓华今天是在博鳌举办的"中国上市公司发展潜力论坛"上讲这番话的。他说,当前世界经济的增速减缓是一个客观事实,但是,外部环境对我国经济影响不会很大,因为我国经济的特点是内需主导,经验表明,内需对ＧＤＰ的贡献占到93%以上。他预计今年上半年整体经济增长估计在8%左右,依然保持较好的发展态势。

他还说,当前国内物价变化保持良性状态,物价总体上并不存在通货膨胀的危险,因为目前的物价调整基本上还是一个结构性的调整,在全球总体物价水平紧缩的情况下,出现通货膨胀的危险不大。而且,从宏观上讲,国际收支呈现顺差,信贷结构好转,因此,防止通缩,保持经济平稳增长才是当前的主要任务。

邱晓华说,在国民经济运行中仍然存在一些不可忽视的问题,首先是由于出口增长速度受阻,第二季度增长速度有可能低于第一季度增长速度;其次是农民收入的增幅低于预期,下岗、失业的增加可能会带来困难。而且,在结构调整过程中还出现了一些供给过剩的行业存在过度投资等问题。

从总体上看,当前农业结构调整取得进展,工业尤其是重工业保持了比较好的发展态势,第三产业预计增长7%。邱晓华认为我国经济今年的主旋律是平稳增长,他预计内需近期会保持稳定增长态势,政府投资和民间投资的增长速度都呈现良好的发展态势,在政策方面鼓励吸引外资的情况下,预计外资增长幅度也可以达到较为理想的状态。

6.6 参考资料

(1) 新闻报道常用词 —— 신문 기사에 자주 등장하는 단어

1) 政治

发言人:대변인
招待会、新闻发布会:기자회견,기자간담회
采访:인터뷰, 취재
主题:주요 의제, 안건
培养:육성하다

国事访问:국빈 방문(하다)
交谈:의견을 나누다
双边:양측, 양국
效益:효율

2) 经济/社会

百分点:퍼센트(%)
国民生产总值:국민총생산(GNP)
可比价格:불변가격
发展中国家:개발도상국
优化:우량화
出台的:발표된, 나온
垄断:독점
收购兼并:인수합병(M&A)
亏损额:적자규모
研发中心:R&D센터, 연구·개발센터
100强:100大
专利:특허
分期付款:할부 결제, 할부 상환
销售额:매출액
跨国公司:다국적기업
合作伙伴:협력 파트너, 협력사

产值:생산액
国内生产总值:국내총생산(GDP)
人均收入:1인당 평균소득
改组/重组:구조조정, 조직개편
支柱产业:기간산업
骨干:핵심, 중추
普及率:보급율
知识产权:지적재산권
存货量:재고량
推出产品:제품 출시(출시), 제품을 선보이다
三巨头:3大 메이저 기업, Big 3
促销:판촉
时尚:패션, 앞서가는, 뉴(New), 세련된
拥有量:보급율
外商:외국투자가, 외국인투자기업

3) 科技

薄膜电晶体液晶显示屏面板:TFT-LCD 기판(판넬)
大屏幕:와이드 화면
液晶显示器:액정표시장치(LCD)
公开演示:공개 시연
面板:기판(판넬)
内置:내장, 탑재
像素:화소
硬盘:HDD(하드디스크)
混合动力汽车:하이브리드카(hybrid car)

采用:채택, 적용
创新:혁신(적인)
等离子电视:PDP TV
高清晰度电视:HD TV
结合:통합
纳米:나노(Nano)
闪存盘:플래시메모리
芯片组:칩셋(chipset)
零部件:부품

(2) 전세계 디카 생산량 올해 4000만 대에서 내년 5500만 대로 증가

전 세계 디지털카메라 생산량(产量)이 올해 4000만대에서 내년에는 37.5% 증가한 5500만 대를 웃돌(超过) 것이란 전망이 나왔다(预测).

7일 한국무역협회 무역연구소에 따르면, 대만의 경제정보 사이트인 CENS(www.cens.com)는 대만 정부 산하(直属、下属)산업경제지식센터(IEKC)의 자료(数据、资料)를 인용해 이같이 밝혔다. 이 자료는 내년 디지털카메라 시장은 300만 화소(像素)대가 대세를 이룰 것이며, 대만의 생산량은 작년 980만 대에서 올해는 99% 늘어난 1967만 대, 내년에는 20% 증가한 2354만 대를 기록할 것으로 전망했다(表明、显示). 특히 카메라폰 전세계(全球) 판매량(销售量)은 올해 6500만 대에서 2006년 2억 대에 달해 올해부터 2006년까지 연간 86%의 성장률(年增长率)을 보일 것이라고 밝혔다(表明、显示).

한편, IEKC는 디지털카메라 가격이 하락(下跌)하면 통합된 산업구조를 가진 대만이 이상적인 생산계약지가 되겠지만 소니·올림푸스·캐논(佳能)·후지(富士) 필름 등 일본 제조업체(制造商)들이 중국에 생산설비를 늘리는 등 직접투자를 하고 있어 대만 제조업체들이 계약수주 기회를 잃을 수도 있다고 지적했다(指出).

(3) 무섭게 떠오르는 중국 통신장비 업체

13억 인구에서 표출되는 엄청난 시장 잠재력, 그리고 여기에 연구개발(R&D) 부문에 대한 집중투자에 힘입어 중국 통신장비업체들이 아시아, 나아가(乃至) 글로벌 통신 시장을 위협하는 기업으로 급부상하고 있다(一跃成为).

과거 중국 통신장비업체들은 다국적 기업(跨国企业)의 통신장비를 단순 OEM (주문자 상표부착생산, 订货人商标生产 ☞12.5.3 참조) 공급하거나 글로벌 통신기업의 제품을 중국 시장에서 중간 유통하던 역할을 해왔다.

그러나 이들 업체는 1990년대 이후, 중국 IT 시장이 급부상하는 과정에서 대형 기업으로 성장했고, 최근에는 글로벌 통신장비업체들과 잇따라 전략적인 파트너십(战略性合作伙伴)을 체결하면서 기술수준도 놀랄 만큼 높아지고 있다. 이를 바탕으로, 화웨이, ZTE, 알카텔-상하이벨 등 중국의 주요 통신장비업체들은 기존에 대만업체들이 주도하던 동남아시아 시장을 이미 점령한 상태이고, 나아가 한국, 일본, 유럽, 미국 등지로 수출선(出口市场)을 확대하고 있다.

부산에서 열리고 있는 "ITU 텔레콤 아시아 2004"에서는 아시아 시장, 나아가 유럽과 미국 등지로 수출시장을 확대하고 있는 중국 통신장비업체들의 위상을 확인할 수 있는 장(机会、平台)이 됐다. 화웨이(華爲), ZTE, 알카텔-상하이벨 등 중국내 주요 통신장비업체들은 중국 현지에서 대규모 인원을 파견(派、派遣)하고 대형 독립부스(展台)를 마련, 공격적인 세일즈 마케팅(营销)을 전개하고 있다. 이들 중국 통신장비업체 부스에는 국내 IT 관계자들은 물론 해외 바이어(国外客商) 등이 대거 몰려들어 중국 업체들의 달라진 위상을 실감케 하고 있다.

중국의 대표적인 통신장비업체인 화웨이와 ZTE의 해외진출(进军) 전략을 점검하고 본사 임원(高层人士)을 만나 미래 글로벌(全球) 전략을 들어봤다.

◇ 화웨이(華爲)
NGN·3G분야 글로벌기업 부각

중국의 시스코라는 별칭을 가진 화웨이가 무궁무진한 중국 내수시장을 등에 업고 기술과 가격 경쟁력을 갖춘 글로벌(全球) 통신기업으로 떠오르고 있다(成为). 중국 선전에 본사(总部、总公司)를 두고 1988년 설립된 화웨이가 기존에 중소 규모의 네트워크 단말기를 생산하는 중국업체에서 차세대(新一代) 네트워크(NGN), 차세대 모바일 네트워크 분야에서 글로벌 기업들과 경쟁을 하는 대기업으로 성장한 것이다(成为、发展为).

1990년대 이후 중국 IT 시장의 열기를 바탕으로 비약적인 발전을 거둬, 2003년 기준 종업원 2만 2000여 명이 연간 38억 달러에 이르는 매출(销售额)을 기록하고 있다. 특히, 통신서비스 업체들을 위한 유무선, 광네트워크, 데이터통신 부문(领域) 등 차세대 통신장비 개발에 연구개발 역량을 집중, 전체 직원의 46% 이상이 연구개발 활동을 벌이고 있다. 연구개발 부문에 대한 집중력을 바탕으로 화웨이는 2000년대 이후, 동남아시아를 시작으로 한국, 일본 등 동북아시아, 프랑스, 영국, 러시아, 브라질 등 전 세계 50여 개국에 통신장비를 공급하고 있다.

　화웨이의 경쟁력은 타(其他) 글로벌 기업과 크게 차별화(差异化)되는 가격 경쟁력, 그리고 최근에는 세계 메이저(major, 巨头) 통신업체들과의 전략적인 파트너십을 기반으로(在……基础上) 기술경쟁력도 높아지고 있다는 점이다. 이미 3G 차세대 모바일 기술 분야에서 지멘스(西门子), 삼성전자와 전략적제휴(战略性合作) 또는 파트너십을 맺고 있고, 데이터네트워크 분야에선 쓰리콤과 합작법인을 출범시키고 공동 개발, 공동 생산 시스템을 가동하고 있다. 특히, 지난 2002년에 출범한 '화웨이-쓰리콤' 합작법인에서는 가격 경쟁력과 기술력을 겸비한 10기가비트 이더넷 장비와 코어 백본장비 등을 대규모로 쏟아내고 있다.

　화웨이가 국내에 진출한 것은 지난 2000년. 당시는 중소 규모의 라우터(路由器)를 주로 공급했지만, 현재에는 광통신 장비를 비롯해 차세대(新一代) 네트워크(NGN) 솔루션(解决方案), 멀티미디어(多媒体) 솔루션을 주요 통신업체에 공급하는 회사로 성장했다(发展为). 화웨이는 이미 지난해에 10기가급의 광통신 장비를 KT에 공급한 데 이어 최근 주요 통신업체를 대상으로 한 영업활동을 강화하고 있다. 한국시장에 대한 이 같은 높은 열기를 반영, 화웨이는 "ITU 텔레콤 아시아 2004"에 본사에서만 무려 100여 명을 파견(派遣)했다. 대형 독립부스도 별도 설치, 본격적인 세일즈 마케팅에 나서고 있다. 한국화웨이는 국내에서 광통신과 멀티미디어 솔루션 부문을 전략시장으로 보고, 빠르면 내년 초부터 영상전화 서비스를 지원하기 위한 플랫폼(平台) 장비와 영상단말기 등을 대거 선보일 예정이다.

第7课　社　论

7.1　课文范文

7.1.1　认真搞好经济普查

新中国成立以来,第一次大规模的全国经济普查工作正在顺利推进。现在离普查标准时间点12月31日只有几天时间了,全国经济普查已经进入了关键阶段。

这次全国经济普查将要进行工业普查、第三产业普查、基本单位普查、建筑单位普查、个体工商户普查。全面的经济普查,可以完整地反映经济领域的现状和发展变化,因此这次全国经济普查对于今后落实科学发展观,促进我国经济和社会发展,全面建设小康社会都有十分重要的意义。

…………

通过经济普查,摸清国家整体的经济状况,不仅有利于政府部门开展宏观调控,还有利于企业经营管理者分析市场、预测行情、改善经营管理;有利于政策理论研究人员依据大量第一手资料,分析总结经济改革实践中的经验和问题,建立和完善中国特色社会主义市场经济理论体系,为继续推进经济改革和加快社会发展提供更好的方法策略。

《中华人民共和国统计法》明确规定了统计人员和被普查单位的权利、义务和法律责任,也明确规定了被调查单位和个人的商业隐私必须得到保护。今年5月,国务院颁布了《全国经济普查条例》,为确保经济普查的顺利进行提供了有力的法律保障。

…………

我们相信,有国务院和地方各级政府的支持,有广大普查人员的配合,全国经济普查工作一定能够取得圆满成功。

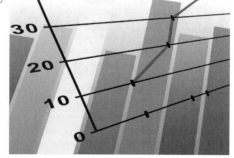

7.1.2 词汇注释

经济普查 —— 경제통계조사, 경제센서스 (census)
工作 —— 작업, 업무, 일
推进 —— 추진하다
进入 —— 접어들다, 들어서다
阶段 —— 단계
建筑 —— 건축, 건축물
全面 —— 전면적으로, 전반적으로
现状 —— 현황, 현재 상황
有利于 —— ~에 유리하다, ~에 도움이 되다
宏观调控 —— 거시(경제)조정
人员 —— -가(家), -원(員)
总结 —— 취합·평가하다, 총점검하다, 결산하다
支持 —— 지지(하다), 지원(하다)
取得 —— 얻다, 거두다

成立 —— 설립하다, 창립하다, 창설하다, 수립하다
顺利 —— 순조롭게, 순조롭다
标准 —— 기준, 표준
关键 —— 관건, 중요한
第三产业 —— (제)3차 산업
个体工商户 —— (개인)자영업자
完整地 —— 완전하게
领域 —— 영역, 분야
落实 —— 구체화하다, 실현하다, 실시하다
政府部门 —— 정부 부처
开展 —— 전개하다, 실시하다
行情 —— 업계 현황, 업계 실태
第一手资料 —— 기초 자료
隐私 —— 기밀, 비밀, 프라이버시
颁布 —— 공포하다
配合 —— 협조(하다)

7.1.3 参考译文

① 경제통계조사 정확히(성실히) 실시되어야
② 경제통계조사에 즈음하여/이번 경제통계조사를 바라보며

중화인민공화국 정부 수립 이후, 최초로(직역:첫 번째) 전국적인 규모의 경제통계 조사가(직역:조사 작업이) 순조롭게 진행되고 있다. 조사완료 시점인 12월 31일까지 (불과) 며칠밖에 남지 않은 지금, 경제통계조사는 중요한 시점에 접어들었다.

이번 전국 경제통계조사는 공업, 3차 산업, 1차·2차 산업(관련 기업 및 기관), 건설업체, (개인)자영업 등을 대상으로 실시될 예정이다.

①직역:전면적인 경제통계조사는 경제 분야의 현황과 발전 변화를 충분히 반영할 수 있기 때문에, 이번 전국 경제통계조사는 앞으로 과학발전관을 확립하고, 중국의 경제·사회발전을 촉진하여, 전면적인 小康社會(譯注:기본적인 의식주가 해결된 수준을 말함)

를 건설하는데 매우 중요한 의미를 지닌다.

②의역:전면적인 경제통계조사는 경제 분야의 현황과 발전 흐름을 정확하게 반영할 수 있다. 따라서 이번 (전국)경제통계조사는 앞으로 과학발전 방향 설정, 경제·사회 발전 촉진 그리고 전면적인 小康社會(譯注:기본적인 의식주가 해결된 수준을 말함) 건설에 매우 중요한 의의를 지닌다.

(중략)

경제통계조사를 통해 국가의 전반적인 경제 상황을 정확히 인식(파악)하는 것은 정부(부처)의 거시조정정책 실시는 물론이고 기업 경영자들(직역:경영관리자들)의 시장 분석, 업계 흐름 예측, 경영관리시스템(경영관리체제) 개선에도 유리하다. 또한 정책 (이론) 연구원들이 방대한 기초자료에 근거하여 경제개혁 실시 과정 중의 경험과 문제점들을 분석·평가하고, 중국식 사회주의 시장경제 이론체계를 정립·보완함으로써 지속적인 경제개혁 추진 및 사회발전 가속화를 위한 더욱 효과적인 방안을 제시하는데도 유리하다.

『중화인민공화국통계법』에서는 통계조사(연구)원, 조사대상 기업 또는 기관의 권리와 의무 그리고 법적(법률적, 법률상) 책임에 대해서 명확히 규정하고 있다. 또한 조사대상 기업 또는 기관과 개인의 상업 기밀은 반드시 보호되어야 한다는 점에 대해서도 명확히 규정짓고 있다. 지난(금년) 5월 국무원은『전국경제통계조사조례(全國經濟普查條例)』를 공포하여 경제통계조사의 순조로운 실시를 위한 강력한(효과적인) 법적 틀을 마련하였다(제도적인 장치를 마련하였다).

…… (중략)

국무원과 지방정부의 지지 그리고 조사연구원들의 노력 하에 전국 경제통계조사가 성공적으로 끝날 것으로 믿는다(확신한다).

7.2 正误评析

❶ 认真搞好经济普查

错误翻译:
(A)경제 조사를 <u>열심히 해야 한다</u>.   (B)경제 센서스를 <u>진지하게 한다</u>.

正确翻译:
①직역:경제통계조사 정확히(성실히) 실시되어야
②의역:경제통계조사에 즈음하여/이번 경제통계조사를 바라보며

正误评析:
◐错误翻译 (A)와 (B)는 신문 사설의 제목으로 부적절하다. 한국의 신문 사설 제목은

第 7 课

일반적으로 "산업 공동화는 이미 시작되었는가(산업 공동화가 이미 시작되었음을 경계하는 취지의 글)" 등과 같이 글쓴이의 견해를 반어적으로 표현하거나, "새로운 게임 시작된 동북아"와 같이 간결하게 명사형으로 표현하거나 부사형으로 표현한다.

☯ "经济普查"를 "경제조사"로 번역하는 것은 부적절하다. '무엇을 조사한다는 것'인지 조사 대상이 불분명하기 때문이다. 한국에서는 일반적으로 조사의 대상을 구체적으로 밝히는 표현을 쓴다(예:경제<u>전망</u> 조사, <u>시장</u> 조사, <u>여론</u> 조사). 참고로 "경제조사팀", "경제조사기관" 등과 같이 "경제조사"가 뒤의 명사 성분을 꾸미는 성분으로는 사용될 수 있다. 여기서는 "경제통계조사" 또는 "경제센서스(census)"로 번역해야 적절하다.

☯ "搞"를 구어체인 "하다"로 번역하는 것은 부적절하다. 문어체의 구체적인 동사 "(조사를)실시하다"로 번역해야 적절하다.

❷ 新中国成立以来,第一次大规模的全国经济普查工作正在顺利推进。
错误翻译:
새 중국 창립 이래(신중국을 설립한 이래), 첫 번째 대규모 전국 경제 조사 작업은 순조롭게 진행하고 있다.
正确翻译:
중화인민공화국 정부 수립 이후, 최초로(직역:첫 번째) 전국적인 규모의 경제통계조사가(직역:조사 작업이) 순조롭게 진행되고 있다.
正误评析:
☯ "新中国"을 한국인이 이해하기 어려운 표현인 "새 중국" 또는 "신중국"으로 번역하는 것은 부적절하다. 한국인이 의미를 정확히 이해할 수 있도록 "중화인민공화국" 또는 "중국 (정부)"으로 번역해야 적절하다.
☯ "成立"을 여기서 "창립(하다)" 또는 "설립(하다)"으로 번역할 수 없다. "정부(또는 국가)"는 "수립하다"와 호응되어 쓰인다.
☯ "工作"을 "작업은"으로 번역하는 것은 적절하지 않다. 화제로 처음 언급되므로 주격조사 "-가" 또는 "-이"를 써야 자연스럽다. 따라서 동사인 "推进"은 피동형인 "진행되다"로 번역해야 옳다.

❸ 现在离普查标准时间点12月31日只有几天时间了,全国经济普查已经进入关键阶段。
错误翻译:
지금은 조사의 표준 시간점인 12월 31일까지는 며칠만 남아서 전국 경제 조사는 결정적인 단계에 들었다.
正确翻译:
조사완료 시점인 12월 31일까지 (불과) 며칠밖에 남지 않은 지금, 경제통계조사는 중요한 시점에 접어들었다.

正误评析:

◉ "现在"를 "지금은"으로 번역하는 것은 부적절하다. 대조·대비의 의미를 나타내는 경우가 아니므로 조사 "-은"을 사용하는 것이 부적절하고, 그다지 길지 않은 한 문장 안에 주격조사가 여러 번(지금은, 31일까지는, 통계조사는) 등장하여 좋은 문장이라고 보기 어렵다. 굳이 원문의 문장구조에 맞춰 직역하여 文头 위치에 쓰려면 "지금부터"로 번역 가능하지만, 正确译文과 같이 번역하는 것이 자연스럽다.

◉ "标准时间点"을 "표준 시간점"으로 번역할 수 없다. "标准"은 "기준"으로 번역해야 옳고(☞ 2과 正误评析 ❽번 참조) "时间点"은 "시점"으로 번역해야 옳다. 참고로 한국에서는 "조사 완료 시점"으로 표현한다.

◉ "只有几天时间了"를 "몇 일만 남아서"로 번역하는 것은 부적절하다. "불과 몇 일 밖에 남지 않아(불과 몇 일 밖에 남지 않은 지금)"로 번역해야 적절하다. 특수조사 "-만"은 '유일한 것으로 한정됨'을 단언하는 의미를 지니고 있고, '피접어 이외의 자매항은 서술어의 사실 내용에서 배제됨'의 뜻을 내포하고 있다. 따라서 "몇 일만 남아서"로 번역할 수 없다.

☞ 현재 18일 열리는 주주총회 승인만 남겨두고 있다. ←현재 유일하게 남은 절차는 주주총회(股东大会)의 승인.

◉ "关键"을 "결정적인"으로 번역할 수 없다. "关键"은 "매우 중요한"의 의미를 지니고 있고 "결정적인"은 "무엇을 결정지을 수 있을 만큼 매우 확실한"의 의미를 지니고 있어 의미가 다르다.

◉ "进入"은 "접어들다"로 번역해야 적절하다. 한국어에서 "단계(段階)"는 "접어들다"와 호응되어 쓰인다.

❹ 这次全国经济普查将要进行工业普查、第三产业普查、基本单位ⓐ普查、建筑单位ⓑ普查、个体工商户普查。

错误翻译:
이번 전국 경제 조사는 공업 조사, 제3 산업 조사, 기본단위 조사, 건축단위 조사, 개인 공상호 조사를 진행할 것이다.

正确翻译:
이번 전국 경제통계조사는 공업, 3차 산업, 1차·2차 산업(관련 기업 및 기관), 건설 업체, (개인)자영업 등을 대상으로 실시될 예정이다.

正误评析:

◉ "单位"는 "회사(및 기관), 직장, 단위" 등으로 번역 가능하지만, 여기서는 "단위"로 번역할 수 없다. "단위(unit)"는 수학이나 통계 등에서 '어떤 물리량(物理量)의 크기를 나타낼 때 비교의 기준이 되는 크기'를 의미하므로 본 문장에서의 의미와 다르다.

(☞ 9.3.2 번역상식 참조) 여기서 "单位ⓐ"는 "기업 및 기관"으로 번역 가능하다. 그리고 "单位ⓑ"는 "업체"로 번역해야 적절하다. 한국어에서 "건설업체"는 고정적인 표현이다.

- "个体工商户"를 한국인이 이해할 수 없는 표현인 "개인 공상호"로 번역할 수 없다. 한국에서는 "개인 자영업자"로 표현한다. 참고로 "工商"은 한국에서 "상공"으로 표현한다. 예:상공회의소.
- "将要……"를 신문 기사, 사설, 논평 등에서는 일반적으로 "~할 예정이다" 또는 "~할 전망이다"로 번역해야 적절하다.

❺ 全面经济普查,可以完整地反映经济领域的现状和发展变化,因此这次全国经济普查对于今后落实科学发展观,促进我国经济和社会发展,全面建设小康社会都有十分重要的意义。

错误翻译:
전면적 경제 센서스를 통하여, 경제분야의 현상과 발전변화를 완전하게 반영할 수 있다. 그래서 이번 전국 경제 센서스는 앞으로 과학 발전관을 구체화하고, 우리나라의 경제와 사회발전을 촉진하여, 전면적으로 소강사회를 세우는 것에 모두 대단히 중요한 의미가 있다.

正确翻译:
①직역:전면적인 경제통계조사는 경제 분야의 현황과 발전 변화를 충분히 반영할 수 있기 때문에, 이번 전국 경제통계조사는 앞으로 과학발전관을 확립하고, 중국의 경제·사회발전을 촉진하여, 전면적인 小康社會(譯注:기본적인 의식주가 해결된 수준을 말함)를 건설하는데 매우 중요한 의미를 지닌다.
②의역:전면적인 경제통계조사는 경제 분야의 현황과 발전 변화를 정확하게 반영할 수 있다. 따라서 이번 (전국)경제통계조사는 앞으로 과학발전 방향 설정, 경제·사회발전 촉진 그리고 전면적인 小康社會(譯注:기본적인 의식주가 해결된 수준을 말함) 건설에 매우 중요한 의의를 지닌다.

正误评析:
- "全面"을 "전면적"으로 번역할 수 없다. 부사로 쓰이는 경우에는 "전면적으로"로, 관형사로 쓰인 경우에는 "전면적인"으로 번역해야 옳다.
- "现状"은 "현황(현재 상황)"으로 번역해야 옳다. "현상"은 "現象"을 의미한다.
- "因此"는 문어체인 "따라서"로 번역해야 적절하다. "A, 因此B。"는 일반적으로 두 가지 문형으로 번역 가능하다. "A"의 내용이 비교적 긴 경우에는 "A. 따라서 B."와 같이 두 문장으로 나누어 번역해주고, 중간에 접속어 "따라서"를 사용하여 두 문장의 연결 관계를 표현해주는 것이 좋다. 그리고 "A"의 내용이 비교적 짧은 경우에는 "A 하기 때문에(A함에 따라) B하다"로 번역해야 적절하다.

◐ "小康社会"를 "소강사회"로 옮기면 한국인은 어떤 의미인지 전혀 이해할 수 없다. 설령 "小康社會"로 표기했다 하더라도 여전히 이해하기 어렵다. 이처럼 외국어로 환치될 수 없는 말은 풀어서 설명하는 방식으로 번역하거나 뒤에 譯註를 덧붙여주어야 한다.(☞ 7.3.5 번역상식 참조)

❻ 通过经济普查, 摸清国家的整体经济状况, 不仅有利于政府部门开展宏观调控, 还有利于企业经营管理者分析市场、预测行情、改善经营管理;

错误翻译:
경제통계조사를 통하여 국가의 전체 경제상황을 분명하게 아는 것은 정부부문이 거시적 조정을 벌이는 것(전개하기)에 유익할 뿐만 아니라 기업 경영관리자가 시장을 분석하고, 업계 변화를 예측하며, 경영관리를 개선하는 것에도 유익하다.

正确翻译:
경제통계조사를 통해 국가의 전반적인 경제 상황을 정확히 인식(파악)하는 것은 정부(부처)의 거시조정정책 실시는 물론이고 기업 경영자들(직역:경영관리자들)의 시장 분석, 업계 흐름 예측, 경영관리시스템(경영관리체제) 개선에도 유리하다.

正误评析:

◐ "整体"는 "전체"가 아니라 "전반적(全般的)인"으로 번역해야 관형어로 적절하다.
☞ 구글은 전반적인 경제 상황은 불안하지만 온라인 광고 수요가 꾸준히 늘었다고 설명했다.

◐ "开展宏观调控"을 "거시적 조정을 전개하기"로 번역하는 것은 부적절하다. 첫째, "开展"은 "실시하다"로 번역해야 적절하다. "(거시)조정"과 "전개하다"는 호응관계가 부자연스럽다. 예: 운동(캠페인)을 전개하다, 글이나 내용을 전개하다. 둘째, "开展"의 목적어인 "宏观调控"은 서술어와의 호응관계를 고려하여 "거시조정정책"으로 번역해야 적절하다.

◐ "有利于……"는 "-에 유리하다"로 번역해야 적절하다. "유익하다"는 "무익하다"의 반의어로 '이로움이나 도움이 있음'이라는 의미를 지닌다.

◐ "预测行情"을 "업계 변화를 예측하며"로 번역하는 것은 적절하지 않다. 일반적으로 "行业"은 "업종"으로, "行情"은 "업종 현황, 업계 현황, 업계 실태" 등으로 번역 가능하다. 그렇지만 여기서는 "예측(預測)"과의 호응관계를 고려하여 "行情"을 "업계 흐름"으로 번역해야 적절하다.

◐ "经营管理"를 "경영관리"로 번역하는 것은 부적절하다. "경영관리를 개선하다"는 호응관계가 어색한 표현이다. "체제(시스템)"를 삽입하여 "경영관리시스템(체제)를 개선하다"로 번역해야 적절하다.(☞3.3.5 번역상식 참조)

❼ 有利于政策理论研究人员依据大量第一手资料,分析总结经济改革实践中的经验和问题,建立和完善中国特色社会主义市场经济理论体系,为继续推进经济改革和加快社会发展提供更好的方法策略。

错误翻译:
정책이론 연구 인원은 대량 최초의 자료에 의하여 경제개혁 실천 중의 경험과 문제를 분석하고 총화하며, 중국 특색의 사회주의 시장경제 이론체계를 세우고 완전하게 해서 경제 개혁을 계속 추진하는 것과 사회발전을 가속하는 것을 위하여 더 좋은 방법과 책략을 제공하는 것에 유익할 것이다.

正确翻译:
또한 정책(이론) 연구원들이 방대한 기초자료에 근거하여 경제개혁 실시 과정 중의 경험과 문제점들을 분석·평가하고, 중국식 사회주의 시장경제 이론체계를 정립·보완함으로써 지속적인 경제개혁 추진 및 사회발전 가속화를 위한 더욱 효과적인 방안을 제시하는 데도 유리하다.

正误评析:

◐ 이 문장은 앞의 ❻번 문장과 병렬 관계에 있으므로 "또한"과 같은 접속어를 사용하여 문장 간의 연결 관계를 표현해주는 것이 필요하다. 이와 같이 分号가 사용된 경우에는 두 문장 사이에 적절한 접속어를 삽입해주는 것이 필요하다. (☞7.3.2 번역상식 참조)

◐ "人员"을 "인원"으로 번역할 수 없다. "인원"은 '사람의 수(人数)' 또는 '단체를 이루는 여러 사람'이라는 의미를 지녀, 중국어의 "人员"과는 의미가 다르다.(☞ 7.3.1 번역상식 참조)

◐ "总结"을 한국인이 이해할 수 없는 표현인 "총화"로 번역할 수 없다. "总结"은 "(총)점검하다", "취합(분석)·평가하다", "결산하다" 등으로 번역 가능한데, 여기서는 목적어(경험과 문제점들)와의 호응관계를 고려하여 "취합(분석)·평가하다"로 번역해야 적절하다.

◐ "中国特色"을 "중국 특색의"로 번역하는 것보다 "중국식"으로 번역하는 것이 자연스럽다. "중국식 사회주의 시장경제체제"는 고정적인 표현이다.

◐ "建立"을 구어체인 "세우다"로 번역하는 것보다 문어체인 "수립하다" 또는 "정립하다"로 번역하는 것이 더 적절한데, 문장이 긴 편이므로 간결하게 명사형인 "정립"으로 번역해 주는 것이 좋다.

◐ "경제 개혁을 계속 추진하는 것", "사회 발전을 가속화하는 것"은 "지속적인 경제개혁 추진", "사회발전 가속화" 등과 같이 간결하게 번역해야 적절하다. 하나의 긴 문장 속에 나열되는 이런 문장 성분들은 가능한 한 간결하게 번역하는 것이 좋다.(☞7.3.3 번역상식 참조)

◐ "提供更好的方法策略"을 错误翻译와 같이 번역하는 것은 부적절하다. **첫째**, "方法策

略"은 "방안"으로 번역해야 적절하다. "책략"은 '일을 처리하는 꾀와 방법'이라는 의미를 지니는데 贬义词에 가깝다.(☞4.3.1 번역상식 汉字词-褒贬不同 참조) **둘째**, "提供"을 "제공하다"로 번역할 수 없다. "방안(방법)"은 "제공하다"와 호응되어 사용될 수 없고 "제시하다"와 호응되어 쓰인다. **셋째**, "更好的"은 구어체인 "더 좋은"보다 문어체인 "더욱 효과적인(적절한)"으로 번역해야 본 텍스트의 문체에 부합한다.

❽ 《中华人民共和国统计法》明确规定了统计人员和被普查单位的权利、义务和法律责任,也明确规定了被调查单位和个人的商业隐私必须得到保护。

错误翻译:
『중화인민공화국통계법』은 통계원과 센서스를 조사를 당하는 기관의 권리, 의무와 법률책임을 명확히 규정하고, 또 조사를 당하는 기관과 개인의 상업비밀이 보호를 받아야 하는 것을 명확히 규정한다.

正确翻译:
『중화인민공화국통계법』에서는 통계조사(연구)원, 조사대상 기업 또는 기관의 권리와 의무 그리고 법적(법률적, 법률상) 책임에 대해서 명확히 규정하고 있다. 또한 조사대상 기업 또는 기관과 개인의 상업 기밀은 반드시 보호되어야 한다는 점에 대해서도 명확히 규정짓고 있다.

正误评析:

- "统计人员"을 "통계원"으로 번역할 수 없다. 한국인은 "统计院"으로 추측·이해할 가능성이 높아 글의 내용을 정확히 이해하기 어렵다. "통계조사(연구)원"으로 번역해야 적절하다.

- "被普查"를 "조사를 당하다"로 번역할 수 없다. "-을 당하다"는 좋지 않은 일이나 부당한 일을 겪을 때 사용한다.

- "权利、义务和法律责任"을 "권리, 의무와 법률 책임"으로 번역하는 것은 부적절하다. **첫째**, "和"를 "-와"로 번역하는 것은 부적절하다. "권리와 의무 그리고 법적 책임"으로 번역해야 적절하다.(☞5과 正误评析 ❼번 참조) **둘째**, "法律责任"은 "법적 책임(법률적 책임)" 또는 "법률상의 책임"으로 표현한다.

- "明确规定了……"를 "-하는 것을 명확히 규정한다"로 번역할 수 없다. 한국어에서는 관용적으로 "~한다는 점에 대해서 명확히 규정하고 있다(규정짓고 있다)"로 표현한다. 중국어의 영향으로 목적격으로 번역하지 않도록 주의해야 한다. (☞8.3.3 번역상식 참조)

❾ 今年5月,国务院颁布了《全国经济普查条例》,为确保经济普查的顺利进行提供了有力的法律保障。

错误翻译:
올해 5월, 국무원은 <전국 경제센서스 규정>을 반포해서 경제센서스를 순조롭게 진행하는 것을 확보하기 위하여 유력한 법률 보장을 제공한다.

正确翻译:
지난(금년) 5월 국무원은 <전국경제통계조사조례(全國經濟普查條例)>를 공포하여 경제통계조사의 순조로운 실시를 위한 강력한(효과적인) 법적 틀을 마련하였다(의역:제도적인 장치가 마련되었다).

正误评析:
- "全国经济普查条例"를 "전국 경제센서스 규정"으로 번역할 수 없다. **첫째**, 법률·법규 명칭을 외래어인 "센서스"로 번역하는 것은 부적절하다. **둘째**, "条例"를 번역자가 임의적으로 "규정"으로 번역하는 것은 부적절하다. "조례"로 번역해야 옳다.
- "颁布"를 "반포하다"로 번역할 수 없다. "반포하다"는 '모든 사람이 알도록 세상에 널리 펴다' 라는 의미를 지니는 고어로, 현대 한국어에서는 거의 사용되지 않는다. 예:훈민정음을 반포하다.
- "为确保"를 "확보하기 위하여"로 번역할 수 없다. "확보하다"는 "보유하다(拥有)"는 의미를 지니며 목적어는 명사 또는 명사형이라야 한다. 예:인재 확보, 단골손님 확보, 에너지 확보.(☞7.3.1 번역상식 참조) 여기서는 "순조로운 실시(顺利进行)를 위한"으로 번역해야 적절하다.
- "有力的"을 "유력한"으로 번역할 수 없다. "유력/유력한/유력하다"는 '가능성이 많다(极有可能)' 라는 의미를 지니므로 중국어 "有力的"와는 뜻이 다르다. 예:유력한 우승 후보.(☞7.3.1 번역상식 참조)
- "提供法律保障"은 관용적으로 "법적 틀을 마련하다(법적 틀이 마련되다)" 또는 "제도적인 장치를 마련하다(제도적인 장치가 마련되다)"로 표현한다.

❿ 我们相信,有国务院和各级地方政府的支持,有广大普查人员的配合,全国经济普查工作一定能够取得圆满成功。

错误翻译:
우리는 국무원과 각급 지방 정부의 지지가 있고, 수많은 조사원의 협력이 있어서 전국 경제센서스 작업은 꼭 원만한 성공을 얻을 수 있는 것을 믿는다.

正确翻译:
국무원과 지방정부의 지지 그리고 조사연구원들의 노력 하에 전국 경제통계조사가 성공적으로 끝날 것으로 믿는다(확신한다).

正误评析:

- "我们"을 번역 시 생략해야 자연스럽다. "我(们)相信……", "我(们)认为……", "我衷心祝愿……" 등의 문형을 한국어로 번역할 때는 주어를 생략해야 자연스럽다.(☞7.3.4 번역상식 참조)

- "各级"은 번역에서 생략해야 자연스럽다.

- "有A和B的支持", "有C的配合"을 "A와 B의 지지가 있고", "C의 협력이 있어서"로 번역하는 것은 부적절하다. **첫째**, "A와 B의 지지 그리고 C의 노력 하에"로 간결하게 번역하는 것이 좋다. "配合"은 일반적으로 "협조(하다)"로 번역 가능하지만 여기서 이렇게 번역하는 것은 의미상 부적절하다. "협조(하다)"는 서로 대등한 관계(국가 對 국가, 회사 對 회사) 또는 상하 관계에서 사용되는데, 여기서는 누가 누구와 협조한다는 것인지 불분명하기 때문에 "협조하다"로 번역하는 것은 부적절하다. **둘째**, 여기서는 "支持"의 주체가 정부(정부기관)이므로 "지지"로 번역할 수밖에 없지만, "支持"를 "지지(하다)"로 번역할 수 없는 경우가 많으므로 주의해야 한다.(☞4.3.1 번역상식 참조)

- "广大普查人员"을 "수많은 조사원"으로 번역하는 것은 부자연스럽다. **첫째**, "广大"는 대부분의 번역에서 생략해야 한국어 표현습관에 부합한다.(☞3.3.5 번역상식 참조) **둘째**, "普查人员"은 "조사연구원들"로 번역해야 적절하다.

- "取得圆满成功"을 "원만한 성공을 얻다"로 번역할 수 없다. 일반적으로 "성공적으로 动词+할 수 있기를" 또는 "성공적인 名词을"으로 번역해야 적절하다. 참고로 축사(致辞)에 나오는 "我衷心祝愿本次OOO取得圆满成功."은 "이번 OOO의 성공적인 개최를 진심으로 기원합니다"로 번역해야 적절하다.(☞3과 正误评析 ❿번 참조, 3.3.5 번역상식 참조)

7.3 翻译知识

7.3.1 不能一一对应汉字词(2) "同形异义词"的翻译 —— 1:1 대응시켜 번역할 수 없는 한자어(2) "동음이의어"의 번역

한국어에는 많은 한자어가 존재하는데, 이 중 일부는 중국어 단어와 동일한 한자로 이루어져 있지만 常用词义不同, 词性不同, 褒贬不同, 轻重不同, 同形异义, 搭配不同 등의 요인으로 인해 일대일로 대응시켜 번역할 수가 없다.(☞4.3.1 번역상식 참조)

이 중 同形异义词는 번역에서 특히 문제가 된다. 예를 들어 7과에 등장한 "人员", "确保", "有力的"은 한국어의 "인원(人員)", "확보(確保)", "유력한(有力한)"과 의미가 달라 한국 한자독음으로 옮길 경우 한국인은 한국 한자어의 의미로 이해하게 되어 번역문의 의미를 이해하지 못하게 된다. 따라서 어떤 단어가 이러한 同形异义词에 해당하는지를 정확하게 파악하고 번역시 오류를 범하지 않도록 주의해야 한다.

☞ 有利于政策理论研究人员依据大量第一手资料,分析总结经济改革实践中的经验和问题,建立和完善中国特色社会主义市场经济理论体系,为继续推进经济改革和加快社会发展提供更好的方法策略。
  汉语词"人员":要翻译成"-자(者)"或"-원(员)"。
  汉字词"인원": 指"人数(사람의 수 또는 단체를 이루는 여러 사람)"。
  (예:인원이 모자라다. 회사 규모에 비해 인원이 너무 많다.)

☞ 今年5月,国务院颁布了《全国经济普查条例》,为确保经济普查的顺利进行提供了有力的法律保障。
  汉语词"确保":要翻译成"-하기 위하여"。
  汉字词"확보하다": 指"보유하다"
  (예:에너지 확보, 인재 확보, 단골손님 확보 등)
  汉语词"有力的":要翻译成"효과적인(有效的)"。
  汉字词"유력한": 指"极有可能(가능성이 높은)"。(예:유력한 우승 후보)

☞ 美法院将对网络色情交易进行裁决,以约束成人网站。
  汉语词"约束":要翻译成"제약하다、제한하다、단속하다"。
  汉字词"약속하다":指"答应、约定、约好(어떤 일이나 행동을 상대와 미리 정하다)"。

7.3.2 "分号"的翻译以及连接词的活用 —— "分号"의 번역 및 접속어 활용

중국어에서는 아래 예문과 같이 分号를 사용하여 병렬 관계에 있는 몇 개의 문장을 나열하는 경우가 종종 있다. 그런데 이렇게 分号가 사용된 단락 중의 문장들을 한국어로 번역할 때 分号를 한국어의 문장부호인 마침표로 바꾸는 것만으로는 부족하다. 문장과 문장 간의 연결성을 표현해주지 않아 글을 읽는 한국인이 문맥 흐름을 파악하는데 어려움을 느끼게 만들기 때문이다. 分号가 사용된 단락을 한국어로 번역할 때는 문맥을 고려하여 적절한 접속어를 삽입해주어야 문맥의 흐름이 자연스러워진다.

☞ 通过经济普查,摸清国家整体的经济状况,不仅有利于政府部门开展宏观调控,还有利于企业经营管理者分析市场、预测行情、改善经营管理;有利于政策理论研究人员依据大量第一手资料,分析总结经济改革实践中的经验和问题,建立和完善中国特色社会主义市场经济理论体系,为继续推进经济改革和加快社会发展提供更好的方法策略。

正确译文: 경제통계조사를 통해 국가의 전반적인 경제 상황을 정확히 인식하는 것은 ~에도 유리하다. 또한 정책(이론)연구원들이 ~하는 데도 유리하다. ……

☞ 第三、经济效益有所提高。工业产品的产销率基本保持在97%以上的水平；亏损减少,利润有所增加；国家财政收入上升较快。

正确译文: 셋째, 경제 효율이 향상되었다. 공업 제품의 생산·판매율은 기본적으로 97% 이상을 유지해오고 있다. 그리고 적자 규모가 감소되었고, 반면 이윤은 증가되었다. 또한 국가 재정수입도 비교적 빠른 속도로 증가했다.

7.3.3 讲究简洁的表达 —— 문장의 간결성 추구

중국어의 함축적인 특징으로 인해 한국어로 번역하다 보면 문장이 길어지게 마련인데, 중국어 원문 자체가 긴 경우에는 이를 그대로 한국어로 옮기면 지나치게 길어져 가독성이 떨어진다. 이런 경우에는 두 세 문장으로 나누어 번역하면 의미 전달 효과가 높아진다. 단, 어떤 경우에는 문장을 나누어 번역하는 것이 부적절할 수도 있는데, 이때는 문장 성분들을 명사구로 변환시켜 간결하게 번역하는 것이 좋다.

☞ 有利于理论和教学研究人员依据大量第一手资料,分析总结经济改革实践中的经验和问题,建立和完善中国特色社会主义市场经济理论体系,为①继续推进经济改革和②加快社会发展提供更好的方法策略。

不恰当的翻译: ①경제 개혁을 계속 추진하는 것과 ②사회발전을 가속화하는 것

正确译文: ①지속적인 경제개혁 추진 및 ②사회발전 가속화

☞ 通过经济普查,摸清国家的整体经济状况,①不仅有利于政府部门开展宏观调控,还有利于②企业经营管理者分析市场、③预测行情、④改善经营管理；

不恰当的翻译:
① 정부 부처가 거시 조정을 실시하는 것에 유리할 뿐만 아니라
② 기업 경영관리자가 시장을 분석하고,
③ 업계 변화를 예측하며,
④ 경영관리체제를 개선하는 것에도 유리하다.

正确译文:
① 정부(부처)의 거시조정정책 실시는 물론이고
② 기업 경영자들의 시장 분석,
③ 업계 흐름 예측,
④ 경영관리체제 개선에도 유리하다.

☞ 二是为大家提供一个①相互认识、②增进了解、③促进交流、加强合作的机会,抓住④中国加入世贸组织的机遇,共谋⑤发展大计。(4과)

不恰当的翻译: 두 번째는 ①서로 알게 되는 것과 ②이해를 증진시키고 ③교류를 촉진 시키는 것 그리고 협력 강화의 기회를 제공하고 ④중국이 WTO에 가입하는 기회를 포착하여 ⑤발전시키는 것을 모색하기 위함입니다.

正确译文: 두 번째는 이와 같은 ①만남을 통해 ②상호 이해 증진, ③교류 촉진 그리고 협력 강화의 기회를 마련하기 위한 것이며, 특히 ④중국의 WTO 가입을 계기로 삼아 ⑤협력 발전을 모색해보기 위함입니다.

7.3.4 省略第一人称代词 —— 1인칭 주어의 생략

중국어 문장에서는 1인칭 주어가 생략되는 경우가 드물지만, 한국어에서는 종종 생략될 뿐 아니라 생략해야 더 자연스러운 경우가 있다. 특히 "我(们)相信……", "我(们)认为……", "我衷心祝愿……" 등의 문형을 한국어로 통역(또는 번역)할 때는 대부분 1인칭 주어를 생략해야 자연스럽다.

☞ 我们相信,有国务院和各级地方政府的支持,有广大普查人员的配合,全国经济普查工作一定能够取得圆满成功。(7과)

错误翻译: 우리는 국무원과 지방 정부의 지지가 있고, 수많은 조사원의 협력이 있어서 전국 경제센서스 작업은 꼭 원만한 성공을 얻을 수 있는 것을 믿는다.

正确译文: 국무원과 지방정부의 지지 그리고 조사연구원들의 노력 하에 전국 경제통계조사가 성공적으로 끝날 것으로 믿는다(확신한다).

☞ 我衷心祝愿本次韩国商品展取得圆满成功。(3과)

错误翻译: 저는 이번 한국 상품전시회가 원만한 성공을 거두기를 진심으로 기원합니다.

正确译文: 이번 한국상품전시회의 성공적인 개최를 진심으로 기원합니다.

☞ 首先,我代表河北省贸促会对各位朋友在百忙之中能够参加今天的招待会表示热烈的欢迎和衷心的感谢!(4과)

错误翻译: 먼저, 저는 하북성무역촉진위원회를 대표하여 바쁘신 중에도 오늘 리셉션을 참가해 주신 여러분들에게 열렬한 환영과 충심으로 감사드립니다.

正确译文: 바쁘신 일정에도 불구하고 오늘 열린 리셉션에 참석해 주신 여러분께 중국국제무역촉진위원회 하북성 지회 대표하여 진심으로 감사의 말씀을 드립니다.

7.3.5 翻译人员提供信息资料的作用 —— 번역사의 정보제공 역할

어떤 텍스트를 번역할 때, 그 나라만의 독특한 역사, 경제, 사회, 문화 현상 등과 관련되는 단어가 등장하는 경우가 있다. 번역사가 이런 단어의 뜻을 독자가 쉽게 이해할 수 있도록 설명, 즉 역주(譯註)을 덧붙이지 않는다면 외국인 독자는 그 의미를 정확히 이해하기 어렵다. 예를 들어 7과 본문에 등장하는 "小康社会"를 한국 한자독음인 "소강사회"로 옮기면 한국인은 어떤 의미인지 전혀 이해할 수 없다. 설령 뒤에 한자로 "小康社會"를 병기했다 하더라도 의미를 이해하기 어렵다. 이처럼 외국어로 완벽하게 환치될 수 없는 말은 문장의 흐름을 방해하지 않는 선에서 간단하게 그 의미를 풀어서 번역하거나 뒤에 역주(譯註)를 덧붙여 독자들이 의미를 정확하게 이해할 수 있도록 해주어야 한다.

☞ 의미를 풀어서 옮긴 예(解说式词汇翻译法)

另外,还有农业展、河北省房地产展、建材展、IT产业及电脑展等展览也将在省会石家庄举办。(5과)

正确译文: 그 밖에도(이 외에도) 농업전시회, 하북성 부동산전시회, 건축자재전시회, IT산업 및 컴퓨터 전시회 등이 하북성의 행정중심 도시(省會)인 석가장에서 개최됩니다.

说明: "성회(省會-행정중심 도시)"와 같이 역주를 덧붙이는 방법도 가능하다.

☞ 역주를 덧붙인 예

① 照相机行业已成为以三资企业为主导的外向型高科技产业。(6과)

正确译文: 카메라 업종은 三資기업(合資경영, 合作경영, 獨資경영 기업을 뜻함)이 주도하는 수출지향적 하이테크산업으로 부상했다.

② 外国投资者在提出设立外资企业的申请前,应当就下列事项向拟设立外资企业所在地的县级或者县级以上地方人民政府提交报告。(13과)

正确译文: 제 9조 외국인투자자가 외국인투자기업 설립신청 절차를 밟기 전에, 외국인투자기업 설립 예정지의 관할 현급(縣級:행정단위로 郡에 해당) 또는 현급 이상의 지방 인민정부에 다음에 열거하는 사항들과 관련하여 보고서를 제출해야 한다.

③ 那是家珍用过去的旗袍改做的。家珍给她扣钮扣时,她眼泪一颗一颗滴在自己腿上。(15과)

正确译文: 가진이 입던 치파오(역주:중국의 전통 의상)를 고쳐서 만든 그 옷의 단추를 채워주자 봉하의 눈물이 방울방울 옷 위로 떨어졌다네.

7.3.6 汉字词和外来语的翻译原则 —— 번역시 한자어와 외래어 중 선택 기준

중국에서는 외국에서 도입된 새로운 개념이나 용어를 중국어로 옮기기 부적절한 경우 (예: DVD, MP3 등)를 제외하고는 외래어를 그대로 사용하는 경우가 아주 드물다. 그리고 가능한 한 음역(如:英特尔)을 피하고 그 의미를 중국어(如:互联网)로 옮겨서 사용하는 경향이 강하다. 반면 한국에서는 고유어/한자어와 외래어를 병용하거나 외국어를 한글 발음으로 그대로 옮겨 사용하는 경우가 많다. 따라서 특정 단어를 한국어로 번역할 때 그 단어가 한국에서 외래어로만 사용되는지 아니면 고유어/한자어와 외래어가 병용되고 있는지를 우선 확인해야 한다. 만약 고유어/한자어와 외래어가 모두 사용되고 있는 경우라면 호응관계에 있는 앞뒤 문장성분들의 성격(고유어/한자어인지 외래어인지 여부)에 따라 그 중 한 가지로 번역하는 것이 일반적인 원칙이다.

(1) 한국어/외래어 병용
  ① 고유어-외래어 병용
     짝/파트너, 맵시/스타일 등
  ② 한자어-외래어 병용
     사진기/카메라, 불(弗)/달러, 상표/브랜드, 휴대전화/핸드폰(휴대폰), 표/티켓, 보고서/리포트, 성탄절/크리스마스, 운동/스포츠, 필기/노트, 열쇠/키, 달력/카렌더, 시험/테스트, 할인/세일, 지구촌화(地球村化)/글로버리제이션(globalization) 또는 글로벌화 등
(2) 외래어만 사용
     컴퓨터, 디지털, 온라인, 메일, 마케팅, 뉴스, 로비, 카드 등

☞ 在信息通信业方面,我国已经建成了规模容量仅次于美国的基础网络。
  正确译文: 정보통신산업 분야에서 중국은 이미 규모 면에서 미국 다음가는 광대한 기초 네트워크를 구축하였다.
  说明: 외래어만 존재하는 경우에 해당

☞ LG希望通过最新的、拥有领先技术的产品来提升品牌形象。
  正确译文: LG는 최첨단 최신 (기술)제품으로 브랜드 이미지 제고를 기대한다고 밝혔다.
  说明: "品牌"는 한자어인 "상표" 또는 외래어인 "브랜드"로 번역 가능한데, 여기서는 "形象"을 "이미지"로 번역해야 적절하므로 "品牌"를 "브랜드"로 번역하는 것이 적절하다.

☞ 朗科公司在美国获得闪存盘基础发明专利。
　　正确译文: 루슨트테크놀러지는 최근 미국에서 플래시메모리 기초발명특허를 획득했다.
　　说明: IT 분야의 전문용어는 상당 수가 외래어이다.

　　물론 한자어와 외래어를 병용하는 경우, 의미 범주가 다르거나 다른 단어와의 결합시 제약을 받는 경우도 있다.

☞ 의미 범주의 차이가 있는 경우
　　《2010跨国公司在中国投资报告》的调查结果显示:
　　错误翻译:『2010년 다국적기업의 對中 투자 리포트』의 조사 결과에 따르면,
　　正确译文:『2010년 다국적기업의 對中 투자 보고서』의 조사 결과에 따르면,
　　说明: "报告"는 일반적으로 한자어인 "보고서"와 외래어인 "리포트"로 번역 가능하지만, 여기서는 "보고서"로 번역해야 적절하다. "리포트"는 다른 외래어 단어와 호응되어 쓰이거나 '학생이 교수에게 제출하는 소논문'을 주로 지칭한다.

☞ 다른 단어와의 결합시 제약이 있는 경우
① 菜单:메뉴판(O), 주문판(X), 요리판(X)
② 发式:헤어스타일(O), 머리 스타일(O)
③ 运动服:운동복(O), 스포츠웨어(O), 스포츠복(△)
④ 数码相机:디지털카메라(O), 디지털사진기(△)
⑤ 电子机票:전자항공권(O), 전자비행기표(X), E-티켓(O), 전자티켓(O)
⑥ 网吧:PC방(O), 인터넷카페(O), 인터넷방(X)
⑦ 订货人商标生产:주문자상표부착생산(O), 주문자브랜드부착생산(X)

7.4　翻译练习

7.4.1　翻译词组

❶ 技术人员
❷ 工作人员
❸ 受伤人员
❹ 研究人员

❺ 会参展人员
❻ 有关人员

7.4.2 选择恰当翻译

❶ 漫画是一种特殊的信息形式,它饱含哲理,极富趣味性和幽默感,寓意深刻。
—— 만화에는 철학이 담겨있다. 그리고 오락성과 유머가 넘치면서도 (　　) 뜻을 담고있다. 바로 이런 점에서 만화는 다른 정보 전달 방식과는 다르다.
A. 심각한　　　B. 확실한　　　C. 깊은　　　D. 강한

❷ 生命科学将深刻影响人类生活,专家认为:"转基因食品的安全问题还需要时间论证。"
—— 생명과학은 앞으로 일반인들의 생활에 (　　) 영향을 줄 것으로 보인다. 그렇지만 유전자변이 식품의 안전문제는 앞으로 검증이 더 필요하다는 것이 전문가들의 입장이다.
A. 심각한　　　B. 확실한　　　C. 깊은　　　D. 강한

❸ 记者接热线电话赶到现场的时间是晚上7时25分,商厦附近的马路边已经停了多辆警车。
—— 기자가 제보 전화를 받고 현장에 도착한 (　　)은 저녁 7시 25분이었다. 당시 상가 근처 도로변에는 이미 경찰 차량이 여러 대 주차해 있었다.
A. 시간　　　B. 시각　　　C. 기간　　　D. 일시

❹ 在春节放假的时间里,许多人贪杯而出事,所以春节期间要特别注意,不要喝酒喝得太多。
—— 설연휴 (　　) 동안 음주 사고가 많이 발생했다. 설연휴 기간 동안 과음하지 않도록 특별한 주의가 필요하다.
A. 시간　　　B. 시각　　　C. 기간　　　D. 일시

❺ 广州国际科博会的举办时间、地点去年早已就确定了。
—— 광주국제과학기술박람회(Expo)의 개최 (　　)와 장소는 작년에 이미 확정되었다.
A. 시간　　　B. 시각　　　C. 기일　　　D. 일시

❻ 韩国已经在11月30日公开表明将申办2018年冬奥会。
—— 한국은 지난 11월 30일 2018년 동계올림픽 개최신청을 공식적으로 (　　).
A. 표명했다　　B. 표시했다　　C. 밝혔다　　D. 보여준다

❼ 这表明,投资依然是中国经济增长的主要驱动力。
　　—— 이는 투자가 여전히 중국 경제성장의 주요 원동력임을 (　　　).
　　A. 표명한다　　　B. 표시한다　　　C. 밝혔다　　　D. 보여준다

❽ 脑科医院门诊统计表明:家庭主妇忧郁症激增。
　　—— 우울증을 앓는 주부들이 급격히 증가하고 있는 것으로 뇌과 진찰 관련 통계에서 (　　　).
　　A. 표명했다　　　B. 표시했다　　　C. 드러났다　　　D. 보여준다

7.4.3　翻译句子

❶ 你印象最深刻的韩国电影是什么?
____

❷ 海关总署署长牟新生今天说,加入WTO以后,我国将按照承诺继续分步降低关税税率,全面实施《WTO海关估价协议》,在全关境内实施公平、统一的关税政策。
____

❸ 欢迎进入文献提供中心,国家图书馆文献提供中心将竭诚为您提供所需文献信息!
____

❹ 本公司全面通过2000国际标准化组织质量体系认证,能够为企业信息化提供最佳解决方案。
____

❺ 据报道,索尼电影娱乐公司正在准备提供一种安全的电影下载服务。
____

❻ 如何确保全市社会稳定和经济建设? 这是目前最重要的大事。
____

❼ 第一次全国经普领导小组召开会议,讨论了确保普查数据真实可靠的问题。
____

❽ 公安部公布四大措施,确保春运安全。

7.4.4　翻译短文

❶ 引起失眠的原因很多:有生理因素,如饥饿、饱胀等;有心理因素,如焦急、恼怒等;有环境因素,如吵闹、寒冷等等。

❷ 不同年龄的人每天所需要的睡眠不同:少年儿童需要9~10小时,青年人需要8~9小时,老年人需要7~8小时。

❸ 上高中以后,小吴的生活费用比以往增加了许多:一是学校的午餐费贵,每餐8元钱;二是衣物鞋帽贵了,一双耐克运动鞋就花去800多元;三是课外学习费用每月至少800元。小吴的父母说,如果再算上日常的吃喝等消费,小吴一年的花费大约要2万多元。

❹ 对上海、成都、杭州三个城市的调查表明,人均月收入与幸福指数没有直接关系:上海市人均收入最高,幸福指数排列最低;成都人均收入最低,幸福指数排列第二位;杭州人均收入居中,幸福指数最高。

7.5　翻译作业

汉语国际化的契机

　　如今我们生活在瞬息万变、多姿多彩的信息时代,生活里的一切都在变化,而这一切都要用语言来表达,所以说,语言充当了这一变化的急先锋。随着改革开放的深入、综合国力的强大、国际地位的提高,汉语正在逐步走向"国际化"。这是一种历史责任,也是中国文化对世界文化作出重要贡献的契机。但是,语言"国际化"要以其"规范化"为前提。……

　　经济全球化、政治多极化、文化多元化、传媒现代化决定了人际交往和国际交流的范围逐步扩大,频率大大提高;再者,计算机信息处理技术开辟了语言交际新领域———人机对话,所以对语言文字的规范应用提出了越来越高的要求。汉语的规范化、普通话的推广以及汉语拼音的普及是中文信息处理技术发展和应用的有力保证和技术支持,而不规范的语言文字则直接影响计算机信息处理、图书情报工作自动化、印刷排版现代化、生产管理及办公自动化。一个国家如果不能用计算机使用本国语言,就等于将自己排除在现代化之外了。

中国是一个多民族、多语言、多方言的大国,推广普通话、规范语言文字有利于经济建设和改革开放,有利于维护祖国统一、增强民族凝聚力,有利于培养新世纪人才。而不规范的汉语阻碍了人们的思想交流、信息传递,降低了其社会交际功能,客观上妨碍了现代化建设,也影响了经济的可持续发展。……

纵观中外历史,一个国家如果有强大的政治、经济、科学、军事等作坚实基础,其语言必然会得到长足的发展并跨入国际性语言的行列。随着改革开放的深入、经济的发展、综合国力的提高,中国的国际地位不断提高,一股"中国热"自然带来了"汉语热",学习汉语的外国人越来越多。我们要积极对外宣传、推广汉语,要利用汉语是联合国工作语言之一、使用人数最多、华侨分布广等有利条件,同时与周边使用汉语的国家和地区合作,使其进一步统一化、规范化。这样一来,汉语的国际地位将大大提高,有望成为主要的国际性语言并逐渐发展为世界通用语。这是一次历史机遇,也是全体华人的历史责任。

7.6 参考资料

기술혁신형 중소기업

2004년 말 APEC 중소기업 관계장관 회의에서 정부는 기술혁신형 중소기업 육성(扶持) 정책을 우선적으로 추진하겠다고 밝혔다. 기술혁신형 중소기업은 기술 개발과 고부가가치(高附加值) 제품의 생산을 통해 장기적인 국가 경쟁력 확보에 중추적 역할을 담당할 수 있다. 특히 국가 부가가치 생산의 50% 이상을 중소기업이 담당하는 우리나라의 경우, 기술혁신형 중소기업의 육성은 더욱 시급하다(当务之急). 하지만 기술혁신형 중소기업은 고도의 기술집약적(技术密集型) 사업구조 및 지속적인 기술 투자 요구로 인해 적극적인 정책적 지원 없이는 성장하기 어렵다. 실제 많은 나라가 각종 지원을 통해 기술혁신형 중소기업을 육성하고 있다. 특히 우리 정부가 지향점으로 밝힌 독일 모델은 중소기업 자생력 강화를 목표로 각종 지원정책을 일관성 있게 수행해왔다.

사실 우리나라도 이미 다양한 프로그램과 지원 시책을 운영하고 있다. 하이테크(高新技术)와 창업(创业)을 연계한 지원책, 기술 금융 정책, 경영 인프라 지원 등 우리의 제도는 매우 다양하여, 중소기업 기술 경쟁력으로 국가경쟁력지수 1위를 지키는 핀란드에 비견할 수 있는 수준이다.

하지만 우리 중소기업은 여전히 낮은 경쟁력과 생산성 저하에 시달리고 있다. 우리의 문제는 정책의 부재(缺乏)가 아니라 정책 실효성의 부재이다. 이와 같은 문제를 해결하고 각종 정책이 산업의 선순환(良性循环)으로 이어지게 하기 위해서는 한국적 산업 현실을 점검하고 현실성 있게 정책을 재조정하는 작업부터 시작할 필요가 있다.

먼저 기술과 혁신을 기업의 핵심 가치로 인정하는 풍토와, 기술력과 혁신성이 높은 기업이 많은 이윤을 창출할 수 있는 시장 질서의 확립이 시급하다. 특히 많은 IT 분야의 중소기업들의 경우, 기술력과 산출물(成果)의 혁신성보다는 산출물 생산에 들인 투입 인력과 시간에 비례하여 수익이 만들어져, 지속적인 기술혁신의 동기 부여가 되기 어려운 경우가 많다. 그 결과 기술 축적이 이루어지지 않고 혁신을 기대하기 어려운 악순환이 계속되면 이 분야에서의 경쟁력은 세계 수준에서 점차 떨어질 수밖에 없다. 두 번째로 시급한 것은 해외진출시 우리 중소기업이 불이익을 당하지 않도록 하는 정부 차원의 외교적 지원이다. 특히 자국 기업의 지적재산권(知识产权) 보호를 위해 각국 정부가 적극 나서 기술혁신의 성과를 해외 시장에서의 수익 창출로 연결시킬 수 있게 돕는 사례(例子)는 매우 흔하다. 하지만 우리의 많은 중소 IT업체들은 의욕적으로 진출한 중국 등 외국 시장에서 각종 저작권(版权) 침해 사례들로 인해 치명적 악영향을 입고 있다. 분쟁(争议、纠纷) 발생시 정부 차원의 지원 없이는, 타국에서의 경찰력 동원까지도 요구되는 지적재산권 피해 방지와 대응책 마련에 한계가 있게 되고, 결국 불법행위의 희생양(牺牲品)이 될 수밖에 없다. 마지막으로 직원 교육(员工培训) 및 공통 기술 획득을 위한 공동 교육기관 설립과 운영 지원에 정부가 앞장서야 한다. 핵심 기술 분야와 경영 환경이 급속히 발전해 가는 상황에서 끊임없는 인재의 발굴(挖掘) 교육은 필수적이지만, 당장의 생존이 당면 과제인 대다수 중소기업들은 이를 감당하기 어렵다. 산업특화 지역을 중심으로 대학 또는 지역적 협력 모델(合作模式) 등을 통한 클러스터(请参考提示) 형성 등 다양한 정책적 시도가 계속되어야 할 것이다.

    기술혁신형 중소기업 육성은 이들만의 문제가 아니라 산업 전반(整体)의 경쟁력 강화를 위한 장기적 과제이다. 이제 정책 입안과 집행은, 중소기업이 국가 경제의 근간이 된다는 사실의 절감에서 출발할 필요가 있다. 이미 중소기업의 생존을 위한 자구책은 다각적으로 진행 중이다. 이들의 노력이 헛되지 않도록 실효성에 초점을 맞춘 일관적인 정책 집행이 이루어지길 기대한다.

[提示]
클러스터(Industry Cluster, 产业集群)是指在特定的业务领域内,具有竞争或合作关系、地理上相对集中的、为数众多的相关产业的企业。这些企业以产品或服务供给与需求的上下游关系或平行关系为纽带,围绕某类最终消费品的提供而形成紧密的地区性分工协作,构成群体网络。如美国的硅谷(Silicon Valley)和128公路为代表的高科技信息产业集群,以及印度班加罗尔的软件产业群等。

第8课 评论

8.1 课文范文

8.1.1 "一度"的意义

冬季供暖刚一开始,北京奥委会就向80余家奥委会官方接待饭店发出倡议:将冬季空调温度调低一度。据说许多饭店都积极响应这一倡议,将饭店空调调低了一度。

记得今年夏天,北京市曾经号召将室内空调温度调高一度,许多单位也这样做了。其结果是,不但没有影响舒适度,还节约了电力。

将室温调高和调低一度,看起来是个不起眼的小事,也极易做到,可是聚沙成塔,积累起来,就显出非同一般的意义。一低一高,折射出一种节约能源的精神、精打细算的精神和尊重科学的精神。

室温究竟调到多高为宜呢?据专家讲:冬季室内温度最适合人体的温度是18—22摄氏度;夏季室内温度是26摄氏度左右,过高过低都不好。夏季将温度调得过低,冬季将温度调得过高,既不能给人带来舒适感,还容易因室内外温差过大而使人致病。

不论是从节能的角度,还是从人体科学的角度来看,这"一低一高"的倡议都是很有价值的,值得推广。要看到,高低虽然只有一度,但算大账就是一个惊人的数字。如果全国每人节电一千瓦时,加起来就是13亿千瓦时。从环保等角度讲,冬季调低一度和夏季调高一度,可使电力负荷降低10%~15%,并减少大量二氧化碳等温室气体排放。中国的国情是,什么数字用13亿去乘就是一个不得了的大数字。中国还穷,底子还薄,能源还很短缺,更需要提倡节俭,抑制过度消费。

冬季取暖关系千家万户,北京已规定室内温度不能低于16摄氏度,这是符合实际的。在保证最低温度的同时,也可以考虑限制高温,使节约成为全社会的一致行动。

8.1.2 词汇注释

冬季 —— 동계, 겨울철	供暖 —— 난방
官方 —— 정부(측), 공식	接待 —— 맞이하다
倡议 —— 제안	调 —— 조절하다
据说 —— ~한 것으로 알려졌다(전해졌다)	积极 —— 적극적으로
响应 —— 호응하다	号召 —— 제창하다
舒适度 —— 쾌적함, 편안함	不起眼 —— 눈에 띄지 않는, 잘 드러나지 않는
小事 —— 작은 일, 사소한 일	
聚沙成塔 —— 티끌 모아 태산이 되다	非同一般 —— 아주 특별하다
能源 —— 에너지	折射 —— 드러나다, 나타내다, 보여주다
精打细算 —— 알뜰하다	
专家 —— 전문가	节能 —— 에너지 절약
角度 —— 각도, 측면, 관점	惊人的 —— 놀라운, 놀랍게
千瓦时 —— 킬로와트시(kwh)	环保 —— 환경보호
电力负荷 —— 전력 부하	二氧化碳 —— 이산화탄소
排放 —— 배출하다, 방출하다	底子 —— 기반, 기초, 토대
薄(弱) —— 약하다, 취약하다	短缺 —— 부족하다
节俭 —— 절약하다	压抑 —— 억제하다
过度 —— 과도하다, 지나치다	关系 —— ~과 관계가 있다(관련이 있다)
符合 —— ~에 부합하다	保证 —— 보장하다
限制 —— 제한하다	

8.1.3 参考译文

🌸 "1도"의 의미 🌸

겨울철 난방이 시작되자 북경올림픽위원회는 80여 개 올림픽위원회 공식 지정 호텔에 겨울철 (냉난방기) 난방 온도를 1도 낮출 것을 권고하였다. 많은 호텔들이 이 권고에 적극적으로 호응하여 난방 온도를 1도 낮춘 것으로 알려졌다.

올 여름 북경시는 실내 에어컨 냉방 온도를 1도 높이자고 호소한 바 있다. 많은 기관과 기업들이 이에 따랐는데, 그 결과 실내 쾌적함에 영향을 주지 않았을 뿐만 아니라 절전 효과까지 거둘 수 있었다.

① 직역:실내 온도를 1도 높이거나 낮춘다는 것이 보기에는 사소하고 아주 쉬운 일일 수 있다. 그렇지만 모래도 쌓이면 탑을 이루듯이 모이면 아주 특별한 의미를 가지게 되는 것이다.

② 의역:실내 온도를 1도 높이거나 낮춘다는 것이 어떻게 보면 사소하고 전혀 어렵지 않은 일일 수 있다. 그렇지만 "티끌 모아 태산"이란 말처럼 모이면 아주 특별한 의미를 가지게 되는 것이다.

"1도 높이고 낮추기" 운동은 에너지 절약 정신, 알뜰한 정신 그리고 과학을 존중하는 정신을 보여준다.

실내 온도는 과연 몇 도 정도가 가장 적절한가?

① 직역:전문가들에 따르면(의하면) 겨울철 우리 몸이(인체가) 느끼기에 가장 알맞은 (적당한) 온도는 18-22도이고 여름철에는 26도 정도로, 지나치게 높거나 낮은 것은 좋지 않다고 한다.

② 의역: 우리 몸이 느끼기에 가장 알맞은(적당한) 온도는 겨울철에는 18-22도, 여름철에는 26도 정도로, 지나치게 높거나 낮은 온도는 좋지 않다고 전문가들은 지적한다.

① 직역:여름철 실내 온도를 너무 낮게 하거나 겨울철 실내 온도를 너무 높게 할 경우 쾌적감을 줄 수 없을 뿐만 아니라 실내와 바깥(실외) 온도 차이가 너무 클 경우 쉽게 병에 걸릴 수 있다.

② 의역:여름철과 겨울철 실내 온도가 너무 낮거나 높을 경우 쾌적함을 느낄 수 없을 뿐만 아니라 실내와 바깥(실외) 온도 차이로 인해 쉽게 질병에 걸릴 수 있다.

에너지 절약 혹은 인체과학 측면에서 보아도, "1도 낮추고 높이기" 운동은 가치가 있는 일이며 널리 실시되어야 한다. 얼핏 보기에는 1도 차이에 불과하지만 전체적으로 계산하면 놀라울 정도로 큰 숫자가 되기 때문이다. 전국민 한 사람당 전력을 1kwh(킬로와트시)씩만 절약해도 13억 kwh(킬로와트시)가 된다. 환경보호 측면(차원)에서 고려해 봐도 겨울철에 1도 낮게 여름철에 1도 높게 조절하면 전력부하를 10-15% 감소시킬 수 있고 이산화탄소 등과 같은 온실가스(기체)의 배출량을 크게 줄일 수 있다. 특히 중국의 경우에는 어떤 숫자라도 여기에 13억을 곱하면 대단히 큰 숫자로 변하기 때문이다. 우리나라는(중국은) 아직도 부유한 나라가 아니고 국가 기반도 취약하며 에너지(자원)도 아직 부족한 편이기 때문에 (근검)절약 정신을 일깨우는 것이 필요하며 과소비(과도한 소비)를 억제하는 것이 필요하다.

① 직역: 겨울철 난방은 수천만 가정과 관련된 일이다. 북경시는 실내 온도는 16도 이상이어야 한다고 규정한 바 있는데, 이는 실제 상황과 부합한다.

② 의역: 겨울철 난방은 13억 중국인 모두와 직결된(관련된) 일이다. 북경시는 겨울철 최저 실내온도를 16도로 규정한 바 있는데, 이는 현실에 부합하는 적절한 조치이다.

① 직역: 최저 온도를 보장하면서 고온을 규제하는 절약 운동에 전 사회적으로 일치된 행동을 보여야 한다.

②의역: 최저 실내온도를 유지하면서 지나치게 높은 실내온도를 규제하는 에너지 절약 범사회적 운동에 모두 동참해야 한다.

8.2 正误评析

❶ 冬季供暖刚一开始,北京奥委会就向80余家奥委会官方接待饭店发出倡议:将冬季空调温度调低一度。

错误翻译:
겨울에 난방하기 시작하자마자 북경 올림픽 위원회는 80여 개 올림픽 위원회의 공식 (정부) 접대 호텔에게 겨울에 에어컨 온도를 일도로 줄이자고 제안을 하였다.

正确翻译:
겨울철 난방이 시작되자 북경올림픽위원회는 80여 개 올림픽위원회 공식 지정 호텔에 겨울철 (냉난방기) 난방 온도를 1도 낮출 것을 권고하였다.

正误评析:

- "冬季供暖"을 "겨울에 난방하기"로 번역하는 것은 부적절하다. "난방"은 "-하다"와 결합하여 잘 사용되지 않으며, 여기서 "冬季供暖"이 "开始"의 주어이므로 "겨울철 난방"으로 번역해야 적절하다.
- "刚一开始"를 "시작하자마자"로 번역하는 것은 부적절하다. **첫째**, "冬季供暖"이 주어이므로 "开始"는 피동형인 "시작되다"로 번역해야 적절하다. **둘째**, "刚一"는 "시작되자"로 번역해야 적절하다. "-하자마자"는 시간적으로 아주 밀접하게 연결된 두 사건을 이어주는 어미이다.
- "向"을 여기서 "-에게"로 번역할 수 없다. "向A"에서 A가 사람(개인)인 경우에는 "A에게"로, A가 기관, 단체인 경우에는 "A에"로 번역해야 옳다.
  ☞ 신청서를 과사무실에 제출해야 한다/신청서를 과사무실 조교에게 제출해야 한다.
- "接待"를 "접대하다"로 번역할 수 없다. "접대하다"는 '손님을 맞이하여 식사 등을 대접하다'라는 의미를 가지고 있다. 여기서는 "接待"를 번역시 생략하거나 "(정부) 공식지정"으로 번역해야 적절하다.(☞7.3.1 번역상식 참조)
- "空调"는 일반적으로 "에어컨"으로 번역 가능하지만, 이 문장에서는 "냉난방기"로 번역해야 적절하다. "에어컨"은 '여름에 실내 공기의 온도, 습도를 조절하는 장치'의 의미로 사용된다.
- "调低一度"를 "일도로 줄이자고"로 번역하는 것은 부적절하다. **첫째**, "일도"는 "1도"로 표기해야 한다. **둘째**, "온도"는 "낮추다" 또는 "높이다"와 호응되어 쓰인다. **셋째**,

"1도로 낮추다(调至一度)"와 "1도를 낮추다(调低一度)"는 의미가 다르다. **넷째**, "调低一度"는 "倡议"의 구체적인 내용이다. 그런데 한국어 번역문에서는 "发出倡议"을 서술어로 옮기고 冒号 뒤의 내용을 목적어로 번역해야 한다. 따라서 "1도 낮출 것을"으로 번역해야 적절하다.

☯ 冒号 관련 설명은 5과 참조.

❷ 据说许多饭店都积极响应这一倡议，将饭店空调调低了一度。

错误翻译:
많은 호텔들이 <u>적극적으로</u> <u>이 제안을 호응하여</u> <u>호텔의 에어컨을</u>ⓐ <u>1도를</u>ⓑ 낮추었다고 했다.

正确翻译:
많은 호텔들이 이 권고에 적극적으로 호응하여 난방 온도를 1도 낮춘 것으로 알려졌다.

正误评析:

☯ "积极响应这一倡议"를 "적극적으로 이 제안을 호응하여"로 번역하는 것은 부적절하다. **첫째**, 부사 "积极"은 동사 앞으로 옮겨 번역해야 어순이 자연스럽다. **둘째**, "响应"은 "-에 호응하다"로 번역해야 옳다. 중국어의 영향을 받아 목적격 조사를 써서 "권유(제안)를 호응하다"로 번역하지 않도록 주의해야 한다.(☞8.3.3 번역상식 참조)

☯ "将饭店空调"를 "호텔의 에어컨을"으로 번역하는 것은 부적절하다. "낮추다(调低)"의 목적어는 "호텔 냉난방기의 온도"이지 "호텔 냉난방기"가 아니기 때문이다. 그리고 내용상 "호텔의 냉난방기"라는 사실이 명확하므로 "饭店"은 번역에서 생략해도 무방하다.

☯ "调低了一度"를 "1도를 낮추다"로 번역하는 것은 부적절하다. "낮추다(调低)"의 직접 목적어(난방 온도를)가 이미 있으므로 또다시 목적격 조사를 사용하는 것은 부적절하다. 즉 "온도를 낮추다"와 "1도를 낮추다" 중 하나만 목적격 조사를 사용해야 하는데 "온도"를 직접 목적어로 번역하는 것이 적절하다.(☞8.3.1 번역상식 참조)

☯ "据说"는 서술어로 번역하여 "~한 것으로 알려졌다" 또는 "~했다고 한다"로 번역해야 적절하다.

❸ 记得今年夏天，北京市曾经号召将室内空调温度调高一度。许多单位也这样做了。其结果是，不但没有影响舒适度，还节约了电力。

错误翻译:
올해 여름에 북경시는 실내 에어컨 온도를 1도를 높이자고 호소했다는 것을 <u>지금도 기억한다</u>. 많은 <u>기구</u>와 회사도 <u>이렇게 했다</u>. 그 결과 <u>편안도(편안감)</u>도 <u>영향하지 않</u>을 뿐만 아니라 <u>전력도 절약했다</u>.

第8课

正确翻译：

올 여름 북경시는 실내 에어컨 (냉방)온도를 1도 높이자고 호소한 바 있다. 많은 기관과 기업들이 이에 따랐는데, 그 결과 실내 쾌적함에 영향을 주지 않았을 뿐만 아니라 절전 효과까지 거둘 수 있었다.

正误评析：

- "调高一度"를 여기서 "1도를 높이다"로 번역하는 것은 부적절하다. "높이다(调高)"의 직접 목적어 "온도를"이 이미 있으므로, 또다시 목적격 조사를 사용하는 것은 부적절하다. 결국 "온도를 높이다"와 "1도를 높이다" 중 목적격 조사 하나를 생략해주는 것이 필요한데 "温度(온도)"를 직접 목적어로 번역하는 것이 적절하다.(☞8.3.1 번역상식 참조)

- "记得"을 "지금도 기억한다"로 번역하는 것은 부적절하다. '글쓴이 본인이 기억하고 있다'는 것을 표현하려는 것이 아니라 '北京市曾经号召将室内空调温度调高一度'라는 사실이 있었다는 것을 표현하고자 하는 것이므로 '-한 바 있다'로 번역해야 적절하다.

- "曾经"의 의미가 错误翻译에서 누락되어 있다. "曾经"은 "-한 적이 있다" 또는 "-한 바가 있다"로 번역 가능하므로, "호소한 바 있다"로 번역하는 것이 적절하다.

- "单位"를 여기서는 "기관과 기업들"로 번역해야 적절하다.(☞7과 正误评析 ❹번 참조)

- "这样做了"를 의미가 불분명 구어체 표현인 "이렇게 했다"로 번역하는 것은 부적절하다. 여기서 "做"는 "북경시의 권고에 따랐다"는 의미이므로 "이에 따랐다" 또는 "이에 따라"로 번역해야 적절하다.

- "舒适度"를 한국어에 존재하지 않는 "편안도"로 번역할 수 없다.(☞2.3.5 번역 상식 참조) 여기서는 "쾌적함"으로 번역해야 적절하다.

- "影响"을 한국어에 존재하지 않는 단어인 "영향하다"로 번역할 수 없다. "影响"이 동사로 쓰일 경우에는 "-에 영향을 미치다(끼치다)"로 호응되어 쓰인다.(☞8.3.3 번역상식 참조)

- "节约电力"은 "절전 효과를 거두었다"로 번역해야 자연스럽다. "전력을 절약했다"로 번역하려면 행위 주체와 절전 규모를 밝혀주어야 한다.

❹ 将室温调高和调低一度，看起来是个不起眼的小事，也极易做到，可是聚沙成塔，积累起来，就显出非同一般的意义。

错误翻译：

실온을 1도를 높이거나 낮추는 것은 보기에는 <u>작은 일이고</u> 또 쉽게 할 수 있다. <u>그런데(하지만)</u> 모래도 모이면 탑을 이룬다는 말이 있다. 쌓아 보면 <u>불평범한</u> 의미를 <u>보일 수 있다(의미가 나타난다)</u>.

正确翻译:
① 직역: 실내 온도를 1도 높이거나 낮춘다는 것이 보기에는 사소하고 아주 쉬운 일일 수 있다. 그렇지만 모래도 쌓이면 탑을 이루듯이 모이면 아주 특별한 의미를 가지게 되는 것이다.
② 의역: 실내 온도를 1도 높이거나 낮춘다는 것이 어떻게 보면 사소하고 전혀 어렵지 않은 일일 수 있다. 그렇지만 "티끌 모아 태산"이란 말처럼 모이면 아주 특별한 의미를 가지게 되는 것이다.

正误评析:
- "一度"를 "1도를"으로 번역하는 것은 부적절하다. "실내 온도(室溫)"와 "1도(一度)" 중 하나만 목적격 조사를 사용하는 것이 좋은데, 전자를 직접 목적어로 번역하는 것이 더 적절하다.
- "小事"를 "작은 일"로 번역하는 것보다 "사소(些少)한 일"로 번역하는 것이 더 적절하다. "작은 일"은 "큰 일"의 반대 개념이고, "사소한 일"은 "중요한 일"의 반대 개념이다.
- "也"를 "또"로 번역하는 것은 적절하지 않다. "-이고"에 병렬의 의미가 있기 때문에 "也"는 번역에서 생략해도 무방하다.
- "非同一般"을 한국어에 존재하지 않는 표현인 "불평범한"으로 번역할 수 없다.
- "显出A的意义"를 "A한 의미를 보이다" 또는 "A한 의미가 나타난다"로 번역할 수 없다. 한국어에서는 "의미를 지니다(가지다)"로 표현한다.

❺ 室温究竟调到多高为宜呢?据专家讲:冬季室内温度最适合人体的温度是18-22摄氏度;夏季室内温度是26摄氏度左右,过高过低都不好。

错误翻译:
실내 온도는 도대체 얼마 정도가 되면 가장 편안한가? 전문가들에 의하면 겨울에 사람에게 가장 어울리는 실내 온도는 18~22도이고 여름에는 26도쯤이라고 한다. 너무 높거나 낮으면 다 좋지 않다.

正确翻译:
실내 온도는 과연 몇 도 정도가 가장 적절한가?
① 직역: 전문가들에 따르면(의하면) 겨울철 우리 몸이(인체가) 느끼기에 가장 알맞은(적당한) 온도는 18-22도이고 여름철에는 26도 정도로, 지나치게 높거나 낮은 것은 좋지 않다고 한다.
② 의역: 우리 몸이 느끼기에 가장 알맞은 (적당한) 온도는 겨울철에는 18-22도, 여름철에는 26도 정도로, 지나치게 높거나 낮은 온도는 좋지 않다고 전문가들은 지적한다.

正误评析:

- "究竟"은 여기서 "과연"으로 번역해야 적절하다. "도대체"는 상대방이 언급한 내용에 대한 의심, 확인, 걱정, 비난 등을 나타낸다.
- "适合"을 여기서 "어울리다"로 번역할 수 없다. "온도가 사람에게(인체에) 어울리다"는 호응관계가 이루어질 수 없는 표현이다. "适合"은 일반적으로 "어울리다" 또는 "적합하다"로 번역할 수 있는데, 차이점은 다음과 같다.
  - ☞ 어울리다: 서로 조화를 이루어 자연스럽게 되다. 예:양복이 잘 어울린다.
  - ☞ 적합하다: 조건, 온도 등이 꼭 맞다. 예:온도가 적합하다. 적합한 인물이다.
- "左右"는 구어체 표현인 "쯤"으로 번역하는 것보다 문어체 표현인 "약" 또는 "정도"로 번역하는 것이 적절하다.
- "过"는 "너무" 또는 "지나치게"로 번역 가능하다. 사전적인 의미로 볼 때 "너무"와 "지나치게"는 '정도가 지나치다'는 부정적인 의미로만 사용해야 한다. 그런데 "너무"를 "매우, 아주"라는 긍정적인 의미로도 사용하는 사람들이 많다. 예:너무 좋다, 너무 자랑스럽다. "지나치게"는 부정적인 의미로만 사용된다.
- "都"를 구어체인 "다"로 번역하는 것은 부적절하다. 굳이 번역하자면 문어체인 "전부"로 번역 가능하지만 생략해도 무방하다.

❻ 夏季将温度调得过低,冬季将温度调得过高,既不能给人带来舒适感,还容易因室内外温差过大而使人致病。

错误翻译:

여름에 온도를 너무 낮게 설정하고, 겨울에 너무 높게 <u>하면</u> 사람에게 편안감을 줄 수 <u>없고 실내외</u> 온도 차이가 너무 커서 <u>사람이</u> 병에 걸릴 <u>수도 있다</u>.

正确翻译:

① 직역:여름철 실내 온도를 너무 낮게 하거나 겨울철 실내 온도를 너무 높게 할 경우 쾌적감을 줄 수 없을 뿐만 아니라 실내와 바깥(실외) 온도 차이가 너무 클 경우 쉽게 병에 걸릴 수 있다.

② 의역:여름철과 겨울철 실내 온도가 너무 낮거나 높을 경우 쾌적함을 느낄 수 없을 뿐만 아니라 실내와 바깥(실외) 온도 차이로 인해 쉽게 질병에 걸릴 수 있다.

正误评析:

- "既……,还……"는 "~할 뿐만 아니라 ~하다" 또는 "~하거나 ~하다"로 번역해야 적절하다.
- "室内外温差"를 "실·내외 온도 차이"로 번역하는 것보다 "실내와 바깥/실외(의) 온도 차이"로 번역하는 것이 더 적절하다. "A와 B의 차이"라는 표현이 의미 전달 면에서 더 적절하다. 참고로 "실외"에는 "露天"의 의미도 있다.(예:실외 수영장, 실외 연습장)

- "使人致病"을 "사람이 병에 걸리다"로 번역하는 것은 지나치게 직역에 가까워 부자연스럽다. "使人"은 한국어 번역에서 생략해도 무방하다.
- "容易"를 错误翻译에서는 번역해 주지 않았다. "~하기 쉽다" 또는 "쉽게 ~할 수 있다"로 번역하는 것이 적절하다.

❼ 不论是从节能的角度,还是从人体科学的角度来看,这"一低一高"的倡议都是很有价值的,值得推广。要看到,高低虽然只有一度,但算大账就是一个惊人的数字。

错误翻译：

절능 방면(각도), 인체 과학 방면을(각도를) 막론하고 어떻게 보아도 "낮고 높다"는 제안은 가치 있고 보급될 만하다. 낮든지 높든지 1도의 차이만 있지만 전체적으로 계산하면 놀라운 큰 숫자가 된다.

正确翻译：

에너지 절약 혹은 인체과학 측면에서 보아도, "1도 낮추고 높이기" 운동은 가치가 있는 일이며 널리 실시되어야 한다. 얼핏 보기에는 1도 차이에 불과하지만 전체적으로 계산하면 놀라울 정도로 큰 숫자가 되기 때문이다.

正误评析：

- "节能"을 "절능"으로 번역할 수 없다. 한국어에 "절전", "절수"라는 표현은 있지만, "절능"이라는 표현은 존재하지 않는다. 따라서 "에너지 절약"으로 번역해야 옳다.
- "角度"를 "방면" 또는 "각도"로 번역할 수 없다. "从……的角度来看"은 "~ 측면(관점)에서 볼 때"로 번역하는 것이 적절하다.
- "不论"을 "-을 막론하고"로 번역하는 것은 부적절하다. "막론하다"는 '이것저것 따지고 가려 말하지 아니하다'라는 의미를 지녀 문맥상 부적절하다.
- "值得推广"을 "보급될 만하다"로 번역할 수 없다. "推广"의 사전적 의미는 "보급하다"이지만, "보급하다"는 '널리 펴서 많은 사람들에게 골고루 미치게 하여 누리게 하다'라는 의미를 지니고 있기 때문에 적절하지 않다. 예:A프로그램 개발 보급 등.
- "高低虽然只有一度"를 "1도의 차이만 있지만"으로 번역할 수 없다. 여기서 "有"는 "1도의 차이가 존재하다"는 의미이므로 "1도의 차이에 불과하지만"으로 번역해야 적절하다.

❽ 如果全国每人节电一千瓦时,加起来就是13亿千瓦时。从环保等角度讲,冬季调低一度和夏季调高一度,可使电力负荷降低10%~15%,并减少大量二氧化碳等温室气体排放。

错误翻译：

전국 사람마다 전력을 일 킬로와트시씩 절약하면 모두 13억 킬로와트시이다. 환경보호 시각에서 말하면, 겨울에 1도를 낮추고 여름에 1도를 높이면 전력부하를 10~15프로로 감소할 수 있다. 또 CO_2 등 온실 기체의 배방을 많이 감소할 수 있다.

正确翻译:

전국민 한 사람당 전력을 1kwh (킬로와트시)씩만 절약해도 13억 kwh가 된다. 환경보호 측면(차원)에서 고려해 봐도 겨울철에 1도 낮게 여름철에 1도 높게 조절하면 전력부하를 10~15% 감소시킬 수 있고 이산화탄소 등과 같은 온실 가스(기체)의 배출량을 크게 줄일 수 있다.

正误评析:

- "每人"은 구어체 표현인 "사람마다"로 번역하는 것보다 문어체 표현인 "한 사람 당"으로 번역하는 것이 적절하다.

- "一千瓦时"에서 "一"은 "1kwh(킬로와트시)"와 같이 아라비아 숫자로 표기해야 한다.

- "角度"를 "시각"으로 번역하는 것은 부적절하다. "차원" 또는 "측면"으로 번역하는 것이 적절하다.(☞4.3.1 번역상식 참조)

- "降低10%~15%"를 "10~15프로로 감소하다"로 번역할 수 없다. **첫째**, 백분율은 "%"로 표기해야 한다. 참고로 구어에서는 보통 "프로(pro)"로 말하지만, 공식석상에서는 보통 "퍼센트(percent)"로 말한다. **둘째**, 목적격 조사를 사용하여 "10~15%를"로 번역해야 옳다. "10~15%로"로 번역하면 의미가 달라진다. **셋째**, "降低"는 "使"의 의미까지 표현해 주어 사동의 의미를 지닌 "감소시키다"로 번역해야 옳다.

  ☞ "百分比"即可以表达为"퍼센트(percent)", 还可以表达为"프로(pro)"。前者是源于英语的外来词,后者则是源于荷兰语"procent"的外来词。两者均是规范的词汇。

- "并"은 일음절인 "또"로 번역하는 것보다 이음절 "또한"으로 번역해야 문어체 표현으로 적합하다. 그리고 여기서는 "并……"을 错误翻译처럼 단독으로 하나의 문장으로 번역하는 것은 부적절하다.

- "二氧化碳"은 "이산화탄소"로 옮겨야 적절하다. 분자식으로 정확히 표기해야 하는 특수한 경우를 제외하고는 한글로 표기해야 한다.

- "排放"을 한국어에 존재하지 않는 "배방"으로 번역할 수 없다.(☞2.5.5 번역상식 참조) 그리고 감소되는 것은 '온실가스의 양'이기 때문에 "배출"이 아니라 "배출량"으로 번역해야 한다.

- "大量"을 "많이"로 번역하는 것은 부적절하다. 여기서는 관형어인 "大量"을 "줄이다/감소시키다(减少)"를 꾸미는 부사어로 변환시켜 "크게"로 번역해야 적절하다.(☞8.3.2 번역상식 참조) 원문 문장구조대로 "温室气体"를 꾸며주는 관형어로 번역할 경우에는 "다량의 (온실가스)"로 번역 가능하다.

- "减少"는 "감소하다"로 번역할 수 없다. 사동의 의미를 지닌 "감소시키다" 또는 "줄이다"로 번역해야 한다.

❾ 中国还穷,底子还薄,能源还很短缺,更需要提倡节俭,抑制过度消费。

错误翻译:
중국은 아직도 가난하고, 나라의 기초가 박약하고(기초가 좋지않고) 에너지도 부족하다. 그래서 절감을 제창해야하고 과도 소비도 억제해야 한다.

正确翻译:
우리나라는(중국은) 아직도 부유한 나라가 아니고 국가 기반도 취약하며 에너지(자원)도 아직 부족한 편이기 때문에 (근검)절약 정신을 일깨우는 것이 필요하며 과소비(과도한 소비)를 억제하는 것이 필요하다.

正误评析:
◎ 중국어의 함축적인 특징으로 인해 한국어로 번역하면 문장이 지나치게 길어지는 경우가 있어 错误翻译에서와 같이 두 문장으로 나누어 번역하는 것이 적절한 경우도 많다. 다만 이런 경우 두 문장 사이에 접속어를 적절히 삽입해주어야 문맥 흐름이 자연스러워진다. 여기서는 두 문장으로 나누어 번역할 필요는 없지만, 굳이 나누어 번역한다면 "그래서"가 아니라 "따라서"를 사용해야 적절하다.

◎ "穷"을 "가난한"으로 직역하는 것보다는 "부유하지 않다"라는 중립적이고 완곡한 표현으로 번역하는 것이 적절하다.

◎ "底子还薄"을 "나라의 기초가 박약하고" 또는 "기초가 좋지 않고"로 번역하는 것은 부적절하다. "기초"는 "박약하다" 또는 "좋지 않다"와 호응되어 쓰일 수 없다. 한국어에서 "박약하다"는 주로 "의지나 체력 따위가 굳세지 못하고 여림(예: 의지가 박약하다, 정신박약아)"이라는 의미로 사용한다. 여기서 "底子"는 "기반"으로 "薄"은 이에 호응되는 "취약하다"로 번역해야 적절하다.

◎ "提倡节俭"을 "절감을 제창하다"로 번역할 수 없다. 첫째, "절감"은 일반적으로 "비용 절감/연료 절감/원가 절감"과 같이 앞에 절감의 대상을 함께 쓴다. 错误翻译에서는 절감의 대상을 밝히지 않고 접속어 바로 뒤에서 "절감"으로만 써 주어 문맥 흐름상 어색하다. "에너지 절감"으로 번역하거나 표현을 바꾸어 "절약 정신"으로 번역해야 적절하다. 둘째, "提倡"을 "제창하다"로 번역하는 것보다는 "정신을 일깨우다" 또는 "절약 운동을 강화하다" 등으로 번역하는 것이 더 적절하다.

◎ "过度"는 "과도한"으로 번역해야 옳다. "정도가 지나치다"의 의미로 사용되는 경우에는 관형어로만 사용한다.

❿ 冬季取暖关系千家万户,北京已规定室内温度不能低于16摄氏度,这是符合实际的。

错误翻译:
겨울 난방은 모든 집과 상관이 있다. 북경이 이미 실내 온도는 16도보다 낮으면 안 된다고 규정했다. 이것은 실제 상황을 부합한다.

正确翻译:
① 직역:겨울철 난방은 수천만 가정과 관련된 일이다. 북경시는 실내 온도는 16도 이상이어야 한다고 규정한 바 있는데, 이는 실제 상황과 부합한다.
② 의역:겨울철 난방은 13억 중국인 모두와 직결된(관련된) 일이다. 북경시는 겨울철 최저 실내온도를 16도로 규정한 바 있는데, 이는 현실에 부합하는 적절한 조치이다.

正误评析:
- "关系千家万户"를 "모든 집과 상관이 있다"로 번역하는 것은 부적절하다. **첫째**, 의미상 겨울철 난방은 "집"과 관련이 있는 것이 아니라 "가정(실생활)"과 관련이 있는 것이기 때문이다. **둘째**, "A关系B"는 "A는 B와 관련이 있다"로 번역해야 적절하다.
- "北京"을 "북경"으로 번역할 수 없다. "규정하다"라는 행위의 주체인 "북경시"로 번역해야 적절하다.
- "不能低于16摄氏度"를 "16도보다 낮으면 안 된다고"로 번역하는 것은 부적절하다. **첫째**, "안 된다고"는 구어체 표현이므로 적절하지 않다. **둘째**, "不能高于/低于/大于/小于……" 등과 같은 문형은 보통 "~ 이상(以上)이어야 한다/~ 이하(以下)이어야 한다"로 표현한다. 따라서 "16도 이상이어야 한다"로 번역해야 적절하다.
- "符合实际的"을 "실제 상황을 부합한다"로 번역할 수 없다. "~와 부합하다"로 번역해야 옳다. 중국어의 영향으로 목적격으로 번역하지 않도록 주의해야 한다

8.3 翻译知识

8.3.1 双宾语的翻译 —— 이중목적어 구문의 번역

중국어에서는 서술어와 호응관계에 있는 목적어가 두 개인 경우 그 중 하나는 "将"을 사용하여 처리할 수 있다. 하지만 한국어에는 이에 상응하는 문형이 없기 때문에 아래 예문과 같이 하나의 목적어만 목적격으로 처리하고 다른 하나는 목적격 조사를 생략하거나 표현 방식(문형)을 바꾸어야 자연스럽다.

☞ 据说许多饭店都积极响应这一倡议,<u>将饭店空调调低了一度</u>。
错误翻译: 많은 호텔들이 이 권고에 적극적으로 호응하여 에어컨 온도를<u>를</u> 낮춘 것으로 알려졌다.
正确译文: 많은 호텔들이 이 권고에 적극적으로 호응하여 난방 온도를 1도 낮춘 것

으로 알려졌다.

说明: "调低了一度"를 "1도를 낮추다"로 번역하는 것은 부적절하다. "낮추다(调低)"의 직접 목적어(난방 온도를)가 이미 있으므로 또다시 목적격 조사를 사용하는 것은 부적절하다. 즉 "온도"와 "1도" 중 하나만 목적격 조사를 사용해야 하는데 "온도"를 직접 목적어로 번역해야 적절하다.

☞ 记得今年夏天,北京市曾经号召将室内空调温度调高一度。
错误翻译: 올 여름 북경시는 실내 에어컨 (냉방)온도를 1도를 높이자고 호소한 바 있다.
正确译文: 올 여름 북경시는 실내 에어컨 (냉방)온도를 1도 높이자고 호소한 바 있다.
说明: "1도를" 중의 목적격 조사 "를"을 생략해야 한다.

8.3.2 翻译中的词性转换 —— 단어 품사의 전환

한 언어를 구사하는 사람들의 사유방식과 표현방식 사이에는 불가분의 관계가 존재한다. 따라서 서로 다른 언어 사이에는 동일한 의미라도 그 표현 방식이 다른 경우가 있기 마련이다. 바로 이런 이유 때문에 A언어(출발어)를 B언어(도착어)로 번역할 때 출발어의 표현 방식이나 문형을 도착어로 그대로 옮길 수 없는 경우가 생기는 것이다. 경험이 많은 번역사일수록 출발어의 영향에서 과감히 탈피하여 도착어에서의 더 자연스러운 표현과 문형으로 옮길 수 있다. 한중, 중한 번역 시 서로 차이가 있는 문법 현상을 잘 숙지하고 단어의 품사 또는 문장 성분의 전환 그리고 술어의 전환을 적절히 운용하는 기술이 필요하다. 아래 예문의 경우 중국어 원문에서는 "大量"이 "温室气体"을 꾸미는 관형어이지만, 한국어로 번역할 때는 품사를 전환시켜 "줄이다, 감소시키다(减少)"를 꾸미는 부사 "크게"로 번역하는 것이 훨씬 자연스럽다.

☞ 从环保等角度讲,冬季调低一度和夏季调高一度,可使电力负荷降低10%~15%,并减少大量二氧化碳等温室气体排放。(8과)
翻译① 환경보호 측면(차원)에서 고려해 볼 때 겨울철에 1도 낮게 여름철에 1도 높게 조절하면 전력부하를 10~15% 감소시킬 수 있고 이산화탄소 등과 같은 다량의 온실가스(기체)의 배출량을 줄일 수 있다.
翻译② 환경보호 측면(차원)에서 고려해 봐도 겨울철에 1도 낮게 여름철에 1도 높게 조절하면 전력부하를 10~15% 감소시킬 수 있고 이산화탄소 등과 같은 온실가스(기체)의 배출량을 크게 줄일 수 있다.

☞ 经济效益有所提高……。(11과)
  说明: 한국어에서는 "향상이 있다"라는 표현을 쓰지 않기 때문에 "提高"를 "향상되다"라는 동사로 번역해야 적절하다.

☞ 阿尔卡特将以3.12亿美元现金收购上海贝尔股份,从而成为首家在中国电信领域成立股份制公司的国际企业。
  翻译: Alcatel은 현금 3억1200만 달러를 투자하여 상하이벨의 지분을 인수할 예정으로, 중국 통신분야에서 최초로 주식회사를 설립하는 국제기업이 될 전망이다.
  说明: "首家"는 "国际企业"를 꾸며주는 관형어 "최초의 (국제기업)"로 번역할 수도 있지만 동사(成立)를 꾸며주는 부사어 "최초로"로 번역해야 더 자연스럽다.

8.3.3 宾语的翻译 —— 목적어로 번역할 수 없는 宾语

중국어의 及物动词와 한국어의 타동사는 뒤에 목적어를 대동한다는 점에서 그 기본적인 특징은 같다. 그런데 중국어의 及物动词를 무조건적으로 한국어의 타동사로 옮길 수는 없다는 점이 문제이다. 따라서 "及物动词+宾语"를 한국어의 "타동사 서술어+목적어"로 번역할 수 있는지 잘 판단해야 한다. 예를 들어 아래 첫 번째 예문의 "影响舒适度"를 "쾌적함을 영향하다"로 번역할 수 없다. 한국어에서는 "-에 영향을 미치다/끼치다/주다"로 표현하므로 影响 뒤의 宾语를 목적어로 번역하면 부적절하다. 중국어와 한국어는 언어 체계와 표현 방식이 다르므로 단어나 문장구조를 일대일 대응식으로 옮겨 그대로 한국어로 번역하면 부적절한 경우가 생기므로 주의해야 한다.

☞ 其结果是,不但没有影响舒适度,还节约了电力。
  错误翻译: 그 결과 쾌적함을 영향하지 않을 뿐만 아니라……
  正确译文: 그 결과 쾌적함에 영향을 주지 않았을 뿐만 아니라……
  说明: "영향하다"라는 표현은 존재하지 않는다. 중국어의 영향을 받아 "쾌적함을 영향하다"와 같이 번역하지 않도록 주의해야 한다.

☞ 胡锦涛主席访问菲律宾,肯定了繁荣发展的中菲两国关系。
  错误翻译: 후진타오 주석은 필리핀 방문에서 양국 관계의 비약적인 발전을 긍정했다.
  正确译文: 후진타오 주석은 필리핀 방문에서 양국 관계의 비약적인 발전에 대해 긍정적으로 평가했다.
  说明: "긍정하다"는 '옳다고 인정하다'라는 의미를 지닌다. 중국어의 영향을 받아 "-을 긍정했다"와 같이 번역하지 않도록 주의해야 한다.

☞ 担任北大科技园总经理随行翻译, 协助公司 整理韩方商务资料和商务信函。(1과)
错误翻译: ……, 회사를 협조해서 한국 방면의 상무자료와 상무편지를 정리했다.
正确译文: ……, 한국 관련 자료 및 서신(Business letter) 정리
说明: "A에 협조하다"의 형태로 쓰이므로 "公司"를 "회사를"으로 번역할 수 없다.

☞ 由于地震、台风、水灾、火灾、战争以及其他不能预见且对其发生和后果不能防止或避免的不可抗力,致使直接影响合同的履行或者不能按约定的条件履行时,遇有上述不可抗力的一方,应立即电报通知对方……(12과)
错误翻译: …… 상대방을 통지하다.
正确译文: …… 상대방(일방 당사자)에게 통지하다.

8.3.4　机器自动化翻译 —— 컴퓨터를 활용한 기계번역

'기계 번역'이란 컴퓨터를 사용하여 특정 자연언어(출발어)를 다른 자연언어(도착어, 译入语)로 자동 번역하는 것으로, 구미 지역에서는 이미 50년대부터 이 분야에 대한 연구가 활발하게 이루어지기 시작했다.

기계번역은 분석-변환-합성의 과정을 거쳐 이루어지는데, 자연언어를 자동으로 완벽하게 다른 언어로 번역하는 것은 사실 불가능에 가깝다고 할 수 있다. 단순히 출발어의 해당 단어를 외국어(도착어)로 바꿔놓는 것만으로는 의미가 없고, 글의 뜻을 문맥에서 이해하여 번역어의 독특한 표현으로 바꾸어야 뜻이 통하는 문장으로 번역될 수가 있기 때문이다. 하지만 기계번역기술과 관련하여 연구된 기존의 다양한 기법, 특히 의미분석 수법은 언어번역 뿐아니라 인공지능 연구에도 도움이 되고 있다. 기계 번역에 대한 연구 성과물로는 미국의 시스트랜(www.systransoft.com,중영-영중), 일본의 코덴샤(www.j-server.com, 중일-일중), 대만의 오테크(www.otek.com.tw, 중영-영중, 金山에서 사용하고 있는 번역엔진을 개발함) 등을 들 수 있다. 그런데 외국어에서 모국어 방향의 번역(A→B번역)은 60% 정도의 품질을 보이는 반면, 모국어에서 외국어 방향의 번역(B→A 번역)은 여전히 번역률과 정확도가 떨어진다.

이렇듯 번역률이 떨어지는 기계번역 소프트웨어(SW)의 단점을 극복하기 위해 새롭게 개발된 것이 바로 컴퓨터활용번역(CAT: Computer Aided Translation) 솔루션이다. 이것은 기존의 연구 성과물과 인공지능기능을 결합하여 새로운 모습으로 전환한 번역메모리(Translation Memory)기술을 기반으로 하는 솔루션으로 최근 개발이 활기를 띠고 있다. 번역메모리는 과거에 번역한 결과(원문과 번역문)를 쌍으로 컴퓨터에 저장한 다음에 비슷한 문장을 자동검색하여 바로 번역물에 반영하는 기술을 말하는데, 이 기술은 번역의 정확도를 훨씬 높여준다.

특히, 이 같은 솔루션을 매뉴얼(manual, 使用指南), 인증, 표준 등과 같은 산업계의 전

문문서 번역에 활용하면 번역의 정확성과 일관성을 크게 개선시킬 수 있다. 그렇지만 문학작품이나 논문과 같이 인간의 창조력이 중요시되는 분야에서는 아무리 훌륭한 CAT기반 번역프로그램이라고 해도 활용도가 떨어진다.

현재 전 세계적으로 가장 널리 사용되는 CAT 프로그램으로는 벨기에에서 개발된 "TRADOS"를 들 수 있으며, 한국에서도 번역SW 개발업체인 에버트란(구 클릭큐)이 한국전자통신연구원(ETRI)과 함께 번역메모리 기반 CAT번역프로그램을 연구한 결과, 한국어, 영어, 중국어, 일본어, 독일어, 프랑스어, 스페인어, 포르투갈어 등 10개 국어를 지원하는 다국어버전의 비주얼 트란메이트 (Visual TranMate)를 개발하여 상용화하고 있다.

또한 이렇게 개발된 번역엔진을 이용한 웹번역도 현재 한국에서는 활발히 이용되고 있다. 웹번역은 외국어 웹사이트를 한글로 자동번역해 주는 서비스를 말하는데, 인터넷상의 웹 페이지 사이트 URL(주소)을 입력하면 실시간으로 한글로 번역해준다. 웹번역에는 Proxy 웹번역과 일반 웹번역의 두 가지 모드의 번역 방법이 있다. Proxy 웹번역의 경우 Proxy 웹서버를 이용하기 때문에 보다 빨리 번역 결과를 볼 수 있다. 반면 일반 웹번역의 경우는 속도는 약간 느리지만 부분 번역의 기능과 원문/번역문을 동시에 볼 수 있는 기능 등을 이용할 수 있다는 장점을 지니고 있다. 이러한 웹번역을 이용할 경우 한글을 이용한 중국웹 검색이 가능하며 동시에 검색 결과를 실시간에 자동번역을 해 주기 때문에 자료 수집시 크게 도움이 된다. 현재 웹번역에서는 사이트, 뉴스, 웹문서별 분류 검색, 검색결과에 대한 한글/중문 디스플레이 선택, 한글, 중국어 두가지 언어 검색 등이 지원되고 있다.

8.4 翻译练习

8.4.1 改错

❶ 温家宝**向**代表们介绍了中国当前国内经济形势,并着重谈了金融改革和发展问题。
원지아바오(溫家寶)는 대표들에 중국 국내경제 현황을 소개하고 금융 개혁 및 발전 문제에 대해 중점적으로 언급했다.

❷ 国务院发展研究中心20日**向**中国发展高层论坛2007年会提交了一份题为《世界经济格局中的中国》的主题报告
국무원발전연구센터(國務院發展研究中心)는 지난 20일 "중국발전고위층 포럼 2007년 연례회의"에게 『세계경제 구도 속의 중국』이라는 제목의 보고서를 제출했다.

❸ 中国四川国际旅行社透露,今年九寨沟**接待**游客人数已突破100万。
중국 사천국제여행사는 올해 구채구(九寨溝)가 접대한 관광객 수는 백 만명을 넘어섰다고 밝혔다.

❹ 本报对于2009年由外交部**接待**的国宾及重要外宾访华情况做了统计。
본사에서는 2009년 외교부에서 접대한 국빈 및 국외 주요인사들의 중국 방문 현황과 관련하여 통계 자료를 준비했다.

8.4.2 选择较好的翻译

❶ 谁是2012年中国经济的主角? 又是谁影响了2012年的中国经济?《中国企业家》杂志"2012年最具影响力的企业领袖"评选活动开始。
—— 2012년 중국 경제의 주인공은 과연 누구인가? 그리고 2012년 중국 경제에 영향을 준 자는 누구인가?『중국기업가』誌의 "2012년도 가장 영향력 있는 기업 총수" 선정 작업이 시작되었다.
—— 2012년 중국 경제의 주역은 과연 누구인가? 그리고 2012년 중국 경제에 영향

을 준 이는 누구인가?『중국기업가』誌의 "2012년도 가장 영향력 있는 기업 총수" 선정 작업이 시작되었다.

❷ 女性经济上的独立,会对她们自身经济地位和他们对男性的审美标准产生影响。
—— 여성의 경제적 독립은 여성의 사회적 지위에 영향을 끼칠 뿐만 아니라 남성 기준에도 영향을 끼친다.
—— 여성의 경제적 독립은 여성의 사회적 지위에 영향을 미칠 뿐만 아니라 남성의 외모에 대한 평가 기준에도 영향을 준다.

❸ 从环保角度来看,空气污染、噪声喧哗、水质污垢、油烟净化等都是急需治理的问题。
—— 환경보호 면에서 볼 때, 공기 오염, 소음, 수질 오염, 유독가스의 정화 등은 규제와 관리가 급히 필요한 문제들이다.
—— 환경보호 관점에서 볼 때, 공기 오염, 소음, 수질 오염, 유독가스의 정화 등은 규제와 관리가 시급한 문제들이다.

❹ 中药也会引起过敏。但中药过敏与西药不同,往往与用法、用量关系不大,而与每个人的体质差异关系密切。
—— 한약 역시 과민반응을 불러일으킬 수 있다. 그렇지만 한약 복용 후의 과민반응은 복용법이나 복용량보다는 개개인의 체질과 밀접한 관련이 있다는 점에서 양약과 다르다.
—— 한약도 과민반응을 불러일으킬 수 있다. 그렇지만 한약에 대한 과민반응은 양약과 달라 복용법, 복용량과 관계는 그다지 없고 개개인의 체질 차이와 밀접한 관계가 있다.

❺ 最近,许多学生宿舍都接通了宽带网络,"究竟选择什么样的笔记本电脑为宜",就成了热门话题。
—— 최근 학생들 기숙사에 전용선 설치가 보편화됨에 따라 어떤 사양의 노트북을 선택하는 것이 적절한지가 화제로 떠오르고 있다.
—— 최근 들어 많은 학생들 기숙사에 전용선이 개통됨에 따라 어떤 사양의 노트북을 선택하는 것이 적절한지가 화제로 떠오르고 있다.

8.4.3　翻译句子

❶ 许多车主对汽车音响缺乏了解,不知道该怎样安装适合自己的汽车音响。
——

❷ 要找一张完美无缺的脸,那简直是大海里捞针。依靠适合自己脸型的发型,可以最大限度地发挥妆容的魅力。那么,我的脸型最适合哪一种发型呢?
——

❸ 奥林匹克运动**不论**是从发展规模,**还是**从发展水平上来看,都已举世瞩目。
——

❹ 航天事业的发展,反映了一个国家的综合技术水平,**不论**从经济上,**还是**从国防上来看,都是非常重要的。
——

❺ 据中国社会科学院的研究认为,未来10年我国农业劳动者将**大幅减少**。
——

❻ 联合国警告,由于世界水资源日益枯竭,全球未来20年人均供水将**减少**三分之一。
——

❼ 专家建议:减肥需多吃纤维食品,蛋白质摄入量每天**不能高于**100克;每人每天摄取绿色蔬菜**不能少于**500克。
——

❽ 餐饮业经营场地**不能小于**50平方米,其中厨房面积必须占1/3以上。
——

8.4.4 翻译短文

❶ 8月11日康柏公司公布了上半年在中国内地的业务情况,统计数字显示,营业额增长13%,营运收益比去年同期大幅增长了84%。康柏大中华区企业产品业务部总监彭尚礼表示,在全球市场艰难的营商环境下,内地业务仍有较好增长,主要是以优质产品赢得了许多新客户。另外,康柏大中华区信息设备业务部总监江炳贤指出:康柏将会不断推出新的产品,特别是新一代无线接收手提电脑。

❷ 香港特区政府的一项调查表明,在亚洲各大城市中,新加坡是最适合外国人居住的地方,而北京则在这项评选中位列第十名。排在新加坡之后的依次是东京、香港、澳门、吉隆坡、斯里兰卡、台北、曼谷、首尔和北京。

8.5 翻译作业

中国农村青年状况分析

目前,中国的城市经济已经是工业化时代、后工业化时代和信息时代杂然并陈,而生活在广大农村的农民群体,无论过去还是现在,一直被现代生活所排挤。在中国(大陆)总人口中,居住在乡村的人口占64%左右,而乡村总人口中年龄在15至34岁的青年人就占36%,约3亿人。这些农村青年由于贫困,总体上受教育程度严重不足,大多数农村青年很早就接过父辈的生活重担,靠体力劳动维持全家生活。

从1978年起中国开始改革开放,城市的现代化速度加快,人们的思想观念也随之发生变化,不少农村青年成了在农村、城市之间来回流动的打工者。改革开放初期,进城务工的农村男子以进工厂做临时工为主;随着产业结构的调整,近10年间他们主要在建筑业就职。农村女子由于观念的原因,改革开放初期较少外出打工,但近年来农村女青年几乎倾村而出,到南方的民营、合资企业打工。北上的女性大多年龄偏大,主要从事家政、保姆等工作。农民工们在城市里过着"二等公民"的生活,许多人栖息在工棚或贫民窟里,无权使用政府兴办的福利设施,子女不能进入公立学校或幼儿园,干的是城市居民嫌弃的苦活、重活、脏活和危险工种。

根据《中国统计年鉴》的资料,2000年农村居民的收入构成如下:户均总收入2,254元,其中家庭经营农业收入为1,091元,工资性收入701元,第二、三产业收入338元。由此可见,农民收入的主要来源仍是农业经营收入。20世纪90年代以来,农民的收入增长缓慢,农民收入的增长幅度多年来一直远远低于国民经济的增长,这表明城乡收入差距的不断扩大。

有人测算,目前农村青年的平均教育水平还不到小学5年级。就今天人类浩博的文化知识而言,5年小学教育所能提供的文化知识极其有限,这样的文化水平实际上处于准文盲状态。

在中国的工业化、现代化进程中,农民、农村和农业曾经做出了巨大的贡献。但是如今,当城市的建设和发展越来越超前时,城乡差距、工农差距日见其增。毫无疑问,关心广大农村青年的生活,发展农村经济,缩小城乡差距和工农差距势在必行。

20世纪20年代,中国的一些有识之士曾经发起过提高民众素质的"乡村建设运动",他们所提出的一些观点和主张至今仍然极具参考价值。

8.6 参考资料

成長동력 키워야 일자리 는다

　연두회견에서 OOO 대통령은 경제성장을 통한 일자리 창출(创造岗位)을 위해 산업구조 및 사회적 인프라를 재정비하겠다는 의지를 밝혔다. 구체적인 정부 정책 방향을 보면 유망한 기술이나 사업성을 가진 중소기업에 대한 집중 지원, 정보기술 분야 부품(零部件)·소재(材料)산업에서의 고용을 통한 성장 유도, 대학교육제도의 개선, 서비스 산업의 경쟁력 강화 등이다.

　참여정부가 들어선 이후 소모적인 정쟁(政争)만이 지속되었고 특히 최근 몇 년 사이에 심각해진 경제불황(经济不景气)하에 이 같은 정부의 노력은 환영할 만하다. 하지만 장기적으로 선진국 경제 진입을 위한 우리 경제의 성장동력(经济增长点)이 의문시되는 상황 하에서 실효 있는 정책이 되기 위해서는 다음 몇 가지를 고민하고 개선해야 한다.

　첫째, 정부는 우리 경제성장의 현황과 한계 및 잠재력 등을 충분히 점검(分析总结)해 장기적인 청사진(蓝图)을 마련해야 한다. 예를 들어 정부는 중소기업과 정보기술산업의 성장을 해법으로 제시했다. 선진국 대기업들이 소품종 대량생산을 통해 만드는 상품의 경쟁력이 과잉공급 또는 신흥시장국들의 도전을 받고 있는 반면, 유연한(灵活的) 조직을 앞세운 중소기업이 만드는 다품종 소량생산 위주의 품질이나 디자인(设计)에 경쟁우위(优势)를 가진 상품은 경쟁력을 유지할 수 있다는 점에서 좋은 전략이다.

　그러나 대기업 위주인 우리나라의 산업 경쟁력은 엄청난 성장 잠재력을 가진 중국이나 동남아시아 시장에서 여전히 중요한 위치를 점하고 있을 뿐 아니라 섬유나 자동차, 조선, 철강 등의 전통 제조업도 높은 경쟁력을 가지고 있다. 결국 기업 규모나 업종(行业)을 가릴 것 없이 품질이나 디자인 등에서 비교우위(优势)를 가진 고부가가치 상품 전략을 추구하도록 유도하는 것에 정부 정책의 초점을 맞춰야 할 것이다.

　다른 하나는 정부의 정책역량 점검 및 대대적인 혁신이다. 1970, 80년대의 경제개발기에 우리의 경제 규모는 상대적으로 작았고 정부는 기업들의 성장을 좌우할 효과 있는 정책수단을 가지고 있었다. 기업에 대한 자금지원 뿐만 아니라 기술력을 높게 하는 국책연구소, 내수시장 보호나 수출을 신장할 정책도 있었다. 하지만 1990년대와 2000년대에 들어서는 기업의 양적 규모나 질적인 역량이 커진 데다 개방과 자유화 등으로 정부의 정책수단은 과거와 같은 효력을 기대하기 어렵다.

　그런데도 정부는 정책 수혜자의 입장에서 성과를 평가하고 개선하는 과학적인 정책 수립보다 구태의연한 규제 위주의 정책을 고수하고 있다. 앞으로 정부의 정책수립이나 집행에 정책 수혜자인 기업들이 참여하고 개선에 관여하는 이해 당사자 참여형 경제정책이 필요하다. 예를 들면 대학교육제도를 개선하려면 그 인력을 활용하는 기업들의 수요가 충분히 반영될 수 있도록 기업들의 적극적인 참여가 필요하다.

　마지막으로 정부는 강력한 지도력을 바탕으로 관련된 정책들이 전략적으로 연계되도록 해야 한다. 이를 위해 대통령의 관심과 수시적인 점검이 필요할 뿐만 아니라 청와대의 보좌진도 경제정책과 전략을 제대로 입안할 수 있는 인재들로 구성돼야 한다. 아울러 이 같은 강력한 지도력을 기초로 정부 각 부처가 일관된 목표를 가지고 각 분야(领域)의 정책을 집행하게 해야 한다. 예를 들면 중소기업이나 정보기술산업을 성장시키려면 대학교육제도의 개선을 통해 이 분야의 인력 양성(培养人才)을 늘리는 동시에 관련 서비스 산업의 성장도 연계돼야 한다.

　결론적으로 현재의 산업구조나 경쟁력, 정부의 정책역량, 효율적이고 통합적인 지도력에 대한 총체적인 점검과 개선을 통해 우리 경제의 성장 동력(经济增长点)을 늘리는 방향으로 나아가야 일자리도 창출될 것이다.

第9课　介绍

9.1 课文范文

9.1.1 北京大学简介

北京大学创建于1898年,是中国第一所国立综合性大学,现设有人文学部、社会科学学部、理学部、信息与工程学部、医学部五个学部。学校现有47个直属院系,105个学士专业,291个硕士专业,249个博士专业。北京大学在保持传统基础学科领先优势的同时,近年来,在应用科学领域及许多前沿交叉学科领域内也取得了重大发展。

2010年10月,北京大学有本科生14810人,硕士研究生12082人,博士研究生6838人。现有来自80个国家的长期外国留学生2326人,其中攻读学位的留学生1836人;短期外国留学生5100多人。

北京大学以雄厚的师资力量和先进的研究条件著称。全校专职教师5866人,其中教授1701人,副教授2037人,中国科学院院士60人,中国工程院院士8人。学校每年邀请大批世界著名学者来校讲学。目前,北京大学有11个国家重点实验室,46个省部级重点实验室,2个国家工程研究中心,8所附属医院。

北京大学图书馆是亚洲高校中规模最大的图书馆,藏书852.93万册,每年订有中外文报刊8500多种,藏书量居中国高等学校之首。北京大学图书馆在数字化图书馆建设方面具有世界先进水平,是现代化的大型综合性文献信息中心。

北京大学重视同国外大学、研究机构和跨国公司的合作交流,并取得了显著成果。目前,北京大学已同近50个国家和地区的200多所大学建立了校际交流关系。

留学生来北京大学学习,有以下选择:
(1) 申请攻读本科、硕士或者博士学历教育项目;
(2) 申请进修汉语或者其他专业(非学历教育);

（3）申请预科项目； （4）申请参加不足一学年的短期培训。
北京大学主页：http://www.pku.edu.cn
北京大学医学部主页：http://www.bjmu.edu.cn1

9.1.2 词汇注释

简介 —— 소개(글)
第一 —— 첫 번째, 최초의, 처음으로
设有 —— 설치(개설)되어 있다
工程 —— 공정, 공학, 사업
系 —— (학)과
保持 —— 유지하다
优势 —— (비교)우위, 장점, 이점
领域 —— 분야
交叉学科 —— 융합학과
本科 —— 학부
攻读学位 —— 학위(과정)를 밟다
师资力量 —— 교수진, 교사진
著称 —— 유명하다, 잘 알려져 있다
专职教师 —— 전임 교원
邀请 —— 초청하다, 초빙하다, 요청하다
讲学 —— 강의하다, 학술강연을 하다
国家重点实验室 —— 국가지정실험실
　　(Key Lab.) ☞10.3.3 번역상식 참조
中外 —— 국·내외
居……之首 —— 1위를 차지하다
建设 —— 건설(하다), 구축(하다)
具有……水平 —— 수준을 갖추고 있다,
　　수준을 자랑하다
跨国公司 —— 다국적기업
　　☞1.3.3 번역상식 참조
显著 —— 뚜렷하다
校际 —— 학교 간, 학교 차원의
项目 —— 프로젝트, 사업, 항목
不足 —— 부족(하다), 미흡(하다), 미만

创建 —— 설립하다, 창립하다, 창건하다
综合性大学 —— 종합대학
信息 —— 정보
学院 —— 단과대학
专业 —— 전공
领先 —— 선도하다, 앞서다
近年来 —— 최근
许多 —— 많은
取得发展 —— 발전을 이룩하다, 발전하다
研究生 —— 대학원생
雄厚 —— 충분하다, 풍부하다
全校 —— 전교, 학교 전체
院士 —— 원사(Academician)
大批 —— 많은
目前 —— 현재
高等学校 —— (대학 등의)고등교육기관
报刊 —— 신문 및 간행물
数字化 —— 전자(화), 디지털
方面 —— 분야, 영역, 측(면)
重视 —— 중요시하다
研究机构 —— 연구기관, 연구기구
合作 —— 협력(하다), 협조(하다), 제휴
　　(하다), 공동(으로)
取得成果 —— 성과를 거두다, 결실을 맺다
建立……关系 —— ~관계를 맺다(口语),
　　~ 관계를 구축하다(书面语)
进修 —— 연수
培训 —— 연수, 교육, 트레이닝(training)

9.1.3 参考译文

> **说明：** 介绍性文章如9.6参考资料所示，一般使用敬语体以"-습니다"为终结语尾，但下面的参考译文更倾向于说明性文字，故未使用"-습니다"语体。

북경대학

[直译]

　　북경대학교는 중국 최초의 국립 종합대학교로 1898년에 설립되었으며, 인문학부, 사회과학학부, 이학부, 정보·공학(학)부, 의학부 등 5개 학부로 나누어져 있다. 현재 북경대학교에는 47개 단과대학(별도의/일부 독립학과 포함), 105개 학부 전공, 291개 석사 전공, 249개 박사 전공 과정이 개설되어 있다. 북경대학교는 전통적으로 기초연구 학과에서 뛰어난 우위를 지켜오면서(유지하면서), 최근 들어 응용과학 분야와 첨단 융합전공 분야에서도 큰 발전을 이룩했다(이루었다).

　　2010년 10월 기준, 북경대학교의 재학생 수는 총 33,730명으로, 학부생 14,810명, 석사 과정생 12,082명, 박사 과정생은 6,838명에 달한다. 그 외 80여 개 국가에서 온 장기 유학생은 23,26명(학위 과정에 있는 1,836명 포함)이며, 단기 유학생은 5,100여 명에 이른다.

　　북경대학교는 우수한 교수진과 세계적인 수준의 연구환경으로 유명하며, 현재 전임 교원은 총 5,866명으로, 그 중 정교수 1,701명, 부교수 2,037명, 중국과학원 원사(院士) 60명, 중국공정원(中國工程院) 원사 8명이 재직하고 있다. 또한 매년 세계 각국에서 초빙된 저명한 학자들이 본 대학교에서 강의하고 있다. 현재 북경대학교는 11개 국가지정 실험실(國家重點實驗室), 46개 省·部 지정 실험실, 2개 국가공정연구센터, 8개 부속병원을 두고 있다.

　　북경대학교 도서관은 아시아 지역 대학 도서관가운데 최대 규모로, 852만 9천3백 권(8,529,300권)의 도서를 소장하고 있고, 매년 8,500여 종의 국내외 신문·간행물을 (신청하여) 비치하고 있으며, 장서량은 중국 국내 대학 가운데에서 최대 규모이다. 또한 북경대학교 도서관은 디지털도서관 구축에서 세계적인 수준을 자랑하는 현대적인 대형 종합문헌정보센터라고 할 수 있다.

　　북경대학교는 외국 대학 및 연구기관, 다국적 기업과의 교류와 협력을 중요시하고 있으며 또한 큰 성과를 거두고 있다. 현재 북경대학교는 약 50개국(및 지역) 200여 개 대학과 자매결연을 맺고 있다.

　　북경대학교 유학 지망자는 다음 중 본인이 원하는 과정을 선택할 수 있다.

(1) 학부, 석사, 박사 등 학위과정
(2) 중국어 어학연수 및 전공별 연수프로그램(비학위 과정)
(3) 예과반(학부 준비반)
(4) 1년 미만 단기연수 프로그램
북경대학교 홈페이지: http://www.pku.edu.cn
북경대학교 의학부 홈페이지: http://www.bjmu.edu.cn

북경대학

[意译]
　　북경대학교는 중국 최초의 국립 종합대학교로 1898년에 설립되었으며, 인문계열·사회과학계열·이학계열·정보공학계열·의과계열 등 5개 계열로 나누어져 있으며, 현재 47개 단과대학(별도의/일부 독립학과 포함)에 105개 학부 전공, 291개 석사 전공, 249개 박사 전공 과정이 개설되어 있다. 북경대학교는 기초연구 분야에서 강한 전통을 계속 지켜오고 있으며, 최근 들어서는 응용과학과 (첨단) 융합전공 분야에서도 눈부신 발전을 이룩했다(이루었다).
　　2010년 10월 기준, 북경대학교의 재학생 수는 총 33,730명으로, 그 중 학부생과 대학원생은 각각 14,810명, 18,920명(석사 과정:12,082명, 박사 과정:6,838명)에 달한다. 또한 전세계 80여 개국에서 온 장기과정 외국인 재학생은 2,326명(학위 과정 1,836명 포함)이며, 단기과정 유학생은 5,100여 명에 이른다.
　　북경대학교는 우수한 교수진과 세계적인 수준의 연구환경으로 널리 알려져 있으며, 현재 정교수 1,701명, 부교수 2,037명, 중국과학원 원사(院士, Academician) 60명, 중국공정원(中國工程院) 원사 8명을 포함하여 총 5,866명의 전임 교원이 재직하고 있다. 또한 매년 세계 각국에서 초빙된 석학들이 본 대학교에서 강의하고 있다. 현재 북경대학교는 11개의 국가 지정 Key Lab.(國家重點實驗室), 46개의 省·部 지정 Key Lab.(國家重點實驗室), 2개의 국가공정연구센터, 8개의 부속병원을 운영하고 있다.
　　아시아권 대학 중 최대 규모를 자랑하는 북경대학교 도서관은 852만 9천3백 권(8,529,300권)의 도서를 소장하고 있고, 매년 8,500여 종의 국내외 신문·간행물을 비치하고 있는데, 장서량은 중국 대학 중에서 최대 규모로 꼽힌다. 또한 디지털 도서관 구축에 있어 세계적인 수준을 자랑하는 북경대학교 도서관은 현대적인 대형 종합문헌정보센터로 거듭나고 있다.

　　북경대학교는 국외 대학과 연구기관 그리고 다국적 기업과의 교류 및 협력을 중요시하고 있으

며 큰 성과를 거두고 있다. 현재 북경대학교는 전세계 약 50개국(및 지역) 200여 개 대학과 자매결연을 맺는 등 긴밀한 교류 협력관계를 유지하고 있다.

북경대학교에는 아래와 같은 유학생 프로그램이 마련되어 있다.
(1) 학사, 석사, 박사 등 학위과정 프로그램
(2) 중국어 어학연수 및 전공별 연수프로그램(비학위 과정)
(3) 예비반(학부 준비반)
(4) 1년 미만 단기연수 프로그램
북경대학 홈페이지: http://www.pku.edu.cn
북경대학 의학부 홈페이지: http://www.bjmu.edu.cn

9.2 正误评析

❶ 北京大学创建于1898年，是中国第一所国立综合性大学，……

错误翻译：
북경대학은 1898년에 <u>창건한</u> 중국 <u>제일의</u> 국립 종합대학교<u>이고</u>,

正确翻译：
북경대학교는 중국 최초의 국립 종합대학교로 1898년에 설립되었으며,

正误评析：

- "创建"은 "창립하다, 설립하다, 창설하다, 창건하다" 등으로 번역 가능한데, 여기서는 "창건하다"로 번역할 수 없다. **첫째**, "창건하다"는 경복궁 등과 같은 "고대 건물 따위를 처음으로 세우거나 만들다"는 의미로 주로 쓰인다.(☞9.3.2 번역상식 참조) **둘째**, 피동형인 "설립된"으로 번역해야 적절하다. 능동형으로 번역하려면 누가 설립한 것인지 행위의 주체자를 밝혀 주어야 주어와 서술어의 호응관계가 이루어진다.

- "第一"을 "최고"의 의미를 지니는 "제일의"로 번역하는 것은 부적절하다. "第一"은 "첫 번째, 최초의, 처음으로" 등으로 번역 가능한데, 여기서는 "최초의"로 번역해야 적절하다. "첫 번째"는 "두 번째, 세 번째"와 같이 연속적인 차례에서 제일 처음을 의미하므로 의미가 다르다. 예: 첫 번째 작품/첫 번째 골목/첫 번째 콘서트/첫 번째 사례.

- "是……"를 "-이고"로 번역하는 것보다 "북경대학은 ~~ 종합대학교로" 또는 "~~ 종합대학교인 북경대학은"과 같이 번역하는 것이 훨씬 자연스럽다.

❷ 学校现有47个直属院系,105个学士专业,291个硕士专业,249个博士专业。

错误翻译:

현재 학교에 47개 직속 학원과 학과, 105개 학사 전공, 291개 석사 전공, 249개 박사 전공이 있다.

正确翻译:

(현재 북경대학교에는:생략) 47개 단과대학(별도의/일부 독립학과 포함)에 105개 학부 과정, 291개 석사 과정, 249개 박사 과정 등이 개설되어 있다.

正误评析:

- "有"는 여기에서 "拥有、设有"의 의미이므로 광의적인 의미를 지닌 구어체 표현인 "있다"로 번역하는 것보다 구체적인 의미를 지닌 동사 "개설(설치)되어 있다"로 번역하는 것이 더 적절하다.

- "47个直属院系"를 의미를 이해하기 어려운 "47개 직속 학원과 학과"로 번역할 수 없다. **첫째**, "院"은 "단과대학"으로 번역해야 한다. "학원"은 "补习班"을 의미한다. **둘째**, "系"를 여기서 "학과"로 번역할 경우 글을 읽는 한국인은 실수로 숫자를 잘못 표기한 것으로 생각하기 쉽다. 한국의 대학에서는 학과들이 특정 단과대학(예:인문대학)에 소속되어 있고 독립적인 별도의 학과로만 존재하는 경우가 거의 없기 때문이다. 여기서는 "(별도의) 독립학과"로 번역해야 적절하다.

  ☞ A대학교는 현재 18개 단과대학, 81개 학과, 18개의 대학원 및 97개의 연구소를 거느리고 있다.

  ☞ 인터넷으로만 접수를 한 연세대는 오후 1시 현재 인문계열 1.93, 이학계열 3.77, 신학계열 2.88, ……, 생활과학계열(자연) 2.24대 1을 기록했습니다.

❸ 北京大学在保持传统基础学科领先优势的同时,近年来,在应用科学领域及许多前沿交叉学科领域内也取得了重大发展。

错误翻译:

북경대학은 전통적인 기초학과가 앞서는 우세를 유지하는 동시에 근년 이래 응용과학 분야 및 많은 전연 교차학과 분야가 중대한 발전을 얻게 되었다.

正确翻译:

①직역:북경대학교는 전통적으로 기초연구 학과에서 뛰어난(강한) 우위를 지켜오면서(유지하면서), 최근 들어 응용과학 분야와 첨단 융합전공 분야에서도 큰 발전을 이룩했다(이루었다).

②의역:북경대학교는 기초연구 분야에서 강한 전통을 계속 지켜오고 있으며, 최근 들어서는 응용과학과 (첨단) 융합전공 분야에서도 눈부신 발전을 이룩했다(이루었다).

正误评析：

- "优势"를 "우세"로 번역하는 것은 부적절하다. 한국어에서는 "우세"가 명사로 쓰이는 경우는 거의 없으며, "우세하다, 우세적이다"의 형태로 쓰인다.(☞5.3.4 번역상식 참조) 여기서는 "기초연구 학과가 다른 학과보다 우위에 있다(강하다)"로 번역 가능한데, 이 표현보다는 "기초연구 학과가(분야에서) 우수하다(강하다)"는 표현이 더 적절하다.

- "同时"를 "-하는 동시에"로 번역 가능한 경우는 의외로 많지 않다. 여기서는 병렬 관계를 나타내는 "-하면서 -하다"로 번역해야 적절하다. "同时"가 문두에 쓰인 경우에는 "아울러", "또한", "이와 동시에" 등으로 번역 가능하다.

- "前沿"을 "전연"으로 번역할 수 없다. "전연"은 한국인들이 사전을 찾아보지 않고서는 이해하기 어려운 특수한 의미로 사용되며, 중국어의 "前沿"과는 의미도 다르다. 굳이 직역하자면 "앞서다"는 의미를 지니는 "첨단"으로 번역 가능하다.

- "取得了重大发展"을 "중대한 발전을 얻게 되었다"로 번역할 수 없다. **첫째**, "중대한 발전"이라는 표현은 수식 관계가 부자연스럽다. "중대한"은 '매우 중요하고(important) 심각한(serious, vital)'의 의미를 지닌다. 즉 "매우 중요하고 심각한 발전"이라는 표현은 성립될 수 없어 부적절하다. **둘째**, 한국어에서는 "(큰/눈부신/장족의/많은/괄목할 만한) 발전을 이룩하다"라는 표현을 사용한다.

  ☞ 중대한 사안, 중대한 문제, 중대한 업무상의 실수, 중대한 질병 등

❹ 2010年10月，北京大学有本科生14,810人，硕士研究生12,082人，博士研究生6,838人。

错误翻译：
2010년 10월 북경대학에는 학부생 14,810명, 석사연구생 12,082명, 박사연구생 6,838명이 있다.

正确翻译：
①직역: 2010년 10월 기준, 북경대학교의 재학생 수는 총 33,730명으로, 학부생 14,810명, 석사 과정생 12,082명, 박사 과정생은 6,838명에 달한다.
②의역: 2010년 10월 기준, 북경대학교의 재학생 수는 총 33,730명으로, 그 중 학부생과 대학원생은 각각 14,810명, 18,920명(석사 과정:12,082명, 박사 과정:6,838명)에 달한다.

正误评析：

- "2010年10月"은 "2010년 10월 기준(截止10月)"으로 번역해야 적절하다. 한국에서는 특정 시기를 기준으로 구체적인 자료를 인용하는 경우 일반적으로 "기준(基準)"이라는 표현을 덧붙인다.

- "北京大学有 A(本科生), B(硕士研究生), C(博士研究生)"를 "북경대학에는 A(학부생), B(석사연구생), C(박사연구생)가 있다"로 번역하는 것은 부적절하다. **첫째**, 여기서

"有"는 존재나 위치를 의미하는 것이 아니기 때문에, "달하다(达到)" 또는 "재학 중이다"로 번역해야 적절하다. **둘째**, "研究生"을 한국어에 없는 표현인 "연구생"으로 번역할 수 없다. 한국에서 "硕士研究生"은 "석사 과정(재학)생", "博士研究生"은 "박사 과정(재학)생"으로 표현한다. 그리고 "研究生"을 "本科生(학부생)"과 구분지어 "대학원생"으로 표현한다.

❺ 现有来自80个国家的长期外国留学生2,326人,其中攻读学位的留学生1,836人;短期外国留学生5,100多人。

错误翻译:
현재 80개 국가에서 온 장기 유학생은 2,326명, 그 중 학위를 따기 위해 온 유학생은 1,836명, 단기 유학생이① 5,100여 명이② 있다.

正确翻译:
①직역:그 외 80여 개 국가에서 온 장기 유학생은 2,326명(학위 과정에 있는 1,836명 포함)이며, 단기 유학생은 5,100여 명에 이른다.
②의역:또한 전세계 80여 개국에서 온 장기과정 외국인 재학생은 2,326명이며 (학위 과정 1,836명 포함), 단기과정 유학생은 5,100여 명에 이른다.

正误评析:
◉ "攻读学位"를 구어체 표현인 "학위를 따다"로 번역하는 것은 부적절하다. 굳이 목적격으로 번역하고자 한다면 "학위를 취득하기 위해/학위 과정을 밟기 위해"로 번역 가능하지만, "학위 과정에 있는"으로 번역해야 더 적절하다.
◉ "2,326人, 1,836人, 5,100多人"와 같이 여러 숫자를 나열할 경우에 포함관계에 있는 세부 항목은 괄호(括号)로 처리하여 큰 항목 위주로 나열해야 이해하기 쉽다.(☞9.3.3 번역상식 참조) 한국에는 分号의 기능과 유사한 문장 부호가 없기 때문에 "학위 과정에 있는 유학생 1,836명"을 괄호 처리하여 장기과정 유학생과 단기과정 유학생 수를 대비시켜 주는 것이 시각적으로 일목요연한 느낌을 준다.
◉ "유학생은 ~명이 있다"로 번역하는 것은 부적절하다(위의 ❹번 참조). 이미 앞 문장에서 "有"를 "달하다"로 번역했으므로, 여기서는 "이른다"로 번역하여 중복된 표현을 피하는 것이 좋다.

❻ 北京大学以雄厚的师资力量和先进的研究条件著称。

错误翻译:
북경대학은 훌륭한 교사 역량과 선진한 연구조건으로 유명하다.

正确翻译:
북경대학교는 우수한 교수진과 세계적인 수준의 연구환경으로 널리 알려져 있으며,
正误评析:

- "雄厚的师资力量"을 "훌륭한 교사 역량"으로 번역하는 것은 부적절하다. **첫째**, "교사"는 보통 유치원, 초등학교, 중학교, 고등학교 등에서 학생을 가르치는 선생님을 의미하는데, 대학의 교수는 포함되지 않는다. 여기서는 대학에서 교육 및 연구 활동에 종사하는 사람을 의미하므로, "师资力量"을 "교수진"으로 번역해야 적절하다. (☞ 9.3.2 번역상식 참조) **둘째**, "雄厚"의 사전적 의미는 "충분하다, 풍부하다"이지만, 여기서는 수식 성분인 "(교수진)师资力量"과의 호응 관계가 어색하다. "훌륭한 교수진"으로 번역할 수도 있으나, 이보다는 문어체 표현에 가까운 "우수한 교수진"으로 번역하는 것이 좋다.
- "先进的"을 한국어에 존재하지 않는 단어인 "선진한"으로 번역할 수 없다. "선진적인(선진국 수준의)" 또는 "세계적(인) 수준의"로 번역해야 적절하다.
- "研究条件"은 "연구 환경"으로 번역하는 것이 적절하다. "연구 조건"은 주로 물질적인 면(硬件环境)에서의 조건을 의미하는 것으로, "연구 환경(硬件环境+软件环境)"보다 작은 범주의 표현으로 볼 수 있다.

❼ 全校专任教师5866人, 其中教授1,701人, 副教授2,037人, ……
错误翻译:
<u>전교 전임교사</u>는 <u>모두 5,866명</u>, 그 중 <u>교수</u> 1,701명, 부교수 2,037명, ……
正确翻译:
① 직역:현재 전임 교원은 총 5,866명으로, 그 중 정교수 1,701명, 부교수 2,037명 …… -이 재직하고 있다.
② 의역:현재 정교수 1,701명, 부교수 2,037명, …… -을 포함하여 총 5,866명의 전임 교원이 재직하고 있다.
正误评析:

- "全校"를 "전교"로 번역할 수 없다. 한국어에서 "전교(全校)" 중 "校"는 일반적으로 "초등학교, 중·고등학교"를 의미한다. 이 텍스트는 북경대학 소개글이므로 굳이 직역하자면 "대학 전체"로 번역할 수 있지만 "全校"를 번역에서 생략하고 전임 교원 수 앞에 "총(總)"을 덧붙이는 것이 더 적절하다.
- "专任教师"를 "전임 교사"로 번역할 수 없다(위의 ❻번 참조). "전임 교원"으로 번역해야 옳다.(☞9.3.2 번역상식 참조)
- 错误翻译에서 "5,866人" 앞에 "共有"에 해당하는 단어를 삽입하여 총합을 표현해 준 것은 바람직하다. 그런데 부사 "모두"보다는 관형사인 "총(總)"으로 표현하는 것이 본 텍스트의 문체에 부합한다.

◐ "教授1,701人"을 "교수 1,701명"으로 번역하는 것은 부적절하다. 한국에서 교수는 "조교수, 부교수, 정교수"를 포함하는 개념이기 때문에 "교수, 부교수" 순서로 번역하면 한국인이 이해하기 어렵다.(☞9.3.2 번역상식 참조)

❽ 每年订有中外文报刊8500多种······
错误翻译:
매년 중국어와① 외국어 신문과② 잡지 8,500여 종을 구독하고 있으며 ······
正确翻译:
매년 8,500여 종의 국·내외 신문·간행물을 (신청하여) 비치하고 있으며 ······
正误评析:
◐ "中外文报刊"을 "중국어와 외국어 신문과 잡지"로 번역하는 것은 부적절하다. **첫째**, "중국어 신문", "외국어 신문"은 호응관계가 어색하다. 굳이 번역하자면 "중국어와 외국어로 된"으로 번역해야 옳으며, "국내 및 해외 (신문)"을 의미하는 "국·내외"로 표현하는 것이 더 좋다.(☞4.3.3 번역상식 참조) **둘째**, "报刊"에서 "刊(刊物)"은 잡지 외에도 학술지 등을 포함한 넓은 의미의 정기간행물을 의미하므로 "잡지"로 번역하는 것은 부적절하다. 참고로 여기서는 시각적인 효과와 빠른 의미 전달을 위해 가운뎃점을 사용하는 것이 좋다.(☞11.3.4 번역상식 참조)
◐ "每年订有"를 "매년 구독하고 있으며"로 번역하는 것은 부적절하다. "구독하다"로 번역하려면 주어가 "阅读" 행위가 가능한 주체라야 한다. 따라서 "매년 (신청하여) 비치하고 있으며"로 번역해야 적절하다.

❾ 北京大学图书馆在数字化图书馆建设方面具有世界先进水平, 是现代化的大型综合性文献信息中心。
错误翻译:
북경대학 도서관은 디지털 도서관 건설 방면에 있어서도 세계적인 수준이고, 현대적인 대형 종합문헌정보센터이다.
正确翻译:
① 직역:또한 북경대학교 도서관은 디지털 도서관 구축에서 세계적인 수준을 자랑하는 현대적인 대형 종합문헌정보센터라고 할 수 있다.
② 의역:또한 디지털 도서관 구축에 있어 세계적인 수준을 자랑하는 북경대학교 도서관은 현대적인 대형 종합문헌정보센터로 거듭나고 있다.
正误评析:
◐ "北京大学图书馆(A),(B)"에서 (A)와 (B)가 병렬 관계의 내용이 아니므로 "북경대학 도서관은 (A)이고, (B)이다"로 번역하는 것은 부적절하다. 이런 문형은 한국어에서 (A)와 (B) 중 하나를 주어를 꾸며주는 관형어로 표현하는데, 여기서는 (A)를 주어인

북경대학교도서관을 꾸며주는 관형구로 번역하는 것이 더 적절하다.
- "在……建设方面"을 "~건설 방면에 있어서"로 번역하는 것은 부적절하다. **첫째**, "建设"을 "건설"로 번역하는 것은 부적절하다. "구체적인 건축물을 건설하다"는 의미가 아니라 추상적인 의미의 "디지털 도서관을 구축하다"라는 의미이기 때문이다. **둘째**, "方面"을 "방면"으로 번역하는 것은 부적절하다.(☞ 1과 正误评析 2번 참조) 여기서는 "구축에서" 또는 "구축에 있어"로 번역해야 적절하다.

❿ 北京大学已经同近50个国家和地区的200多所大学建立了校际交流关系。

错误翻译:
북경대학은 이미 근 50여 개 국가와① 지역의 200여 개 대학과② 학교간의 교류관계를 맺었다.

正确翻译:
①직역:현재 북경대학교는 약 50개국(및 지역) 200여 개 대학과 자매결연을 맺고 있다.
②의역:현재 북경대학교는 전세계 약 50개국(및 지역) 200여 개 대학과 자매결연을 맺는 등 긴밀한 교류 협력관계(교류 및 상호협력 관계)를 유지하고 있다.

正误评析:
- "近"을 "약"으로 번역하는 것이 더 적절하다. "약"과 "근"이 수량사 앞에 쓰인다는 공통점을 가지고 있지만, 지금은 주로 "약"을 사용하는 경향이 강하며 문어체에서는 더욱 그러하다.
- "已经建立了校际交流关系"를 "이미 학교간의 교류관계를 맺었다"로 번역하는 것은 부적절하다. **첫째**, 한국어에서는 "자매 결연을 맺다"라는 표현을 주로 사용한다. 그리고 "교류 관계를 맺다"라는 표현은 "(학교, 기관, 단체)와 학술 교류 관계를 맺고 있다/국제 교류 관계를 맺고 있다/프로그램 교류 관계를 맺고 있다" 등과 같이 그 앞에 교류 분야를 밝혀주는 형태로 주로 쓰인다. **둘째**, 과거의 행위나 사건 발생을 강조하는 경우에는 과거 시제형인 "맺었다"로 번역할 수 있지만, 여기서는 "교류 및 협력 관계를 계속 유지해오고 있는 것"이 분명하므로 완료지속 시제형인 "맺고 있다, 유지하고 있다"로 번역해야 적절하다. (☞9.3.1 번역상식 참조)

9.3 翻译知识

9.3.1 叙述文的文体特点 —— 설명문 문체의 특징

  기관, 기업, 단체 등의 소개 또는 개요 성격을 지닌 글에서는 간결체, 문어체를 사용한다. 따라서 이런 류의 텍스트를 번역할 때는 구어체 표현을 최대한 배제해야 한다. 그리고 동사는 일반적으로 "-이다", "-(하)고 있다"와 같은 현재형 또는 완료지속 시제형을 사용하며, 과거의 사실을 기술할 때에는 주로 "-한 바 있다"로 표현한다.

☞ 문어체
  예) 국립중앙박물관은 우리 나라의 박물관 중(←가운데) 가장 규모가 큰 국립 박물관으로 1908년 9월에 발족한 창경궁 내(←안)의 이왕가박물관(李王家博物館)으로 출발하였다.

☞ 시제 표현
  예1) (중략) 일본·미국·러시아·중국 등 외국 48개 대학과 자매결연을 맺고 있다.
  예2) 현대예술관 건물은 1998년 한국건축문화대상에서 대상을 수상한 바 있다.

☞ 目前,北京大学已同近50个国家和地区的200多所大学建立了校际交流关系。
  直译: 북경대학교는 약 50여 개국(및 지역) 200여 개 대학과 자매결연을 맺고 있다.
  意译: 북경대학교는 약 50여 개국(및 지역) 200여 개 대학과 자매결연을 맺는 등 긴밀한 (교류) 협력 관계를 유지하고 있다./북경대학과 자매결연을 맺고 있는 대학은 50여 개국(및 지역) 200여 개 대학에 이른다.
  说明: 여기서 "建立了"는 과거의 행위나 사건 발생을 강조하는 경우가 아니므로 "맺었다"로 번역하는 것보다 "맺고 있다"로 번역해야 적절하다.

9.3.2 不能一一对应翻译的汉字词(3): 词义范围不同 —— 1:1 대응시켜 번역할 수 없는 한자어(3) 의미 범주가 다른 한자어의 번역

  같은 한자로 된 동일한 단어가 중국어(汉语词)와 한국어(汉字词)에 존재하면서 그 의미 범주가 다른 경우가 있는데, 번역사는 이를 숙지하고 정확하게 번역해야 한다. 원문 텍스트의 단어를 일대일 대응식으로 번역하여 문법적으로 틀리지 않게 나열하는 것으로는 부족하기 때문이다.

☞ 全校专任教师5,866人,其中教授1,701人,副教授2,037人……

错误翻译: 전임 교사는 5,866명, 그 중 교수 1,701명, 부교수 2,037명, ……

正确译文:
①직역: 현재 전임 교원은 총 5,866명으로, 그 중 정교수 1,701명, 부교수 2,037명…… 재직하고 있다.
②의역: 현재 정교수 1,701명, 부교수 2,037명, ……을 포함하여 총 5,866명의 전임 교원이 재직하고 있다.

说明: 첫째, 한국어의 "교사"와 중국어의 "教师"는 의미 범주가 달라, 잘못 사용하는 경우 엉뚱한 오해를 낳거나 의미가 잘못 전달될 수 있다. "교사"는 '유치원, 초등학교, 중학교, 고등학교 등에서 학생을 가르치는 선생님'을 의미하는 말로, 대학에서 교육 및 연구 활동에 종사하는 "교수"는 포함되지 않는다. 즉, 한국어에서 "교사"와 "교수"는 구분되어 사용된다. 본 텍스트는 북경대학에 대한 소개 내용인데 "교사"라는 단어가 등장하면 한국인은 의미를 이해하기가 어렵다. (예: 이 자료를 통해 한국에서 중국어 교육을 담당하고 있는 대학의 교수들이나 고등학교의 교사들이 중국어 발음의 중요성을 인식하고 있으며, 특히 중국어 학습에 있어 발음 부분을 가장 중요한 것으로 꼽고 있는 사실을 알 수 있다.) 둘째, "전임 교사 5,866명, 그 중 교수 1,701명, 부교수 2,037명 ……"으로 번역된 글을 보는 한국인은 "전임 교사"의 의미를 추측하기가 어려운데다 열거된 숫자들(5,866명, 1,701명, 2,037명)의 상관 관계를 이해하기가 어렵다. 한국에서 "교수"는 "조교수, 부교수, 정교수"를 포함하는 개념이다. 즉, 교수 수(조교수, 부교수, 정교수를 포함한 개념)를 1,701명으로 언급한 상태에서 또다시 그 하위 범주인 부교수의 수가 나오고, 더구나 부교수의 수(2,037명)가 전체 교수 수로 이해되는 1,701명보다 더 많다는 것을 한국인은 이해하기 어렵다.

☞ 中国经济继续保持着较高的增长度,经济运行质量不断得到提高,各类价格水平变动平稳。(11과)

正确译文: 중국은 비교적 높은 경제성장률을 지속적으로 유지해 오고 있고, 경제 운용의 질적인 면에서도 지속적인 개선이 이루어지고 있으며, 각종 물가 변동 역시 안정적인 상황이다.

说明: "질량"은 '어떤 물체에 포함되어 있는 물질의 양(量)'을 의미하는 물리 용어로만 사용되므로 여기서 "질량"으로 번역할 수 없다.

9.3.3 翻译人员的编辑作用 —— 번역사의 편집자 역할

번역사는 번역문을 읽는 독자가 내용을 명쾌하게 이해할 수 있도록 번역한 내용을 도착어의 글 쓰기 습관에 부합하도록 편집해야 하는 경우도 있다. 예를 들어 한국인들은 여러 숫자를 열거할 때 일목요연하게 알아보기 쉽도록 총합을 먼저 밝힌 다음 세부항목(하위 항목)을 순차적으로 언급하는 경향이 강하다.

☞ 2010年10月,北京大学有本科生14,810人,硕士研究生12,082人,博士研究生6,838人。
错误翻译: 2010년 10월 기준, 북경대학에는 학부생 14,810명, 석사연구생 12,082명, 박사연구생 6,838명이 있다.
正确译文:
① 직역: 2010년 10월 기준, 북경대학교의 재학생은 총 33,730명으로, 학부생 14,810명, 석사 과정생 12,082명, 박사 과정생은 6,838명에 달한다.
② 의역: 2010년 10월 기준, 북경대학교의 재학생은 총 33,730명으로, 그 중 학부생과 대학원생은 각각 14,810명, 18,920명(석사 과정:12,082명, 박사 과정:6,838명)에 달한다.

9.3.4 超越字典范围的翻译 —— 사전적 의미를 초월하는 번역

어떤 텍스트를 외국어로 옮길 때 언어습관의 차이, 문화의 이질성 등 여러 가지 요인으로 인해 번역사들이 겪는 어려움은 수 없이 많다. 특히 모국어(출발어)를 외국어(도착어)로 번역할 시에는 어려움이 더욱 크다. 예를 들어 어떤 단어를 사전적인 의미대로 번역했지만 번역사는 모국어 화자와 같은 언어감각을 가질 수는 없기 때문에 그 번역이 다소 부적절하다 할지라도 그 사실을 알기가 어려운 경우가 많다. 이런 문제를 최소화하기 위해서 번역사는 평소 다양한 분야의 글을 접하는 것은 물론이고 이를 통해 외국어의 관용적인 표현, 호응 관계가 고정적인 표현, 신조어 등을 꾸준히 공부하는 자세가 필요하다.

☞ 北京大学以雄厚的师资力量和先进的研究条件著称。
说明: "雄厚"의 사전적 의미는 "충분하다, 풍부하다"이나 여기서는 수식 성분인 "(교수진)师资力量"과 호응관계가 어색하기 때문에 다른 표현으로 번역해야 적절하다. 따라서 "우수한 교수진"으로 번역하는 것이 적절하다.

☞ 目前,北京大学有11个国家重点实验室……8所附属医院,10所教学医院。
说明: "教学"을 "교학"으로 번역하는 것은 부적절하다. "교학"은 "교육과 학문" 또는 "가르치는 일과 배우는 일"을 의미하는데, 극히 제한적으로 쓰인다.(예:교학팀장, 교학위원회) "教学"은 일반적으로 "교육" 또는 "수업"으로 번역하는 것이 적절하지만, 여기서는 "医院"과의 호응 관계를 고려하여 "실습(병원)"으로 번역해야 적절하다.

9.3.5 直译与意译 —— 직역과 의역

번역은 번역의 방향, 즉 출발어(译出语, source language)와 도착어(译入语, target language)의 관점에서 볼 때 외국어(A)에서 모국어(B)로 옮기는 A→B번역과 모국어(B)에서 외국어(A)로 옮기는 B→A 번역으로 나눌 수 있다.

A→B 번역은 번역사가 텍스트를 모국어로 옮기는 작업이므로 모국어가 가진 모든 가능성과 묘미를 살려 "언어미학적"인 측면까지 그 맛을 잘 살릴 수 있다. 이러한 A→B 번역을 잘 하기 위해서는 일단 원문 텍스트(source text)를 여러 번 읽고 텍스트의 내용과 문맥 흐름을 정확하게 이해하는 것이 우선적이고(문맥 흐름을 정확히 파악 못하면 오역할 가능성이 높기 때문), 1차 초벌번역을 끝낸 다음 누락된 내용이나 오역이 없는지 확인하는 작업이 필요하다. 그런 다음 수 차례 문장 수정을 하는 것이 필요한데, 이 때는 본인이 번역한 글을 독자가 읽었을 때 정확히 이해가 되는지, 즉 독자의 시각으로 번역문을 살펴보아야 한다.

중국 학생 입장에서 볼 때, 본 교재는 B→A(中→韩)번역에 해당한다. B→A 번역시 번역사는 중국어 원문의 표현과 문장 구조를 그대로 한국어로 옮기는 직역에 가까운 번역 수준에서 벗어나기가 매우 어렵다. 9과에서는 직역(直译)과 의역(意译)을 별도로 제시함으로써 "수용할 만한 번역"보다 높은 수준, 즉 한국어를 모국어로 하는 번역사가 번역한 수준(A→B 번역 수준)의 번역문을 함께 제시하여 양자를 비교해 볼 수 있도록 하였다. B→A 번역의 경우에는 번역사가 가지는 내재적 한계가 분명히 존재하기 때문에 "완벽한 등가(等價) 찾기"는 거의 불가능하다. 중국인 번역사는 중국어를 한국어로 옮기는 B→A 번역의 수준을 향상시키기 위해 가능한 한 한국인이 쓴 글을 많이 접하여 한국적인 표현을 많이 익히고 한국어에 대한 언어 감각을 기르는 노력이 필요하다. 각 언어는 나름대로의 구조가 있으므로 원문(source text)과 번역문(target text)의 단어와 단어, 행과 행, 문구와 문구를 대응시켜야 한다는 강박관념에서 벗어나야 한다.

☞ 北京大学图书馆在数字化图书馆建设方面具有世界先进水平,是现代化的大型综合性文献信息中心。
　①직역: 북경대학교 도서관은 디지털 도서관 구축에서 세계적인 수준을 자랑하는 현대적인 대형 종합문헌정보센터라고 할 수 있다.
　②의역: 또한 디지털 도서관 구축에 있어 세계적인 수준을 자랑하는 북경대학교 도서관은 현대적인 대형 종합문헌정보센터로 거듭나고 있다.

☞ 我们曾经组织了42个经贸及展览团组约600余人次,赴世界各个国家和地区进行考察、经贸洽谈和参展,取得了较好效果,接待了国外客商约400人次。(6과)

第9课

① 직역: …… 이 대표단들은 세계 각국(및 지역)을 시찰하고 경제무역 상담 및 전시회에 참가하여 400여 명의 투자자 및 바이어들을 맞이하게 되는 상당히 좋은 성과를 거두었습니다.

② 의역: …… 이 대표단들은 전세계 각국(및 지역)을 방문하여 시찰 활동, 각종 (경제)무역상담, 전시회 등에 참가하여 약 400명의 투자자 및 바이어들과 상담을 진행하는 등 상당히 좋은 성과를 거둔 바 있습니다.

☞ 其实我和他也只是半年没见着,他这么一叫,我才觉得自己老了许多。(15과)
　①직역: …… 그가 이렇게 말하는 것을 듣고서야 ……
　②의역: …… 그처럼 안됐다는 듯 말하는 것을 듣고서야 ……

9.4 翻译练习

9.4.1 选词填空

❶ 弥勒寺址石塔(国宝11号)是百济武王在位时修建的,是韩国最古老、最大的一座石塔。
—— 미륵사지석탑(국보 11호)은 백제 무왕때 (　　　)된 한국 국내 최고(最古), 최대의 석탑이다.
　　A. 설립　　B. 창립　　C. 창설　　D. 창건

❷ 918年,高丽太祖王建在朝鲜半岛创建了一个统一的国家,当时开城的名字叫松岳。
—— 918년 고려 태조 왕건이 한반도 통일국가를 (　　　)할 당시 개성(開城)의 이름은 송악(松岳)이었다.
　　A. 설립　　B. 창립　　C. 창설　　D. 창건

❸ 31日,三星爱宝乐园举行建社47周年纪念仪式,宣布要将今年2兆2千亿韩圆的销售额到2020年提高到8兆韩圆。
—— 삼성에버랜드는 31일 (　　　) 47주년 기념식을 갖고 올해 2조 2천 억 원인 매출을 오는 2020년까지 8조원으로 끌어올리겠다고 밝혔다.
　　A. 설립　　B. 창립　　C. 창설　　D. 창건

❹ 1969年，巴勒斯坦解放组织建立，领导巴勒斯坦独立斗争的先驱亚西尔·阿拉法特自治政府领袖于11月11日在法国因病去世，享年75岁。
—— 1969년 팔레스타인해방기구(PLO)를 (   )하여 팔레스타인 독립투쟁을 앞장서서 이끌던 야세르 아라파트 팔레스타인 자치정부 수반이 지난 11월 11일 지병으로 치료를 받던 프랑스에서 향년 75세로 사망했다.
　　A. 설립　　B. 창립　　C. 창설　　D. 창건

❺ 1971年建立的韩国开发研究院(KDI)作为综合政策研究机构，过去30多年以来，在韩国经济发展过程中，该机构被国内外评价为韩国最高智囊团。
—— 한국개발연구원(KDI)은 1971년에 (   )된 종합 정책 연구기관으로서 지난 30여 년 동안 한국경제 발전과정에서 국내외로부터 한국 최고의 싱크탱크(ThinkTank)로 평가 받아 왔다.
　　A. 설립　　B. 창립　　C. 창설　　D. 창건

❻ 23日上午，韩国海洋警察创立58周年纪念大会在文化艺术会馆举行，国务院总理、海洋警察厅厅长等1200余人参加了这次纪念会。
—— 해양경찰 (   ) 58주년 기념식이 23일 오전 문화예술회관에서 국무총리, 해양경찰청장 등 1200여 명이 참석한 가운데 열렸다.
　　A. 설립　　B. 창립　　C. 창설　　D. 창건

❼ 爱丁堡大学创建于1583年，是英国最古老、最大的综合性大学之一，位于苏格兰首府爱丁堡的旧城。该校与世界53个国家的院校有合作项目，在英国高居研究性大学排名前列。
—— 1583년에 (   )된 에딘버그대학(The University of Edinburgh)은 스코틀랜드 에딘버그시에 위치하고 있다. 영국에서 가장 오랜 역사와 규모를 자랑하는 종합대학 중 하나인 에딘버그대학은 전세계 53개 국가의 대학들과 활발한 협력 교류 관계를 맺고 있으며 영국에서 연구중심 대학으로 명성이 높다.
　　A. 설립　　B. 창립　　C. 창설　　D. 창건

❽ 微软公司是比尔·盖茨年轻时创建的，现在它已发展成为世界最大的软件企业。
—— 빌 게이츠가 젊었을 때 (   )한 MS社는 현재 세계 최고의 S/W기업으로 성장했다.
　　A. 설립　　B. 창립　　C. 창설　　D. 창건

翻译提示：
"창건하다": 건물이나 조직체 따위를 처음으로 세우거나 만드는 것을 의미.
"창립하다": 회사/기관 따위를 처음으로 세우는 것을 의미.
"설립하다": 학교/단체/회사 따위를 처음으로 세우는 것을 의미.
"창설하다": 기관이나 단체 등을 처음으로 설치(설립)하는 의미.

9.4.2　选择较好的翻译

❶ 他们俩是**同时**毕业的。
　——그들은 동시에 졸업했다.
　—— 그 두 사람은 같은 해에 졸업했다.

❷ 昨日俄两客机**同时**坠毁，无人生还。有媒体质疑到："两架客机同时失事是巧合吗？"
　—— 어제 러시아에서 여객기 두 대가 같은 시간에 추락했는데 생존자는 없는 것으로 알려졌다. 언론에서는 "여객기 두 대가 같은 시간에 사고가 난 것은 순전히 우연히 일치인가?"라고 의문을 제기했다.
　—— 어제 러시아에서 여객기 두 대가 거의 동시에 추락했는데 생존자는 없는 것으로 알려졌다. 언론에서는 "여객기 두 대가 거의 동시에 사고가 난 것은 순전히 우연히 일치인가?"라고 의문을 제기했다.

❸ 最近，中国企业家创办了许多具备国际竞争力的强势企业。与此**同时**，中国大型企业的管理仍然存在许多混乱现象。
　—— 최근 중국에서는 국제경쟁력을 갖춘 우수한 기업들이 많이 생겨나고 있다. 이와 동시에 중국 대기업들의 관리체계는 아직까지 허술하다는 문제점을 안고 있다.
　—— 최근 중국에서는 국제경쟁력을 갖춘 우수한 기업들이 많이 생겨나고 있지만, 한편으로는 중국 대기업들의 관리체계가 아직까지 허술하다는 문제점을 안고 있다.

翻译提示：
同时："한편"，"이와 동시에"，"같은 ○○"，"한편으로는" 등으로 번역 가능

❹ 两国建立外交关系，具有**重大**历史意义。
　—— 양국의 외교 관계 수립은 역사적으로 중요한 의의를 가지고 있다.
　—— 양국 수교는 중대한 역사적 의의가 있다.

❺ 在全国人民代表大会上,提出了许多有关国计民生的**重大**问题。
　　── 전국인민대표회의에서 국가계획과 민생안정에 관련된 많은 중대한 문제들을 제기하였다.
　　── 전국인민대표회의에서 국가계획과 민생안정에 관련된 주요 사안들이 제기되었다.

❻ 用中医治疗肝病,该疗法是中国医学史上的一个**重大**突破。
　　── 한의로 간질환을 치료하는 치료법은 중국의학사에 있어서 획기적인 사건이다.
　　── 한의로 간질환을 치료하는 치료법은 중국의학사에 있어서 중대한 돌파구이다.

❼ 国际权威杂志《自然》1日发表了中国科技大学教授完成的**重大**研究成果。
　　── 지난달 1일 국제적으로 권위있는 과학잡지인『네이처(Nature)』에 중국과학기술대학 교수들의 주요한 연구 성과들이 발표되었다.
　　── 1일 국제적으로 권위있는 과학잡지인『네이처(Nature)』에 중국과학기술대학 교수들의 주요한 연구 성과들이 발표되었다.
　　── 지난 1일 국제적으로 권위있는 과학잡지인『네이처(Nature)』에 중국과학기술대학 교수들의 주요한 연구 성과들이 발표되었다.

9.4.3　翻译句子

❶ 两国在政治、经济、文化方面,都保持着重要合作关系。

❷ 金教授在语言学研究方面很有成就。

❸ 改革开放20年以来,中国在哪些方面取得了巨大的发展呢?

❹ 翻译工作者在业务方面应具备的条件是要精通两门以上的语言。

9.4.4　翻译短文

苏州工业园区是中国和新加坡两国政府合作兴办的项目,辖区面积260平方公里,1994

年5月实施启动。其发展目标是建设具有国际竞争力的高科技工业园区,为海内外客商提供优良的投资环境。苏州工业园区得到了中新两国政府的高度重视和全力推动。10年来,园区借鉴新加坡的有益经验,开发建设,取得了令人瞩目的成绩,并形成了独特的优势和特点。

一、特殊的政策。中国政府在项目审批、海关物流、人力资源、外事管理等方面授予苏州工业园区独一无二的管理权限。

二、超前的规划。贯彻"以人为本"理念,苏州工业园区各项功能设施合理配置,并以此为指导,建设了国际一流的基础设施。

三、创新的体制。提倡"亲商"服务,苏州工业园区把扶持企业发展和创造最佳投资回报作为政府工作的出发点。

四、优美的环境。苏州工业园区为中国首家ISO14001环境管理示范区,拥有良好的地质条件,高等级的大气和水体质量,具备理想的投资和人居环境。

9.5 翻译作业

北京外商投资企业协会

<协会介绍>

北京外商投资企业协会(以下简称协会)成立于1989年,由经中国政府批准成立的在京外商投资企业,港、澳、台和华侨投资企业,境外公司和机构在京从事投资或服务的经济实体,以及有关社会知名人士联合组成。

协会的宗旨与主要任务是:遵照国家对外开放的方针和政策、鼓励外商投资的法律、法规,努力为会员企业和中外投资者提供全方位服务,维护会员的合法权益,促进会员之间、会员与政府之间的联系、了解与合作。坚持民主集中制原则、民主办会,使协会成为会员与政府之间的桥梁与纽带,成为会员繁荣健康发展的参谋与助手。

协会现有会员达2500多家,北京市政府主管外资工作的副市长担任协会的名誉会长,市政府有关委、办、局的主管领导,北京市各区、县经贸委主任均在协会担任特邀顾问。

协会为改善北京市投资环境,促进会员与政府之间的联系与合作,维护外商投资企业和中外投资者的合法权益,协助会员企业开展国际经济

合作和企业生产经营等方面发挥了积极作用,并已形成了全方位为外商投资企业及投资者服务的网络体系。

<入会条件>

协会实行企业会员、团体会员和个人会员制。

入会的条件是:承认会员章程,申请加入协会,参加协会活动并按期交纳会费的外商投资企业,港、澳、台和华侨投资企业,境外公司和机构在京从事投资或服务的经济实体均可加入协会成为会员。

申请加入协会的企业,应填写《入会申请表》,缴纳会费,办理入会手续。具体事宜可与"北京外商投资企业协会秘书处"接洽。

9.6 参考资料

한국국제교류재단

　한국국제교류재단은 "한국국제교류재단법"에 의해 1991년 12월 설립되었습니다. 본 재단은 국제사회에서 한국에 대한 올바른 인식과 이해를 도모하고 국제적 우호친선을 증진하는 데 이바지하고자 대한민국과 외국간의 각종 교류 사업을 추진해오고 있습니다.

　재단은 해외 대학 및 연구단체의 한국연구활동 지원/펠로십(개인 연구 지원) 프로그램 운영, 주요 국가와의 포럼, 해외 주요 박물관의 한국실 설치, 공연전시 등 예술 교류, 각계 인사들의 상호 교류 촉진, 한국을 소개하는 각종 단행물 발간 등 다양한 교류 사업을 활발히 전개하고 있습니다.

第10课　记叙文

10.1 课文范文

10.1.1 紫禁城

紫禁城现名故宫博物院,位于北京城中心,是明、清两朝的皇宫。始建于明永乐四年(1406年),建成于明永乐十八年(1420年),至今约有600年历史,先后有24位皇帝在这里统治全国近500年。

紫禁城宫殿巍峨,楼阁重重,白玉雕栏,红墙黄瓦,金碧辉煌。这座金光熠熠的"宫殿之海",占地72万平方米,建筑面积15万平方米,有各式宫殿890座,房屋9000多间。紫禁城四周建有高10米、长3428米的宫墙。方形宫墙的四角各建有一座结构精巧、美观独特的角楼。宫墙四面各开一门:南为午门,北为神武门,东为东华门,西为西华门。宫墙之外护城河环绕,河宽52米,长3800米。真可谓金城汤池,护卫森严。

建筑富丽堂皇的紫禁城内,既有雄伟的大殿和开阔的广场,又有华丽的后宫和深邃的幽径,及机密的议政处所,还有帝王后妃休息娱乐的御花园。紫禁城分为外朝和内朝两大部分,外朝以太和、中和、保和三大殿为主体,文华、武英两殿为两翼,是举行大典、朝贺、筵宴、行使权力的地方。内廷以乾清宫、交泰殿和坤宁宫为主体,是皇帝的寝宫和处理日常政务的地方。

后三殿东西两侧各开有四门,分别通向东西六宫,是皇帝及后妃们生活居住的地方。永寿宫、太极殿、翊坤宫、长春宫、储秀宫、咸福宫为西六宫,景仁宫、承乾宫、钟粹宫、延喜宫、永和宫、景阳宫为东六宫。西六宫之南的养心殿,是皇帝居住和处理日常政务之处。东六宫之南,有皇帝斋戒时居住的斋宫。东西六宫后面的宫室是皇子居处。西六宫之西有慈宁宫、寿康宫,是太后、太妃的居处;东六宫之东有皇极殿、宁寿宫,是清朝乾隆皇帝做太上皇时修建的一组宫殿。

新中国成立以来,紫禁城得到了良好的维护。它是中国现存的最宏大的古建筑群,也是世界上现存最大、最完整的宫殿建筑群。1961年,紫禁城被列为全国重点文物保护单位。1987年联合国教科文组织将紫禁城列入"世界文化遗产"。古老而又焕发朝晖的紫禁城,闪耀着中华民族悠久历史和灿烂文化的绚丽光彩,已经成为全世界和全人类的文化遗产。

10.1.2　词汇注释

清朝 —— 청대, 청나라
先后 —— 전후로, 연이어
巍峨 —— 높고 크다
占地 —— 면적
方形 —— 사각형
独特 —— 독특하다
护城河 —— 해자(垓子)
汤池 —— 요새, 철옹성
富丽堂皇 —— 장엄하고 화려하다
开阔 —— 넓다
深邃 —— 깊다
机密的 —— 비밀스러운
举行 —— 거행하다, 개최하다
朝贺 —— 조공을 드리고 경하하다
分别 —— 각각
接见 —— 접견하다
斋宫 —— 재궁
太上皇 —— 태상황
宏大 —— 웅대하다
重点 —— 주요, 중점
列入 —— ~에 포함되다, ~으로 지정되다
焕发 —— 환하게 빛나다, 빛을 발하다
闪耀 —— 반짝이며 빛나다

光彩 —— 광채, 영광스럽다
始建 —— 창건하다, 짓기 시작하다
官殿 —— 궁, 궁전
熠熠 —— 선명하다
平方米 —— 평방미터(m^2)
精巧 —— 정교하다
环绕 —— 둘러싸다
可谓 —— ~라고 할 수 있다
护卫森严 —— 경비가 삼엄하다
雄伟 —— 웅장하다
幽径 —— 한적한 길
主体 —— 주체, 주된 부분, 중심
大典 —— 중요한 의식, 의례
筵宴 —— 주연, 연회
格局 —— 구도
斋戒 —— 재계하다
皇子 —— (황)태자
维护 —— 보수(하다)
完整 —— 완벽하다, 완전하다
联合国教科文组织 —— 유네스코
　(UNESCO) ☞4.3.4 번역상식 참조
朝晖 —— 아침 햇빛
绚丽 —— 눈부시게 아름답다

10.1.3 **参考译文**

자금성(紫禁城)

　　현재 고궁박물원(古宮博物院)으로 불리는 자금성은 明·淸 시기의 왕궁으로 북경시 중심에 위치하고 있다. 明 永樂 4년(1406년)에 창건하기 시작하여 永樂 18년(1420년)에 완공(조성)되었다. (지금까지) 약 600여 년의 역사를 지닌 이 곳에서 24명의 황제들이 약 500여 년간 중국을 통치했다.

　　높게 치솟은 궁전들, 겹겹의 전각, 백옥석(漢白玉:한나라 때부터 만들기 시작한 백옥)으로 조각된 난간, 붉은 성벽과 황금빛(황금색) 기와로 눈부시게 빛나는 금빛 찬란한 "궁전의 바다"인 자금성은 부지 72만㎡, 건축 면적 15만㎡에, 890채의 전각(궁전)과 9000여 간(間)으로 이루어져 있다. 자금성 주위에는 높이 10m, 길이 3425m의 성벽을 "口"자형으로 쌓았으며 성벽의 네 모퉁이에는 정교한 구조의 아름답고 독특한 형태의 각루를 건조(조성)하였다.〔의역:자금성을 "口"자형으로 둘러싼 성벽(높이 10미터, 길이 3425미터)의 네 모퉁이에는 정교한 구조의 아름답고 독특한 형태의 각루를 건조(조성)하였다.〕 그리고 성벽의 사면에 각기 문을 두어 남문은 오문(午門), 북문은 신무문(神武門), 동문은 동화문(東華門), 서문은 서화문(西華門)이라 하였다. 또한 성벽의 바깥쪽은 너비 52m, 길이 3800m의 해자(埃子:성을 방어하기 위해서 성 둘레에 인공으로 파서 만든 호수)로 둘러싸여 있어 접근조차 어려운 철옹성이라 할 수 있다.

　　화려하고 웅장한 건축물들이 즐비한 자금성 내에는 웅장한 대전과 넓은 광장이 있으며, 이 밖에도 화려한 양식의 후궁과 한적한 길, 그리고 비밀스럽게 정무를 논하던 장소와 황제, 후비들이 휴식을 취하거나 오락을 즐기던 황실후원(御花園) 등이 있다.

　　자금성은 크게 외조(外朝)와 내조(內朝)로 나뉜다(구분된다). 외조는 태화전(太和殿), 중화전(中和殿), 보화전(保和殿)이 주축을 이루고 있으며(或세 건물이 중심이었으며) 그 양 옆으로 문화전(文華殿), 무영전(武英殿)이 자리잡고 있는데, 국가 의식(주요 의식)과 외국 사신 접견 의식이 이루어지거나, 연회를 베풀거나 왕권 행사가 이루어지던 곳이었다. 내정(內廷)은 크게 건청궁(乾淸宮), 교태전(交泰殿), 곤녕궁(坤寧宮)으로 이루어져 있는데, 이 곳은 황제의 침전과 일상적인(평상 시) 정무를 보던 장소이다.

　　뒤쪽에 위치하는 三殿(건청궁, 교태전, 곤녕궁)의 동서 양쪽으로 4개의 문이 있는데, 각각 황제와 후비들이 거처하는 동서육궁(東西六宮)으로 통하게 되어있다. 서육궁은 영수궁(永壽宮), 태극전(太極殿), 익곤궁(翊坤宮), 장춘궁(長春宮), 저수궁(儲秀宮), 함복궁(咸福宮)을 말하고, 동육궁은 경인궁(景仁宮), 승건궁(承乾宮), 종수궁(鐘粹宮), 연희궁(延嬉宮), 영화궁(永和宮), 경양궁(景陽宮)을 가리킨다. 서육궁 남쪽에 있는 양심전(養心殿)은 황제가 거처하면서 일상 정무를 처리하는 곳이었다. 그리고 동육궁 남쪽에는 황제가 재계[제사를 올리기 전에 심신을 깨끗이 하고 금기(禁忌)를 범하지 않도록 하는 일]를 위해 머무는 재궁(齋宮)이 위치하고 있다. 동서육궁 뒤쪽에는 세자와 대군들이 거처하는 궁이 있다. 그리고 서육궁 서쪽에 있는 자녕궁(慈寧宮)과 수강궁(壽康宮)은 황태후와 황태비가 거처하는 궁이다. 동육궁 동쪽에 있는 황극전(皇極殿)과 영수궁(寧壽宮)은 청나라 건륭(乾隆)황제가 태상황(太上皇)을 지낼 때 보수한 궁전들이다.

중화인민공화국 정부 수립 이후, 중국 정부는 자금성에 대한 보호관리에 들어갔다. 자금성은 현재 중국에 남아있는 가장 웅대한 고건축군(古建築群)이자 전세계 최대 규모의 그 원형이 가장 잘 보존된 건축군(建築群)이다. 1961년에 자금성은 중국의 국가지정(보호대상) 문화재로 지정되었다. 그리고 그 후 1987년 유네스코(UNESCO) 세계문화유산으로 지정되었다(등록되었다). 중화민족의 유구한 역사와 찬란한 문화의 빛을 발하는 고색창연한 자금성은 전세계와 인류의 문화유산으로 자리잡았다.

10.2 正误评析

❶ 紫禁城现名故宫博物院,位于北京城中心,是明、清两朝的皇宫。

错误翻译:
자금성은 <u>현명</u> 고궁박물원, 북경<u>성</u>의 중심에 위치<u>하여</u>, 명, 청 <u>두</u> 나라의 황궁이다.

正确翻译:
①현재 고궁박물원(古宮博物院)으로 불리는 자금성은 明·淸 시기의 왕궁으로 북경시 중심에 위치하고 있다.
②자금성(현재 명칭:고궁박물원/古宮博物院)은 明·淸 시기의 왕궁으로 북경시 중심에 위치하고 있다.

正误评析:

- 错误翻译는 문장 구조가 부적절하다. "主语 + A(谓语①……),B(谓语②……),C(谓语③是……)。"와 같은 구조의 문장은 일반적으로 "A-주어-C-B(또는 B-주어-C-A)" 구조로 번역해야 적절하다. 즉, A 또는 B 중 하나는 주어를 꾸며주는 관형구로 번역해야 자연스럽다. 따라서 이 문장은 "(A:고궁박물원으로 불리는)—(主语:자금성은)—(C:왕궁으로)—(B:-에 위치하고 있다)"로 번역해야 자연스럽다.
- "现名"을 한국인이 이해할 수 없는 단어인 "현명"으로 번역할 수 없다. **첫째**, 명사형으로 표현하고자 하는 경우에는 "현 명칭" 또는 "현재 명칭"으로 번역해야 적절하며, 서술형으로 표현하고자 하는 경우에는 "현재 -라고 불리운다"로 번역해야 한다. **둘째**, 错误翻译에는 "고궁박물원" 뒤에 조사나 어미가 없어 호응 관계가 어색하다. 참고로 한국에서는 "박물원"이라는 표현을 쓰지 않지만 고유명사이므로 원명을 존중해서 "고궁박물원"으로 표기하되 뒤에 한자를 병기해 주는 것이 바람직하다.

- "明、清两朝"를 "명, 청 두 나라"로 번역할 수 없다. "나라"는 개별적인 국가를 의미하므로 적절하지 않다. "명·청 두 왕조", "명, 청 양대", "명청 시기" 등으로 번역해야 적절하다.
- "北京城"은 한국인이 이해하기 쉽도록 "북경시"로 번역해야 적절하다.

❷ 始建于明永乐四年(1406年), 建成于明永乐十八年(1420年), 至今约有600年历史, 先后有24位皇帝在这里统治全国近500年。

错误翻译:
(A) 명 영락 4년(1406년)에 짓기 시작하여, 명 영락 18년(1420년)에 완성했다.
(B) 지금까지 약 600년 역사가 있다.
(C) 선후 24명의 황제가 여기에서 약 500년 동안 전국을 통치했다.

正确翻译:
明 永樂 4년(1406년)에 창건하기 시작하여 永樂 18년(1420년)에 완공(조성)되었다. (지금까지) 약 600여 년의 역사를 지닌 이 곳에서 24명의 황제들이 약 500여 년간 중국을 통치했다.

正误评析:
- 错误翻译과 같이 (A), (B), (C) 세 문장으로 나누어 번역하는 것은 적절하지 않다. "至今约有600年历史"를 단독 문장으로 번역하기에는 너무 짧으며 의미상 뒤의 문장 성분들과 관련이 있기 때문에 하나의 독립적인 문장으로 번역하는 것은 부적절하다.
- "建成"을 "완성했다"로 번역하는 것은 부적절하다. 첫째, '건축물의 공사를 완료했다'는 의미이므로 "완공하다(완공되다)"로 번역해야 적절하다. 둘째, "紫禁城"이 주어이므로 피동형인 "완공되었다" 또는 "조성되었다"로 번역해야 옳다. 동사를 능동형으로 번역할 때는 "建成"의 행위 주체자를 밝혀주어야 한다.
- "至今约有600年历史"를 "지금까지 약 600년 역사가 있다"로 번역하는 것은 부적절하다. 첫째, 단독 문장으로 번역하는 것은 부적절하다(이유는 위의 설명 참조). 둘째, "역사가 있다"는 호응 관계가 부적절하다. "有○○○年历史"는 "○○○년의 역사를 지니고 있다" 또는 "○○○년의 역사를 자랑한다"로 번역해야 적절하다.
- "先后"를 "선후"로 번역할 수 없다. "선후"는 명사(예:선후를 조정하다, 선후를 결정하다)나 관형사(예:선후 관계)로 사용된다. 부사 "先后"는 굳이 번역하자면 "연이어, 잇달아, 여러 차례, 수 차례, 전부, 총" 등으로 옮길 수 있는데, 대부분의 경우 번역에서 생략해야 자연스럽다. "24명의 황제들이 약 600년간 중국을 통치했다"에 이미 시간의 연속성이 표현되므로, 여기서 "先后"는 번역에서 생략해도 무방하다.

❸ 这座金光熠熠的"宫殿之海",占地72万平方米,建筑面积15万平方米,有①各式宫殿890座,房屋9000多间。紫禁城四周建有②高10米、长3428米的宫墙。方形宫墙的四角各建有③一座结构精巧、美观独特的角楼。

错误翻译:

(A) 이 금빛 찬란한 "궁전의 바다"는 72만 평방미터를 차지하고, 건축 면적은 15만 평방미터이며, 각종 궁전은 890좌, 가옥은 9천여 칸이 있다.

(B) 자금성 사방은 10 미터 높이고, 3428미터 길이인 궁벽이 있다.

(C) 사각형 궁벽의 사각에는 구조가 정교하며, 아름답고 독특한 각루가 있다.

正确翻译:

금빛 찬란한 "궁전의 바다"인 자금성은 부지 72만㎡, 건축 면적 15만㎡에, 890채의 전각(궁전)과 9000여 간(間)으로 이루어져 있다. 자금성 주위에는 높이 10m, 길이 3425m의 성벽을 "口"자형으로 쌓았으며, 성벽의 네 모퉁이에는 정교한 구조의 아름답고 독특한 형태의 각루를 건조(조성)하였다.[의역:자금성을 "口"자형으로 둘러싼 성벽(높이 10미터, 길이 3425미터)의 네 모퉁이에는 정교한 구조의 아름답고 독특한 형태의 각루를 건조(조성)하였다.]

正误评析:

◉ 错误翻译 (A) 와 (B) 는 주어와 서술어의 호응이 부적절하다.
  (A) 궁전의 바다는(자금성은) — 차지하다 (不正确),
  (B) 자금성 사방은 — 있다 (不正确)

◉ "有(有①, 建有②, 建有③)"를 전부 "있다"로 번역하는 것은 바람직하지 않다. 특별한 경우를 제외하고는 한 단락 안에서 가능한 한 중복된 표현을 피하는 것이 좋다. 여기서 "有①"은 "이루어져 있다"로, "有②"는 "쌓다" 또는 "둘러싸여 있다", "有③"은 "건조(조성)하였다"로 번역해야 적절하다.

◉ "占地72万平方米,建筑面积15万平方米"는 正确译文과 같이 "부지 72만㎡, 건축 면적 15만㎡"로 간결하게 번역하는 것이 좋다.

◉ "各式宫殿"을 "각종 궁전"으로 번역하는 것은 부적절하다. "각종 궁전"으로 번역할 경우 "각 종류의 궁전"이라는 의미가 된다. 그런데 궁전 자체가 건축물의 한 종류(分类)인 하위 개념이며 그 아래 또 다른 하위 분류는 존재하지 않기 때문에 적절하지 않다. "各式(样式)"는 여기서 '궁전의 다양한 양식이나 모양'을 의미하는데 번역시 생략해도 무방하며, 굳이 번역하자면 "다양한 형태의"로 표현 가능하다.

◉ "房屋"을 "집(房子)"을 의미하는 "가옥"으로 번역할 수 없다.

◉ "紫禁城四周建有高10米,长3428米的宫墙"을 (B)처럼 하나의 독립적인 문장으로 번역하는 것보다 正确译文과 같이 뒤의 문장과 연결하여 번역하는 것이 이해하기 쉽고 문맥 흐름이 자연스럽다. 더구나 错误翻译에서는 세 문장의 서술어를 전부 "있다"로 번역함으로써 동일한 서술어가 세 번 반복되어 좋은 문장이라고 보기 어렵다.

- "四周"를 "사방은"으로 번역하는 것은 부적절하다. "사방"은 "~이 사방에 진열되어 있다", "사방에 ~이 있다" 등과 같이 처소격 조사와 같이 쓰인다. 여기서는 "주위에는"으로 번역해야 적절하다.
- "宫墙"을 한국인이 이해하기 힘든 표현인 "궁벽"으로 번역할 수 없다.(☞2.3.5 번역상식 참조) 여기서는 "자금성의 벽"을 의미하므로 "성벽"으로 번역해야 적절하다.
- "高10米, 长3428米"는 错误翻译과 같이 서술형으로 번역하는 것보다는 正确译文과 같이 간결하게 짧은 명사구로 번역하는 것이 의미 전달 효과 면에서 더 낫다.
- "方形宫墙"을 "사각형의 궁벽"으로 번역하는 것은 부적절하다. "삼각형", "사각형" 등은 사물의 평면적인 모양을 표현한 것으로 성벽의 형태를 나타내는 표현으로 적절하지 않다. 건축물의 구조 형태에 대해서는 주로 "ㄴ"자형, "ㄷ"자형, "ㅁ"자형 등으로 표현한다.

❹ 宫墙之外护城河环绕, 河宽52米, 长3800米。真可谓金城汤池, 护卫森严。

错误翻译:
(A) 궁벽 밖에 호성하가 둘레를 돌며, (B) 하는 너비가① 52미터, 길이가② 3800미터이다.
(C) 정말 금성철벽, 경비가 삼엄하다고 말할 수 있다.

正确翻译:
또한 성벽의 바깥쪽은 너비 52m, 길이 3800m의 해자(垓子:성을 방어하기 위해서 성 둘레에 인공으로 파서 만든 호수)로 둘러싸여 있어 접근조차 어려운 철옹성이라 할 수 있다.

正误评析:
- 错误翻译은 (A)와 (C)의 문맥 연결이 부자연스럽다. 正确译文과 같이 문두에 접속어를 삽입하고 하나의 문장으로 번역해야 자연스럽다.
- "护城河"와 같이 한국어로 완벽하게 환치되기 어려운 용어를 번역할 때는 해당 분야의 전문가에게 도움을 청하거나 인터넷 검색을 통해 정확하게 번역하는 것이 가장 이상적이지만, 여러 가지 요인으로 인해 정확한 용어로 번역하기가 쉽지 않은 경우가 많다. 그렇다고 이런 단어를 错误翻译처럼 한국 한자독음으로만 표기하면 한국인은 의미를 이해할 수가 없다. 이런 경우에는 "성을 보호하는 하천" 등과 같이 설명하는 방식으로 번역하고 그 뒤에 한자로 병기하거나 正确译文과 같이 역주를 덧붙여주어야 한다.(☞7.3.5 번역상식 참조)
- "环绕"를 "둘레를 돌며"로 번역하는 것은 부적절하다. "둘레를 돌다"의 주어는 행위가 가능한 생명체(사람, 동물)라야 하는데, 이 문장의 주어는 무생물인 "护城河"이므로 "돌다"로 번역하는 것은 부적절하다.

☯ "河宽52米, 长3800米"를 "하는 너비가① 52미터, 길이가② 3800미터이다"로 번역하는 것은 부적절하다. **첫째** "河"를 "하"로 번역할 수 없다. 한국어에서 "수(水)", "하(河)" 등과 같은 일음절 한자음은 단독 문장성분으로 쓰일 수 없기 때문에 "물", "용수", "하천" 등과 같이 이음절 고유어(纯韩语)나 이음절 한자어로 표현해야 한다.(☞ 13.3.5 번역상식 참조) **둘째**, (B)는 "护城河"의 너비와 길이를 설명하는 내용이므로 (A)와 연결시켜 한 문장으로 번역해야 자연스럽다. 더구나 错误翻译(B)에서는 짧은 문장에 주격조사가 세 번(는, 가①, 가②)이나 등장하여 좋은 문장으로 볼 수 없다. 따라서 (B)의 내용은 "너비 52m(미터), 길이 3800m(미터)"와 같이 "护城河"를 수식하는 간결한 관형구로 번역해야 적절하다.

☯ "真可谓"는 굳이 직역하자면 "가히 ~라 할 수 있다"로 번역 가능하다.

☯ "金城"을 한국인이 이해할 수 없는 표현인 "금성"으로 번역할 수 없다. 여기서 "金"은 "坚"을 의미하므로 "철옹성(鐵甕城)"으로 번역 가능하다.

❺ 紫禁城分为外朝和内朝两大部分, 外朝以太和、中和、保和三大殿为主体, 文华、武英两殿为两翼, 是举行大典、朝贺、筵宴、行使权力的地方。

错误翻译:
자금성은 외조와 내조 두 부분으로 나눈다. 외조는 태화, 중화, 보화대전으로 주체가 되고, 문화, 무영 궁전 두 채가 옆에 있으며, 대형 의식, 조공, 잔치를 개최하고 직권을 행사하는 곳이다.

正确翻译:
자금성은 크게 외조(外朝)와 내조(內朝)로 나뉜다(구분된다). 외조는 태화전(太和殿), 중화전(中和殿), 보화전(保和殿)이 주축을 이루고 있으며(或세 건물이 중심이었으며), 그 양 옆으로 문화전(文華殿), 무영전(武英殿)이 자리잡고 있는데, 국가 의식(주요 의식)과 외국 사신 접견 의식이 이루어지거나, 연회를 베풀거나 왕권 행사가 이루어지던 곳이었다.

正误评析:

☯ "分为A和B两大部分"은 일반적으로 "크게 A와 B로 나뉜다(구분된다)"로 번역 가능하다. 능동형인 "나눈다"로 번역하는 것은 부적절하다.

☯ "……为主体"를 "-으로 주체가 되고"로 번역하는 것은 부적절하다. "-이 주축(중심)을 이루며" 또는 "-이 주된 건축물이며"로 번역해야 적절하다.

☯ "两殿为两翼"을 "궁전 두 채가 옆에 있으며"로 번역하는 것은 부적절하다. **첫째**, "옆에 있다"는 표현에서는 "A는 B(의) 옆에 있다"와 같이 B를 밝혀 주어야 한다. 더구나 "옆에 있다"와 "양쪽에 있다"는 의미가 다르다. **둘째**, 뒷 문장과 병렬관계가 아니기 때문에 "있으며"로 번역하는 것은 부적절하다.

第10课

- "朝贺"를 "조공"으로 번역하는 것은 부적절하다. "朝"의 의미만 번역하고 "贺"의 의미는 번역하지 않았기 때문이다. 그런데 여기서 "朝贺"는 "举行"의 목적어이기 때문에 간결하게 번역해야 적절하므로 "외국 사신 접견 의식"으로 번역하는 것이 적절하다. 주의할 점은 한국어에서는 "외국 사신 접견을 거행하다"라는 표현은 호응 관계가 부적절하므로 "접견" 뒤에 "의식"을 덧붙여 번역해야 적절하다.
- "举行筵宴"을 "잔치를 개최하고"로 번역하는 것은 부적절하다. **첫째**, "筵宴"을 "잔치"로 번역하는 것은 부적절하다.(예:돌잔치, 생일잔치, 회갑잔치. 참고로 "잔치"는 주로 "베풀다" 또는 "열다"와 호응되어 쓰인다.) 여기서는 궁중에서 열리는 정식 행사를 의미하므로 "연회"로 번역해야 적절하다. **둘째**, "举行"을 "개최하다"로 번역하는 것은 부적절하다. "举行"의 목적어가 "大典、朝贺、筵宴" 등과 같은 의식이므로 호응 관계(목적어-동사)를 고려하여 "거행하다"로 번역해야 옳다.
- "权力"을 "직권"으로 번역할 수 없다. 한국어에서 "직권"은 '직무상의 권한'을 의미하므로 의미상 적절하지 않다. 여기서는 "왕권(王權)"으로 번역해야 적절하다.

❻ 后三殿东西两侧各开有4门，分别通向东西六宫，是皇帝及后妃们生活居住的地方。

错误翻译：
(A) 후삼전 동서 양면에 문이 4개 열려 있고 (B) 각 문은 동서육궁에 통한다.
(C) 동서육궁은 황제와 후비들이 생활하는 곳이다.

正确翻译：
뒤쪽에 위치하는 三殿(건청궁, 교태전, 곤년궁)의 동서 양쪽으로 4개의 문이 있는데, 각각 황제와 후비들이 거처하는 동서육궁(東西六宮)으로 통하게 되어있다.

正误评析：
- 错误翻译은 문맥 흐름이 부자연스럽다. **첫째**, (A) 내용 중의 "4门"이 (B)문장의 주어이고 "东西六宫"이 (C)문장의 주어이므로 (B)와 (C)를 단독 문장으로 번역하는 것은 문맥 흐름상 적절하지 않다. **둘째**, 错误翻译에서는 (C) 앞에 아무런 연결 접속어 없이 나열식으로 번역하여 문맥 연결이 부자연스럽다. (C)는 (B)와 연결하여 번역해야 의미 전달이 빠르고 문맥 흐름이 자연스럽다.
- "后三殿"은 고유명사가 아니므로 "후삼전"으로 번역하는 것은 적절하지 않다. 따라서 "뒤쪽에 위치하는 三殿"으로 번역해야 적절하다.
- "两侧"을 "양면"으로 번역하는 것은 부적절하다. "양면"은 '사물의 양 겉면'을 의미한다.(예:동전의 양면) 따라서 "양쪽" 또는 "양측"으로 번역해야 적절하다.
- "开有"에서 "开"는 "开设"의 의미이므로 "열려 있다"로 번역할 수 없다. 더구나 "문이 열려 있다"는 상태를 나타내므로 문맥 흐름 상으로도 부적절하다.
- "通向"은 "-(으)로 통한다"로 번역해야 옳다. 예:모든 길은 로마로 통한다.

❼ 永寿宫、太极殿、翊坤宫、长春宫、储秀宫、咸福宫为西六宫；景仁宫、承乾宫、钟粹宫、延喜宫、永和工、景阳宫为东六宫。

错误翻译：
(A) 영수궁, 태극전, 익곤궁, 장춘궁, 저수궁, 함복궁은 서육궁<u>이다</u>①.
(B) 경인궁, 승건궁, 종수궁, 연희궁, 영하궁, 경양궁은 동육궁<u>이다</u>②.

正确翻译：
서육궁은 영수궁(永壽宮), 태극전(太極殿), 익곤궁(翊坤宮), 장춘궁(長春宮), 저수궁(儲秀宮), 함복궁(咸福宮)을 말하고, 동육궁은 경인궁(景仁宮), 승건궁(承乾宮), 종수궁(鐘粹宮), 연희궁(延嬉宮), 영화궁(永和宮), 경양궁(景陽宮)을 가리킨다.

正误评析：
- 한국어로 번역할 때 分号를 한국어의 문장부호인 마침표(온점)로 바꾸는 것만으로는 부족하다. 문장과 문장 간의 연결관계를 표현해주지 않아 글을 읽는 한국인이 문맥 흐름을 파악하는데 어려움을 느끼게 만들기 때문이다. 分号가 사용된 단락을 한국어로 번역할 때는 문맥을 고려하여 적절한 접속어를 삽입해주어야 문맥의 흐름이 자연스러워진다. 따라서 正确译文과 같이 한 문장으로 연결하여 번역하거나 (A), (B)의 독립적인 문장으로 번역하고 두 문장 사이에 "그리고" 등과 같은 접속어를 삽입해주어야 문맥 흐름이 자연스러워진다.(☞7.3.2 번역상식 참조)
- 원문에 두 번 등장하는 "为"를 전부 "-이다(이다①, 이다②)"로 번역하는 것은 바람직하지 않다. 중복된 표현 사용으로 좋은 문장이라고 할 수 없다. 더구나 错误翻译의 (A), (B)는 주어가 너무 길어 상당히 부자연스럽다. 正确译文과 같이 "西六宫"과 "东六宫"을 주어로 처리해야 자연스럽다.(☞6.3.3 번역상식 참조)
- 원문에 등장하는 궁전 이름과 같은 고유명사는 글에서 처음 등장하는 경우에는 한자를 병기해주고, 뒤에 다시 언급되는 경우에는 한글로만 표기하는 것이 일반적이다.(☞10.3.2 번역상식 참조)

❽ 新中国成立以来，紫禁城得到了良好的维护。它是中国现存的最宏大的古建筑群，也是世界上现存最大、最完整的宫殿建筑群。

错误翻译：
<u>신중국</u>을 <u>설립된</u> 이래, 자금성은 <u>좋은 보호를 받았다</u>. 자금성은 중국에 <u>지금 있는</u> 고건축<u>떼</u> 중에 <u>제일</u> 웅대한 것이고, 세계에 <u>지금 있는</u> <u>제일 크고</u> <u>완전</u>한 건축<u>떼</u>이다.

正确翻译：
중화인민공화국 정부 수립 이후, 중국 정부는 자금성에 대한 보호관리에 들어갔다. 자금성은 현재 중국에 남아있는 가장 웅대한 고건축군(古建築群)이자 전세계 최대 규모의 그 원형이 가장 잘 보존된 건축군(建築群)이다.

正误评析:

- "新中国成立以来"를 "신중국을 설립된 이래"로 번역하는 것은 부적절하다. **첫째**, 목적격 조사 "-을"과 피동형인 "설립되다"는 같이 쓰일 수 없다. "新中国"과 "成立"의 한국어 호응관계를 고려할 때 "成立"은 "수립(되다)"으로 번역해야 적절하다. 그리고 "新中国"은 "수립되다"와 호응관계가 이루어질 수 있도록 주격으로 번역해야 옳다. 따라서 "-이/가 수립된 이후"로 번역 가능하지만 문두에 쓰인 점을 고려하여 正确译文과 같이 간결하게 번역하는 것이 더 적절하다. **둘째**, "新中国"을 한국인이 이해하기 어려운 표현인 "신중국"으로 번역하는 것은 적절하지 않다.

- "得到了良好的维护"를 "좋은 보호를 받았다"로 번역할 수 없다. **첫째**, "보호를 받다"의 주어는 생명체(사람, 동물)이어야 한다. **둘째**, "良好的"을 "좋은"으로 번역할 수 없다. "보호가 좋다"라는 표현은 호응 관계가 이루어질 수 없다. 한국어에서는 이와 비슷한 의미로 "A(문화재)는 보수공사를 거쳐 현재의 모습으로 복원되었다" 또는 "A(문화재)는 보수를 거쳐 새로운 모습으로 단장되었다" 등으로 주로 표현한다. 여기서는 원문의 의미를 최대한 살려 "중국 정부는 자금성에 대한 보호관리에 들어갔다"로 번역 가능하다.

- "群"을 "떼"로 번역할 수 없다. 한국어에서 "떼"는 동물(짐승)의 무리에만 사용 가능하다.

- "现存的"을 "지금 있는"으로 번역하는 것은 부적절하다. "현재 남아있는" 또는 "현존하는"으로 번역해야 적절하다.

❾ 1961年, 紫禁城被列为全国重点文物保护单位。1987年联合国教科文组织将紫禁城列入"世界文化遗产"。

错误翻译:

(A) 1961년에 자금성은 전국 중점 문물보호단위가 되었다.
(B) 1987년 유엔 교과문조직은 자금성을 세계문화유산으로 끼워 넣었다.

正确翻译:

1961년에 자금성은 중국의 국가지정(보호대상) 문화재로 지정되었다. 그리고 그 후 1987년 유네스코(UNESCO) 세계문화유산으로 지정되었다(등록되었다).

正误评析:

- 错误翻译은 (A)와 (B)의 문맥 연결이 부자연스럽다. 중국어에서는 접속어 없이 문장을 여러 개 나열할 수 있지만, 한국어에서는 접속어를 사용하여 문맥의 흐름을 연결시켜 주어야 자연스럽다. 여기서는 (A)와 (B) 사이에 "그리고", "그 후" 등의 접속어를 삽입해주어야 문맥 흐름이 자연스러워진다.

- "重点文物保护单位"를 "중점 문물보호단위"로 번역하는 것은 부적절하다. **첫째**, "重点"은 일반적으로 "중요한" 또는 "주요"로 번역 가능하다.(☞10.3.3 번역상식 참조)

"중점"은 '가장 중요한 점, 중요하게 여겨야 할 점'이라는 뜻을 지녀 의미가 다르다. 둘째, "单位"는 "회사, 직장, 단위" 등으로 번역 가능한데, 여기서는 "단위"로 번역할 수 없다.(☞7과 正误评析 ❹번 참조) 여기서 "单位"는 "대상"으로 번역해야 적절하다. 한국에서는 "(유형/무형) 문화재 보호 대상"이라는 표현을 주로 쓴다.

- "联合国教科文组织"은 "유네스코(UNESCO)" 또는 "국제연합 교육과학문화기구(UNESCO)"로 번역해야 옳다. 일반적으로 전자를 더 많이 쓴다.(☞4.3.4 번역상식 참조)

- "列为"와 "列入"은 "-로 지정되다(등록되다)"로 번역해야 적절하다. 상태의 변화를 의미하는 것이 아니므로 "-가 되었다"로 번역할 수 없고, "끼워 넣다"는 "삽입하다"의 의미를 지니므로 의미상 부적절하다. 이 문장은 "ⓐ는 ⓑ를 ⓒ로 지정하다(유네스코는 자금성을 세계문화유산으로 지정하였다)"로 이해할 수 있는데, 일반적으로 "ⓑ는 ⓒ로 등록되었다(지정되었다)"라는 표현을 많이 쓴다.

❿ 古老而又焕发朝晖的紫禁城,闪耀着中华民族悠久历史和灿烂文化的绚丽光彩,已经成为全世界和全人类的文化遗产。

错误翻译:
늙고 아침 햇빛이 환히 빛나는 자금성은 중화민족의 유구한 역사와 찬란한 문화의 빛을 반짝반짝 빛나고 있고, 전세계하고 전인류의 문화 유산으로 되었다.

正确翻译:
중화민족의 유구한 역사와 찬란한 문화의 빛을 발하는 고색창연한 자금성은 전세계와 인류의 문화유산으로 자리잡았다.

正误评析:
- 错误翻译은 문장 구조가 부적절하다. 주어가 "자금성"이므로 "古老而又焕发朝晖的"와 "闪耀着……的绚丽光彩"는 자금성을 꾸며주는 관형구로 번역하고 "成为……"를 서술어로 번역해야 자연스럽다.
- "古老"를 "늙고"로 번역할 수 없다. "늙다"는 생명체에만 사용될 수 있다. "古老而又焕发朝晖的"와 의미가 유사한 한국어 표현은 "고색창연한"이다.
  ☞ 고색창연(古色蒼然): 오래되어 예스러운 경치나 모습이 그윽함.
- "和"를 구어체인 "-하고"로 번역하는 것은 부적절하다. 문어체로 표현해야 하는 텍스트에서는 문장 구조를 고려하여 "-와" 또는 "및"으로 번역하거나 가운뎃점으로 옮겨야 적절하다.
- "成为"는 여기서 성질, 신분, 상태의 변화를 의미하는 경우가 아니므로 "-로 되었다"로 번역하는 것은 부적절하다. "成为"는 문맥적 의미에 따라 "성장하였다", "부상하였다", "발전했다", "자리잡았다" 등으로 번역 가능하다.(☞10.3.3 번역상식 참조) 여기서는 "자리잡았다"로 번역해야 적절하다.

10.3 翻译知识

10.3.1 翻译之前的准备工作 —— 통·번역 전 준비 작업

번역(笔译)이나 통역(口译) 전에 번역사 혹은 통역사가 해야 할 준비 작업 중 하나가 관련 자료의 수집 및 정리이다. 예를 들어 10과 자금성 소개글의 번역을 맡았다면 한국 대학이나 문화재(예:경복궁, 창덕궁 등) 관련 웹사이트를 방문하여 글의 소개 방식, 전문 용어, 자주 사용하는 표현 등을 숙지하는 것이 필요하다.

통역의 경우에는 이런 사전 준비 작업이 더욱 중요하다. 예를 들어 "환경보호" 관련 회의통역을 맡았다면 회의 참석자들의 이름 및 직책, 관련 분야의 전문 용어, 국제단체 명칭, 국제조약 명칭 등에 대한 다양한 자료 준비가 필요하다.

그런데 한국 기관이나 기구의 최근 홈페이지를 살펴보면 예전과 달리 연혁(沿革) 등의 자료를 일목요연하게 볼 수 있도록 도표로 제시하고 있는 곳이 많아 통상적으로 많이 사용하는 표현을 참고하는데 어려움이 있다. 이런 경우에는 한국의 주요 포털사이트의 백과사전을 활용하면 도움이 된다.

```
바로가기  네이버 백과사전  http://100.naver.com/  [+북마크]
        서비스안내  동식물, 철학, 종교, 사회과학, 생활과 레저, 과학, 의학, 컴퓨터/인터넷, 인물
        이용안내  역사와 지리, 문화예술, 기관/단체, 지역

'백과사전' 컨텐츠검색

    백과사전 검색  [경복궁            ]  [검색]  (예) 제중원, 페르세우스, 민비, 님비현상

    분류   테마백과   이미지   동영상   사운드
```

10.3.2　固有名词的翻译(2)文物名称 —— 고유명사의 번역(2) 문화재명

한국에서 문화재명은 일반적으로 한글로 표기하고 뒤에 한자를 병기해주는 것이 일반적이다. 따라서 중국의 문화재명을 번역할 때도 한국인이 쉽게 이해할 수 있도록 아래 예문과 같이 먼저 한국 한자독음으로 표기하고 그 뒤에 한자를 병기해주어야 한다. 단, 이러한 고유명사가 원문에 여러 번 반복해서 등장하는 경우에는 처음 한 번만 한자를 병기해주고 뒤에 다시 언급할 때는 한글로만 표기하는 것이 일반적이다. 지면의 제약을 받는 경우에는 한국 한자독음을 생략하고 한자로만 표기하기도 한다.

☞ 경복궁 소개글 중

> 궁궐 안은 정문인 광화문으로부터 홍례문(弘禮門)과 금천(禁川)을 가로지른 영제교(永齊橋)와 근정전을 둘러싼 회랑의 정문인 근정문과 정사를 보던 사정전(思政殿) 뒤의 향오문(嚮五門)을 일직선 상에 배치했다.

说明：'광화문'과 '근정전'은 이 단락의 위쪽에 한자를 병기해주었기 때문에 이 단락에서는 한글로만 표기되어 있다.

☞ 紫禁城分为外朝和内廷两大部分,前朝以太和、中和、保和三大殿为主体,文华、武英两殿为两翼,是举行大典、朝贺、筵宴、行使权力的地方。
正确译文：자금성은 크게 외조(外朝)와 내조(內朝)로 나뉜다. 외조는 태화전(太和殿), 중화전(中和殿), 보화전(保和殿)이 주축을 이루고 있으며 그 양 옆으로 문화전(文華殿), 무영전(武英殿)이 자리잡고 있는데, ……

10.3.3　"成为"的翻译 —— "成为"의 번역

"成为"가 성질, 신분, 상태의 변화를 의미하는 경우를 제외하고는 "-가 되었다"로 번역하는 것은 부적절하다. "成为"는 문맥적 의미에 따라 "성장하다", "발전(성장)하다", "부상하다", "떠오르다", "자리매김하다", "자리잡다" 등으로 번역 가능하다.

☞ 照相机行业已成为以三资企业为主导的外向型高科技产业。(6과)
正确译文：카메라 업종은 三資기업(合資경영, 合作경영, 獨資경영 기업을 말함)이 주도하는 수출 주도형 하이테크산업으로 부상했다.

☞ 三星最新款MP3YEPP YP-F1具有独特的不锈钢固定夹,多彩面盖和多种功能,目前该款产品已成为目前数码产品的新宠。
正确译文：삼성전자의 최신형 모델인 MP3YEPP YP-F1은 독특한 스테인레스스틸

클립일체형, 컬러 커버, 멀티 기능을 구비하여 디지털제품 가운데 인기제품으로 떠올랐다.

☞ 古老而又焕发朝晖的紫禁城,闪耀着中华民族悠久历史和灿烂文化的绚丽光彩,已经成为全世界和全人类的文化遗产。(10과)
正确译文: 중화민족의 유구한 역사와 찬란한 문화의 빛을 발하는 고색창연한 자금성은 전세계와 인류의 문화유산으로 자리잡았다.

☞ 目前,联想集团已经发展为国内最大的计算机产业集团;自行研制开发的电脑板卡达到世界先进水平,大量出口海外,成为世界五大板卡制造商之一……(1과)
正确译文: …… 세계 5대 마더보드·카드 제조업체 중 하나로 성장하였다.

☞ 从1998年开始,举办此博览会已成为亚洲规模最大的同类展会,为国内外制造商提供了科技交流和商贸合作的平台,也为摄影工作者和爱好者提供了一睹国内外最新摄影设备的机会。(6과)
正确译文: 1998년 처음 개최된 이 박람회는 이미 이 분야에서 아시아 최대 규모의 전시회로 발전했는데(자리잡았는데) ……

☞ 摘自第3课参考资料
   예1) 중국은 2002년부터 한국의 최대 수출대상국으로 자리매김하고 있습니다.
   예2) 2002년 이후 중국은 이미 우리의 최대 투자대상국으로 부상하고 있습니다.
   예3) 양국은 명실공히 상호 제3위의 교역대상국으로 성장하였습니다.

10.3.4 "重点"的翻译 —— "重点"의 번역

"重点"을 "중점"으로 번역 가능한 경우는 많지 않다. 한국어에서 "중점"은 '가장 중요한 점, 중요하게 여겨야 할 점'을 의미하므로 "重点"이 이와 동일한 의미로 사용된 경우에만 "중점"으로 번역 가능하기 때문이다. "重点"은 일반적으로 "주요" 또는 "중요한"으로 번역해야 적절한데, 아래 예문에서는 문맥적 의미를 고려하여 "국가 지정"으로 번역 가능하다.

☞ 1961年,紫禁城列为全国重点文物保护单位。
   正确译文: 1961년에 자금성은 중국의 국가지정(보호대상) 문화재로 지정되었다.
☞ 目前,北京大学有11个国家重点实验室,46个省部级重点实验室,2个国家工程研究中心,8所附属医院。(9과)

正确译文: 현재 북경대학교는 11개 국가 지정 실험실(국립 Key Lab.), 46개 省·部 지정 실험실(Key Lab.), 2개 국가공정연구센터, 8개 부속병원을 두고 있다(운영하고 있다).

10.4 翻译练习

10.4.1 选择较好的翻译

❶ 天坛位于北京城南端,是明清两代皇帝祭祀天地之神和祈祷五谷丰收的地方。
—— 천단(天壇)은 북경시 남쪽에 자리잡고 있고, 명·청 시대 황제들이 천지신명에게 제사를 지내고 풍년을 기원하던 곳이었다.
—— 북경시 남쪽에 자리잡고 있는 천단(天壇)은 명·청 시대 황제들이 천지신명에게 제사를 지내고 풍년을 기원하던 곳이었다.

❷ 北京西陵的昌陵有一回音壁,其规模、效果胜于北京天坛回音壁,是世界有名的四大回音壁之一。
—— 북경 서릉(西陵)지역의 창릉에는 회음벽(回音壁:Echo Hall)이 있는데, 그 규모나 공명 효과 면에서 북경 천단(天壇)의 회음벽보다 뛰어나고, 전세계 4대 회음벽 중 하나이다.
—— 북경 서릉(西陵)지역의 창릉에는 회음벽(回音壁:Echo Hall)이 있는데, 그 규모나 공명 효과 면에서 북경 천단(天壇)의 회음벽보다 뛰어나다는 평가를 받고 있다. 이 곳은 전세계 4대 회음벽 중 하나이다.

❸ 颐和园座落于北京西郊,总面积约290公顷,是中国古典园林之首,是世界上最广阔的皇家园林之一。
—— 이화원은 북경의 서쪽 교외지역에 위치하고 있고, 총면적이 약 290헥타르이며, 중국 고대 원림예술의 최고봉이자 전세계에서 가장 큰 황실 공원 중 하나이다.
—— 북경의 서쪽 교외지역에 위치한 이화원은 총면적이 약 290헥타르에 달하는데, 중국 고대 원림예술의 최고봉이자 전세계에서 가장 큰 황실 공원 중 하나이다.

❹ 明十三陵位于北京市昌平区天寿山麓,东、西、北三面环山,距北京城区50公里,是明朝迁都北京后十三位皇帝陵墓的总称。
—— 명13릉(明十三陵)은 명대에 북경으로 천도한 후 재위했던 13명의 황제들이 잠

들어 있는 황릉을 가리킨다. 이 곳은 북경시에서 50km 떨어진 창평구 천수산 기슭에 자리하고 있는데 동쪽, 서쪽, 북쪽 삼면이 산으로 둘러싸여 있다.
—— 명13릉(明十三陵)은 북경시 창평구 천수산 기슭에 자리하고 있는데, 동쪽, 서쪽, 북쪽 삼면이 산으로 둘러싸여 있고 북경시에서 50km 떨어진 곳이다. 명대에 북경으로 천도한 후 재위했던 13명의 황제들이 잠들어있는 황릉을 가리킨다.

❺ 新出土的文物已经先后在国内外多次展出。
—— 새로 출토된 유물들은 국내와 해외에서 연이어 수차례 전시되었다.
—— 새로 출토된 유물들은 국내와 해외에서 수차례 전시되었다.

❻ 张先生长期以来一直从事于中医药和皮肤病的研究,先后在北京中医药学院、上海华山医院进修深造。十余年来,张主任先后为来自二十多个省、市、自治区及港、澳、台等地的病人治疗,取得了很好的治疗效果。
—— 장주임은 오랫동안 한의와 피부질환 연구에 몰두해왔는데 앞뒤로 북경중의대학(北京中醫藥學院)과 상해화산병원(上海華山醫院)에서 재직하면서 풍부한 경험을 쌓아왔다. 10여 년 동안 장주임은 20여 개 省, 市, 自治區 및 홍콩, 마카오, 대만 등지에서 온 환자들을 진료하여 상당히 좋은 치료 효과를 거두었다.
—— 장주임은 오랫동안 한의와 피부질환 연구에 몰두해왔는데 북경중의대학(北京中醫藥學院)과 상해화산병원(上海華山醫院)에서 재직하면서 풍부한 경험을 쌓아왔다. 10여 년 동안 장주임은 20여 개 省, 市, 自治區 및 홍콩, 마카오, 대만 등지에서 온 환자들을 진료하여 상당히 좋은 치료 효과를 거두었다.

10.4.2 翻译句子

❶ 他2007年毕业于北京大学数学系,2010年获得加州州立大学计算机硕士学位,先后在UNISYS公司、花旗集团就职。
——

❷ 胡先生2001年参加教育工作,先后毕业于江苏师范学院、徐州地区教师进修学院。
——

❸ 从当前的全球市场上看,中国已成为纺织品、服装、鞋、计算机、家居用品和手机的主要出口国。
——

❹ 三星电子家庭网络技术成为美国消费电子协会标准。

❺ 2004年韩国企业总共向中国直接投资63亿美元,从而成为2004年中国最大的投资国。

10.4.3　翻译短文

❶ <center>天安门广场</center>

　　天安门广场是当今世界上最大的广场。广场东侧为中国国家博物馆,西侧是人民大会堂。1949年10月1日,开国大典在天安门广场隆重举行。此后,在这里举行过多次庆典和阅兵式。

❷ <center>长城</center>

　　远自7世纪,当时的各诸侯国,为了互相防御,便在自己的领土上修筑起城墙。公元前221年,秦始皇统一中国后,把秦、燕、赵国等北部的长城连接起来,并增修了许多地段,长达万余里,故称万里长城。如今人们见到的长城多是明代(1368—1644)筑成。长城大都筑于崇山峻岭之上,非常壮观。长城于1987年被联合国教科文组织列为世界文化遗产。

❸ <center>颐和园</center>

　　颐和园坐落在北京西北部,距离城中心约15公里,是中国古典园林的杰出代表,也是世界著名园林之一。颐和园初为金贞元元年(1153)建的帝王行宫。明代改名好山园,清乾隆十五年(1750)扩建,名清漪园。1888年,慈禧挪用海军经费重建,竣工后改称今名。颐和园由万寿山和昆明湖组成,占地290公顷。其中,昆明湖占全园面积的四分之三。环绕山、湖间是一组组精美的建筑物。颐和园于1998年被联合国教科文组织列为世界文化遗产。

10.5 翻译作业

奥林匹克运动会简介

奥林匹克运动会起源于古希腊,1888年顾拜旦男爵建议恢复奥运会。1894年6月23日,顾拜旦男爵创立了国际奥林匹克委员会(简称国际奥委会),由一百多位委员组成。1896年于雅典举行首届奥运会,4年一届。列入奥运会的项目有田径、球类(足球、篮球、排球、手球、曲棍球等)、游泳、跳水、水球、花样游泳、举重、射击、自行车、射箭、体操、艺术体操、击剑、自由式摔跤、古典式摔跤、拳击、柔道、赛艇、皮艇和划艇、帆船、帆板、马术、现代五项等。奥运会口号是"更快、更高、更强";精神是"重要的不是胜利,而是参加";理想是"和平、友谊、进步"。

国际奥林匹克委员会1894年成立后,总部设在巴黎。1914年第一次世界大战爆发,为了避免战火的洗劫,1915年4月10日总部迁入有"国际文化城"之称的洛桑。国际奥委会是一个不以营利为目的、具有法律地位和永久继承权的法人团体。《奥林匹克宪章》明文规定,国际奥委会的宗旨是:鼓励组织和发展体育运动和组织竞赛;在奥林匹克理想指导下,鼓舞和领导体育运动,从而促进和加强各国运动员之间的友谊;保证按期举办奥林匹克运动会;使奥林匹克运动会无愧于由皮埃尔·德·顾拜旦男爵及其同事们复兴起来的奥林匹克运动会的光荣历史和崇高理想。迄今已有百余年历史的国际奥委会,为之作出了积极努力和重大贡献。

国际奥委会有自己的会旗。旗为白底无边,中央有五个相互套连的圆环,即我们所说的奥林匹克环。环的颜色自左至右为蓝、黄、黑、绿、红,象征五大洲的团结,全世界的运动员以公正、坦率的友好比赛的精神,相聚在奥运会。历届奥运会开幕式上都有会旗交接仪式。由上届奥运会主办城市的代表将旗交给国际奥委会主席,主席再将旗递交当届主办城市的市长。然后将旗帜保存在市府大楼,四年后再送交下届主办城市。当届奥运会升在运动会主会场上空的旗帜是一面代用品。《奥林匹克宪章》规定:"奥林匹克五环"是奥林匹克运动的象征,是国际奥委会的专用标志,未经国际奥委会许可,任何团体或个人不得将其用于广告或其他商业性活动。

10.6 参考资料

창덕궁(昌德宮)

　　창덕궁은 1405년(태종 5년) 정궁인 경복궁의 이궁(離宮)으로 창건되었다(建成). 경복궁의 동쪽에 위치한다 하여 이웃한 창경궁(昌慶宮)과 더불어 동궐(東闕)이라 불렸다. 임진왜란으로 모든 궁궐이 불에 타자 광해군 때에 다시 짓고 고종이 경복궁을 중건하기까지 정궁 역할을 하였고, 조선의 궁궐 중 가장 오랜 기간 동안 임금들이 거처했던 궁궐이다.

　　「태종실록」에 의하면 창건 당시 창덕궁의 모습은 총 287간(間)의 크지 않은 규모였다. 불과 10년 전에 완공된 경복궁이 총 755간이었고, 조선 말 흥선대원군이 중건한 경복궁이 7천 여 간이었던 것을 보면 창덕궁은 상당히 작은 규모였다. 창덕궁은 임금이 오랫동안 거처하는 궁궐이었음에도 불구하고, 이궁이었기 때문에 작은 규모로 설계한 것이다.

　　경복궁의 주요 건물이 좌우대칭의 일직선상에 놓여있다면 창덕궁은 산자락을 따라 건물들을 골짜기에 안기도록 배치하여 한국 궁궐 건축의 비정형적 조형미를 대표하고 있다. 창덕궁도 경복궁과 동일하게 내전과 외전으로 구분된다. 내전은 침전을 중심으로 한 구역으로, 태종 5년 당시 내전의 중심 건물은 태종과 원경왕후 민씨가 기거한 침전이었다. 창덕궁의 외전은 편전(便殿), 보평청(報平廳), 정전(正殿), 이 세 건물이 중심이었는데, 편전과 보평청은 왕의 일상적인 집무실이며 정전은 사신들을 접대하고 신료들로부터 조회를 받는 곳이었다.

　　현재 비원(秘苑)으로 잘 알려진 창덕궁 후원의 원래 이름은 금원(禁苑)이었는데, 다양한 형태의 정자, 연못, 수목, 괴석이 어울려진 아름다운 곳으로 우리나라 정원 건축의 대표작이다. 1776년 정조는 창덕궁 북원(北苑) 영화당(映花堂)이 있는 연못에 2층 누각을 세웠는데, 이 곳에 규장각을 건립하였다. 규장각은 원래 선왕들의 유품을 보관하던 기구였는데 정조는 이를 대폭 확대·개편하여 학문의 중심 기구인 동시에 신진 관료의 양성 기구로 강화했다. 규장각의 설치 목적은 크게 두 가지로 압축되는데, 하나는 서적을 모으고 간행하는 것이었고, 다른 하나는 인재들을 불러 모아 학문적 저술을 편찬하는 것이었다.

　　현재 남아있는 조선의 궁궐 중 그 원형이 가장 잘 보존된 창덕궁은 자연과의 조화로운 배치가 탁월한 점에서 1997년 유네스코 세계문화유산으로 등록되었다. 창덕궁은 고종 초 경복궁 중건으로 정궁의 자리를 내주었지만 조선왕조의 마지막까지 왕실로부터 가장 사랑받은 궁궐이었다. 아쉽게도 많은 부분이 사라졌고 또 많은 모습이 바뀌었지만 오늘날 창덕궁은 우리에게 전통을 이야기해 주고 녹음을 제공하는 편안한 휴식처이자 학습의 장으로 자리하고 있으며, 넓게는 세계 인류에게 한국의 훌륭한 전통을 자랑할 수 있게 해 준다.

第11课 论文

11.1 课文范文

11.1.1 中国经济发展和展望

2005年前三季度,中国经济的增长率为9.4%,预计全年中国GDP增长率将为9.5%左右。如果2006年国际经济政治环境不出现大的突发事件,国内不出现严重的自然灾害或其他重大问题,中国GDP的增长率仍可保持在9%—10%的水平上。

今年以来,中国政府及时采取措施,积极应对新出现的问题和困难,中国的宏观经济发展取得了较为显著的成绩:

第一,中国经济继续保持着较高的增长度,经济运行质量不断提高,各类价格水平变动平稳。

第二,宏观经济增长的稳定性有所提高,近六个季度以来,季度GDP增长率波动幅度不超过1个百分点。

第三,经济效益有所提高。工业产品的产销率基本保持在97%以上的水平;亏损减少,利润有所增加;国家财政收入上升较快。

第四,目前中国经济增长的主要推动力是国内需要。

第五,中国的对外贸易持续增长,并保持了相当数量的顺差。2005年上半年,利用外资同比增长21.7%。

第六,通过多年不懈的努力,争取到了一些有利于今后经济增长和发展的条件:加入WTO及2008年奥运会的申办成功。同时,国内西部大开发政策的落实也为今后中国经济的发展创造了较好的条件。

目前中国经济发展存在的主要问题是:① 产业结构仍不合理,地区经济发展不协调;② 国民经济整体素质不高,国际竞争力不强;③ 社会主义市场经济体制尚不完善,阻碍生产力发展的体制因素仍很突出;④ 科技、教育比较落后,科技创新能力较弱;⑤ 水、石油等重要资源短缺,部分地区生态环境恶化;⑥ 就业压力加大,农民和城镇部分居民收入增长缓慢,收入差距拉大;⑦ 一些领域市场经济秩序相当混乱。这些问题已引起了中国政府的高度重视,在今后的工作中将进一步采取措施,努力加以解决。

未来五到十年,是中国经济发展极为重要的时期。当前,世界新科技革命迅猛发展,经济全球化趋势增强,许多国家正积极推进产业结构调整,加快发展。国际环境对我们提出了严峻挑战,也为我们提供了实现跨越式发展的历史性机遇。从国内看,各方面任务十分繁重,许多深层次问题需要解决,我们必须抓住机遇,加快发展。同时,我们也具备许多有利条件,能够在一个较长的时期实现国民经济的较快发展,从而完成到2010年中国的GDP比2000年再翻一番的任务,并且使经济增长的质量和效益得到显著的提高。在此期间,中国经济结构的战略性调整也将最终完成。

11.1.2 词汇注释

季度 —— 분기
预计 —— 추산하다, 예측하다
采取措施 —— 조치를 취하다
宏观经济 —— 거시경제
质量 —— 질, 품질(☞6.3.4 번역상식 참조)
波动幅度 —— 파동폭
产品 —— 제품, 상품
亏损 —— 적자
顺差 —— 흑자
同比 —— 동기대비
争取 —— 확보하다
落实 —— 확정하다, 구체화하다, 실행하다
不合理 —— 비합리적이다, 불합리하다
不协调 —— 불균형
不完善 —— 불완전하다, 미비하다
突出 —— 선명하다, 분명하다, 두드러지다
部分 —— 일부
收入 —— 수입, 소득
差距 —— 격차
引起……高度重视 —— 아주 중요시하다, 중요성을 깨닫다
极为 —— 극히

增长率 —— 성장률
保持 —— 유지하다
应对 —— 대처하다
取得……成绩 —— 성과를 이룩하다
平稳 —— 안정적이다
百分点 —— 퍼센트(%), 퍼센트 포인트
产销率 —— 생산판매율
推动力 —— (원)동력
上半年 —— 상반기
不懈的 —— 부단한, 끊임없는
奥运会申办成功 —— 올림픽 유치 성공
创造 —— 조성하다, 만들다, 마련하다
地区 —— 지역
不强 —— 강하지 않다, (취)약하다
阻碍 —— 저해하다
创新 —— 혁신
短缺 —— 부족(하다), 결핍(되다)
压力 —— 압력, 스트레스
缓慢 —— 완만하다, 둔화되다
领域 —— 분야, 영역
今后 —— 향후, 앞으로
未来 —— 향후, 앞으로

全球化 —— 지구촌화(地球村化), 글로벌화 (global化)
提出 —— 제기하다, 제출하다, 신청하다
严峻 —— 심각하다, 준엄하다, 엄숙하다, 가혹하다, 냉엄하다
推进 —— 추진(하다), 촉진(하다)

机遇 —— 기회
迅猛 —— 급속히, 급속도로
趋势 —— 추세, 경향
跨越式 —— 압축식
繁重 —— 막중하다

11.1.3 参考译文

중국 경제발전과 전망

　　2005년 3분기 동안 중국의 경제성장률은 9.4%를 기록하였고, 연간 GDP성장률은 약 9.5%에 이를 것으로 추산된다. 그리고 2006년도에 국제 정치·경제에 (특별히 심각한) 돌발적인 사건이 발생하거나 중국(국내)에 심각한 자연재해 혹은 기타 심각한(직역: 중대한) 문제가 발생하지 않는 한 중국의 GDP 성장률은 계속 9%-10% 선에서 유지될 것으로 보인다.

　　금년 들어 중국 정부가 적기에 적절한 조치를 취하여 새롭게 대두된 문제들과 어려움에 적극적으로 대처해 온 덕분에 중국의 거시경제는 비교적 뚜렷한 성과를 거두었다.

　　첫째, 중국 경제는 비교적 높은 성장률을 (지속적으로) 유지해오고 있고(중국은 비교적 높은 경제 성장률을 유지해오고 있고), 경제 운용의 질적인 면에서도 지속적인 개선이 이루어지고 있으며, 각종 물가 변동 역시 안정적인 상황이다.

　　둘째, 거시경제 성장은 더욱 안정적으로 이루어지고 있어, 최근 6분기 동안 1/4 분기당 GDP 성장률 변동폭은 1%포인트를 넘지 않고 있다.

　　셋째, 경제 효율이 향상되었다. 공업 제품의 생산·판매율은 기본적으로 97% 이상을 유지해오고 있다. 그리고 적자 규모는 감소된 반면 이윤은 증가되었다. 또한 국가 재정 수입도 비교적 빠른 속도로 증가했다.

　　넷째, 현재 중국 경제성장의 주 원동력은 국내 수요이다(내수증가이다).

　　다섯째, 중국의 대외무역 규모가 지속적으로 커지고 있으며, 또한 상당 규모의 흑자를 유지하고 있다. 그리고 2005년 상반기에 들어 실제 투입된 외자 규모는 동기 대비 21.7% 늘어났다.

　　여섯째, 수년간에 걸친 부단한 노력 끝에(끊임없는 노력을 통해) WTO 가입 및 2008년 올림픽 유치 성공과 같은 향후 경제성장과 발전에 유리한 여건이 마련되었다. 또한 중국 국내(의) 서부지역 대개발(西部大開發) 정책의 확정 역시 향후 중국 경제발전에 좋은 여건을 조성해 주었다.

현재 중국 경제발전에 있어 다음과 같은 주요 문제들이 존재한다. ①(여전히) 비합리적인 산업구조, 지역 경제발전의 불균형, ②전반적으로 낮은 국민경제 수준, 취약한 국제 경쟁력, ③여전히 불완전한 사회주의식 시장경제체제, 생산력 향상을 저해하는(분명한:직역) 체제적 요인, ④비교적 낙후되어 있는 과학기술·교육 분야, 취약한 과학기술 혁신능력, ⑤수자원·석유 등의 주요 자원 결핍, 일부 지역 생태환경 악화, ⑥취업난 가중, 농촌 주민과 일부 도시 주민의 소득 증가추세 둔화, 소득 격차 확대, ⑦일부 분야(영역)의 시장경제질서 혼란 가중.

중국 정부는 이와 같은 문제들의 중요성을 깨닫고, 향후 적절한 추가 조치를 통해 문제 해결을 위한 노력을 기울일 방침이다.

향후 5-10년간은 중국 경제발전에 있어 극히 중요한 시기이다. 최근 전세계적으로 첨단기술혁명이 급속도로 이루어지고 있고, 경제 글로벌화(지구촌화)도 심화되고 있기 때문에, 많은 국가들이 발전을 가속화하기 위해 산업 구조조정을 적극적으로 추진하고 있다.

①직역:이러한 국제 환경 속에서 중국은 심각한 도전에 직면해 있지만, 한편으로는 압축식(비약적) 발전을 이룩할 수 있는 역사적인 기회를 맞이하고 있다.

②의역:이렇게 급변하는 국제 환경 속에서 중국은 심각한 도전에 직면해 있지만(중국은 각종 어려움에 처해있지만), 이는 한편으로 획기적인 도약을 이룰 수 있는 기회가 될 수 있다.

국내 차원에서 볼 때, 각 분야의 역할이 막중하며, 수많은 저변의 문제들이 해결되어야 하므로, 중국은 지금 이 시기를 잘 활용하여 발전을 가속화해가야 할 것이다. 중국은 한편으로는 유리한 조건들을 많이 갖추고 있어, 상당 기간 동안 빠른 속도로 국민경제 발전을 이룩할 수 있을 것이다. 그리하여 2010년까지 중국의 GDP를 2000년의 2배 수준으로 끌어올린다는 목표를 달성할 수 있을 것이며(2010년까지 중국의 GDP를 2000년도의 2배 수준으로 증가시킬 수 있을 것이며), 경제 성장의 질적인 면이나 효율 면에 있어서도 크게 향상될 것이다. 그리고 이 기간 동안 중국 경제구조의 전략적인 조정 역시 최종적으로 이루어질 것이다.

11.2 正误评析

❶ 2005年前三季度,中国经济的增长率为9.4%,预计全年中国GDP增长率将为9.5%左右。

错误翻译:
2005년 전 삼분기에 중국 경제의 성장률이 9.4%가 되었다. 예측에 의하면 전년에 중국 GDP 성장률이 9.5%쯤에 이를 것이다.

正确翻译:
2005년 3분기 동안 중국의 경제성장률은 9.4%를 기록하였고, 연간 GDP 성장률은 약 9.5%에 이를 것으로 추산된다.

正误评析:

- 错误翻译과 같이 두 문장으로 나누어 번역하는 것은 적절하지 않다. 원문이 그다지 길지 않고 의미상으로도 연관성이 있기 때문이다. 더구나 두 문장을 이어주는 접속어를 사용하지 않아 문맥 연결도 부자연스럽다.

- "前三季度"를 "전 삼분기에"로 번역하는 것은 부적절하다. "3분기 동안" 또는 "1/4-3/4분기 동안(口语:일사분기부터 삼사분기까지)"으로 표현해야 옳다.

- "中国经济的增长率"을 "중국 경제의 성장률"로 번역하는 것은 적절하지 않다. 의미상 "中国的经济的增长率(중국의① 경제의② 성장률)"로 이해할 수 있는데, 세 단어 중 "경제"와 "성장률"간의 의미상 결합이 더 긴밀하므로 "의②"를 생략하여 "중국의 경제성장률"로 번역해야 적절하다.(☞11.3.1 번역상식 참조) 참고로 엄격한 의미에서는 "경제 성장률"과 같이 띄어써야 하지만 두 단어의 결합이 긴밀한 관계로 종종 모아쓰기도 한다.

- "为"를 "되었다"로 번역할 수 없다. 여기서 "为"는 변화를 의미하는 경우가 아니므로 "(경제성장률을)보여" 또는 "(경제성장률을)기록하였고"로 번역해야 적절하다. 한국어에서는 주로 "A%의 경제성장률을 보이다" 또는 "A%의 경제성장률을 기록하다"로 표현한다.

- "全年"을 "전년"으로 번역할 수 없다. "전년(前年)"은 "지난해(上年)"를 의미한다. 错误翻译의 "전년/지난해(과거) GDP 성장률은 ~~로 추산된다(미래)"를 읽는 한국인은 시제의 충돌을 느껴 의미를 이해할 수가 없게 된다. 따라서 "연간" 또는 "2005년"과 같이 특정 연도로 번역해야 적절하다.

- "预计全年中国GDP增长率将为9.5%左右"를 "예측에 의하면 GDP 성장률이 9.5%쯤에 이를 것이다"로 번역하는 것은 부적절하다. **첫째**, "预计"를 "예측에 의하면(据A预测)"으로 번역하는 것은 번역자의 임의적인 해석이다. 더구나 원문에는 "예측하다"의 주체(A)가 나타나 있지 않다. 한국어에서 "예측에 의하면(따르면)"이라는 표현을 사용할 때는 "KDI의 장기 예측에 의하면", "중장기 인력수요 예측에 따르면" 등과 같이 예측의 행위주체나 대상을 앞에 밝혀주는 형태로 사용하는 것이 일반적이다. 따라서 "预计"를 "예측하다"라는 동사로 번역하려면 "연간 GDP 성장률은 약 9.5%에 이를 것으로 예측된다"로 번역해야 적절하다. 그런데 한국어에서 "성장률"은 주로 "A%를 보이다" 또는 "A%를 기록하다"와 호응되어 쓰이기 때문에 "연간 GDP 성장률은 약 9.5%를 기록할 것으로 예측된다"로 번역하는 것이 적절하다. **둘째**, "左右"는 "약(約)"으로 번역해야 적절하다. 본 텍스트와 같은 논문, 기사, 보고서 등에서는 가급적 문어체로 번역하는 것이 바람직하다.

❷ 今年以来,中国政府及时采取措施,积极应对新出现的问题和困难,中国的宏观经济发展取得了较为显著的成绩。

错误翻译:
올해 이래 중국 정부는 제 때에 조치를 취하고 적극적으로 새로 출현한 문제와 곤란을 감당했다. 중국의 거시경제 발전은 꽤 현저한 성적을 얻었다.

正确翻译:
금년 들어 중국 정부가 적기에 적절한 조치를 취하여 새롭게 대두된 문제들과 어려움에 적극적으로 대처해 온 덕분에 중국의 거시경제는 비교적 뚜렷한 성과를 거두었다(얻었다).

正误评析:
- 错误翻译과 같이 두 문장으로 나누어 번역하는 것은 적절하지 않다. 의미상으로 연관성이 있기 때문이다. 더구나 접속어를 사용하지 않아 문맥 흐름도 부자연스럽다.
- "及时"를 구어체인 "제 때에"로 번역하는 것은 부적절하다. 문어체인 "적기에" 또는 "적절한 시기에"로 번역해야 적절하다.
- "积极应对新出现的问题和困难"을 "적극적으로 새로 출현한 문제와 곤란을 감당하다"로 번역하는 것은 부적절하다. **첫째**, "积极应对"는 목적어(问题和困难)와의 호응 관계를 고려하여 "적극적으로 대처하다"로 번역해야 적절하다. "문제"는 "감당하다"와 호응되어 쓰일 수 없다. 그리고 "적극적으로(积极)"는 동사 앞으로 옮겨야 어순이 자연스럽다. **둘째**, "问题和困难"과 "出现"의 한국어 호응 관계상 "出现的"을 "출현한"으로 번역할 수 없다. 한국어에서는 "문제가 발생하다(대두되다)"와 "어려움이 생기다(대두 되다)"로 주로 호응되어 쓰이는데, 여기서 "出现"은 "문제", "어려움" 두 단어와 호응관계가 자연스러운 "대두된"으로 번역하는 것이 적절하다. **셋째**, "困难"은 "어려움, 애로사항, 곤란, 장애" 등으로 번역 가능한데, 여기서 문맥상 "어려움(들)"으로 번역해야 적절하다.
- "取得了较为显著的成绩"를 "꽤 현저한 성적을 얻었다"로 번역하는 것은 적절하지 않다. **첫째**, "取得……成绩"은 "성과를 거두다"로 번역해야 적절하다. "성적"은 구체적인 평가 점수나 순위(예:1위)와 관련하여 쓰이므로, 여기서 "성적을 얻다"로 번역하는 것은 부적절하다. **둘째**, "较为"를 구어체인 "꽤"로 번역하는 것은 부적절하다.

❸ 第一,中国经济继续保持着较高的增长度,经济运行质量不断提高,各类价格水平变动平稳。

错误翻译:
제1, 중국 경제는 계속 꽤 높은 성장도를 유지하고, 경제 운행 질량은 계속적으로 향상되며, 모든 물가 수준 변동은 안정됐다.

正确翻译:
첫째, 중국 경제는 비교적 높은 성장률을 (지속적으로) 유지해오고 있고 (중국은 비교적 높은 경제 성장률을 유지해오고 있고), 경제 운용의 질적인 면에서도 지속적인 개선이 이루어지고 있으며, 각종 물가 변동 역시 안정적인 상황이다.

正误评析:

- "第一"을 "제1"로 번역하는 것은 부적절하다. "第一", "第二" 등은 "첫째", "둘째"로 표현해야 옳다.
- "继续保持着较高的增长度"를 错误翻译처럼 번역하는 것은 부적절하다. **첫째**, "유지하고"로 번역하는 것은 적절하지 않다. 의미상 현재완료형인 "(계속해서/지속적으로) 유지해오고 있고"로 번역해야 적절하다. **둘째**, 부사 "继续"은 동사 "유지하다(保持)"의 앞으로 옮겨 번역해야 어순상 자연스러운데, "유지하다"에 '변함없이 계속하여'라는 의미가 포함되어 있으므로 번역에서 생략해도 무방하다. **셋째**, "增长度"를 한국어에 존재하지 않는 표현인 "성장도"로 번역할 수 없다.(☞2.3.5 번역상식 참조) "(경제)성장률" 또는 "(경제)성장세"로 번역해야 적절하다.

❹ 第三, 经济效益有所提高。工业产品的产销率基本保持在97%以上的水平; 亏损减少, 利润有所增加; 国家财政收入上升较快。

错误翻译:

셋째, 경제 효익이 어느 정도의 향상이 있다. 공업 제품의 생산과 판매율이 97% 이상의 수준에 유지되었다. 손실은 줄어들고 이윤은 늘어났다. 국가 재정 수입은 상승 속도가 빠른 편이다.

正确翻译:

셋째, 경제 효율이 향상되었다. 공업 제품의 생산·판매율은 기본적으로 97% 이상을 유지해오고 있다. 그리고 적자 규모는 감소된 반면 이윤은 증가되었다. 또한 국가 재정수입도 비교적 빠른 속도로 증가했다.

正误评析:

- 错误翻译은 접속어를 전혀 사용하지 않고 네 문장이나 나열하여 전체적으로 문맥 흐름이 부자연스럽다. 문맥 흐름을 파악하여 적당한 접속어를 삽입해주는 것이 필요하다.(☞7.3.2 번역상식 참조)
- "经济效益有所提高"를 "경제 효익이① 어느 정도의 향상이② 있다"로 번역하는 것은 부적절하다. **첫째**, "经济效益"은 "경제 효율" 또는 "경제 효과 및 이익"으로 번역해야 한다. 한국어에서는 "효과와 이익"을 '효익'으로 표현하지 않는다. **둘째**, "有所提高"를 "어느 정도의 향상이② 있다"로 번역하는 것은 부적절하다. 한 문장 안에 주격조사가 두 번(이①, 이②)이나 등장해 의미 전달 효과가 떨어지는데다가 "향상이 있다"라는 표현은 존재하지 않는다. 따라서 "提高"를 "향상되다"라는 동사로 번역해 주어야 적절하다.(☞8.3.2 번역상식 참조) 그리고 "有所"는 일반적으로 "약간, 어느 정도"로 번역 가능하지만, "有所提高"가 구체적으로 어느 정도 향상되었는지를 강조

하는 것이 아니라는 점과 중국어의 고정적인 표현이라는 점을 감안할 때, "有所"는 번역에서 생략해도 무방하다.

- "保持在97%以上的水平"을 "97% 이상의 수준에 유지되었다"로 번역하는 것은 부적절하다. "保持在A%的水平"은 "A% 수준(或 A%선)을 유지하다" 또는 "A% 수준(或 A%선)에서 유지되다"로 번역하는 것이 옳다.
- "国家财政收入上升较快"를 "국가 재정수입은 상승 속도가 빠른 편이다"로 번역하는 것은 부적절하다. **첫째**, "상승"이 아니라 "증가"로 번역해야 적절하다. **둘째**, 주어와 동사의 호응이 부자연스럽다. "국가 재정수입도 비교적 빠른 속도로 증가했다"로 번역해야 적절하다.(☞6.3.3 번역상식 참조)

❺ 第五, 中国的对外贸易持续增长, 并保持了相当数额的顺差。2005年上半年, 利用外资同比增长21.7%。

错误翻译:
다섯째, 중국의 대외 <u>무역이 안정적으로</u> 늘어나고 상당한 <u>수량</u>의 흑자를 유지했다. 2005년 <u>전반</u>에 외자 <u>이용</u>은 동기<u>보다 21.7%를</u> 늘었다.

正确翻译:
다섯째, 중국의 대외무역 규모가 지속적으로 커지고 있으며, 또한 상당 규모의 흑자를 유지하고 있다. 그리고 2005년 상반기에 들어 실제 투입된 외자 규모는 동기대비 21.7% 늘어났다.

正误评析:

- "对外贸易持续增长"을 "대외 무역이 안정적으로 늘어나고"로 번역하는 것은 부적절하다. **첫째**, 주어(무역이)와 서술어(늘어나다)의 호응이 부자연스럽다. **둘째**, "持续"을 "안정적으로"로 번역하는 것은 부적절하다. 원문의 의미대로 "지속적으로" 또는 "계속"으로 번역해야 옳다. 직역시 호응관계가 어색하거나 문학작품 번역 등과 같은 특수한 경우를 제외하고 번역사는 원문을 자의적으로 해석·번역해서는 안된다.
- "数量"은 보통 "수(數)" 또는 "수량"으로 번역 가능하지만, "흑자"는 수효(數爻)로 표현될 수 없기 때문에 "규모"로 번역해야 적절하다.(☞6.3.4 번역상식 참조)
- "上半年"을 "전반"으로 번역할 수 없다. "전반"은 "整体", "全面", "上半场" 등의 의미로 사용된다. "上半年"은 "상반기(上半期)"로 번역해야 옳다.
- "同比增长21.7%"를 "동기보다 21.7%를 늘었다"로 번역할 수 없다. **첫째**, "21.7%(가) 늘다/증가하다"로 번역해야 옳다. 중국어의 영향으로 "21.7%를"과 같이 목적격으로 번역하지 않도록 주의해야 한다.(☞8.3.3 번역상식 참조) **둘째**, "同比增长A%" 중의 "同比"는 "동기대비", "같은 기간 대비", "같은 기간에 비해"로 번역해야 옳다. 세 가지 표현을 정확히 숙지하여 "동기보다 A% 증가하다", "동기대비에 비해 A% 증가하다" 등과 같이 번역하지 않도록 주의해야 한다.

❻ 第六、通过多年不懈的努力，争取到了一些有利于今后经济增长和发展的条件：加入WTO及2008年奥运会的申办成功。同时，国内西部大开发政策的落实也为今后中国经济的发展创造了较好的条件。

错误翻译：

(A) 여섯 째, 오래 끊임없는 노력을 통하여 금후 경제 성장과 발전에 유익한 조건을 쟁취했다.

(B) WTO에 가입하고 게다가 2008년 올림픽을 성공하게 신청했다.

(C) 동시에 국내 서부 대개발 정책을 취하는 것도 앞으로 중국 경제의 발전에 좋은 조건을 창조했다.

正确翻译：

여섯째, 수 년간에 걸친 부단한 노력 끝에(끊임없는 노력을 통해) WTO 가입 및 2008년 올림픽 유치 성공과 같은 향후 경제성장과 발전에 유리한 여건이 마련되었다. 또한 중국 국내(의) 서부지역 대개발(西部大開發) 정책의 확정 역시 향후 중국 경제발전에 좋은 여건을 조성해 주었다.

正误评析：

◎ 错误翻译은 전반적으로 문맥 흐름이 부자연스러워 한국인이 의미를 이해하기 어렵다. 특히 (B)는 주어가 없어 문장이 불완전하고 그 앞의 (A)와 어떤 연관성을 가지는지 알기가 어렵다(이유는 아래 설명 참조).

◎ "多年"과 "不懈"는 전부 "努力"을 꾸미는 문장 성분이므로 "수년간에 걸친(수년 동안의)"과 "부단한(끊임없는)"으로 번역해야 적절하다.

◎ "今后"를 일부 사전에서는 "금후"로 풀이하고 있으나, 이 단어는 현재 한국에서 거의 쓰이지 않는 단어이므로 "향후(向后)" 또는 "앞으로의"로 번역해야 한다. (☞4.3.2 번역상식 참조)

◎ "争取"를 "쟁취하다"로 번역할 수 없다. "争取"는 '노력을 통해 얻다' 라는 의미를 지니는 반면, 한국어의 "쟁취하다"는 '싸워서 얻다' 라는 뜻을 지녀 쓰임새가 다르다. 예：독립을 쟁취하다. 여기서 "争取"는 "조건, 여건(条件)"과 호응 관계가 자연스러운 "마련하다(마련되다)"로 번역해야 적절하다. (☞7.3.1 번역상식 참조)

◎ "加入WTO及2008年奥运会的申办成功"을 (B)와 같이 번역하는 것은 적절하지 않다. 첫째, 冒号 뒤에 있는 이 문장 성분들은 그 앞에서 언급한 "유리한 여건(조건)"을 부연 설명한 것으로 단독으로 문장을 이루는 것이 아니기 때문에 (B)와 같이 독립적인 문장으로 번역하는 것은 부적절하다.(☞5.3.3 번역상식 참조) 둘째, "(행사명)申办成功"은 "(개최) 유치(誘致) 성공"으로 표현한다. 한국어에 "성공하게"라는 부사는 존재하지 않는다.

◎ "落实"은 한국어로 1:1 대응시켜 번역하기 어려운 단어 중의 하나이다. 일반적으로 "구체화하다, 실행하다, 확정하다" 등으로 번역 가능한데, 여기서는 주어로 사용되었

으므로 명사형인 "확정(구체화, 실행)"으로 번역해야 적절하다.
- "创造……条件"을 "조건을 창조했다"로 번역할 수 없다. 서술어 "창조하다"와 목적어 "조건(여건)"의 호응 관계가 부자연스럽기 때문이다. "창조(하다)"는 '① 신이 우주 만물을 처음으로 만들다(예:천지를/인간을 창조하다), ② 새로운 성과나 업적, 가치 따위를 이룩하다(예:성공 신화를/고부가 가치를 창조하다)' 라는 뜻을 지닌다. 따라서 "创造"는 목적어와의 호응관계를 고려하여 "(여건을)조성하다(또는 마련하다)"로 번역해야 적절하다.

❼ 目前中国经济发展存在的主要问题是：① 产业结构仍不合理，地区经济发展不协调；② 国民经济整体素质不高，国际竞争力不强…… ⑥ 就业压力加大，农民和城镇部分居民收入增长缓慢，收入差距拉大；⑦ 一些领域市场经济秩序相当混乱。

错误翻译：
지금 중국 경제 발전 중에 존재하고 있는 주요 문제는 아래와 같다. ①산업 구조가 아직 합리하지 않고 지역 경제 발전이 어울리지 않는다. ②국민 경제 전체 소질이 높지 않고 국제 경쟁력이 강하지 않다. …… ⑥취업 스트레스가 크게 늘고 농민과 도시 부분 주민의 수입은 느리게 늘어나고 수입 차이가 심하게 되다. ⑦일부분 분야의 시장 경제 질서가 상당히 혼란하다.

正确翻译：
현재 중국 경제발전에 있어 다음과 같은 주요 문제들이 존재한다. ①(여전히) 비합리적인 산업구조, 지역 경제발전의 불균형, ②전반적으로 낮은 국민경제 수준, 취약한 국제 경쟁력 …… ⑥취업난 가중, 농촌 주민과 일부 도시 주민의 소득 증가추세 둔화, 소득 격차 확대, ⑦일부 분야(영역)의 시장경제질서 혼란 가중.

正误评析：
- ①—⑦은 문제점들을 나열한 부분이므로 错误翻译과 같이 문장으로 번역하는 것보다 짧은 명사구로 번역하는 것이 훨씬 간결한 느낌을 주고 의미 전달 효과도 뛰어나다. 그리고 명사구로 번역하기 위해서는 원문의 서술어를 관형어로 바꾸어 번역해 주어야 한다.(☞6.3.3 번역상식 참조)
- "问题"는 복수형인 "문제들"로 번역해야 적절하다.
- "仍不合理"를 "아직 합리하지 않고"로 번역할 수 없다. **첫째**, "합리하다"라는 표현은 없다. "不合理"는 "합리적이지 않다" 또는 "비합리적이다(불합리하다)"로 번역해야 옳다. **둘째**, "仍"은 "여전히"로 번역해야 옳다. 여기서는 명사구로 간결하게 번역하는 것이 좋기 때문에 "여전히 비합리적"으로 번역해야 적절하다.
- "经济发展不协调"를 "경제발전이 어울리지 않는다"로 번역할 수 없다. "경제발전"은 "균형", "불균형"과 호응되어 쓰인다.
- "素质不高"를 "소질이 높지 않고"로 번역할 수 없다. **첫째**, "素质"을 "소질"로 번역

할 수 없다. "소질"은 '태어날 때부터 지니고 있는 성격이나 능력 따위의 바탕이 되는 것(悟性, 天赋, 潜质)'이라는 뜻을 지니고 있어 중국어 "素质"과는 의미가 다르다. (☞7.3.1 번역상식 참조) 여기서는 "수준"으로 번역해야 적절하다. 둘째, "不高"를 "높지 않고"로 직역할 수도 있지만 "낮고"로 번역하는 방법도 있다. 이와 같이 "不+A"를 "A的反义词"로 번역하면 훨씬 더 자연스러운 표현이 되거나 간결한 표현이 되는 경우가 있다. 물론 어떤 경우에는 "不+A(如: 높지 않다)"가 "A的反义词(如:낮다)"보다 완곡한 느낌을 주거나 정도상의 차이가 있을 수 있기 때문에 번역시 주의해야 한다.(☞11.3.2 번역상식 참조)

☯ "国际竞争力不强"을 "국제 경쟁력이 강하지 않다"로 번역하는 것은 부적절하다. "경쟁력"은 주로 "강하다"와 그 반의어인 "(취)약하다"와 호응되어 쓰인다.

☯ "就业压力加大"를 "취업 스트레스가 크게 늘고"로 번역하는 것은 부적절하다. 첫째, "就业压力"은 '취업이 어려워지는 것'을 의미하므로 "취업난"으로 번역해야 적절하다. 둘째, "加大"는 일반적으로 "강화하다, 확대하다"로 번역 가능하지만, 여기서는 "취업난"과 호응이 자연스러운 동사 "가중되다"의 명사형인 "가중"으로 번역해야 적절하다.

☯ "农民和城镇部分居民收入增长缓慢"을 "농민과 도시 부분 주민의 수입은 느리게 늘어나고"로 번역할 수 없다. 첫째, 여기서는 '농촌과 도시 주민간의 소득 격차'를 언급한 것이므로 "农民"을 "농민"으로 번역하는 것보다는 "농촌 주민"으로 번역해야 적절하다. 둘째, "部分"을 "부분"으로 번역할 수 없다. "부분"은 관형어로 쓰일 수 없다. "部分"은 "일부"로 번역 가능하므로 여기서는 "일부 도시 주민"으로 번역하는 것이 옳다(어순과 복수형에 주의). 셋째, "缓慢"을 부사 "느리게"로 번역하면 주어와 서술어와의 호응 관계가 부적절하다.

☯ "收入差距拉大"를 "수입 차이가 심하게 되다"로 번역할 수 없다. 첫째, "收入"은 "수입" 또는 "소득"으로 번역 가능한데, 여기서는 "소득"으로 번역해야 적절하다. "收入差距"는 "소득 격차"로 표현한다. 둘째, "差距拉大"는 일반적으로 "차이가 커지다(심해지다)" 또는 "격차가 확대되다"로 번역 가능하다. 그런데 여기서 "收入差距"를 "소득 격차"로 번역해야 적절하므로 "拉大"를 "확대"로 간결하게 번역하는 것이 좋다. 참고로 "빈부 격차 확대" 역시 고정적인 표현으로 쓰인다.

☯ "一些"는 "일부"로 번역해야 옳다. "일부분"은 관형어로 쓰일 수 없다.

❽ 这些问题已引起了中国政府的高度重视, 在今后的工作中将进一步采取措施, 努力加以解决。

错误翻译:
(A) 그런 문제는 이미 중국 정부의 주목을 끌었다.
(B) 앞으로 일을 할 때 조치를 한층 더 취하고 노력하여 해결하겠다.

第11课

正确翻译:
중국 정부는 이와 같은 문제들의 중요성을 깨닫고, 향후 적절한 추가 조치를 통해 문제 해결을 위한 노력을 기울일 방침이다.

正误评析:
- (A), (B) 두 문장으로 나누어 번역하는 것은 적절하지 않다. **첫째**, 원문이 아주 길지도 않고 의미상으로도 연관성이 있기 때문이다. 더구나 접속어를 사용하지 않아 문맥의 흐름이 부자연스럽다. **둘째**, (B)는 주어가 없어 문장이 불완전하다.
- (A)처럼 번역하는 것은 부적절하다. **첫째**, '주목을 끌다'의 주어는 특별한 대상이라야 한다. **둘째**, "ⓐ引起ⓑ的高度重视"는 일반적으로 "ⓑ는 ⓐ를 상당히 중요시하다" 또는 "ⓑ는 ⓐ의 중요성을 깨닫다"로 번역해야 적절하다. 즉 ⓑ를 주어로 번역해야 적절하다. **셋째**, "这些问题"는 복수형인 "이와 같은 문제들"로 번역해야 옳다. 따라서 "중국 정부는 이 문제들을 중요시하고(직역)" 또는 "중국 정부는 이와 같은 문제들의 중요성을 깨닫고(의역)"로 번역 가능하다.
- "在今后的工作中……"을 "앞으로 일을 할 때……"로 번역하는 것은 부적절하다. (B)에 주어가 없기 때문이다. 여기서 주어는 "중국 정부"로 볼 수 있는데, 구어체 표현인 "중국 정부가 일을 할 때"로 번역하는 것은 부적절하다. 여기서는 "在工作中"을 번역에서 생략해야 자연스럽다.
- "进一步采取措施"를 원문의 의미 그대로 옮기면 "한층 더 조치를 취하다"이지만, 한국어에서 "한층 더"라는 부사구가 "조치를 취하다"라는 문장 성분을 꾸미는 것이 어색하기 때문에 "추가(추가적인) 조치를 취하다"로 번역해야 적절하다.
- "努力加以解决"을 "노력하여 해결하겠다"로 번역하는 것은 부적절하다. 글쓴이가 정부의 방침을 인용한 것이기 때문에 "(중국 정부는) 문제 해결을 위한 노력을 기울일 방침이다"로 번역해야 적절하다.

❾ 未来5到10年,是中国经济发展极为重要的时期。当前,世界新科技革命迅猛发展,经济全球化趋势增强,许多国家正积极推进产业结构调整,加快发展。

错误翻译:
미래의 오년이나 십년은 중국 경제 발전에 대해서 지극히 중요한 시기이다. 이제 전세계 범위에서 새 과학기술의 혁명이 급속하도록 발전하고 경제 전구화 추세가 강화되어 많은 국가들이 적극적으로 산업 구조를① 조정함을② 촉진하고 발전을 향상하고 있다.

正确翻译:
향후 5-10년간은 중국 경제발전에 있어 극히 중요한 시기이다. 최근 전세계적으로 첨단기술혁명이 급속도로 이루어지고 있고, 경제 글로벌화(지구촌화)도 심화되고 있

241

기 때문에, 많은 국가들이 발전을 가속화하기 위해 산업 구조조정을 적극적으로 추진하고 있다.

正误评析:

- "未来5到10年"을 "미래의 오년이나 십년"으로 번역하는 것은 부적절하다. **첫째**, "未来" 또는 "今后"는 한국어에서 "향후" 또는 "앞으로(의)"로 표현한다. 참고로 "향후"는 구체적인 앞날에 사용되고, "미래"는 추상적인 앞날을 의미할 때 사용된다.(예:미래의 희망, 미래 산업) **둘째**, "5년", "10년"과 같이 숫자는 아라비아 숫자로 표기해야 한다. **셋째**, 여기서 "5년"과 "10년"은 개별적인 기간이 아니라 "5-10년"을 의미하기 때문에 "5-10년간"으로 표현해야 옳다.

- "当前"은 일반적으로 "현재" 또는 "최근"으로 번역해야 적절하다.

- "世界"는 여기서 범위를 나타내는 부사어인 "전 세계적으로"로 번역해야 적절하다.

- "新科技"는 "새로운 (과학)기술", "첨단기술" 등으로 번역 가능하다. 여기서 "新"은 "과학기술"을 꾸미는 문장 성분이므로 호응관계를 고려하여 "첨단"으로 번역하는 것이 더 적절하다.

- "迅猛发展"은 일반적으로 "급속히(급속도로) 발전하다"로 번역 가능하지만, 여기서는 주어("혁명이")와의 호응 관계를 고려하여 "급속도로 이루어지다"로 번역해야 적절하다. "혁명이 발전하다"는 호응 관계가 이루어질 수 없다.

- "全球化"는 한자어인 "지구촌화(地球村化)"와 외래어인 "글로버리제이션(globalization) 또는 글로벌화(global+化)" 등으로 번역 가능하다. 뉘앙스나 용법 상의 차이가 없어 혼용되어 쓰인다.

- "正积极推进产业结构调整"을 "적극적으로 산업 구조를① 조정함을② 촉진하고"로 번역하는 것은 부적절하다. **첫째**, 목적격 조사를 연이어 두 번(를①, 을②) 사용하여 좋은 문장 구조라 보기 어렵다. 의미 결합이 긴밀한 단어 사이의 목적격 조사 하나를 생략해 주는 것이 좋으므로 "산업 구조조정을"으로 번역하는 것이 적절하다.(☞11.3.1 번역상식 참조) **둘째**, "正推进"을 "촉진하고"로 번역하는 것은 적절하지 않다. "正在"의 의미와 "推进"의 목적어인 "产业结构调整"과의 호응관계를 고려하여 "추진하고 있다"로 번역해야 적절하다. **셋째**, "积极"은 동사 "推进"을 수식하는 부사이므로 번역시 "적극적으로 추진하고 있다"와 같이 동사 앞으로 어순을 바꾸어 번역해야 자연스럽다.

❿ 国际环境对我们提出了严峻挑战,也为我们提供了实现跨越式发展的历史性机遇。
错误翻译:
(A) 국제환경은 우리에게 모진 도전을 제출하여 줄 뿐만 아니라
(B) 날리게 발전을 실현할 수 있는 역사적인 기회도 제출한다.
正确翻译:
①직역:이러한 국제 환경 속에서 중국은 심각한 도전에 직면해 있지만, 한편으로는 압축식(비약적) 발전을 이룩할 수 있는 역사적인 기회를 맞이하고 있다.
②의역:이렇게 급변하는 국제 환경 속에서 중국은 심각한 도전에 직면해 있지만(중국은 각종 어려움에 처해있지만), 이는 한편으로 획기적인 도약을 이룰 수 있는 기회가 될 수 있다.
正误评析:
- 错误翻译에서는 "-뿐만 아니라"를 사용하여 (A), (B)간의 문맥 흐름이 부자연스럽다. "也"는 여기서 "转折关系"를 나타내는 부사로, 전체 문장의 의미는 "중국이 여러 가지 어려움에 직면해 있지만 한편으로는 이 문제들을 잘 극복하면 획기적인 발전(도약)을 할 수 있다"로 이해해야 한다.
- (A)는 번역이 전체적으로 부적절하다. 한국에서는 이와 같은 표현을 사용하지 않기 때문에 직역보다 의역을 하는 것이 좋은데 번역자마다 의미를 달리 해석할 수 있으므로 표현상 약간의 차이가 있을 수 있다.
- "严峻"은 "준엄한, 심각한, 가혹한, 냉엄한" 등으로 번역 가능한데, 여기서는 "도전(挑战)"을 꾸며주는 관형어이므로 "심각한"으로 번역해야 적절하다.
- "提出"은 "제기하다, 제출하다, 신청하다" 등으로 번역 가능한데, 여기서는 "제출하다"로 번역하면 부적절하다. 错误翻译와 같이 "挑战"을 목적어로 번역한다면 한국어에서 어느 동사가 목적어인 "도전"과 호응 관계가 적절한지를 고려해서 선택해야 하기 때문이다.(☞11.3.3 번역상식 참조) 원문 문장 구조대로 직역하는 경우라면 "도전을 제기하다"로 번역 가능하고, 의역하는 경우라면 "도전에 직면해 있지만"으로 번역 가능하다.
- (B)는 다음과 같은 몇 가지 문제점을 지니고 있다. **첫째**, "跨越式"를 어떻게 번역해야 할 지 잘 모른다 할지라도 "发展"을 수식하는 관형어로 번역해야지 错误翻译과 같이 부사로 번역하는 것은 부적절하다. **둘째**, "也"는 여기서 "转折关系"를 나타내므로 "역사적인 기회도"로 번역하는 것은 적절하지 않다. 즉, "也"는 여기서 "转折关系"를 나타내는 문장 전체와 호응되는 부사이지 목적어와 호응되는 부사가 아니다.

11.3 翻译知识

11.3.1 助词的省略 —— 조사의 생략

중국어의 함축적인 특징 때문에 중국어 원문은 간결할지라도 한국어 번역문은 상당히 길어져서 가독성이 떨어지는 경우가 종종 있다. 특히, 문장 구조가 복잡하거나 수식어가 많은 중국어 문장을 한국어로 번역하다보면 주격, 목적격, 소유격 조사들이 연이어 표현되는 경우가 있는데, 이럴 경우에는 <u>의미의 결합이 긴밀한 단어 또는 문장 성분 사이의 조사를 우선적으로 생략하는 요령</u>이 필요하다.

☞ 2005年前三季度, <u>中国经济的增长率</u>为7.6%, 预计全年中国GDP增长率将为7.5%左右。
说明: "中国经济的增长率"을 "중국 경제의 성장률"로 번역하는 것은 적절하지 않다. 의미상 "中国的经济的增长率(중국의① 경제의② 성장률)"로 해석 가능한데, 세 단어 중 "경제"와 "성장률"간의 의미상 결합이 더 긴밀하므로 조사 "의②"를 생략하여 "중국의 경제성장률"로 번역하는 것이 적절하다.

☞ 当前, 世界新科技革命迅猛发展, 经济全球化趋势增强, 许多国家正积极推进<u>产业结构调整</u>, 加快发展。
说明: "正积极推进产业结构调整"을 "산업 구조를① 조정함을② 적극적으로 추진하고"로 번역하는 것은 부적절하다. 목적격 조사를 연이어 두 번(를①, 을②) 사용하여 좋은 문장 구조라 보기 어렵다. 따라서 의미 결합이 긴밀한 단어 사이의 목적격 조사 하나를 생략해 주는 것이 적절하므로 "산업 구조조정을"으로 번역하는 것이 좋다.

11.3.2 "不+形容词/动词"的翻译 —— "不+A(形容词/动词)"를 "A的反义词"로 번역

"不+A(形容词)"는 "A 않다"로 번역할 수도 있지만 "A的反义词"로 번역하면 훨씬 더 자연스럽고 간결한 표현이 되는 경우도 있다. 물론 어떤 경우에는 "不+A(如:不高-높지 않다)"가 "A的反义词(低-낮다)"보다 약간 완곡한 느낌(뉘앙스)를 줄 수도 있기 때문에 문맥의 의미를 정확히 파악하는 것이 중요하다.

☞ 国民经济整体素质<u>不高</u>, 国际竞争力<u>不强</u>。
正确译文: 전반적으로 <u>낮은</u> 국민경제 수준, <u>취약한</u> 국제 경쟁력
说明: "不高"를 "높지 않다"로 번역할 수도 있지만 "낮고"로 번역하는 방법도 있다. 여기서 "不强"은 "강하지 않다"로 번역하는 것보다 "(취)약하다"로 번역하는 것이

더 적절하다. 번역문에서는 "不强"을 "国际竞争力"을 꾸미는 관형어로 번역하는 것이 더 적절하기 때문이다.

☞ 由于目前制造商的MP3播放器存货量过高,其他内存制造商对于NAND闪存市场也并不乐观。
正确译文: 현재 제조업체의 MP3 재고량 과다로, 다른 EMS메모리 제조업체들은 NAND 플래시메모리 시장에 회의적이다
说明: "不乐观"을 "낙관적이지 않다"로 번역하는 것보다는 "회의적이다"로 번역하는 것이 더 간결하고 자연스럽다. 참고로 "비관적이다"라는 표현은 완전 부정의 의미를 지니고 있기 때문에 적절하지 않다.

11.3.3 在词典中定夺词义的方法 —— 사전적 의미 중 선택 기준

사전은 어휘의 기본형을 표제어로 수록하고 기본의미(本义), 파생의미(引申义) 등을 차례로 열거하고 있다. 여러 义项들 중에서 번역자가 한 가지를 선택할 때 1차적인 기준은 도착어(译入语)에서 의미 관계가 긴밀한 문장 성분간의 호응 관계이다. 예를 들어 아래 첫 번째 예문 중 "提交报告"를 한국어로 번역하기 위해 사전에서 "提交"를 찾아보면 "신청하다, 제출하다, 제기하다" 등으로 풀이되어 있다. 그렇다면 과연 어느 동사로 번역해야 적절한지 하는 선택의 문제가 생기는데, 이 때 첫 번째로 고려해야 하는 것은 동사 "提交"와 의미 관계가 밀접한 문장 성분인 목적어이다. 목적어가 "보고서(报告)"이므로, "보고서"와 호응관계가 이루어질 수 있는 "제출하다"로 번역해야 옳다. 한국어에서는 "A에 B를 제출하다"로 표현하기 때문이다. B는 일반적으로 구체적인 자료 또는 문건(보고서/ 답변서/이력서/사직서 등)이라야 한다.

특히 번역 경험이 많지 않은 초보 번역사는 번역시 도착어에서의 주어-서술어, 목적어-서술어, 부사-동사, 관형사-명사 등의 호응 관계에 유의하는 습관을 길러야 하며, 이러한 문장 성분들간의 호응 관계를 정확히 판단하기 위해서는 다양한 분야의 글을 많이 읽어 固定搭配를 숙지하는 것이 필수적이다.

☞ 번역문에서 목적어-서술어의 호응 관계
▶ 外国投资者在提出设立外资企业的申请前,应当就下列事项向拟设立外资企业所在地的县级或者县级以上地方人民政府提交报告。(☞13과 正误评析 3번 참조)
错误翻译: …… 외국인투자기업 설립 예정지의 관할 현급(縣級:행정단위로 군에 해당) 또는 현급 이상의 지방 인민정부에 다음에 열거하는 사항들과 관련하여 보고를 제기해야 한다.

正确译文：……외국인투자기업 설립 예정지의 관할 현급(縣級:행정단위로 郡에 해당)또는 현급 이상의 지방 인민정부에 다음에 열거하는 사항들과 관련하여 보고서를 제출해야 한다.

▶ 1997年以来,跨国公司对研究开发的投资呈迅速发展的态势。
正确译文：1997년 이래, 다국적 기업의 R&D분야 투자가 빠르게 확대되는 경향을(추세를) 보이고 있다.
说明：동사 "呈"은 주로 "~로 드러나다" 또는 "~로 나타나다"로 번역 가능하지만, 여기서는 "보이다"로 번역해야 적절하다. 한국어에서 "경향, 추세(态势)"는 "보이다"라는 동사와 호응되어 쓰이기 때문이다.

▶ 今年以来,中国政府及时采取措施,积极应对新出现的问题和困难,中国的宏观经济发展取得了较为显著的成绩。(11과)
错误翻译：……새롭게 발생한 문제들과 곤란을 적극적으로 대처해 온 덕분에……
正确译文：……새롭게 대두된 문제들과 어려움에 적극적으로 대처해 온 덕분에……
说明：여기서 "出现"은 "문제", "어려움" 두 단어와 호응관계가 자연스러운 "대두되다"로 번역해야 적절하다.

▶ 国际环境对我们提出了严峻挑战,也为我们提供了实现跨越式发展的历史性机遇。(11과)
错误翻译：국제환경은 우리에게 모진 도전을 제출하여 줄 뿐만 아니라……
正确译文：이렇게 급변하는 국제 환경 속에서 중국은 심각한 도전에 직면해 있지만……
说明："提出"은 "제기하다, 제출하다, 신청하다" 등으로 번역 가능한데, 여기서 "제출하다"로 번역할 수 없다. 错误翻译에서와 같이 "도전(挑战)"을 목적어로 번역하려면 한국어에서 어느 동사가 목적어 "도전"과 호응 관계가 자연스러운지를 고려해서 선택해야 한다. 즉, "①도전을 제기하다/②도전을 제출하다/③도전을 신청하다" 중 어느 표현이 호응 관계가 이루어질 수 있는지를 살펴보아야 한다. ②는 한국어에서 성립되지 않는 표현이며, ③은 의미가 다르다. 이 중 ①이 원문의 의미에 근접하기는 하지만, 한국어에서 이런 의미로 "도전을 제기하다"라는 능동형을 잘 사용하지 않기 때문에 正确译文와 같이 의역하는 것이 더 자연스럽다.

☞ 번역문에서 주어-서술어의 호응 관계
▶ 当前,世界新科技革命迅猛发展,经济全球化趋势增强,许多国家正积极推进产业结构调整,加快发展。(11과)

错误翻译: 최근 전세계적으로 첨단기술혁명이 급속히 발전하고 있고……
正确译文: 최근 전세계적으로 첨단기술혁명이 급속도로 이루어지고 있고……
说明: "迅猛发展"은 일반적으로 "급속히(급속도로) 발전하다"로 번역 가능하지만, 여기서는 주어 "혁명"과의 호응 관계 때문에 "급속도로 이루어지다"로 번역해야 적절하다.

▶ 北京大学创建于1898年,是中国第一所国立综合性大学……。(9과)
错误翻译: 북경대학은 1898년에 창건된 중국 최초의 국립 종합대학교로서
正确译文: 북경대학은 1898년에 설립된 중국 최초의 국립 종합대학교로서
       북경대학은 중국 최초의 국립 종합대학교로 1898년에 설립되었으며
说明: "创建"은 "창립하다, 설립하다, 창설하다, 창건하다" 등으로 번역 가능한데, 이 문장에서 "북경대학"이 주어이므로 "창건하다(창건되다)"로 번역하는 것은 부적절하다. "창건하다"는 '고대 건물(또는 건축물) 따위를 처음으로 세우거나 만들다'는 의미로 쓰인다.

11.3.4 间隔号的使用 —— 문장부호 가운뎃점의 활용

일반적으로 두 개 이상의 단어가 선택적으로 열거될 경우에는 "또는(或)"으로, 병렬적으로 열거된 경우에는 쉼표(ⓐ)를 사용하거나 조사 "-와(ⓑ)" 또는 접속어 "및(ⓒ)"으로 옮길 수 있다.

그런데 아래 예문처럼 한 문장 안에 병렬적으로 열거된 어구가 2곳 이상 있는 경우나, 한 단락(篇章) 속에 쉼표가 여러 번 사용되었는데 그 안의 특정 문장에 병렬적으로 열거된 단어들이 또 있는 경우에는 또다시 쉼표를 사용하는 것이 적절하지 않다. 문장 성분들간의 관계가 복잡하게 보여 의미 전달 효과가 감소되기 때문이다. 이런 경우에는 문장부호 가운뎃점(ⓓ)을 사용하면 훨씬 간결한 느낌을 주고 의미 전달 효과도 높아진다. 특히 같은 계열의 단어 사이에 가운뎃점을 사용하면 연결된 단어가 한 단위라는 느낌을 주어 가독성을 높여준다.

▶ SK㈜와 SK텔레콤은 ⓐ신한카드, 하나은행과 제휴를 맺고 ⓓ금융(金融)·정유(炼油)·이동통신(移动通讯) 등의 서비스를 통합한 'SK스마트카드'를 발급한다고 11일 밝혔다.

▶ 서울시 용산구 국립중앙박물관 도서관은 ⓐ고고학, 미술사학, 역사학 등 박물관 관련 ⓓ국내·외 ⓒ전문도서 및 디지털매체 자료를 ⓓ수집·정리해 제공하는 도서관이다.

☞ 頓號를 쉼표가 아닌 가운뎃점으로 옮긴 예
▶ 目前中国经济发展存在的主要问题是：① 产业结构仍不合理，地区经济发展不协调……④ <u>科技、教育</u>比较落后，科技创新能力较弱；⑤ <u>水、石油</u>等重要资源短缺，部分地区生态环境恶化 …… ⑦ 一些领域市场经济秩序相当混乱。

正确译文: 현재 중국 경제발전에 있어 다음과 같은 주요 문제들이 존재한다. ①비합리적인 산업구조, 지역 경제발전의 불균형 …… ④비교적 낙후되어 있는 <u>과학 기술·교육</u> 분야, 취약한 과학기술 혁신능력, ⑤<u>수자원·석유</u> 등의 주요 자원 결핍, 일부 지역 생태환경 악화 …… ⑦일부 분야(영역)의 시장경제질서 혼란 가중.

说明: 상기 단락은 중국의 경제발전 과정에 현존하는 문제들을 7가지로 설명하고 있다. 그런데 分号를 한국어 번역시 쉼표로 대체했기 때문에 ①-⑦ 중의 頓號까지도 쉼표로 옮기는 것은 바람직하지 않다. 따라서 가운뎃점을 사용하여 "科技、教育"은 "과학기술·교육"으로, "水、石油"은 "수자원·석유"로 표기하면 훨씬 간결해보여 가독성이 높아진다.

☞ "与"를 "및"이 아닌 가운뎃점으로 옮긴 예
▶ 北京大学创建于1898年，是中国第一所国立综合性大学，现设有人文学部、社会科学学部、理学部、<u>信息与工程学部</u>、医学部五个学部。

错误翻译: 정보 및 공정학부

正确译文: 정보·공정학부(또는 정보공학부)

说明: "信息与工程学部"는 학부 명칭이므로 "및"으로 번역할 수 없다. 이런 경우에는 가운뎃점을 사용하여 "정보·공정학부"(또는 "정보공학부")로 표기해주어야 적절하다.

▶ 汉: 第二届<u>环保与新能源</u>国际论坛

错误翻译: 제2회 환경보호<u>와</u> 대체에너지 국제 포럼

正确译文: 제2회 <u>환경보호·대체에너지</u> 국제 포럼

▶ <u>中外文报刊</u>6500多种

错误翻译: 국내 <u>및</u> 해외 6500여 종의 신문<u>과</u> 간행물

正确译文: 6500여 종의 <u>국·내외 신문·간행물</u>

第11课

11.4 翻译练习

11.4.1 翻译词组

❶ 人均国内生产总值 ——
❷ 高收入阶层 ——
❸ 基础设施建设 ——
❹ 出现顺差 ——
❺ 经济增长减缓 ——
❻ 培养技术人才 ——
❼ 自主研发 ——
❽ 商品短缺 ——
❾ 吸引外资 ——
❿ 附加值 ——

11.4.2 改错

❶ 当前,我国面临十分复杂和极为严峻的就业形势。
현재 우리나라는 매우 복잡하고 매우 준엄한 취업 상황에 직면하고 있다.

❷ 学校为了帮助经济困难的学生,实行了优秀学生奖学金制度。
학교는 경제가 곤란한 학생을 돕는 것을 위해서 우수학생 장학금 제도를 시행하고 있다.

❸ 香港克服了亚洲金融风波带来的困难,经济开始复苏,民生得到改善。
홍콩은 아시아 금융위기 파동으로 인한 곤란을 극복하고 경제는 회복을 시작했고 민생은 개선되었다.

❹ 联想集团总裁兼首席执行官杨元庆说:"笔记本等重点发展业务继续保持高速增长,取得令人满意的成绩。"
롄샹그룹 총재 겸 CEO 양위안칭(楊元慶)은 "노트북 등 중점 사업이 계속 고속 성장을 유지하여 만족할만한 성적을 얻었다"고 밝혔다.

❺ 规范行政管理,取消不合理的审批、核准、许可、备案等规定,研究制定更加规范、公平、透明、高效的海关业务制度,按照WTO规则,改进和完善政策法规发布制度,增强执法透明度。
행정관리를 규범화하고, 불합리한 심사, 허가, 등록 등과 관련된 규정을 취소하여 더욱 규범화되고 공평 투명하고 효율적인 세관업무제도를 연구하고 제정하여야 하며, WTO의 규칙에 따라 정책법규 발포제도를 개선하여 법규 집행의 투명도를 높여야 한다.

11.4.3 选择较好的翻译

❶ 国家计算机病毒应急处理中心对入侵病毒快速加以处理。
—— 국가컴퓨터바이러스처리센터는 바이러스 침투에 대해 신속하게 처리한다.
—— 국가컴퓨터바이러스처리센터는 바이러스 침투를 빨리 처리한다.

❷ 只有对现行的法律法规不断加以补充完善,才能逐步健全我国文物保护的法律体系。
—— 현행 법률법규를 지속적으로 보충·정비해야만 우리나라 문화재 보호 관련 법률 체계를 점진적으로 완비할 수 있다.
—— 현행 법률법규에 대한 지속적인 보완·정비를 통해서만이 우리나라 문화재 보호 관련 법률체계를 점진적으로 완비할 수 있다.

11.4.4 翻译句子

❶ 中国政府连续几年实施了积极的财政政策,取得了显著的成效。
——

❷ 大多数国有重点企业进行了公司制改革,其中相当一部分已在境内外上市。
——

❸ 受世界经济增长减缓的影响,我国出口自今年以来增速减弱,由一季度的两位数的增速很快降了下来。
——

❹ 目前中国高收入阶层和低收入阶层之间差距拉大的趋势十分明显,这种状况必将影响全社会总体消费水平的提高。
——

❺ 许多国家以法律形式规定外方的投资比例不得超过投资总额的49%。而中国在合资经营的情况下,要求外方的投资比例只要能达到投资总额的25%以上就可以。

❻ 加入世贸组织对于不同产业将产生不同的影响,使中国的产业结构、外贸结构和就业结构都面临大的调整,其中劳动密集型产业将得到强化,而某些资本密集型产业及高新技术产业将面临较大的冲击。

11.5 翻译作业

中国信息产业的发展与展望

20世纪,人类在电子信息、新材料、新能源、生物、空间、海洋等高新科技领域取得了一系列的重大突破和进展。这些重大科研成就的全面产业化为世界进入知识经济时代奠定了雄厚的物质技术基础。当今世界,以微电子、计算机、通信和网络技术为代表的信息技术进步日新月异,发展速度一日千里,有力地推动着各国经济的发展和人类社会的进步。信息产业作为当今高新技术产业的主体和新的生产力的代表,已经成为中国面向21世纪生存与发展的战略性支柱产业,其发展水平也已成为衡量国家综合国力的重要标志。

中国政府高度重视发展信息产业。

改革开放二十多年来,尤其是最近十年,我国的信息产业得到了高速的发展,发展速度一直保持在同期国民经济增长速度的3倍以上。到"九五"末期,产业的增加值占国内生产总值的比重已由"八五"末期的2%提高到4%,对国民经济和社会发展起到了有力的促进作用。

在电子信息产品制造业方面,经过二十多年的发展,我国电子信息产品制造业已经形成了专业门类比较齐全、技术力量相对雄厚、产业规模跻身世界前列的产业体系,在部分产品如彩色电视机、程控交换机、音响设备等领域,我国已经成为世界主要生产国。2000年,我国电子信息产品制造业产值首次突破1万亿元,产业总规模跃居工业各部门第一位。产品出口逐年增长,2000年出口额达551亿美元,占当年全国出口总额比重的22%,对优化我国外贸出口结构、推动出口增长起到了积极的作用。

我国的软件业近年来也得到快速发展,产业规模正在不断壮大,目前我国从事软件开发、研制、销售、维护和服务的大小企业约有1500多家,各类从业人员近50万。

　　随着电子信息产品制造业、通信业和软件业的快速发展,我国信息化建设也在向全方位、多领域快速推进。信息基础设施不断完善,我国已建成以光缆为主体,以微波通信、卫星通信为辅助的传输网体系。信息资源开发和应用水平进一步提高。国际信息化重大工程取得明显成效。电子商务应用已开始进入经济和社会生活的各个领域。

　　我们在看到发展的同时,也清醒地认识到,与发达国家相比,我们还有很大差距,主要表现在:产业结构不尽合理,尤其是重复分散、结构趋同的问题比较突出;企业技术创新能力较弱,规模效益较差,国际竞争力不强;关键核心技术相对落后,尤其是在集成电路和软件方面,相当程度上仍然依赖进口。此外,在人才结构、融资渠道以及相应的法制环境方面也还存在种种不足。

　　今后五到十年,是我国经济和社会发展的重要时期,也是信息产业发展的关键时期。中国加入WTO后,将更加有利于中国经济发展,特别是信息产业将会有更大的发展空间和前景。中国在制定国民经济和社会发展第十个五年计划纲要中,对信息产业提出了两大任务:一是以信息化带动工业化;二是实现信息产业的跨越式发展。可以说,这为正在快速发展的中国信息产业提出了更加宏伟的发展目标和更加广阔的发展前景。

11.6 参考资料

중국의 대약진

　　중국은 1978년 개최된 제1기 당중앙위원회 제3총회(11기 3중총회)에서 "프롤레타리아 독재하의 계속 혁명이라는 잘못된 이론을 부정하고, 당의 활동 중점과 전국 인민의 활력을 사회주의 현대화 건설로 이행시킨다"고 선언했다. 이후 개혁, 개방노선은 시행착오를 거듭하면서 지역적인 확대뿐만 아니라, 경제 각 영역에의 적용, 이론적인 정비를 거치면서 계획경제에서 시장경제로의 전환을 추구해왔다. 이는 그 때까지 중국의 정치, 경제 시스템을 고려할 때 믿기 어려울 정도로 유연하면서도 대담한 전환이었다.

　　중국의 개혁, 개방 20여 년의 업적은 급속한 경제성장, 그리고 그에 따른 국력의 약진으로 정리할 수 있다. 1979년부터 1999년까지 22년간 국내총생산(GDP-国内生产总值)은 3,624억 元에서 8조 2,054억 元으로 급증하였다. 불변가격으로 계산하면 연평균 성장률이 9.6%에 달한다. 1인당GDP(人均GDP) 역시 1979년 379元에서 1999년에는 6,534元으로 17.2배나 증가했다.

　　직원, 노동자(工人)의 평균 임금(工资)도 1978년에는 615元이었던 것이 1999년에는

8,346元으로 13.6배나 증가했다. 그 결과 지난 20여 년간의 중국의 국민생활 즉, 수입, 소비 수준, 저축, 주택, 교통, 문화, 교육, 위생 등 각 방면에서 중국은 눈부신 발전을 이룩했다.

내구 소비재(耐用消费品)의 보급율 역시 지난 세월 동안 대단히 눈부신 발전을 이룩했다. "신사종의 신기(新四種의 神器)"로 불리워졌던 컬러 TV, 냉장고, 세탁기, 녹음기의 상황을 살펴보면 컬러TV의 경우 1985년에는 도시가정 100 가구당(均) 17.21대를 보유(拥有)했던 데 비해, 1999년에는 111.57대를 보유하고 있다. 냉장고 역시 1985년에는 6.58대였던 것이 77.74대로 세탁기도 48.2대에서 91.44대로 증가했다.

대외 경제 교류도 급속히 진전되어, 무역 및 외자이용규모가 크게 확대되었다. 1978년의 수출입총액은 206억 달러에 불과하였으나(仅有、只有) 1999년에는 이것이 3,606.5억 달러로 크게 증가했다. 동시에 1979-99년 기간 중 외자이용 실적은 4416.25억 달러에 달하고 있다.

이처럼 중국은 1980년 이후 연평균 9.6%라는 유례없는 고도 성장(高速增长)을 구가하였으며, 세계경제에서 차지하는 위상(地位) 역시 대단히 높아졌다. 세계은행의 "세계발전지표2000"에 의하면 1998년의 시점에서 구매력 평가(PPP=Purchasing power parity)로 환산한 중국의 GNP는 3조 7790억 달러로 세계 제 2위이다. 참고로 1위인 미국은 7조 9040억 달러, 3위인 일본은 2조 9820억 달러이다. 뿐만 아니라 중국경제의 약진은 중국 제품이 세계시장에서 얼마나 활약하고 있느냐를 통해서도 잘 알 수 있다.

1999년 기준 4천 200개 품목 가운데 시장점유율이 1위인 것은 460개나 된다. 1~5위 안에 드는 품목(品种、种类)도 무려 1,428개나 된다. 이처럼 강한 경쟁력을 가지고 중국은 미국시장에서 1990년 3.1%이었던 점유율을 1998년에는 8.0%까지 끌어올렸다. 일본에서의 시장점유율을 역시 같은 기간 5.0%에서 13.2%로 끌어 올렸다.

하지만 중국이 앞으로의 고도성장을 현실화하기 위해서는 풀어야 할 과제 또한 적지 않다. 관료의 부패, 지역격차의 확대(地区差距拉大), 對中(对华) 직접투자의 감소, 심각한 실업문제, 금융기관의 불량채권, 국유기업의 적자(逆差) 등이 그 대표적인 것이라 할 수 있다. 이 가운데서도 특히 국유기업의 적자문제는 국유기업개혁, 행정 개혁, 금융개혁의 3대 개혁의 발목을 잡고 있는(拖后腿) 대단히 중대하면서도 고질적인 문제라 할 수 있다.

중국은 WTO 가입으로 세계시장에 대한 접근이 보다 용이해질 것이나 현재 직면한(面临的) 문제들에 더하여 제도개선 및 구조조정에 대한 외부 압력도 커질 것이다.

第12课 合同

12.1 课文范文

12.1.1 设立中外合资企业合同

第一章　总则

中国红星股份有限公司和韩国(株)太阳食品公司,根据《中华人民共和国中外合资经营企业法》和中国的其他有关法律法规,本着平等互利的原则,通过友好协商,同意在中华人民共和国共同投资建立合资经营企业,特订立本合同。

第二章　合资双方

第一条　合资合同双方

合同双方如下:

1.1 "中国红星股份有限公司"(以下简称甲方)是一个按中华人民共和国(以下简称"中国")法律组织和存在的企业法人,在中国注册,持有编号为_____的营业执照。

法定地址:山东省威海市OO路100号

法人代表:刘佳

1.2 "(株)太阳食品公司"(以下简称乙方)是一个按大韩民国(以下简称"韩国")法律组织和存在的企业法人,在韩国注册,持有编号为_____的营业执照。

法定地址:釜山市中区西大新洞2街77号

法人代表:朴东浩

1.3 各方均表明自己是按中国法律或韩国法律合法成立的有效法人,具有缔结本合资合同并履行本合同义务所需的全部法人权限。

第三章　合资公司的成立

第二条　按照中国的合资企业法和其他有关法律和法规,合同双方同意在中国境内山东省威海市建立合资公司。

第三条　合资公司的中文名称为红星太阳食品有限公司。
　　　　合资公司的英文名称为Red Star-Sun Food Ltd.。
　　　　法定地址：中国山东省威海市经济开发区珠海路888号
第四条　合资公司为中国法人，受中国的法律、法规和有关规章制度（以下简称"中国法律"）的管辖和保护，在遵守中国法律的前提下，从事其一切活动。
第五条　合资公司的法律形式为有限责任公司，合资公司的责任以其全部资产为限，双方的责任以各自对注册资本的出资为限。合资公司的利润按双方对注册资本出资的比例由双方分享。
　　　　…………

第十八章　违约责任

第五十条　如果任何一方未及时缴纳第十二条规定的注册资本金额，则每拖欠一个月该方即应支付相当于出资额_____%的违约赔偿金。如逾期3个月仍未提交，除累计支付出资额的_____%作为违约金外，守约一方有权按本合同第四十九条规定终止合同，并要求违约方赔偿损失。

第五十一条　由于一方违约，造成本合同及其附件不能履行或不能完全履行时，由违约方承担违约责任；如属双方违约，根据实际情况，由双方分别承担各自应负的违约责任。

第十九章　不可抗力

第五十二条　由于地震、台风、水灾、火灾、战争以及其他不能预见且对其发生和后果不能防止或避免的不可抗力，致使直接影响合同的履行或者不能按约定的条件履行时，遇有上述不可抗力的一方，应立即电报通知对方，并应在15天内，提供不可抗力详情及合同不能履行，或者部分不能履行，或者需要延期履行的理由的有效证明文件，此项证明文件应由不可抗力发生地区的公证机构出具。按其对履行合同影响的程度，由双方协商决定是否解除合同，或者部分免除履行合同的责任，或者延期履行合同。

第二十章　适用法律

第五十三条　本合同的订立、效力、解释、履行受中华人民共和国法律的管辖。在某一具体问题上如果没有业已颁布的中国法律可适用，则可参考国际惯例办理。

第二十一章　争议的解决

第五十四条　凡因执行本合同所发生的或与本合同有关的一切争议，双方应通过友好协商解决，如果协商不能解决，应提交北京中国国际贸易促进委员会对外经济贸易仲裁委员会根据该会的仲裁程序暂行规则进行仲裁。或,应提交_____国_____地_____仲裁机构根据该仲裁机构的仲裁程序进行仲裁。或,仲裁在被诉人所在国进行。仲裁裁决是终局的,对双方都有约束力。

第五十五条　在仲裁过程中,除双方有争议正在进行仲裁的部分外,本合同应继续履行。

第二十二章　合同文字

第五十六条　本合同用中文和韩文写成,两种文字具有同等效力。上述两种文本如有不符,以中文文本为准。

第二十三章　合同生效及其他

第五十七条　按照本合同规定的各项原则订立的如下附属协议文件,包括:技术转让协议、销售协议,均为本合同的组成部分。

第五十八条　本合同及其附件,自中华人民共和国审批机构批准之日起生效。

第五十九条　双方发送通知,如用电报、电传时,凡涉及各方权利、义务的,应随之以书面信件通知。合同中所列双方的法定地址为收件地址。

第六十条　本合同于_____年_____月_____日由双方指定的授权代表在中国_____签署。

中国红星股份有限公司　　　　　　韩国(株)太阳食品公司
　　代表　刘佳　　　　　　　　　　　代表　朴东浩

12.1.2　词汇注释

合资企业 —— 합자기업　　　　　合同 —— 계약, 계약서
本着 —— ~에 따라, ~에 의거하여　平等互利 —— 호혜평등
协商 —— 협의하다, 협상하다　　　举办 —— 개최하다, 거행하다
合同双方 —— 계약 당사자　　　　简称 —— ~이라 하다
注册 —— 등록하다　　　　　　　　营业执照 —— 영업허가증
缔结 —— 체결하다　　　　　　　　履行合同 —— 계약을 이행하다
境内 —— 국내　　　　　　　　　　建立 —— 설립하다, 건립하다
一切 —— 모든, 일체　　　　　　　注册资本 —— 등록자본(금)
出资 —— 출자(액)　　　　　　　　分享 —— 분배하다
缴纳 —— 납입하다　　　　　　　　拖欠 —— 체납하다
相当于 —— ~에 상당하다　　　　　逾期 —— 기한을 넘기다

支付 —— 지불하다, 지급하다
守约 —— 계약을 이행하다
有权 —— ~할 권리를 지닌다(가진다)
附件 —— 첨부 문건, 부록, 부속 약정서
水灾 —— 수해, 홍수
避免 —— 피하다
证明文件 —— 증빙서류
解除合同 —— 계약을 해지하다
受法律的管辖 —— 법률의 적용을 받다
争议 —— 분쟁, 쟁의, 논쟁(하다)
被诉人 —— 피(항)소인
同等 —— 동일하다
生效 —— 효력이 발생하다(생기다)
技术转让 —— 기술이전
收件 —— 수신

签署 —— 체결하다
提交 —— 제출하다, 제기하다, 납입하다
损失 —— 손해
承担 —— 책임지다
预见 —— 예측하다, 예견하다
详情 —— 자세한 상황
出具 —— (서류를) 발급하다
效力 —— 효력
颁布 —— 공포하다
仲裁 —— 중재(하다)
文字 —— 문자, 글자, 언어
不符 —— 부합하지 않다, 상이점
协议文件 —— 합의문서
批准 —— 승인하다(인가하다), 비준하다
授权 —— 권한을 부여하다

12.1.3 参考译文

합자기업설립 계약서

제1장 총칙

중국 홍성(紅星)주식회사와 한국 ㈜태양식품은 <중화인민공화국 중외합자 경영 기업법(中外合資經營企業法)>과 중국의 기타 관련 법률 및 법규에 의거하여, 호혜평등의 원칙을 토대로 충분한(원만한) 협의를 거쳐 공동투자 형식으로 중화인민공화국에 합자경영기업을 설립하는데 합의한 바, 이에 본 계약을 체결한다.

제2장 합자 당사자
제1조 합자계약 당사자

1.1 중국 "홍성(紅星)주식회사(이하 "갑"이라 한다)"는 중화인민공화국(이하 "중국"이라 한다) 법률에 의거하여 (적법하게) 설립되어 존속하는 법인기업으로, 중국에 등록되어 있고 등록번호가 _____ 인 영업허가증(營業執照)을 보유하고 있다.

　　법정 주소: 中國 山東省 威海市 ○○路 100번
　　법인 대표: 劉佳

1.2 "㈜태양식품(이하 "을"이라 한다)"은 대한민국(이하 "한국"이라 한다) 법률에 의거하여 적법하게 설립되어 존속하는 법인기업으로, 한국에 등록되어 있고 일련번호가 _____인 사업자등록증을 보유하고 있다.
　　　법정 주소: 한국 부산시 중구 서대신동 2가 77번지
　　　법인 대표: 朴東浩
1.3 양 당사자 모두 각기 중국 법률 혹은 한국 법률에 의거하여 합법적으로 설립된 법인으로, 본 합자계약 체결과 본 계약서의 의무 이행에 필요한 모든 법인 권한을 지니고 있음을 밝힌다.

제3장　합자회사의 성립

제2조　계약 당사자들은 중국의 합자기업법과 기타 관련 법률 및 법규에 의거하여 중국 山東省 威海市에 합자회사를 설립하는데 합의한다.

제3조　합자회사의 중문 명칭은 紅星太陽食品有限公司이다.
　　　합자회사의 영문 명칭은 Red Star-Sun Food Ltd.이다.
　　　법정주소: 中國 山東省 威海市 經濟開發區 珠海路 888號

제4조　합자회사는 중국 법인으로 중국 법률과 법규, 관련 규정 및 제도(이하 "중국 법률"이라 한다)의 적용과 보호를 받으며, 중국 법률을 준수한다는 전제 하에 모든 기업활동에 종사한다.

제5조　합자회사의 법률적 기업 형태는 유한책임회사이고 책임범위는 합자회사의 모든 자산을 한도로 하며 당사자들의 책임은 각자의 등록자본금 출자액을 한도로 한다(당사자들은 각자의 등록자본금 출자액에 한하여 합자회사의 부채를 책임진다). 합자회사의 수익은 양 당사자의 등록자본금 출자비율에 따라 배분한다.

(중략)

제18장　위약의 책임

제50조　계약 당사자 중 어느 일방 당사자가 제12조에 규정된 등록자본금을 약정한 시기에 납입하지 않을 경우, 1개월 경과 시마다 체납한 측은 출자액의 _____%에 해당하는 위약금(손해배상금)을 지급해야 한다. 만약 3개월이 지나도록 자본금을 납입하지 않는 경우에는 납입해야 할 출자액 누계의 ___%를 위약금으로 간주하는 것 외에, 계약을 이행한 당사자는 본 계약 제49조 규정에 의거하여 계약을 중지하고 위약한 일방에 손해배상을 청구할 권리를 가진다.

제51조　(계약 당사자 중) 어느 일방 당사자의 위약행위로 (인해) 본 계약서 및 부속 합의서 (약정서)의 조항을 전부 또는 일부를 이행할 수 없을 경우에는 위약행위를 한 당사자가 위약의 책임을 진다. (만약) 양 당사자 모두 위약행위를 한 경우에는 실제 상황에 따라 양 당사자는 각자의 위약책임을 진다.

제19장　불가항력
제52조　지진, 태풍, 홍수, 화재, 전쟁 및 기타 예측이 불가능하고 그 발생과 결과를 방지하거나 피할 수 없는 불가항력적인 요인으로 인해 계약의 이행이 직접적인 영향을 받거나 혹은 약정한 조건대로 이행할 수 없는 경우, 상기 불가항력에 처한 일방 당사자는 즉각 이를 타방 당사자(상대방)에게 전보로 알리고, 15일 이내에 불가항력의 자세한 상황 설명과 계약사항의 이행불가능, 일부 이행불가능 혹은 이행연기의 이유를 입증할 수 있는 (유효한) 증빙서류를 제출해야 한다. 증빙서류는 불가항력 발생 지역의 공인기관(국가기관)에서 발급한 것이어야 한다. 불가항력이 계약 이행에 미치는 영향의 정도에 따라 계약 양 당사자는 계약해지 여부, 계약이행의 책임 일부 면제여부 또는 계약이행 연기여부를 협의하여 결정한다.

제20장　적용법률
제53조　본 계약의 체결, 효력, 해석, 이행은 중화인민공화국 법률의 적용을 받는다. 만약 어떤 특정한(구체적인) 문제에 있어 적용할 만한 중국 법률이 없을 경우에는 국제관례를 참고하여 처리할 수 있다.

제21장　분쟁의 해결
제54조　본 계약의 이행으로 발생하는 분쟁 혹은 본 계약과 관련된 모든 분쟁은 양 당사자간의 원만한 협의를 통해 해결하기로 한다. (만약) 협의를 통해 해결되지 않는 경우에는 북경시 중국국제무역촉진위원회의 대외경제무역중재위원회에 중재를 신청하여 동 위원회의 (잠정) 중재규칙에 따라 중재를 진행한다. 또는 <u>(국가명) (지역명)</u> ＿＿＿＿ 중재기관에 제소하여 당해(當該) 중재기관의 중재절차에 따라 중재를 진행하거나 피항소인 소재지 국가에서 중재를 진행한다. 중재결과는 최종 판결로 양 당사자 모두에게 구속력을 지닌다.
제55조　중재기간 중 양 당사자 간의 분쟁으로 중재가 진행 중인 부분을 제외한 본 계약서 상의 모든 사항은 계속 이행되어야 한다.

제22장　(계약서의) 사용언어
제56조　본 계약서는 중국어와 한국어로 작성하며 각기 동일한 효력을 지닌다. 해석상 상이점이 있을 때는 중국어본(중문본)을 기준으로 한다.

제23장　계약서의 효력발생 및 기타
제57조　본 계약서에서 규정한 원칙에 의거하여 체결된 기술이전합의서, 판매합의서 등의 부속 합의서는 모두 본 계약의 구성 부분이다.

제58조 본 계약서 및 부속 합의서는 중화인민공화국의 심의·승인기관에서 승인(인가)한 날로부터 그 효력이 발생한다.

제59조 양 당사자가 전보 또는 텔렉스를 이용하여 타방 당사자(상대방)에게 통지를 할 때, 그 내용이 각 계약 당사자의 권리나 의무와 관련이 있는 경우에는 서신을 통한 통지도 병행해야 한다. 이때 계약서 상에 명기된 법정 주소를 수신 주소로 한다.

제60조 본 계약서는 _____ 년 _____ 월 _____ 일 각 당사자로부터 적법하게 수권 받은 대표가 중국 _____ 에서 서명하였다.

    紅星주식회사   (주)태양식품
    대표 劉佳   대표 朴東浩

12.2 正误评析

❶ 中国红星股份有限公司和韩国(株)太阳食品公司,根据《中华人民共和国中外合资经营企业法》和中国的其他有关法律法规,本着平等互利的原则,通过友好协商,同意在中华人民共和国共同投资建立合资经营企业,特订立本合同。

错误翻译:
중국 홍성주식회사와 한국 ㈜태양식품회사는 <중화인민공화국 중외합자경영기업법>과 중국의 기타 상관한 법률법규에 따라, 평등호혜의 원칙에 입각하여 우호협상을 통해 중화인민공화국에서 공동으로 투자하고 합자경영기업을 설립할 것에 동의한다. 이를 위하여 이 계약을 체결한다.

正确翻译:
중국 홍성(紅星)주식회사와 한국 ㈜태양식품은 <중화인민공화국 중외합자경영기업법(中外合資經營企業法)>과 중국의 기타 관련 법률 및 법규에 의거하여, 호혜평등의 원칙을 토대로 충분한 (원만한) 협의를 거쳐 공동투자 형식으로 중화인민공화국에서 합자경영기업을 설립하는데 합의한 바, 이에 본 계약을 체결한다.

正误评析:
- "公司"를 여기서 "회사"로 번역할 수 없다. 법률상의 기업형태를 표기하는 경우에는 "○○○○주식회사", "○○○○지주회사", "㈜○○○○" 등과 같이 표기해야 한다.(☞1.3.3 번역상식 참조)
- SK㈜와 SK텔레콤은 신한카드, 하나은행과 제휴를 맺고 금융(金融)·정유(炼油)·이동통신(移动通讯) 등의 서비스를 통합한 'SK스마트카드'를 발급한다고 11일 밝혔다.

◉ 〈중화인민공화국 중외합자경영기업법〉 등과 같은 법규, 법령은 뒤에 한자로 원 명칭을 병기해주는 것이 바람직하다. "중외"는 한국인이 이해할 수 없는 단어이므로, 문맥 의미를 고려하여 "국·내외", "한·중"(구체적인 국가명의 첫글자), "중국과 외국" 등으로 번역해야 적절하다.(☞4.3.3 번역상식 참조) 그렇지만 여기서 "中外"가 법령 명칭(고유명사) 중 일부이고 "外"가 특정국가를 가리키는 경우가 아니므로 원문을 존중하여 그대로 옮기는 방법밖에 없다.(☞법령 명칭 13.6 참고문헌 참조)

◉ "有关"을 한국어에 존재하지 않는 단어인 "상관한"으로 번역할 수 없다. 명사 "상관"과 "관련"은 일부 명사를 꾸미는 관형어로 사용될 수 있다. 예:상관 관계, 관련 법규/정보/기술.

◉ "平等互利"는 "호혜평등"으로 번역 가능하다. 어순이 바뀌는 것에 주의.

◉ "友好协商"은 한국어에서 "원만한 협의"로 표현한다. "우호"는 관형어로 쓰일 수 없기 때문에 굳이 직역한다면 "우호적인 협의"로 표현해야 한다.

◉ "共同投资"를 "공동으로 투자하고"로 번역하는 것은 적절하지 않다. "共同投资"는 뒤의 "建立合资经营企业"의 방식(단독 투자, 공동 투자 등)을 표현한 것이므로 병렬의 의미를 지닌 "-하고"로 번역하는 것은 부적절하다. 여기서는 "(직역)공동으로 투자하여" 또는 "(의역)공통투자 형식으로"로 번역해야 적절하다.

◉ 중국어 계약서에 등장하는 "同意"를 "동의하다"로 직역할 경우 적절하지 않은 경우가 많다. 한국어 계약서에서는 같은 의미로 주로 "합의하다"라는 표현을 사용한다.

◉ "特"를 "이를 위하여"로 번역하는 것은 적절하지 않다. 문두에 "이를 위하여"라는 표현을 사용하는 경우에는 그것이 무엇을 위한 것인지 명확해야 한다. 한국어 계약서에서는 관용적으로 "~한 바(이에 본 계약을 체결한다)"로 표현한다.

❷ "中国红星股份有限公司"(以下简称甲方)是一个按中华人民共和国(以下简称"中国")法律组织和存在的企业法人，在中国注册,持有编号为 _____ 的营业执照。

错误翻译：
"중국 홍성주식회사"(이하 갑편이라고 한다)는 중화인민공화국(이하 중국이라고 한다) 법률에 따라 조직하고 존재하며 중국에서 등록하고 번호 _____ 의 경영면허증을 소지하는 기업법인이다.

正确翻译：
중국 "홍성(紅星)주식회사(이하 '갑'이라 한다)"는 중화인민공화국(이하 "중국"이라 한다) 법률에 따라 (적법하게) 설립되어 존속하는 법인기업으로, 중국에 등록되어 있고 등록번호가 _____ 인 영업허가증(營業執照)을 보유하고 있다.

正误评析：
◉ "(以下简称甲方)"은 관용적으로 "(이하 '갑'이라 한다)"로 표현한다.(☞12.3.4 번역상식 참조)

- "按(A国)法律组织和存在的"는 "A국 법률에 따라 (적법하게) 설립되어 존속하는"으로 번역해야 옳다. "조직하다"는 '어떤 단체나 기구를 조직하다'라는 의미로 쓰인다. 예: 자원봉사단을 조직하다.(☞4.3.1 번역상식 참조)
- "在中国注册"를 "중국에서 등록하고"로 번역하는 것은 부적절하다. 능동형인 "등록하다"로 번역할 경우 행위 주체를 밝혀 주어야 한다. 따라서 "중국에 등록되어 있고"로 번역해야 옳다.
- "营业执照"를 "경영면허증"으로 번역할 수 없다. "执照"는 "등록증, 허가증, 면허증" 등으로 번역 가능한데(예:驾驶执照 운전면허증), 등록/허가/면허 중 어느 경우에 해당되는지를 고려하여 번역해야 한다. "면허증(免許證)"은 '국가 기관에서 면허의 내용이나 사실을 기재하여 발급하는 증서(예:운전면허증, 약사면허증 등)'인데, 영업은 면허의 대상이 될 수 없으므로 면허증으로 번역할 수 없다. 따라서 "营业执照"는 "영업허가증"으로 번역해야 옳으며 뒤에 원 명칭을 한자로 병기해주는 것이 좋다. 참고로 한국의 "영업허가증"에는 영업장소, 영업소의 명칭 또는 상호, 영업의 종류와 품목, 허가번호 등의 내용이, 그리고 "사업자등록증"에는 상호, 대표자 주민등록번호, 사업장 소재지, 대표자 주소, 업태, 종목, 개시일 등의 내용이 포함되어 있다.
- "持有"는 "소지하다", "보유하다" 등으로 번역 가능하지만, 여기서는 "보유하다"로 번역해야 한다. "소지하다"는 "휴대하다"는 의미로 사용된다.

❸ 第五条 合资公司的法律形式为有限责任公司,合资公司的责任以其全部资产为限,双方的责任以各自对注册资本的出资为限。合资公司的利润按双方对注册资本出资的比例由双方分享。

错误翻译:
제5조 합자회사의 법률 형식은 유한책임회사이다. 합자회사의 책임은 그의 모든 자산으로써 기한을 삼으며 당사자들의 책임은 각자의 등록자본에게 출자로써 기한을 삼는다. 합자회사의 이윤은 양 당사자가 등록자산에게 출자한 비율로 양 당사자가 함께 배당받는다.

正确翻译:
제5조 합자회사의 법률적 기업 형태는 유한책임회사이고 책임범위는 합자회사의 모든 자산을 한도로 하며 당사자들의 책임은 각자의 등록자본금 출자액을 한도로 한다(당사자들은 각자의 등록자본금 출자액에 한하여 합자회사의 부채를 책임진다). 합자회사의 수익은 양 당사자의 등록자본금 출자비율에 따라 배분한다.

正误评析:
- "公司的(法律)形式"을 "회사 형식"으로 번역할 수 없다. 한국에서는 "회사 형태/기업 형태"로 표현한다.
- "其"를 "그"로 번역할 수 없다. 한국어에서 "그"는 3인칭 대명사로, 사용에도 제약이

따른다(예:문학작품). 따라서 "其"는 보통 명사로 바꾸어 번역해야 적절하며, 여기서는 "합자회사"로 번역 가능하다.
- ☯ "责任以A为限"은 "책임 범위는 A를 한도로 한다" 또는 "A에 한하여 책임을 진다"로 번역해야 옳다. 여기서는 "책임 범위는 합자회사의 모든 자산을 한도로 한다"와 "등록자본금 출자액에 한하여 책임을 진다"로 번역해야 적절하다.
- ☯ "利润"은 "이윤"이 아니라 "이익" 또는 "수익"으로 번역해야 옳다.
  ☞ "수익"을 "이익"과 같은 뜻으로 쓰는 경우도 있으나, "이익"은 '수익에서 비용을 공제한 잔액'을 의미하는 순개념(純概念) 또는 차액개념(差額概念)이다.
- ☯ "由双方分享"에서 "分享"의 행위 주체가 "双方"이기 때문에 "分享"을 피동의 의미를 나타내는 "배당을 받다"로 번역하는 것은 부적절하다. 여기서는 "수익은 B비율에 따라 배분한다"로 번역해야 적절하다.

❹ 第五十条 如果任何一方未及时缴纳第十二条规定的注册资本金额, 则每拖欠一个月该方即应支付相当于出资额 _____ %的违约赔偿金。如逾期3个月仍未提交, 除累计支付出资额的 _____ %作为违约金外, 守约一方有权按本合同第四十九条规定终止合同, 并要求违约方赔偿损失。

错误翻译:
제50조 어느 일방 당사자가 제때에 제12조에 규정한 등록자본금을 안 내면 달마다 출자액의 _____ %를 해당하는 위약배상금을 지불해야 한다. 3개월 후 여전히 안 내면 출자액 누계의 _____ %를 위약금으로 내는 것 말고도, 계약을 지키는 일방은 이 계약 제49조 규정에 따라 계약을 중지하고 위약방으로 하여금 손실을 배상할 수 있다.

正确翻译:
제50조 계약 당사자들 중 어느 일방 당사자가 제12조에 규정된 등록자본금을 약정한 시기에 납입하지 않을 경우 1개월 경과 시마다 체납한 측은 출자액의 ____%에 해당하는 위약금(손해배상금)을 지급해야 한다. 만약 3개월이 지나도록 자본금을 납입하지 않은 경우에는 납입해야 할 출자액 누계의 ____%를 위약금으로 간주하는 것 외에, 계약을 이행한 당사자는 본 계약 제49조 규정에 따라 계약을 중지하고 위약한 일방에 손해배상을 청구할 권리를 가진다.

正误评析:
- ☯ "제때에(及时)", "안 내면(未缴纳)", "달마다(每一个月)", "-말고도(除……外)", "지키는(守约)", "이 계약(本合同)"은 전부 구어체이므로 적절하지 않다. 문어체 표현인 "약정(約定)한 시기에", "납입(納入)하지 않을 경우", "1개월 경과 시마다", "…… 외에", "이행(履行)한", "본(本) 계약" 등으로 번역해야 적절하다. 그리고 "약정한 시기에"는 "납입하다(缴纳)"를 수식하는 성분이므로 어순에 주의하여 목적어(등록자본

금을)와 서술어(납입하다) 사이로 옮겨 "-을 약정한 시기에 납입하지 않을 경우"로 번역해야 자연스럽다.

☯ "规定的"은 능동형인 "규정한"으로 번역 가능하지만 피동형인 "규정된"으로도 번역 가능하다(의미:제12조에 등록자본금 관련 사항이 규정되어 있다/사항을 규정하고 있다).

☯ "相当于A%的B"는 "A%에 해당하는 B"로 번역해야 옳다. "_____%를 해당하는"처럼 목적격으로 번역하지 않도록 주의해야 한다.

☯ "支付"는 "지급(支給)하다" 또는 "지불(支拂)하다"로 번역 가능한데, 여기서는 "지급하다"로 번역해야 옳다. "지불하다"는 '(물건, 서비스 등에 대해) 값을 치르다'는 의미를 지니며, "지급하다"은 ' 돈이나 물품 따위를 정하여진 몫만큼 내주다'는 의미를 지닌다.

☯ "违约方"을 한국어에 존재하지 않는 단어인 "위약방"으로 번역할 수 없다. "위약한 일방"으로 번역해야 적절하다. (☞2.3.5 번역상식 참조)

☯ "有权要求A赔偿损失"을 "A로 하여금 손실을 배상할 수 있다"로 번역하는 것은 부적절하다. 첫째, 문장 성분간의 호응 관계가 부자연스럽다. 'A로 하여금 ○○을 배상하도록 할 수 있다'로 번역해야 적절하다. 둘째, 원문 의미에 충실하지 않은 번역이다. "有权"은 "~할 권리를 가진다"로 번역해야 옳다. 셋째, "赔偿损失"에서 "损失"은 "손실"이 아니라 "손해"로 번역해야 옳다. "손해 배상"과 "손실 배상"은 의미가 다르다.

❺ 第五十一条　由于一方违约,造成本合同及其附件不能履行或不能完全履行时,由违约方承担违约责任；如属双方违约,根据实际情况,由双方分别承担各自应负的违约责任。

错误翻译：
제51조 일방 당사자가 위약<u>하기 때문에</u> 본 계약서 및 <u>부록을 못지키거나</u> 완전히 <u>못지킬 때</u> 위약행위를 한 일방이 위약의 책임을 <u>담당한다</u>; 만약 양 당사자들 모두 <u>위약하면</u>, 실제 상황에 따라 양 당사자들은 <u>자기</u>의 위약책임을 <u>담당한다</u>.

正确翻译：
제51조 (계약 당사자 중) 어느 일방 당사자의 위약행위로 (인해) 본 계약서 및 부속합의서(부속 약정서)의 조항을 전부 또는 일부를 이행할 수 없을 경우 위약행위를 한 당사자가 위약의 책임을 진다. 만약 양 당사자 모두 위약행위를 한 경우에는, 실제 상황에 따라 양 당사자는 각자의 위약책임을 진다.

正误评析：

☯ "由于"를 구어체인 "~ 때문에"로 번역하는 것은 부적절하며, 문어체인 "~로 인해"로 번역해야 적절하다.

☯ "附件"은 "첨부 문서", "부록", "부속 문건" 등으로 번역 가능한데, 제 57조에 정확

한 명칭이 "附属协议文件"으로 나와 있으므로 여기서는 "부속 합의서(부속 약정서)"로 번역해야 한다. 번역 전 원문 텍스트에 여러 번 반복해서 등장하는 단어나 표현이 없는지 살펴보고 번역 시 동일한 용어로 옮겨야 하며, 초벌번역 후 실수한 부분이 없는지 꼼꼼히 체크하는 것이 바람직하다.(☞9.3.5 번역상식 참조)

- "承担责任"을 "책임을 담당한다"로 번역할 수 없다. "책임"은 "책임을 지다, 책임을 묻다, 책임이 있다"로 호응되어 쓰이며, "담당하다"와 호응되어 쓰일 수 없다. 그리고 分号는 한국어에 없는 문장 부호이므로 마침표로 바꾸어 주어야 한다.(☞7.3.2 번역상식 참조)
- "双方违约"을 "양 당사자들 모두 위약하면"으로 번역하는 것보다 행위를 강조하여 "양 당사자들 모두 위약행위를 한 경우"로 번역하는 것이 더 적절하다.
- "分别"은 "각자"로 번역해야 적절하다. "자기 책임"은 본인 한 사람만의 책임을 의미하는데 반해 "각자 책임"은 관계되는 양 당사자의 책임을 의미한다.

❻ 第五十二条 由于地震、台风、水灾、火灾、战争以及其他不能预见且对其发生和后果不能防止或避免的不可抗力,致使直接影响合同的履行或者不能按约定的条件履行时,遇有上述不可抗力的一方,应立即电报通知对方,并应在15天内,提供不可抗力详情及合同不能履行,或者部分不能履行,或者需要延期履行的理由的有效证明文件,此项证明文件应由不可抗力发生地区的公证机构出具。按其对履行合同影响的程度,由双方协商决定是否解除合同,或者部分免除履行合同的责任,或者延期履行合同。

错误翻译 :
제52조 지진, 태풍, 수재, 화재, 전쟁 및 다른 예견할 수 없고 그 발생과 결과를 방지하거나 모면할 수 없는 불가항력 때문에 직접 계약을 영향하거나 약정한 조건을 이행할 수 없는 경우, 위에서 말한 불가항력을 당한 일방 당사자는 즉각 전보로 상대방을 통지해야 한다. 그리고 15일 안에 불가항력의 자세한 상황과 계약을 이행 못하는, 부분을 이행 못하는 혹은 연기시켜야 하는 이유의 유효한 증명서를 제공해야 한다. 그 증명서는 불가항력이 발생한 지역의 공증기관이 발급하는 것이다. 계약을① 이행하는 것을② 영향한 정도에 계약을 해제하는, 계약을 이행하는 책임의 부분을 면제하는, 혹은 연기 이행하는 것은 양 당사자들이 협상을 통해서 결정한다.

正确翻译 :
제52조 지진, 태풍, 홍수, 화재, 전쟁 및 기타 예측이 불가능하고 그 발생과 결과를 방지하거나 피할 수 없는 불가항력적인 요인으로 인해 계약의 이행이 직접적인 영향을 받거나 혹은 약정한 조건대로 이행할 수 없는 경우, 상기 불가항력에 처한 일방 당사자는 즉각 이를 타방 당사자(상대방)에게 전보로 알리고, 15일 이내에 불가항력의 자세한 상황 설명과 계약사항의 이행불가능, 일부 이행불가능 혹은 이행연기의 이유를 입증할 수 있는 (유효한) 증빙서류를 제출해야 한다. 증빙서류는 불가항력 발

생 지역의 공인기관(국가기관)에서 발급한 것이어야 한다. 불가항력이 계약 이행에 미치는 영향의 정도에 따라 계약 양 당사자들은 계약해지 여부, 계약이행의 책임 일부 면제여부 혹은 계약이행 연기여부를 협의하여 결정한다.

正误评析：

- "水灾"는 한국어 계약서에서 "홍수" 또는 "수해"로 표현한다.
- "其他"를 "다른"으로 번역하는 것은 부적절하다. **첫째**, 본 텍스트와 같은 계약서에서는 문어체 표현을 사용한다. **둘째**, "다른"은 두 가지 의미("其他"와 "不同的")를 가지고 있어 의미상 혼동을 초래할 수도 있다.
- "预见"을 "예견하다"로 번역할 수 없다. "예견하다"는 '일이 있기 전에 미리 안다'는 뜻으로 '미래 일을 미리 안다'는 의미가 강하며, "예측하다"는 '앞으로의 일을 미리 짐작하다'라는 뜻을 지녀 추측의 성격이 강하다.
- "直接影响合同的履行"을 "직접 계약을 영향하거나"로 번역할 수 없다. "계약의 이행이 직접(적인) 영향을 받거나" 또는 "계약의 이행에 직접적으로 영향을 미치거나"로 번역해야 옳다. **첫째**, 부사 "직접"은 亲自、亲手、亲眼 등의 의미로 쓰인다.(예:직접 보다/관리하다/운영하다) "直接"을 부사어로 옮길 경우에는 "직접적으로"로 번역해야 한다. **둘째**, "影响"이 동사로 쓰인 경우에는 "-에 영향을 미치다(끼치다)" 또는 "-의 영향을 받다"로 번역해야 적절하다. "-을 영향하다"라는 표현은 성립될 수 없으므로 주의해야 한다.(☞8.3.3 번역상식 참조)
- "上述"을 "위에서 말한"으로 번역할 수 없다. 계약서는 구두가 아닌 서면으로 작성하는 것이므로 "상기" 또는 "위에서 언급한"으로 번역해야 옳다.(☞ 5과 正误评析 9번 참조)
- "避免", "遇有"를 "모면하다", "당하다"로 번역하는 것은 부적절하다. 한국어에서 두 단어는 전부 贬义词이므로, 中性词인 "피하다", "처하다"로 번역해야 적절하다. 계약서는 사실문의 일종이므로 感情色彩를 표현하는 단어를 사용하지 않는다.
- "部分"은 "부분" 또는 "일부"로 번역 가능한데, 여기서는 "일부"로 번역해야 한다. 계약서의 여러 조항(어느 부분) 중 몇 가지를 의미하기 때문이다. 참고로 "部分"이 관형어로 쓰였을 경우에는 "일부"로 번역해야 한다.
- "有效证明文件"을 "유효한 증명서"로 번역하는 것은 적절하지 않다. 한국어에서는 '(법률상)증거가 되는 서류'라는 의미의 "증빙서류"라는 표현을 쓴다. 그리고 "증빙"에 이미 '유효한 증명'이라는 의미가 포함되어 있어 "有效"는 번역에서 생략해도 무방하다.
- "계약을① 이행하는 것을② 영향한 정도에 계약을 해제하는 ~것은 양 당사자들 이 결정한다"는 "계약 이행에 미친 영향의 정도를 감안하여 계약 양 당사자들이 계약해지 여부를 결정한다"로 고쳐야 옳다. **첫째**, "계약을 이행하는 것"은 간결하게 "계약이행"으로 표현하는 것이 좋다. **둘째**, "-을 영향하다"는 성립할 수 없는 표현이다(이

유는 6번 참조). "-에 미친 영향의 정도에 따라"로 번역해야 옳다. **셋째**, "解除合同"은 "계약 해제"가 아니라 "계약 해지"로 번역해야 옳다. **넷째**, "是否(여부)"를 번역 시 누락해서 부적절하다.
- "協商"은 "협상하다(양측의 의견이 대립적인 경우에 사용됨)" 또는 "협의하다"로 번역 가능한데, 여기서는 "협의(하다)"로 번역해야 옳다.(☞12.3.3 번역상식 참조)

❼ 第五十四条 凡因执行本合同所发生的或与本合同有关的一切争议, 双方应通过友好协商解决, 如果协商不能解决, 应提交北京中国国际贸易促进委员会对外经济贸易仲裁委员会根据该会的仲裁程序暂行规则进行仲裁。或, 应提交 _____ 国 _____ 地 _____ 仲裁机构根据该仲裁机构的仲裁程序进行仲裁。或, 仲裁在被诉人所在国进行。仲裁裁决是终局的, 对双方都有约束力。

错误翻译:
제54조 <u>무릇</u> 본 계약의 <u>이행</u>으로 인해 발생하거나 본 계약과 관련된 모든 쟁의는 양 당사자들이 우호적인 협의를 통해 <u>해결해야 한다</u>. 만약 협의를 통해서 해결할 수 없<u>으면</u> 북경 중국국제무역촉진위원회 대외경제무역중재위원회에 <u>제출해야 하고</u>, <u>이 회의</u>의 중재절차 임시규칙에 따라 중재를 진행한다. <u>또는</u> ___ 국 ___지 ___ 중재기관에 <u>제출해야 하고</u> 이 중재기관의 중재절차에 따라 중재를 진행해야 한다. <u>또는</u> 중재는 피소인 <u>소재지</u>에서 진행<u>된다</u>. 중재결과는 최종<u>이고</u> 양 당사자에게 다 <u>단속력이 있다</u>.

正确翻译:
제54조 본 계약의 이행으로 발생하는 분쟁 혹은 본 계약과 관련된 모든 분쟁은 양 당사자 간의 원만한 협의를 통해 해결하기로 한다. (만약) 협의를 통해 해결되지 않는 경우에는 북경시 중국국제무역촉진위원회의 대외경제무역중재위원회에 중재를 신청하여 동 기관(위원회)의 (잠정) 중재규칙에 따라 중재를 진행한다. 또는 (국가명) (지역명) _____ 중재기관에 제소하여 당해(當該) 중재기관의 중재절차에 따라 중재를 진행하거나 피항소인 소재지 국가에서 중재를 진행한다. 중재결과는 최종 판결로 양 당사자 모두에게 구속력을 지닌다.

正误评析:
- "争议"는 "분쟁, 논쟁, 쟁의" 등으로 번역 가능한데, 계약서 상의 "争议"는 "분쟁"으로 번역해야 옳다. ' 계약 양 당사자 간의 이익에 관련된 다툼' 을 의미하기 때문이다.
  - ☞ 분쟁(紛爭):말썽을 일으키어 시끄럽고 복잡하게 다툼. 예: 연예인 전속 계약 분쟁, 국제 분쟁이 잦은 중동(中東)지역
  - ☞ 논쟁(論爭):서로 다른 의견을 가진 사람들이 각각 자기의 주장을 말이나 글로 논하여 다툼. 예: 토론에 참가하여 열띤 논쟁을 벌이다.
  - ☞ 쟁의(爭議):서로 자기 의견을 주장하며 다툼. 행정 기관 사이에 일어나는 권한 다

툼. 또는 '노동 쟁의'의 준말.
- ☯ "双方应通过友好协商解决"에 "应"이 포함되어 있지만 "원만한 협의를 통해 해결하는 것"은 엄격한 의미에서 의무규정이라고 보기 어렵기 때문에 한국어 계약서 상의 통상적인 표현인 "해결하기로 한다"로 번역하는 것이 좋다. 엄격한 의미에서의 의무규정이라면 양 당사자간의 분쟁이 법적 소송으로 확대될 리가 없기 때문이다.
- ☯ "不能解决"은 구어체인 "해결할 수 없으면"으로 번역하는 것보다 문어체 표현인 "해결할 수 없는 경우에는(해결되지 않는 경우에는)"으로 번역하는 것이 좋다.
- ☯ "提交"를 여기서 "제출하다"로 번역하는 것은 적절하지 않다. "제출하다"라는 동사로 번역할 경우 "~위원회에 중재신청서를 제출하고"처럼 "제출하다"의 목적어를 밝혀주어야 한다. 따라서 "~위원회에 중재를 신청하다"로 번역하는 것이 더 적절하다. (☞9.3.4 번역상식 참조)
- ☯ "该会"는 "이 회의"가 아니라 "본 위원회"로 번역해야 한다. **첫째**, "该"는 "본(本)" 또는 "당해(當該)"로 번역 가능하다. **둘째**, "该会" 중 "会"는 "中国国际贸易促进委员会"를 가리키므로 "위원회"로 번역해도 무방하다.
- ☯ "또는"을 두 번 반복하는 것은 적절하지 않다. 두 번째 "或"가 포함된 문장이 짧으므로 이 문장을 앞 문장과 연결시켜 번역하는 것이 좋다.
- ☯ "仲裁裁决是终局的"을 "중재결과는 최종이고"로 번역하는 것은 부적절하다. 문장 성분 간의 호응 관계가 부자연스럽다. "최종"은 "최종 결정, 최종 소비자, 최종 단계"처럼 관형어로 쓰이거나, "-적으로" 또는 "-적이다"와 결합하여 "최종적으로", "최종적이다"의 형태로 쓰인다. 여기서는 의미를 강조해 주기 위해 "중재결과는 최종 판결로"로 번역하는 것이 좋다.
- ☯ "有约束力"은 "구속력이 있다"로 번역 가능한데, 여기서는 문어체에 가깝게 "구속력을 지닌다"로 번역하는 것이 좋다. "단속(團束)"은 의미가 다르므로 부적절하다.

❽ 第五十六条　本合同用中文和韩文写成，两种文字具有同等效力。上述两种文本如有不符，以中文文本为准。

错误翻译:
제56조 본 계약서는 중국어와 한국어로 만들고 두 문자가 동등한 효력을 가지고 있다. 상기 두 문자 중에 맞지 않는 곳이 있으면 중국어 원본을 표준으로 삼는다.

正确翻译:
제56조 본 계약서는 중국어와 한국어로 작성하며 각기 동일한 효력을 지닌다. 해석상 상이점이 있을 때는 중국어본(중문본)을 기준으로 한다.

正误评析:
- ☯ "写成", "有……效力", "有不符"는 각각 "작성(作成)하며", "-한 효력을 지닌다", "상이점(相異點)이 있을 때는"과 같이 문어체로 번역해야 적절하다.

- "文字"는 여기서 "문자"가 아니라 "언어"로 번역해야 옳다. "문자"는 "음성(소리)"과 대조되는 개념이다. 예:표음문자, 표의문자, 문자언어, 음성언어.
- "中文本"을 "중국어 원본"으로 번역할 수 없다. 본 계약서는 중국어와 한국어 두 언어로 작성되었으므로 중국어로 된 계약서만을 유일한 "원본"으로 간주할 수 없다. 따라서 "중국어본" 또는 "중문본"으로 번역해야 옳다. 예:영어본, 영문본.
- "为准"을 "표준으로 삼는다"로 번역할 수 없다. **첫째**, "准"을 여기서 "표준"으로 번역할 수 없다. "표준"에는 '다른 것의 규범이 된다'는 의미가 내포되어 있는데, 본 중국어본 계약서가 모든 계약서의 규범이 될 수는 없기 때문이다. 여기서는 중국어본과 한국어본 중 하나를 택한다는 의미이므로 "기준"으로 번역해야 옳다.(☞2.6 연습문제 참조) **둘째**, "……为准"은 한국어 계약서에서 통상적으로 "-을 기준으로 한다"로 표현한다. (☞12.6 참고자료 참조)
    - ☞ 본 계약서는 각각 한국어, 중국어, 영어로 작성하며, 해석상 상이점이 있을 때에 영문본을 기준으로 한다.
    - ☞ 본 계약서는 한국어, 투자국어로 작성하며, 한국어본을 정본으로 하고 해석상 상이점이 있을 때에 한국어본을 기준으로 한다.

❾ 第五十八条　本合同及其附件，自中华人民共和国审批机构批准之日起生效。

错误翻译：
제58조 본 계약 및 덧붙인 문건은 중화인민공화국 심비기관이 비준할 때부터 효력을 발생한다.

正确翻译：
제58조 본 계약서 및 부속 합의서는 중화인민공화국 심의·승인기관에서 승인한 날로부터 그 효력이 발생한다.

正误评析：
- "附件"을 제 51조에서는 "부록"으로 번역하고 여기서는 "덧붙인 문건"으로 번역한 것은 번역의 정확성 여부를 떠나 번역사의 번역 경험이 부족하다는 점을 보여준다. 문학작품 번역이나 영상 번역을 제외하고는 어떤 텍스트를 번역할 때 반복해서 등장하는 단어나 표현은 반드시 한 가지 용어로 통일해야 한다. "附件"은 본 계약서에서 총 세 번(제 51조, 제 57조, 제 58조) 등장하는데, 이 중 제 57조에 정확한 명칭이 나온다. 번역사는 번역 전에 텍스트를 최소한 한 번 이상 꼼꼼히 읽고 글의 전체 흐름이나 반복해서 등장하는 단어나 표현이 없는지 등에 유의해야 한다.
- "批准"은 여기서 "비준"으로 번역할 수 없다. "승인"으로 번역해야 옳다. 그리고 "审批机构"를 한국어에 존재하지 않는 단어인 "심비기관"으로 번역할 수 없다. "심의·승인기관"으로 번역해야 옳다.(☞ 13.3.4 번역상식 참조)
- "自……之日起生效"를 "-할 때부터 효력을 발생한다"로 번역하는 것은 부적절하다.

첫째, "自……之日起"는 "-한 날로부터"로 번역해야 한다. 계약서의 효력 발생과 관련한 고정적인 표현이므로 번역자가 "日"을 임의적으로 해석하여 "때"로 번역해서는 안된다. 둘째, "효력이 발생한다(생긴다)"로 번역하는 것이 옳다. "효력을 발생한다"처럼 목적격으로 번역하지 않도록 주의해야 한다.(☞ 8.3.3 번역상식 참조)

12.3 翻译知识

12.3.1 合同书文体的特征 —— 계약서 문체의 특징

계약서는 법률적인 효력을 지니는 문서이므로 문어체, 본디말체 위주로 번역해야 한다. 그리고 외래어의 표기는 원칙적으로 발음나는 대로 한글로 변환하여 기재하나 원음과 달리 통용되는 명칭이 있을 시는 그대로 기재한다.

통화의 표시는 만원 미만이면 아라비아 숫자로만 표시하며, 만원 이상이면 아라비아 숫자와 한글을 병행하여 표시한다. 예: 5000원, 5,000만 원, 5억5,000만 원 등.

☞ 문어체

"또는", "및": 2개 이상의 단어가 선택적으로 열거될 경우에는 "또는"으로 기재하며, 병렬적인 경우에는 "및"으로 기재한다. 3개 이상의 단어를 열거할 경우에는 마지막으로 열거되는 단어 앞에만 "또는", "및"을 쓰고 그 앞에 열거된 단어의 관계에 따라 가운뎃점 혹은 쉼표로 기재한다.

▶ 办理合资公司委托在中国境外选购机械设备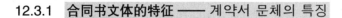材料等有关事宜

翻译: 중국 이외 지역에서의 기계설비 및 자재 구매 등 합자회사가 위임한 관련 업무를 처리한다.

☞ 본디말체

한국어 계약서에는 "않는다" 또는 "해야 한다"와 같은 줄임말체보다는 "아니한다", "하여야 한다"와 같은 본디말체 위주로 표기한다.

☞ 외래어의 표기 (12.6 참고자료 제 9조 이사회 부분 참조)

특허된 여부와 관계없이 기술상의 노하우(know-how)에 관한 권리의 취득이나 실시권의 허가를 포함하는 일체의 라이센스(license) 계약 또는 기타 협정의 체결

12.3.2 合同书的结构 —— 계약서의 조문 구성

계약서의 조문 구성은 대체로 전문(前文), 목적, 권리의무 사항, 비밀보장, 성실의무, 계약기간, 계약의 해지, 담보설정, 손해배상(赔偿损失), 합의관할, 후문(後文)의 순으로 구성된다. 그리고 계약서는 한글 전용으로 하되 뜻의 혼동 우려가 있는 경우에만 한자를 병용하여 기재한다. 참고로 조문과 조문의 내용은 한 칸을 띄어 쓰도록 하여 구분을 쉽게 한다.

☞ 제21조【계약의 변경】
(1) 전문(前文)
　전문은 대체로 사업의 내용이나 수단을 기재한 후 계약의 목적을 기재하여 작성한다. 그리고 전문이나 목적 조문에 표기되는 계약 당사자의 명칭은 법인의 경우 상업등기부 상의 명칭에 따라 "삼성전자(주)", "(주)효성" 등과 같이 정확히 기재한다. 법인의 정식 명칭이 아래 중 어느 형태에 해당하는지에 주의하여 정확히 표기해야 한다. 예: 주식회사OOOO, OOOO주식회사, ㈜OOOO, OOOO㈜)

☞ 주식회사OOOO(이하 "갑"이라 한다)과 ㈜OO(이하 "을"이라 한다)는 업무 제휴를 통하여 **서식 콘텐츠의 제공에 대하여** 아래와 같이 약정(이하 "본 약정"이라 한다)을 체결한다.

(2) 후문(後文)
　계약서의 후문은 통상 다음과 같이 표기한다.

☞ 本合同于_____年_____月_____日由双方的授权代表在中国_____签署。
　① (이를 증명하기 위하여) 본 계약의 양 당사자는 각기 정당한 권한을 가진 대표자에 의하여 (첫머리에 기재한 날짜에) 서명하여 본 계약을 체결한다.
　② (위를 증명하기 위하여) 본 계약의 당사자들은 (상기) 일자에 정당한 권한을 가진 (적법하게 수권받은) 각 임원들로 하여금 본 계약을 체결케 하였다.

☞ 本合同一式两份。作为备忘录,双方签名盖章后,各执一份为凭。
　③ 본 계약의 내용을 증명하기 위하여 본 계약서를 2부 작성하고 갑과 을이 서명(또는 기명) 날인한 후 각 1부씩 보관한다.

(3) 별첨(別添)
　계약서에 별도로 첨부하는 서류가 있는 경우에 본문에서는 "별첨 OOOO"이라고 기재하지만 따로 덧붙인 서류 상에는 "별첨"이라고 기재하지 않는다. 예를 들면 계약서에 기재할 때는 "별첨1 계약제품 목록"이라고 표기하지만 실제 별첨되는 서류 상에는 "1.계약제품 목록"이라고 기재한다.

  附件一 合同产品目录   1. 계약제품 목록
  附件二 资料目录   2. 자료 목록

12.3.3 合同书常用术语 —— 계약서에 등장하는 용어의 구분

한국의 계약서에 자주 사용되는 용어의 정확한 의미를 숙지하여 번역시 오류를 범하지 않도록 주의해야 한다.

① 합의, 협의, 동의, 승인

"합의"는 당사자간의 의견의 일치에 의한 결정을 뜻하며, "협의"는 상호 의견의 타협점을 찾는 것을 말한다. 그리고 "동의"는 주로 대등자의 경우에 사용되며 "승인"은 하위자가 상위자의 의사를 구하는 경우에 사용된다.

② "-하여야 한다", "~ 할 수 있다"

"~하여야 한다"와 "~ 할 수 있다"의 차이점은 전자는 의무규정이고 후자는 재량 규정으로서, 의무규정의 경우에는 위반시 별도의 절차 없이 그에 대한 효과가 생기나 후자의 경우는 구체적 행동을 취하기 전에는 효과가 생기지 않는다.

③ "준용한다", "적용한다"

"준용한다"라고 함은 어떤 규정이 어떤 사항에 그대로 적용될 성질은 아니나 유사성을 가지므로 필요한 변경을 가하여 적용하는 경우이고, "적용한다"라고 함은 본래 그 규정이 대상으로 하는 사항에 관하여 수정없이 그대로 적용하는 경우에 사용한다.

12.3.4 合同上的标点符号 —— 계약서 상의 문장부호

(1) 마침표

계약서에서 마침표는 문장이 서술문으로 끝나는 경우에 사용하며, 명사로 끝나는 경우에는 사용하지 않는다. 단, 명사로 끝나는 문장일지라도 뒤에 다른 문장이 이어질 경우는 마침표를 찍는다. 그리고 괄호 안의 문장의 경우는 서술문으로 끝나더라도 마침표를 찍지 않는다. 단, 후속 문장이 이어지는 경우에는 마침표를 찍는다.

☞ "中国_____公司"(以下简称"甲方")是一个按中华人民共和国(以下简称"中国")法律组织和存在的企业法人……

 중국 "(회사명)"(이하 "갑"이라 한다)은 중화인민공화국(이하 "중국"이라 한다) 법률에 따라 적법하게 설립되어 존속하는 법인기업으로, ……

(2) 큰따옴표
　계약서에는 큰따옴표만 사용하며 주로 용어의 정의, 약칭, 인용 등의 경우에 사용한다.

☞ (以下简称"甲方"): (이하 "갑"이라 한다)
　그리고 "주식회사○○○○(이하 "갑"이라 한다) ······"와 같이 약칭하는 방법을 주로 사용하는데 아래 동일 회사를 다시 기재할 시에는 이를 갑이라고 기재한다. 그러나 실무상 계약 당사자의 표시를 명확히 하기 위하여 큰따옴표를 써서 "갑"이라고 기재하기도 한다.

☞ 董事会由_____名董事组成,其中甲方委派_____名,乙方委派_____名。
　이사회는_____명의 이사로 구성하며 "갑"이_____명을 지명·파견하고, "을"이_____명을 지명·파견한다.

12.4 翻译练习

12.4.1 选词填空

提示: 동의, 합의(商定,同意,达成协议), 협상(协商), 협의(商议)

❶ 제주도는 최근 하이난성과 양측이 각각 만든 관광홍보물을 교환, 이를 주요 관광 안내소에서 관광객들에게 나눠줘 상대방을 홍보해 주기로 (협상, 협의, 합의)했다고 12일 밝혔다.

❷ 쌍용차 매각과 관련해 중국 상하이자동차(SAIC)에 주어졌던 우선협상시한이 10월 말로 다가옴에 따라 쌍용차 매각 (협상, 협의, 합의)이/가 막판 줄다리기를 벌이고 있다.

❸ 중국, 일본 방문을 마치고 25일 방한하는 파월 장관은 3국 정부에 "제2기 조지 W 부시 행정부는 북한 핵 문제를 (협상, 협의, 합의)을/를 통해 해결하겠다"는 원칙을 거듭 설명하겠지만 '새로운 제안'을 내놓지는 않았을 것이라고 워싱턴포스트지(WP)는 분석했다.

❹ 한미 양국은 부시 대통령 재선 이후 처음으로 통상회의를 열고 미국산 오렌지 수입 재개와 한국산 수박과 오이 수출에 (협상, 협의, 합의)했다. 이 회의에서 한미 양국은

한국의 미국산 오렌지 수입 재개, KT 구매를 종전의 정부조달 방식에서 민간기업 방식으로 전환 등에 (협상, 협의, 합의)했다.

❺ 여당 역시 청와대와 입법, 사법부 등 핵심 부처를 제외한 나머지 부처들을 지방으로 옮겨 과천과 같은 제2의 행정도시를 만드는 방안을 긍정적으로 검토하고 야당과도 유연하게 (협상, 협의, 합의)해 나간다는 방침이다.

❻ 폴크스바겐은 IG금속노조와 지난 3일 고용을 보장해 주는 대신 임금을 동결키로 하고 오는 2011년까지 20억 유로의 비용을 절감하는 데 (협상, 협의, 합의)했다.

❼ 신행정수도 건설 문제는 국회논의를 거쳐 법을 제정하거나 헌법을 개정하는 등 정치권에서 해결하는 것이 국민적 (협상, 협의, 합의)을/를 얻을 수 있는 방법이다.

❽ 우정사업본부는 SK텔레콤과 KTF 등 이동통신 3사와 제휴, 모바일칩 하나로 통신사업자 구분 없이 금융서비스를 이용할 수 있도록 (협상, 협의, 합의)했으며 15일부터 서비스를 개시한다고 밝혔다.

❾ 북한 개성공단의 관리위원회는 북측 인원에 대해 임금을 지불하며, 임금은 공단에서 일할 다른 북측 근로자의 최저 임금인 미화 57.5달러를 기준으로 북측 당국과 (협상, 협의, 합의)할 계획이다. 이와 함께 북측 인원은 1년 단위의 계약직으로 고용하는 방안을 북측과 (협상, 협의, 합의)할 계획이다.

❿ 11일 업계에 따르면 LG카드는 롯데마트와 (협상, 협의, 합의)을/를 통해 가맹점 수수료율을 오는 12월 1일부터 기존의 1.5%에서 1.8% 수준으로 인상하기로 최종 (협상, 협의, 합의)했다.

12.4.2　改错

❶ MS公司按照这次协议,决定**支付**诺贝尔5亿3600万美元。
이번 합의에 따라 MS사는 노벨에 5억3600만 달러의 합의금을 지불키로 했다.

❷ 韩国国民银行自2001年到2003年向咨询企业**支付**咨询费用高达1020亿元,据说其中相当一部分**支付**给了麦肯希公司。
한국의 국민은행은 지난 2001년부터 2003년까지 외부 컨설팅업체에 지급한 컨설팅

비용이 1천20억 원에 이르고 이중 상당 부분이 맥킨지사에 지급된 것으로 전해지고 있다.

❸ 目前，中国国内大约有60多家DVD播放器制造企业使用Thomson公司技术，它们每年向该公司**支付**特许使用金。
현재 중국 국내의 DVD 플레이어 제조업체는 60여 곳에 달하는데, 매년 Thomson社에 특허기술 로열티를 지급하고 있다.

❹ 据警察调查，他们在2月份到现在，利用非法手段获取300多家网络大型广告公司**支付**的广告手续费1亿多元，涉嫌犯罪。
경찰에 따르면 이들은 지난 2월부터 최근까지 300여 개 인터넷 광고대행업체로 지불될 광고수수료 1억여 원을 불법으로 가로챈 혐의를 받고 있다.

❺ 仁川的申先生因两年前的刑事案件被拘留，他请仁川法律事务所的律师为他辩护，为此**支付**了500万韩圆的代理费。
인천에 사는 신모씨는 2년 전 형사 사건으로 구속돼 인천 법률사무소 소속 변호사를 변호인으로 선임하고 보수로 5백만원을 지불했다.

12.4.3 翻译句子

❶ 按照新规定，2003年以前拖欠的劳务费必须在2004年11月30日前**支付**到位。
___

❷ 2000年的悉尼奥运会只用去了15亿美元，1996年亚特兰大奥运会的开支也只有17亿美元。而在雅典，这些钱只够用于**支付**安全防范方面的费用。
___

❸ 玩具生产作为劳动密集型产业，其成本主要集中在原材料的采购和给劳动力**支付**工资两方面。
___

❹ 手机**支付**将成为未来消费付款的一种方式。在欧美发达国家,小到停车费,大到商场购物,都可以采用方便的手机**支付**方式。
————

❺ 微软和惠普**分别**成立了软件实验室。
————

❻ 胡锦涛主席在钓鱼台国宾馆**分别**会见了各国领导人。
————

❼ 中国汽车工业协会最新统计数据显示,去年国产汽车产销量**分别**达到507.05万辆和507.11万辆。
————

❽ 2005年7月,"汉唐史学国际学术研讨会"和"汉唐史研究专题学术讨论会"将**分别**在陕西省西安市和临潼市召开。
————

12.5 翻译作业

设立中外合资企业合同

第五章　投资总额与注册资本

第九条　总投资

　　　　合资公司的总投资额为_____人民币。

第十条　注册资本

　　　　合资公司的注册资本为_____人民币,其中:

　　　　甲方_____元,占_____%;

　　　　乙方_____元,占_____%。(如乙方以外币出资,按照缴款当日的中国国家外汇管理局公布的外汇牌价折算成人民币)

第十一条　双方将以下列作为出资：
　　　　　11.1 甲方：现金_____元
　　　　　机械设备_____元
　　　　　厂房_____元
　　　　　工地使用费_____元
　　　　　其他_____元　共_____元
　　　　　11.2 乙方：现金_____元
　　　　　机械设备_____元
　　　　　其他_____元　共_____元
第十二条　合资公司注册资本由甲、乙方按其出资比例分_____期缴付，每期缴付的数额如下：（略）

第六章　合资双方的责任

第十六条　甲、乙方应各自负责完成以下各项事宜：
　　　　　16.1 甲方责任（根据具体情况写，主要有：）
　　　　　　　—— 按第五章规定出资并协助安排资金筹措；
　　　　　　　—— 办理为设立合资公司向中国有关主管部门申请批准、登记注册、领取营业执照等事宜；
　　　　　　　—— 向土地主管部门办理申请取得土地使用权的手续；
　　　　　　　—— 协助合资公司组织合资公司厂房和其他工程设施的设计、施工；
　　　　　　　—— 协助办理乙方作为出资而提供的机械设备的进口报关手续和在中国境内的运输；
　　　　　　　—— 协助合资公司联系落实水、电、交通等基础设施；
　　　　　　　—— 协助合资公司申请所有可能享受的关税和税务减免以及其他利益或优惠待遇；
　　　　　　　—— 协助合资公司招聘中方管理人员、技术人员、工人和所需的其他人员；
　　　　　　　—— 协助外籍工作人员办理所需的入境签证、工作许可证和旅行手续等；
　　　　　　　—— 负责办理合资公司委托的其他事宜。
　　　　　16.2 乙方责任：
　　　　　　　—— 按第五章规定出资并协助安排资金筹措；
　　　　　　　—— 办理合资公司委托在中国境外选购机械设备、材料等有关事宜；
　　　　　　　—— 提供需要的设备安装、调试以及试生产技术人员、生产和检验技术人员；
　　　　　　　—— 培训合资公司的技术人员和工人；
　　　　　　　—— 如乙方同时又是技术转让方，则应负责合资公司在规定期限内按设计能力稳定地生产合格产品；

——负责办理合资公司委托的其他事宜。

第七章　技术转让
第十七条　许可与技术引进协议

　　　　　合资公司和_____公司的"许可与技术引进协议"应与本合同同时草签。

第八章　商标的使用及产品的销售
第十八条　合资公司和_____公司就使用_____公司的商标签订"商标使用许可协议",所有同商标有关的事宜均应按照"商标使用许可协议"的规定办理。

第十九条　合资公司的产品,在中国境内外市场上销售,外销部分占_____%,内销部分占_____%。

第二十条　合资公司内销产品可由中国物资部门、商业部门包销或代销,或由中国外贸公司包销_____%。

第二十一条　产品可由下述渠道向国外销售:

　　　　　由合资公司直接向中国境外销售的产品占_____%。由合资公司与中国外贸公司订立销售合同,委托其代销,或由中国外贸公司包销的产品占_____%。

　　　　　由合资公司委托乙方销售的产品占_____%。

第九章　董事会
第二十二条　合资公司注册登记之日,为合资公司董事会成立之日。

第二十三条　董事会由_____名董事组成,其中甲方委派_____名,乙方委派_____名。董事长由甲方委派,副董事长由乙方委派。董事、董事长和副董事长任期4年,经委派方继续委派可以连任。

第二十四条　董事会是合资公司的最高权力机构,决定合资公司的一切重大事宜:

　　　　　1. 修改合资公司的章程;
　　　　　2. 终止或解散合资公司;
　　　　　3. 与其他经济组织合并;
　　　　　4. 合资公司注册资本的增加;
　　　　　5. 采纳、更改或终止集体劳动合同、职工工资制度和集体福利计划等;
　　　　　6. 分红;
　　　　　7. 批准年度财务报表。

第二十五条　董事会的所有决议均需全体董事的多数表决方能通过,但第二十四条_____款所列事项需全体董事一致同意后方能通过。

第二十六条　董事长是合资公司的法定代表。如果董事长不能行使其职责,应书面授权副董事长代理。

第二十七条　董事会会议每年至少召开一次,由董事长召集并主持会议。经三分之一以上的董事提议,董事长可召开董事会临时会议。会议纪要归合资公司存档。
　　　　　　任何一名董事如不能出席会议,应以书面委托的形式指定一名代理出席会议和行使表决权。如果董事既不出席会议也不委托他人参加会议,应视作弃权。

第十章　经营管理机构
第二十八条　合资公司设经营管理机构,负责公司的日常经营管理工作。经营管理机构设总经理一人,由_____方推荐,副总经理_____人,由甲方推荐_____人,乙方推荐_____人。总经理、副总经理由董事会聘任,任期_____年。
第二十九条　总经理的职责是执行董事会会议的各项决议,组织领导合资公司的日常经营管理工作。副总经理协助总经理工作。
第三十条　　总经理、副总经理有营私舞弊或严重失职的,经董事会会议决议可随时撤换。

第十一章　设备材料的采购
第三十一条　合资公司生产中所需要的有关设备、仪器等物资,其采购权归合资公司。
第三十二条　合资公司所需原材料、燃料、零部件、运输工具等,在条件相同情况下,尽量先在中国购买。

....

12.6 参考资料

합작투자 계약서

　본 계약은 대한민국 법률에 따라 적법하게 설립되어 존속하고 있으며 그 본사를 한국에 두고 있는 _____ 주식회사 (이하 "갑"이라 한다)와, 중화인민공화국 법률에 따라 적법하게 설립되어 존속하고 있으며 그 본사를 북경(北京)에 두고 있는 회사명(이하 "을"이라 한다)간에 ○○○○년 ○월 ○일에 체결되었다. 이에 당사자들은 다음과 같이 합의한다.

제1조　【정　의】
　　1. 본 조에서 정의된 용어들은 문맥상 명백히 다른 의미를 가지는 경우를 제외하

고는 본 계약 어디에서든지 본 조에서 정의된 의미를 가진다.
2. "정부의 승인"이라 함은 본 계약의 체결 및 이행을 위해 필요한 대한민국정부의 모든 승인을 말한다.

제2조 【목 적】
1. 본 계약의 목적은 당사자들에 의한 한국의 주식회사 형태로서의 합자투자회사의 설립·소유 및 운영을 규정함에 있다. 위 회사의 명칭은 영어로는 _____, 한국어로는 _____ 라 한다. (이하 "합작투자회사"라 한다)
2. 합작투자회사의 목적은 다음과 같다.

제3조 【합작투자회사】
1. 당사자들은 본 합작투자를 수행키 위해 필요한 모든 정부의 승인을 받는 즉시, 대한민국 법령에 따라 합작투자회사를 설립하는 데 협력한다.
2. 합작투자회사의 정관은 합작투자회사의 설립 전에 본 계약 당사자들이 합의하는 바에 의하며, 실질적으로 본 계약에 첨부된 별첨 "가"의 형식으로 하고, 그 내용과 조건은 본 계약과 일치하여야 한다. 만일 본 계약과 합작투자회사의 정관 사이에 일치하지 않는 부분이 있는 경우 당사자들은 한국의 관계법령이 허용하는 한도 내에서 합작투자회사의 정관을 본 계약에 따라 수정한다.

제4조 【주식인수】
(중략)

3. "갑"과 "을"이 인수한 주식들은 주권 발행 전에 합작투자회사에 전액 현금으로 납입되어야 한다. "을"의 납입은 실제 납입일의 환율에 따라 계산된 원화 금액에 상당하는 _____ 의 통화로 한다.
4. "갑"과 "을"의 사전 서면동의에 의한 경우를 제외하고는, 합작투자회사의 수권주식이나 발행주식은 증가할 수 없다.

제5조 【비 용】
합작투자회사의 설립과 직접적으로 관련된 모든 비용은 합작투자회사가 부담하거나 인수하는 것이 아닌 한, 본 계약 당사자들이 균등하게 부담한다. 여행비용, 법률비용 등 합작투자회사의 설립과 직접적으로 관련되지 않는 것으로서 각 당사자가 지출한 비용은, 그 비용을 발생시킨 당사자의 부담으로 한다.

제6조 【주식의 양도】
(중략)

제7조 【신주인수권】
(중략)

제8조 【주주총회 및 결의】
  (중략)
제9조 【이사회】
  1. "갑"과 "을"은 합작투자회사의 이사회가 최소한 ○명 또는 당사자들이 합의하는 바의 그 이상의 짝수의 이사로 구성되도록 그 의결권을 행사하고 또 필요한 조치를 취한다. 단, 어느 경우에도 각 당사자가 선임하는 이사의 수는 같아야 한다.
  (중략)
  5. 법률이나 정관 또는 본 계약에 달리 규정되어 있지 않는 한, 이사회의 모든 결의는 이사 전원의 과반수의 찬성에 의한다.
  6. 합작투자회사의 독립공인회계사와 법률고문은 이사회의 결의에 의하여 임명된다.
  7. 합작투자회사는 이사회의 결의 없이는 다음 각 호의 행위를 할 수 없다.
    (1) 본 계약의 일방 당사자 또는 그 당사자의 계열사와 계약 또는 기타 협정의 체결, 단, 본 계약에서 특히 예정되어 있는 것은 예외로 한다.
    (2) 특허된 여부와 관계없이 기술상의 노하우(know-how)에 관한 권리의 취득이나 실시권의 허가를 포함하는 일체의 라이센스(license) 계약 또는 기타 협정의 체결
    (3) 합작투자회사가 기술적인 훈련·조언 및 기타 지원을 받는 것을 내용으로 하는 자문 또는 기타 용역 계약의 체결
    (4) 부동산 매입 또는 임대차 계약의 체결
    (5) _____ 원을 초과하는 자금의 차입
제10조 【교착상태의 해결】
  1. 당사자들은 합작투자회사의 운영과 관리에 관한 분쟁과 이견을 상호합의에 의해 해결하도록 최선을 다해 노력한다.
  2. 만일 합작투자회사의 이사회나 주주총회가 특정문제에 대해 결론에 이르지 못한 경우에는, 당사자 일방은 타방당사자에게 서면으로 합작투자회사가 교착상태에 빠졌음을 통지할 수 있고, 본 통지 후 90일 내에 양 당사자가 교착상태가 해결되었음을 서면으로 합의하지 않는 한 일방 당사자는 타방 당사자에 대한 서면 통지로써 본 계약을 해지할 수 있다.
제11조 【감 사】
  (중략)
제12조 【임원과 피용자의 보수】
  1. 합작투자회사의 이사와 감사는 주주가 승인한 것 이외에는 합작투자회사로부터 어떤 보수도 받을 수 없다.

2. 원칙적으로 이사와 감사는 경영진으로 재직하는 경우에만 (임원)보수를 받는다. 단, 비상근 이사와 감사는 그들의 의무를 수행키 위해 필요한 범위의 상당한 여비 기타 비용을 상환받을 수 없다.

3. 합작투자회사의 임원 및 직원에 대한 월급, 상여금, 기타 급여는 매년 합작투자회사 이사회와 협의하여 당사들이 검토하며 그 당시의 한국의 일반 관행을 고려한다.

제13조 【회사운영 기본방침】
　　　 (중략)

제14조 【자금조달】
　　　 (중략)

제15조 【사업과 운영】
당사자들은 합의하여 합작투자회사의 경영계획을 즉시 수립하도록 협력한다. 이 경영계획에 포함될 내용은 다음과 같다.
합작투자회사의 사업범위, 임원, 조직·경영조건, 마케팅계획, 합작투자회사의 운영방식, 기타 양 당사자가 합의하는 사항.

제16조 【정보의 소유권, 라이센스 및 기밀유지】
1. "갑"과 "을"은 각각 자기의 전속적 기술, 정보 및 자료의 소유권을 보유하며 라이센스 또는 기타 상호합의 하는 방법으로 그 기술, 정보 및 자료를 합작투자회사가 이용할 수 있도록 하여야 한다.

2. 본 계약 당사자들은 본 합작투자계획을 통하여 합작투자회사로부터 또는 타방 당사자로부터 얻은 기밀적 성질의 기술, 재정 및 마케팅 정보를, 본 계약에 명시적으로 허용되어 있거나 또는 타방 당사자나 합작투자회사의 서면 동의 없이는, 이를 사용하거나 제3자에게 공개하지 않기로 합의한다.

제17조 【발효일 및 정부의 승인】
본 계약은 당사자들이 서명하거나 기명 날인한 날로부터 효력이 발생한다. 단, 정부의 승인을 요하는 본 계약상의 규정들은 모든 필요하고 적절한 정부의 승인을 얻은 때로부터 집행될 수 있다.

제18조 【계약기간 및 해지】
1. 본 계약은 발효일로부터 시작하여 본 계약상 조항에 의하여 해지되지 않는 한 계속하여 효력을 가진다.
2. 본 계약은 다음 각 호의 경우에 서면통지에 의하여 해지될 수 있다.
　　(1) 발효일로부터 6개월 이내에 본 계약에 대한 정부의 승인을 얻지 못한 경우, 일방 당사자에 의하여.
　　(2) 일방 당사자가 본 계약상 어느 의무에 중대한 위반을 하고 그 의무 위반이 그 치유를 요구하는 서면통지를 한 날로부터 60일 이내에 치유되지

않았을 경우, 타방 당사자에 의하여.
- (3) 일방 당사자가 본 계약 제21조에 정의된 불가항력으로 인하여 본 계약상의 어느 의무를 연속된 90일간 이행하지 못하거나 이행하지 못하게 될 경우, 타방 당사자에 의하여.
- (4) 일방 당사자 또는 그 채권자, 기타 자격 있는 자가 그 당사자의 청산, 파산, 회사정리, 채권자와의 강제화해, 해산 등을 신청한 경우 또는 일방 당사자가 변제기에 그의 채무를 변제할 수 없거나 변제기에 (선의로 다투는 경우를 제외하고) 명시적, 묵시적으로 그 채무의 지불을 정지한 경우 또는 일방 당사자의 채권자가 그의 경영을 인수하거나 관계금융기관이 어음교환소의 거래를 중지시킨 경우, 타방 당사자에 의하여.

제19조 【불가항력】
1. 일방 당사자가 본 계약상의 어떤 의무를 천재지변, 정부조치, 폭동, 전쟁, 파업, 운송사고 기타 합리적 통제 범위에 속하지 않는 사유(불가항력)만으로 인하여 불이행 또는 지체한 경우, 이를 본 계약의 위반으로 간주되지 아니한다. 다만, 위의 당사자는 그 불가항력을 야기시키지 않았어야 하고, 그러한 불가항력을 회피하거나 그 효과를 개선하기 위하여 합리적인 노력을 하였어야 하며 계속하여 본 계약의 조건을 가능한 한 충분히 이행하도록 그 능력 범위내의 모든 조치를 취하여야 한다.
2. 사고의 성질상 불가능한 경우를 제외하고는 불가항력에 처한 당사자는 그 불가항력이 발생한 후 14일 이내에 서면으로 타방 당사자에게 통지하여야 하며, 모든 경우에 있어서 그 상황하에서 합리적이고 적법한 범위 내에서 가능한 한 신속히 그 원인을 제거 또는 치유하도록 최선의 노력을 다하여야 한다.

제20조 【분쟁해결 및 중재】
1. 본 계약으로부터 또는 본 계약과 관련하여 또는 본 계약의 불이행에 관하여 의견충돌이나 청구가 발생한 경우 당사자들은 문제를 협의를 통해 원만하게 해결하기로 한다. 원만한 협의를 통해 그와 같은 분쟁, 청구 또는 불이행 등이 해결되지 않는 경우에만 피해 당사자는 다음에 규정한 바 대로 중재절차를 위할 수 있다.
2. 본 계약의 효력·해석·실효성과 기타 본 계약으로부터 또는 본 계약과 관련하여 야기되는 또는 본 계약의 불이행과 관련하여 발생하는 모든 분쟁은 대한상사중재원의 상사중재규칙에 따라 대한민국 서울에서 중재에 의해 최종적으로 해결된다.

제21조 【양도성】
별첨 "가"를 포함한 본 계약, 개개의 계약조항, 제 조건은 본 계약 당사자들과 그 각 승계인의 이익을 위하여 구속력을 가지고 효력이 생긴다. 그러나 본 계약 및 본 계약 하의 어떠한 권리도 본 계약의 어느 당사자에 의하여 제3자에게 직접적으로 또는 간접적으로 양도될 수 없다.

제22조 【언　어】
본 계약서는 각각 한국어, 중국어, 영어로 작성하며, 해석상 상이점이 있을 때에 영문본을 기준으로 한다.

제23조 【적용법규】
본 계약은 대한민국 법률에 따라 해석되고 대한민국 법률의 적용을 받는다.

제24조 【완전합의】
1. 본 계약은 본 계약의 주제에 관해 당사자들간의 이전에 구두 또는 서면으로 한 모든 진술·약정 기타 합의에 우선하며, 본 계약에서 예기되어 있는 각종 합의서 및 기타 서류와 더불어, 당사자들간의 관계의 내용에 대해 완전합의를 구성한다.
2. 본 계약상의 변경·개정 기타 수정은, 양 당사자로부터 수권받은 대표자의 서명이 있고, 서면으로 작성되어야 비로소 효력이 있다.

이를 증명하기 위하여, 본 계약 당사자들은 상기 일자에 적법하게 수권받은 그들의 각 임원들로 하여금 본 계약은 체결케 하였다.

　　　　　　　　　　　　　　　　　　　　　　○○○○년　○월　○일

"갑":　　　　　　　　　　　　　　　　"을":
주　소:　　　　　　　　　　　　　　　주　소:
상　호:　　　　　　　　　　　　　　　상　호:
대 표 자:　　　　(인)　　　　　　　　대 표 자:　　　　(인)

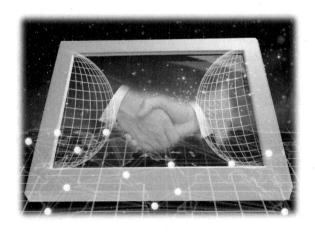

第13课 法规

13.1 课文范文

13.1.1 中华人民共和国外资企业法实施细则

第一章 总则
....

第二章 设立程序

第七条 设立外资企业的申请,由中华人民共和国对外贸易经济合作部(以下简称对外贸易经济合作部)审查批准后,发给批准证书。

设立外资企业的申请属于下列情形的,国务院授权省、自治区、直辖市和计划单列市、经济特区人民政府审查批准后,发给批准证书:

(一)投资总额在国务院规定的投资审批权限以内的;

(二)不需要国家调拨原材料,不影响能源、交通运输、外贸出口配额等全国综合平衡的。

省、自治区、直辖市和计划单列市、经济特区人民政府在国务院授权范围内批准设立外资企业,应当在批准后15天内报对外贸易经济合作部备案(对外贸易经济合作部和省、自治区、直辖市和计划单列市、经济特区人民政府,以下统称审批机关)。

第八条 申请设立的外资企业,其产品涉及出口许可证、出口配额、进口许可证或者属于国家限制进口的,应当依照有关管理权限事先征得对外经济贸易主管部门的同意。

第九条 外国投资者在提出设立外资企业的申请前,应当就下列事项向拟设立外资企业所在地的县级或者县级以上地方人民政府提交报告。报告内容包括:设立外资企业的宗旨,经营范围、规模,生产产品,使用的技术设备,用地面积及要求,需要用水、电、煤、煤气或者其他能源的条件及数量,对公共设施的要求等。县级或者县级以上地方人民政府应当在收到外国投资者提交的报告之日起30天内以书面形式答复外国投资者。

第十条　外国投资者设立外资企业，应当通过拟设立外资企业所在地的县级或者县级以上地方人民政府向审批机关提出申请，并报送下列文件：
　　（一）设立外资企业申请书；
　　（二）可行性研究报告；
　　（三）外资企业章程；
　　（四）外资企业法定代表人（或者董事会人选）名单；
　　（五）外国投资者的法律证明文件和资信证明文件；
　　（六）拟设立外资企业所在地的县级或者县级以上地方人民政府的书面答复；
　　（七）需要进口的物资清单；
　　（八）其他需要报送的文件。
　　前款（一）、（三）项文件必须用中文书写；（二）、（四）、（五）项文件可以用外文书写，但应当附中文译文。
　　两个或者两个以上外国投资者共同申请设立外资企业，应当将其签订的合同副本报送审批机关备案。
　　…………

13.1.2　词汇注释

外资企业 —— 외자기업, 외국인투자기업
程序 —— 순서, 단계, 절차, 프로그램
批准 —— 승인(허가)하다, 비준하다
　☞13.3.4 번역상식 참조
批准证书 —— 승인서
情形 —— 상황, 경우
计划单列市 —— 경제정책상 국가 차원에서 직접 관할하는 도시
出口配额 —— 수출쿼터(quota)
出口许可证 —— 수출허가증(E/L)
进口许可证 —— 수입허가증(I/L)
提交 —— 제출하다, 제기하다
经营范围 —— 사업 분야
用地 —— 용지, 부지(敷地)
数量 —— 수, 수량, 양
答复 —— 회신, 회답, 답변, 대답

实施 —— 실시하다, 시행하다
审查 —— 심의하다
审查批准 —— 심의·인가
发给 —— 발급하다, 교부하다, 지급하다, 배포하다
授权 —— 권한을 위탁하다
原材料 —— 원자재
能源 —— 에너지
备案 —— 보고하다
事先 —— 사전
主管部门 —— 주무부처
宗旨 —— 이념, 목적
产品 —— 제품, 상품
要求 —— 요구하다, 필요로 하다, 요구 조건, 요구 사항
提出 —— 제출하다, 제기하다
可行性 —— 타당성(妥當性)

报告 —— 보고, 보고서, 리포트(report)	企业章程 —— 기업 정관(定款)
法定代表人 —— 법정 대표	名单 —— 명단, 명부
清单 —— 명세서, 명세표	书写 —— 작성하다
外文 —— 외국어	译文 —— 번역본, 번역문
签订 —— 체결하다, 조인하다, 서명하다	合同 —— 계약, 계약서

13.1.3 参考译文

『중화인민공화국 外資企業法 시행(세부)규칙』

제1장 총칙
  …… (중략)
제2장 설립 절차
제7조 외국인투자기업의 설립 신청은 중화인민공화국 對外貿易經濟合作部(이하 "대외무역경제합작부"라 한다)에서 심의(심의·승인)한 후 승인서를 발급한다. 외국인투자기업 설립 신청이 다음의 어느 하나에 해당하는 경우에는 국무원의 권한을 위임받은 성(省), 자치구(自治區), 직할시(直轄市) 및 計劃單列市(경제정책상 국가 차원에서 직접 관할하는 도시), 경제특구 인민정부에서 심의(심의·승인)한 후 승인서를 발급한다.
  1. 전체 투자규모가 국무원이 규정한 투자 심의·승인 권한 범위에 속하는 경우.
  2. 국가 차원에서의 원자재 배정이 불필요한 경우로 에너지, 교통·운송, 수출쿼터 등 중국 전역의 종합적인 균형유지에 영향을 미치지 않는 경우. 성, 자치구, 직할시 및 計劃單列市, 경제특구 인민정부가 국무원의 권한을 위임받은 범위 내에서 외국인투자기업의 설립을 승인하는 경우, 승인 후 15일 이내에 대외무역경제합작부에 보고해야 한다(대외무역경제합작부와 성, 자치구, 직할시 및 計劃單列市, 경제특구 인민정부는 이하 "심의·승인기관"이라 한다).
제8조 회사설립을 신청하는 외국인투자기업의 생산제품이 수출허가증(E/L), 수출 쿼터, 수입허가증(I/L)을 필요로 하거나 국가 (차원의) 수입제한 품목일 경우에는 관련 관리권한에 의거하여 대외무역경제 주무부처의 사전 동의를 얻어야 한다.
제9조 외국투자가는 외국인투자기업 설립신청 절차를 밟기 전에, 외국인투자기업 설립 예정지의 관할 현급(縣級:행정단위로 한국의 郡에 해당) 또는 현급 이상의 지방 인민정부에 다음에 열거하는 사항들과 관련하여 보고서를 제출하여야 한다. 보고서(제출 서류)에는 외국인투자기업 설립 취지, 사업의 종류 및 규모, 생산(하는) 제품, 사용(하는) 기술설비, 공장부지 면적 및 조건, 공업용수·전기·석탄·가스 또는 기타 에너지의 수요 계획(사용계획) 및 소요량(요구 조건 및 수요

량), 공공설비 관련 (요구)조건 등의 내용이 포함되어야 한다.
① 직역:현급 또는 현급 이상의 인민정부는 외국투자가가 보고서를 제출한 일자로부터 30일 이내에 서면으로 외국투자가에게 통보하여야 한다.
② 의역:현급 또는 현급 이상의 인민정부는 외국투자가의 보고서를 접수한 날로부터 30일 이내에 그 승인 여부를 결정하여 서면으로 외국투자가(신청인)에게 통보하여야 한다.

제10조 외국인투자기업을 설립하고자 하는 외국인투자가는 외국인투자기업 설립 예정지의 현급 또는 현급 이상의 관할 지방 인민정부를 통해 심의·승인기관에 설립신청을 하고, 이때 아래의 서류를 제출하여야 한다.
1) 외국인투자기업 설립신청서
2) 타당성 분석(검토)보고서
3) 외국인투자기업 정관
4) 외국인투자기업 법정대표(또는 이사회 선임) 명부
5) 외국투자가의 법률 문서 및 자산·신용 증명 서류
6) 외국인투자기업 설립 예정지의 현급 또는 현급 이상 지방 인민정부의 서면 답변서
7) 수입이 필요한 품목 명세서
8) 기타 필요한 제출 서류

상기 1)번, 3)번 서류는 반드시 중국어로 작성되어야 하고, 2)번, 4)번, 5)번 서류는 외국어로 작성된 것이라도 무방하나, 이 경우 반드시 중국어로 된 번역문을 첨부하여야 한다. 두 명 또는 두 명 이상의 외국투자가가 외자기업 설립을 공동으로 신청하는 경우에는 (상호) 체결한 계약서의 부본을 심의·승인기관에 제출하여야 한다.

(중략)

13.2 正误评析

❶ 设立外资企业的申请,由中华人民共和国对外贸易经济合作部(以下简称对外贸易经济合作部)审查批准后,发给批准证书。

错误翻译:

외자기업 설립을 신청하면, 중화인민공화국 대외무역경제합작부(아래 대외무역경제합작부로 약칭한다)가 심사하고 비준한 다음에 비준증서를 발급한다.

正确翻译:

외국인투자기업 설립 신청은 중화인민공화국 對外貿易經濟合作部(이하 "대외무역경제합작부"라 한다)에서 심의(심의·승인)한 후 승인서를 발급한다.

正误评析:

- ☯ "外资企业"의 정확한 번역은 "외국인투자기업"이다.(☞13.6.1 참고문헌 참조)
- ☯ "申请"을 명사가 아니라 동사로 번역하려면 신청하는 주체를 밝혀야 한다. 이런 문장은 원칙적으로 "A가 B를 신청하면 C에서 심의한 후 D를 발급한다"의 문형으로 표현해야 사실 관계가 명확하다. 그렇지만 본 텍스트와 같은 법령 원문에 없는 A를 번역자가 자의적으로 해석하여 삽입 번역하는 것은 부적절하다.
- ☯ "由中华人民共和国对外贸易经济合作部" 중 "由"는 주격조사 "-가"가 아니라 "-에서"로 번역해야 더 정확하다. 그리고 "贸易经济"는 한국어로 "경제무역"이 더 자연스러운 어순이지만 "对外贸易经济合作部"는 고유명사이므로 원문 어순대로 번역하는 것이 원칙적으로 옳다.
  - ☞ (중략)노동 관계기관 명의로 발급되며 피고용인의 상태 등 종합적인 부분을 검토해 고용노동부에서 승인서를 발급한다.
- ☯ "(以下简称……)"은 "(이하 "~~"이라 한다)"로 번역해야 한다. 용어의 약칭을 설명할 때 통상적으로 큰따옴표를 사용한다.(☞13.3.2 번역상식 참조)
- ☯ "批准"은 이 문장에서의 의미를 고려하여 "비준"이 아니라 "승인/허가"로 번역하는 것이 옳다.(☞9.3.2, 13.3.4 번역상식 참조)
- ☯ "后"를 "다음에"로 번역하는 것은 적절하지 않다. 법률 조항이므로 순수 고유어보다 문어체에 가까운 "후(後)"로 번역하는 것이 더 적절하다.
- ☯ "批准证书"를 한국어에 없는 표현인 "비준 증서"로 번역할 수 없다. "승인서" 또는 "인·허가서(인허가서)"로 번역해야 옳다.(☞2.3.5, 13.3.4 번역상식 참조)

❷ 设立外资企业的申请属于下列情形的,国务院授权省、自治区、直辖市和计划单列市、经济特区人民政府审查批准后,发给批准证书:

错误翻译:

외국인투자기업 설립을 신청할 때 아래 정황에 속하면 국무원이 권한을 준 성, 자치구, 직할시와 계획단열시, 경제특구인민정부가 심사하고 승인한 후에 승인서를 발급한다.

正确翻译:

외국인투자기업 설립 신청이 다음의 어느 하나에 해당하는 경우에는 국무원의 권한을 위임받은 성(省), 자치구(自治區), 직할시(直轄市) 및 計劃單列市(경제정책상 국가차원에서 직접 관할하는 도시), 경제특구 인민정부에서 심의한 후 승인서를 발급한다.

正误评析:

- "属于下列情形的"을 "아래 정황에 속하면"으로 번역하는 것은 부적절하다. **첫째**, 여기서 "属于"의 문맥적 의미는 '아래의(어떤) 조건에 들어맞으면'이므로 "-에 해당하다"로 번역해야 더 적절하다. **둘째**, "情形"은 '놓여 있는 조건'을 의미하는 "경우(境遇)"로 번역해야 적절하다. "정황"은 '일의 사정과 상황'이라는 의미를 지녀 문맥상 부적절하다.

- "A授权B"는 "A가 B에 권한을 위임하다" 또는 "B는 A의 권한을 위임받다"로 번역해야 적절하다.

- "计划单列市"는 正确翻译와 같이 역주를 덧붙여 주여야 한다.(☞7.3.5 번역상식 참조)

❸ 申请设立的外资企业，其产品涉及出口许可证、出口配额、进口许可证或者属于国家限制进口的，应当依照有关管理权限事先征得对外经济贸易主管部门的同意。

错误翻译:

외국인투자기업 설립을 신청할 때 그 제품이 수출허가증, 수출 배당액, 수입허가증을 얻어야 하거나 국가가 수입을 제한하는 상품에 속할 때는 응당 관련 관리권한에 따라 사전에 대외경제무역 주관부문의 동의를 얻어야 한다.

正确翻译:

회사설립을 신청하는 외국인투자기업의 생산제품이 수출허가증(E/L), 수출 쿼터, 수입허가증(I/L)을 필요로 하거나 국가차원의 수입제한 품목일 경우에는 관련 관리 권한에 의거하여 대외경제무역 주무부처의 사전동의를 얻어야 한다.

正误评析:

- "其产品"을 "그 제품"으로 번역할 수 없다. 앞에 이 제품에 대한 언급이 있고 그 제품을 재언급하는 것이 아니기 때문이다. "其产品"에서 "其"는 '외국인투자기업'을 가리키므로 "외국인투자기업의 제품" 또는 "생산 제품"으로 번역해야 옳다.

- "涉及"은 여기서 "필요로 하거나" 또는 "취득해야 하거나"로 번역해야 적절하다. 错

误翻译은 목적어와 서술어의 호응이 부자연스럽다. "허가(승인)"은 "받다(얻다)"와 쓰일 수 있지만, "증서(수입허가증)"는 "얻다"와 호응되어 쓰일 수 없다.
- "主管部门"을 한국어에 존재하지 않는 단어인 "주관부문"으로 번역하는 것은 부적절하다. "主管部门"은 한국의 "주무부처(主務部處)"보다 더 강한 지배기관인 성격이 있으나, 한국어에 대응되는 단어가 달리 없으므로 한국인이 이해하기 쉽도록 "주무부처"로 번역해도 무방하다.

❹ 外国投资者在提出设立外资企业的申请前, 应当就下列事项向拟设立外资企业所在地的县级或者县级以上地方人民政府提交报告。

错误翻译:
외국투자자는 외국인투자기업설립 신청을 제출하기 전에, 외국인투자기업을 설립하려고 하는 소재지의 현급 또는 현급 이상의 지방 인민정부에게 다음 사항들과 관련하여 보고를 제출해야 한다.

正确翻译:
외국투자가는 외국인투자기업 설립신청 절차를 밟기 전에, 외국인투자기업 설립 예정지의 관할 현급(縣級:행정단위로 한국의 郡에 해당) 또는 현급 이상의 지방 인민정부에 다음에 열거하는 사항들과 관련하여 보고서를 제출하여야 한다.

正误评析:
- "外国投资者"는 "외국(인) 투자자", "외국(인) 투자가" 등으로 표현하는데, 정확한 표현은 "외국투자가(外國投資家)"이다.(☞13.3.2 번역상식 참조)
- "提出"은 "제기하다, 제출하다, 신청하다" 등으로 번역 가능한데, 여기서 "제출하다"로 번역하는 것은 부적절하다. "(A에) B를 제출하다"로 번역할 경우, B는 일반적으로 구체적인 자료 또는 서류(如:보고서/답변서/이력서/사직서)라야 한다. 따라서 "提出"과 "申请"의 의미를 하나의 동사인 "신청하다"로 번역하여 "설립을 신청하기 전에" 또는 "설립신청 절차를 밟기 전에" 등으로 번역해야 적절하다. 참고로 A가 법원인 경우는 '신청(예:파산 신청)을 제출하다' 라는 표현을 쓸 수 있다.
  ☞ 서모씨가 영화 '달콤한 인생' 의 뮤직비디오의 배포 및 사용금지 가처분 신청을 법원에 제출했기 때문이다.
- "县级"을 譯註 없이 한국 한자독음인 "현급"으로만 옮겼다면 부적절한 번역이다. 한자(繁体字)를 병기해주고, 한국인이 쉽게 이해할 수 있도록 '행정단위로 한국의 郡에 해당' 이라고 설명(譯註)을 덧붙여 주는 것이 바람직하다.(☞7.3.5 번역상식 참조)
- "向地方人民政府"는 "인민정부에"로 번역해야 옳다. "인민정부에게"는 비문법적인 표현이다. "向A"에서 A가 사람(개인)인 경우에는 "A에게"로, A가 기관이나, 단체인 경우에는 "A에"로 번역해야 옳다. 번역시 조사 구분에 주의해야 한다.
  ☞ 신청서를 과사무실에 제출해야 한다/신청서를 과사무실 조교에게 제출해야 한다.

◎ "应当提交报告" 중의 "应当提交"는 "제출해야 한다"보다는 "제출하여야 한다"로 써야 더 정확하다. 법령, 법규에는 의무규정이 많은데 "-해야 한다"라는 줄임체 표현보다 "-하여야 한다"라는 본디체 표현을 사용한다.(☞13.3.1 번역상식 참조)

❺ 报告内容包括: ……, 用地面积及要求ⓐ, 需要用水、电、煤、煤气或者其他能源的条件及数量, 对公共设施的要求ⓑ等。……

错误翻译:
(A) 보고는 다음 내용을 포함한다.
(B) …… 용지 면적 및 요구, 물, 전기, 석탄, 가스 또는 기타 에너지의 조건 및 수량, 공공시설에 대한 요구 등.

正确翻译:
보고서에는 ……, 공장부지 면적 및 조건, 공업용수·전기·석탄·가스 또는 기타 에너지의 수요 계획(사용 계획) 및 소요량(수요량), 공공설비 관련 (요구)조건 등의 내용이 포함되어야 한다.

正误评析:
◎ 错误翻译과 같이 (A)와 (B)로 나누어 번역하는 것은 부적절하다. (A)는 冒号의 기능을 제대로 표현하지 않았고 단독 문장으로 성립되기에는 다소 짧아 불완전한 느낌을 준다. 게다가 (A)와 (B)의 문맥 연결 또한 상당히 부자연스럽다.
◎ "报告"는 여기서 서면 문서를 가리키므로 "보고서"로 번역해야 옳다.
◎ "包括"는 "포함한다"가 아니라 "포함되어야 한다"로 번역해야 적절하다. 법령이라는 본 텍스트의 성격상 의무규정으로 표현해야 적절하다.
◎ "用地"는 "용지" 또는 "부지(敷地)"로 번역 가능한데, 여기서는 "(공장)부지"로 번역해야 적절하다. "부지"는 '건물을 세우거나 도로를 만들기 위하여 마련한 땅'을 의미하며, 이를 용도에 따라 분류한 개념이 "용지"이다. 예: 논밭을 공장 부지로 용지 변경을 신청하다. 여기서 "用地"는 '향후 기업 설립시 필요한 공장을 지을 땅(터)'의 면적을 명기하는 것을 의미하므로 "공장부지 면적"으로 번역해야 적절하다.
　☞ "용지"는 정부의 행정정책상 토지 분류 중의 한 개념이다.
　　(예: 공장 부지/공원 부지/ 상업 용지/주거 용지 등)
◎ "要求"를 "요구"로 옮기면 대부분 한국어의 표현 습관에 맞지 않으므로 앞뒤 호응관계를 고려하여 "(요구)사항" 또는 "(요구)조건"으로 번역해야 자연스럽다. 여기서 要求ⓐ와 要求ⓑ는 "조건"으로 번역해야 적절하다.
◎ "水"를 "물"로 번역하는 것은 부적절하다. "물"은 순수 고유어로 주로 구어에서 사용된다. "水"가 포함된 한자어인 "공업용수(상·하수도)"로 번역해야 그 뒤의 "전기", "석탄" 등의 단어와 호응이 자연스럽다.(☞13.3.5 번역상식 참조)
◎ "条件"을 여기서는 "조건"으로 번역할 수 없다. "전기의 조건/석탄의 조건/가스의

조건"은 호응 관계가 이루어질 수 없다. 여기서는 문맥적 의미를 고려하여 "수요 계획" 또는 "사용 계획"으로 번역해야 적절하다.
- "数量"을 여기서 "수" 또는 "수량"으로 번역할 수 없다. 에너지 등과 같은 추상명사는 셀 수 없는 불가산 명사이므로 여기서는 "소요량", "수요량", "사용량" 등으로 번역해야 적절하다.

❻ 县级或者县级以上地方人民政府应当在收到外国投资者提交的报告之日起30天内以书面形式答复外国投资者。

错误翻译：
현급 또는 현급 이상 인민정부는 외국투자가가 제출한 보고서를 <u>받은 날부터</u> 30일 이내에 서면 <u>형식</u>으로 외국투자가에게 <u>회답해야</u> 한다.

正确翻译：
① 직역: 현급 또는 현급 이상의 인민정부는 외국투자가가 보고서를 제출한 일자로부터 30일 이내에 서면으로 외국투자가에게 통보하여야 한다.
② 의역: 현급 또는 현급 이상의 인민정부는 외국투자가의 보고서를 접수한 날로부터 30일 이내에 그 승인 여부를 결정하여 서면으로 외국투자가(신청인)에게 통보하여야 한다.

正误评析：
- "收到"를 구어체인 "받다"로 번역하는 것은 부적절하다. **첫째**, 개인 對 개인의 행위가 아니기 때문에 "(공식적으로)접수하다/접수 받다"로 번역해야 옳다. **둘째**, "외국투자가(A)가 보고서(B)를 제출한 일자 = 인민정부(C)가 보고서(B)를 접수한 일자"이므로 错误翻译과 같이 두 개의 동사("제출하다"과 "접수하다")로 번역하는 것보다는 正确译文과 같이 하나의 동사("제출하다")로 표현하는 것이 훨씬 간결하다. 이처럼 번역문의 표현을 간결하게 재편집하는 것 또한 번역사의 역할 중 하나이다.(☞9.3.3 번역상식 참조) 참고로 이 문장은 "A가 B를 C에 제출하다", "C는 A로부터 B를 접수하다", "C는 A의 B를 접수하다" 세 문형 중 한 가지를 선택하여 번역 가능하다.
- "答复"을 "회답하다"로 번역하는 것은 부적절하다. 굳이 직역하자면 "회신하다"로 번역할 수 있지만, 한국에서는 '심의·허가기관이 신청인에게 결과를 알려주다'는 의미로 "그 결과(그 ○○ 여부)를 통보하다"라는 표현을 주로 쓴다.

❼ 其他需要报送的文件

错误翻译：
기타 <u>보고가 필요한</u> <u>문서</u>

正确翻译：
기타 필요한 제출 서류

正误评析：

- "报送"의 사전적 의미는 "보내서 보고하다"이지만, 한국어에서는 일반적으로 "(관계기관에) 서류를 제출하다"라는 표현을 쓴다.
- "文件"을 "문서"로 번역하는 것은 적절하지 않다. "문서"는 보통 '관공서의 공문서나 국가기관 간에(상급기관과 하급기관이) 상호 주고 받는 文件'을 가리키며, "서류"는 '사무와 관련하여 개인이나 기관이 작성하여 만든 文件'을 가리킨다. 여기서 "文件"은 기업설립 신청을 위해 외국투자가가 준비한 文件이므로 "서류"로 번역해야 옳다. 참고로 "제출 서류"는 고정적인 표현이다.

❽ 前款(一)、(三)项文件必须用中文书写;(二)、(四)、(五)项文件可以用外文书写,但应当附中文译文。

错误翻译：

위의 (1), (3)항의 서류는 반드시 중문으로 써야 한다. (2), (4), (5)항의 서류는 외국어로 쓴 것도 가능하지만, 반드시 중문 역문을 덧붙여야 한다.

正确翻译：

상기 1)번, 3)번의 서류는 반드시 중국어로 작성되어야 하고, 2)번, 4)번, 5)번의 서류는 외국어로 작성된 것이라도 무방하나 이 경우 반드시 중국어로 된 번역문을 첨부하여야 한다.

正误评析：

- "中文"은 여기서 "중문"보다 "중국어"로 번역해야 더 적절하다. 그 이유는 뒤에 "외국어(外文)"라는 표현이 나오므로 "-語"로 통일감 있게 번역하는 것이 좋기 때문이고, 또 다른 이유는 "중문, 영문"처럼 "-文"은 주로 관형어로 사용되기 때문이다. 예: 영문 제품설명서, 영문 홈페이지 제작, 영문 자기소개서, 영문 주소.
- "书写"와 "附"는 구어체인 "쓰다"와 "덧붙이다"로 번역하는 것보다 문어체인 "작성(作成)하다"와 "첨부(添附)하다"로 번역해야 적절하다.
- "译文"을 "역문"으로 번역하는 것은 적절하지 않다. 한국어에서 "역문"은 "古文/古代文献"의 번역문을 의미하는 경우에만 일부 사용되며 그 외에는 잘 사용되지 않는 단어이다. 여기서는 "번역문" 또는 "번역본"으로 번역해야 적절하다.

❾ 两个或者两个以上外国投资者共同申请设立外资企业,应当将其签订的合同副本报送审批机关备案。

错误翻译：

두 개 또는 두 개 이상의 외국투자가가 공동 신청으로 외국인투자기업을 설립하려면 그들이 체결한 계약의 부본을 심의·승인기관에 보고등록해야 한다.

正确翻译:
두 명 또는 두 명 이상의 외국투자가가 외자기업 설립을 공동으로 신청하는 경우에는 (상호) 체결한 계약서의 부본을 심의·승인기관에 제출하여야 한다.

正误评析:
- "共同申请"을 "공동 신청으로"로 번역할 수 없다. "공동 신청으로"는 부사어로 사용될 수 없으므로 "공동으로 신청하다"로 번역해야 옳다.
- "其签订的"를 "그들이 체결한"으로 번역할 수 없다. 한국어에서는 3인칭 대명사를 쓸 때 제약이 따른다(☞12과 正误评析 3번 참조). 번역시 "其"를 생략하거나 "상호"로 번역해야 적절하다.
- "合同"은 여기서 "계약"이 아닌 "계약서"로 번역해야 옳다.
- "副本"은 복수의 원본 중 하나인 "부본"으로 번역 가능하다. 참고로 "사본(寫本)" 또는 "복사본(複寫本)"은 원본을 복사한 서류(如:复印本)를 의미한다.
- "备案"의 사전적 의미는 "보고·등록하다"이지만, "부본을 보고하다"는 호응관계가 부자연스럽기 때문에 여기서는 "제출하다"로 번역해야 적절하다.

13.3 翻译知识

13.3.1 法令法规的文体 —— 법규 문서의 문체 특징

"법령"은 법률과 명령을 아울러 이르는 말이고, "법규"는 이에 더하여 부령 등과 같이 규칙도 포함하므로 "법규"가 더 넓은 개념이다. 이러한 법령, 법규에는 의무 규정이 많은데 "-해야 한다"라는 줄임체 표현보다 "-하여야 한다"라는 본디체 표현을 사용한다. 이 외에 자주 등장하는 표현으로는 "~을 말한다", "-만 해당한다(경우에 한한다)", "~ 경우는 제외한다", "-로부터 적용한다" 등이 있다.

☞ 본디체 표현 사용의 예
外國人은 다음 各號의 경우 외에는 이 法에 따른 外國人投資를 제한받지 아니한다.
(줄임체 표현인 "않는다"를 사용하지 않음)

☞ "~을 말한다"의 예
"外國人投資企業이나 출연을 한 비영리법인"이란 外國投資家가 出資한 기업이나 출연을 한 비영리법인을 말한다.

그리고 외래어의 표기는 원칙적으로 소리나는 대로 한글로 변환하여 기재하나 원음과 달리 통용되는 명칭이 있을 경우에는 그대로 기재한다. 그러나 한글로 표기 하는 것이 어색한 경우에는 직접 표기하되 대문자로 기재한다.

☞ (외국인투자촉진법 시행규칙 제 9조의 3 중)
5. 프로젝트매니저로부터 외국인투자 관련 의견 제시를 받은 경우 그 의견서
　　(프로젝트매니저:项目经理)

한국의 정부부처 중 하나인 법제처 홈페이지를 방문하면 새 법령 소식, 최근 개정법령, 입법예고, 주요 행정심판재결례 등의 법령 정보를 검색할 수 있다.
　　법제처 홈페이지 http://www.moleg.go.kr/ (법령 관련 텍스트 번역시 참고)

13.3.2　法律术语的定义和略称 —— 계법률 용어의 정의 및 약칭

용어의 정의, 약칭 등을 설명할 때 큰따옴표를 사용하며, 약칭을 설명할 때는 [이하 "****"이라 한다]라는 표현을 쓴다.

☞ 용어의 정의 (摘自"외국인투자촉진법")
第2條 (定義) ①이 法에서 사용하는 用語의 뜻은 다음과 같다.
▶ "外國人"이란 外國의 國籍을 가지고 있는 개인, 外國의 法律에 따라 設立된 法人(이하 "外國法人"이라 한다) 및 大統領令으로 정하는 國際經濟協力 機構를 말한다.
▶ "外國投資家"란 이 法에 따라 株式 등을 所有하고 있거나 出捐을 한 外國人을 말한다.

☞ 용어의 약칭
　　① (以下简称甲方): (이하 "갑"이라 한다)
　　② (以下简称对外贸易经济合作部): (이하 "대외무역경제합작부"라 한다)
　　③ (以下简称中国): (이하 "중국"이라 한다)

13.3.3　法规的隔写法与汉字标记 —— 법규 문서의 띄어쓰기 및 한자 표기

법규 문서에서는 세부 법령 항목 또는 시행령 항목을 언급할 때나 일부 표현의 표기에서 그 의미를 명확히 하기 위해 띄어쓰기를 하지 않고 모아쓴다(빗금은 내용 이해를 돕기 위해 편의상 삽입). 그리고 용어의 의미를 명확히 할 필요가 있는 경우에는 별도로 한자를 병기한다. 참고로 2005년 전까지 중요한 용어는 전부 한자로 표기했으나 2005년도부터는 필요한 경우에만 한자를 병기하고 있다. 아래에서는 의미를 명확히 하기 위해 편의상 한자로 표기했다.

☞ 모아쓰기의 예
▶ 제2조 (중략) 1.「외국인투자 촉진법 시행령」(이하 "영"이라 한다) 第39條/第2項에 따른 기술평가기관이 평가한 산업재산권 등의 가격/평가/내용을 증명하는 서류 사본 1부[法/第2條/第1項/第8號/라目의 출자목적물을 출자하는 경우에만 제출한다]

▶ 제9조의2 (부품·소재의 범위) 슈/第20條의/2/第2項에서 "지식경제부령으로 정하는 것"이란「부품·소재 전문기업 등의 육성에 관한 특별조치법 시행규칙」별표 1에 따른 부품·소재를 말한다.

▶ 제11조 (공장/설립/등의 승인신청 등)「산업집적활성화 및 공장설립에 관한 법률」제13조/제1항에 따라 공장설립 등의 승인을 받으려는 외국투자가 또는 외국인투자기업(중략)은 별지 제12호서식의 신청서에 다음 각호의 서류를 첨부하여 관할 시장·군수·구청장에게 제출(중략)하여야 한다.

☞ 한자 표기의 예
4. "외국인투자"란 다음 각 목의 어느 하나에 해당하는 것을 말한다.
　가. (중략)
　나. 다음의 어느 하나에 해당하는 자가 해당 외국인투자기업에 대부하는 5년 이상의 차관(최초의 대부계약 시에 정해진 대부기간을 기준으로 한다)
　　1) 외국인투자기업의 해외 모기업(母企業)
　　(중략)

13.3.4　"批准"的翻译 ── "批准"의 번역

한국어에서 "비준(ratification)"은 조약을 체결하는 최종절차로, 국가가 어느 조약의 당사국이 되기 위해 최종적 의사를 나타내는 행위 또는 전권위원(全權委員)이 체결·서명한 조약을 조약체결권자(국가원수 또는 내각)가 최종적으로 확인하며, 동의하는 행위를 의미한다.

☞ 한, 칠레(智利) FTA(자유무역협정) 국회 비준　(비준의 주체:국회)
☞ 토니 블레어 영국 총리는 이날 조지 W. 부시 미국 대통령에게 교토의정서를 비준할 것을 다시 한번 강력히 요구했다.　(비준의 주체: 미국 대통령)

그런데 중국어의 "批准"은 한국어의 ①비준, ②승인(또는 허가) 두 가지 의미를 포함하고 있다. 따라서 외교 및 국제 관계에서 언급되는 경우에만 "비준(하다)"로 번역하고 그 외에는 "승인(하다)/허가(하다)"로 번역하는 것이 옳다. 중국 관련 번역 자료에서 "승인/허가"로 번역해야 하는데도 불구하고 중국어의 표현인 "비준"을 그대로 사용하는 경우가 종종 있는데, 이는 엄격한 의미에서 틀린 표현이다.

☞ 设立外资企业的申请,由中华人民共和国对外贸易经济合作部审查批准后,发给批准证书。
说明: 여기서 "批准"은 "비준하다" 또는 "비준"으로 번역할 수 없다.

13.3.5　单音节汉字词的翻译 —— 단음절 한자의 번역

한국어에서 "水", "河"와 같은 일부 단음절 한자는 단독 한자음(예:수, 하 등)이 독립된 문장 성분으로 사용될 수 없기 때문에("수가(수는)", "하가(하는)":비문법적) "용수", "하천" 등과 같이 이음절 한자어로 표현해야 한다. 참고로 "산(山)", "강(江)"은 단음절 한자이지만 독립된 성분으로 사용할 수 있는 실질형태소의 자격을 획득했기 때문에 단독 한자음으로 사용될 수 있다.

☞ 需要用水、电、煤、煤气或者其他能源的条件及数量
说明: "水"를 "물"로 번역할 수 없다. 단음절인 "물"은 한국 고유어로, 주로 구어체에서 사용된다. "水"가 포함된 한자어인 "공업용수"로 번역해야 뒤의 "전기, 석탄" 등의 단어와 호응이 자연스럽다.

☞ 宫墙之外护城河环绕,河宽52米,长3800米。真可谓金城汤池,护卫森严。(12과)
说明: "河"를 "하"로 번역할 수 없다.

13.4　翻译练习

13.4.1　翻译词组

❶ 设立外资企业程序 ——
❷ 会议程序 ——
❸ 贷款程序 ——
❹ 程序员 ——

提示: 程序를 "순서", "단계", "절차", "프로그램" 중 적당한 것을 골라 번역하시오.

13.4.2 改错

❶ (关于设立外商投资股份有限公司若干问题的暂行规定 18 条)
　中外股东作为发起人签定设立公司的协议、章程,报企业所在地审批机关初审同意后转报对外贸易经济合作部审批。
(외상투자주식회사설립 관련 일부 문제에 대한 잠정규정 18조)
중외 주주가 발기인으로서 회사설립 합의서 및 정관에 서명하고 이를 기업 소재지의 1차 심사·비준 기관의 동의를 받아 대외무역경제합작부에 심사·비준을 신청한다.

❷ 最近公务员考试放宽了学历**要求**。国家公务员考试昨日在全省 21 个市同时进行笔试。
최근 들어 공무원 시험과 관련하여 학력에 대한 요구를 완화했다. 어제 전 성의 21개 시에서 공무원 필기시험이 동시에 실시되었다.

❸ 最近北京市市长率领市委干部视察了北京市郊区的春播情况。市政府**要求**切实保护农民利益。
최근 북경시 시장은 북경시위원회 간부들을 데리고 북경시 근교의 춘기파종 현황을 시찰했다. 북경시 정부는 농민의 이익을 철저히 보호하라고 요구했다.

❹ 请再次确认您的电子邮件、电话号码和地址,以便我们给您**答复**!
저희가 답을 드릴 수 있도록 귀하(고객님)의 E-mail, 전화번호, (자택)주소가 정확한지 다시 한번 확인해 주십시오.

❺ "电子商务"作为一个名词概念,在中国和美国几乎同时**提出**。
전자상거래가 하나의 명사 개념으로 제기된 시간은 중국과 미국이 거의 동시이다.

❻ 财政司司长在 3 月 11 日向行政长官**提出**辞职,他在辞职信中承认了自己的过错。
財政司 司長은 3월 11일 행정장관에게 사직을 제출했다. 그는 사직신에서 자기의 잘못을 시인했다.

13.4.3 选词翻译

❶ 最近,俄罗斯总统普京**提出**八大反恐新举措。
  —— 최근 푸틴 러시아 대통령은 반테러리즘 8대 조치를 (제출, 제기, 제시)했다.

❷ 主动进行学习的学生是最成功的学生,主动学习的学生最善于**提出**问题。
  —— 스스로 공부하는 학생이 가장 성공적인 학생이며, 이러한 학생은 문제 (제출, 제기, 제시)에 뛰어나다.

❸ 人事部**提出**明年人事工作的七大重点,其中包括吸引高层次海归的内容。
  —— 인사부에서는 내년 인사업무의 7개 중점사안을 (제출, 제기, 제시)했는데, 그 중에는 해외 유학파 출신을 영입하는 내용이 담겨있다.

❹ 欧盟国家海关制度混乱,有损于美国出口,所以美国向世界贸易组织提出申诉,并**要求**世贸组织成立专门小组调查欧盟海关制度。
  —— EU회원국들간의 각기 다른 세관제도로 인해 미국의 對EU 수출에 피해가 속출하자 미국은 WTO에 소송을 (제출, 제기, 제시)하고 특별전담팀을 구성하여 EU회원국들의 세관제도에 대한 조사를 WTO측에 요구했다.

13.4.4 翻译句子

❶ 请尽快**答复**,好吗?
  ——

❷ 死者家属难以接受医院的书面**答复**,要起诉医院。
  ——

❸ 校方一拖再拖,学生们的请求迟迟未见**答复**。
  ——

❹ 警官问我是否认识杨先生,我如实作了**答复**。
  ——

❺ 据说明年公务员考试要求有了新变化，对外语的**要求**更高。

翻译提示：答复 회신, 답변, 대답, 회담

13.5 翻译作业

中华人民共和国外资企业法实施细则

....

第十一条　审批机关应当在收到申请设立外资企业的全部文件之日起90天内决定批准或者不批准。审批机关如果发现上述文件不齐备或者有不当之处，可以要求限期补报或者修改。

第十二条　设立外资企业的申请经审批机关批准后，外国投资者应当在收到批准证书之日起30天内向工商行政管理机关申请登记，领取营业执照。外资企业的营业执照签发日期，为该企业成立日期。

外国投资者在收到批准证书之日起满30天未向工商行政管理机关申请登记的，外资企业批准证书自动失效。

外资企业应当在企业成立之起30天内向税务机关办理税务登记。

第十三条　外国投资者可以委托中国的外商投资企业服务机构或者其他经济组织代为办理第九条、第十条第一款和第十一条规定事宜，但须签订委托合同。

第十四条　设立外资企业的申请书应当包括下列内容：

（一）外国投资者的姓名或者名称、住所、注册地和法定代表人的姓名、国籍、职务；

（二）拟设立外资企业的名称、住所；

（三）经营范围、产品品种和生产规模；

（四）拟设立外资企业的投资总额、注册资本、资金来源、出资方式和期限；

（五）拟设立外资企业的组织形式和机构、法定代表人；

（六）采用的主要生产设备及其新旧程度、生产技术、工艺水平及其来源；

（七）产品的销售方向、地区和销售渠道、方式以及在中国和国外市场的销售比例；

（八）外汇资金的收支安排；

（九）有关机构设置和人员编制，职工的招用、培训、工资、福利、保险、劳动保护等事项的安排；

（十）可能造成环境污染的程度和解决措施；

（十一）场地选择和用地面积；
（十二）基本建设和生产经营所需资金、能源、原材料及其解决办法；
（十三）项目实施的进度计划；
（十四）拟设立外资企业的经营期限。

第十五条　外资企业的章程应当包括下列内容：
（一）名称及住所；
（二）宗旨、经营范围；
（三）投资总额、注册资本、出资期限；
（四）组织形式；
（五）内部组织机构及其职权和议事规则，法定代表人以及总经理、总工程师、总会计师等人员的职责、权限；
（六）财务、会计及审计的原则和制度；
（七）劳动管理；
（八）经营期限、终止及清算；
（九）章程的修改程序。

第十六条　外资企业的章程经审批机关批准后生效，修改时同。
第十七条　外资企业的分立、合并或者由于其他原因导致资本发生重大变动，须经审批机关批准，并应当聘请中国的注册会计师验证和出具验资报告；经审批机关批准后，向工商行政管理机关办理变更登记手续。
　　　……

13.6　参考资料

외국인투자 촉진법

[(타)일부개정 2011.9.15 법률 제11042호 시행일 2012.7.1]
원문은 법제처 국가법령정보센터(http://www.law.go.kr/) 참조.

제1장 총칙 <개정 2009.1.30>

　제1조(목적) 이 법은 외국인투자를 지원하고 외국인투자에 편의를 제공하여 외국인투자 유치를 촉진함으로써 국민경제의 건전한 발전에 이바지함을 목적으로 한다.
　[전문개정 2009.1.30]

第13课

제2조(정의) ① 이 법에서 사용하는 용어의 뜻은 다음과 같다.

1. "외국인"이란 외국의 국적을 가지고 있는 개인, 외국의 법률에 따라 설립된 법인(이하 "외국법인"이라 한다) 및 대통령령으로 정하는 국제경제협력기구를 말한다.
2. "대한민국국민"이란 대한민국의 국적을 가지고 있는 개인을 말한다.
3. "대한민국법인"이란 대한민국의 법률에 따라 설립된 법인을 말한다.
4. "외국인투자"란 다음 각 목의 어느 하나에 해당하는 것을 말한다.
   가. 외국인이 이 법에 따라 대한민국법인(설립 중인 법인을 포함한다) 또는 대한민국국민이 경영하는 기업의 경영활동에 참여하는 등 그 법인 또는 기업과 지속적인 경제관계를 수립할 목적으로 대통령령으로 정하는 바에 따라 그 법인이나 기업의 주식 또는 지분(이하 "주식등"이라 한다)을 소유하는 것
   나. 다음의 어느 하나에 해당하는 자가 해당 외국인투자기업에 대부하는 5년 이상의 차관(최초의 대부계약 시에 정해진 대부기간을 기준으로 한다)
      1) 외국인투자기업의 해외 모기업(母企業)
      2) 1)의 기업과 대통령령으로 정하는 자본출자관계가 있는 기업
      3) 외국투자가
      4) 3)의 투자가와 대통령령으로 정하는 자본출자관계가 있는 기업
   다. 외국인이 이 법에 따라 과학기술 분야의 대한민국법인(설립 중인 법인을 포함한다)으로서 연구인력·시설 등에 관하여 대통령령으로 정하는 기준에 해당하는 비영리법인과 지속적인 협력관계를 수립할 목적으로 그 법인에 출연(出捐)하는 것
   라. 그 밖에 외국인의 비영리법인에 대한 출연으로서 비영리법인의 사업내용 등에 관하여 대통령령으로 정하는 기준에 따라 제27조에 따른 외국인투자위원회(이하 "외국인투자위원회"라 한다)가 외국인투자로 인정하는 것
5. "외국투자가"란 이 법에 따라 주식등을 소유하고 있거나 출연을 한 외국인을 말한다.
6. "외국인투자기업이나 출연을 한 비영리법인"이란 외국투자가가 출자한 기업이나 출연을 한 비영리법인을 말한다.
   (중략)

第 14 课 剧本

14.1 课文范文

14.1.1 电影剧本《饮食男女》节选

(1)(清晨,朱师傅的家里。)

　　朱师傅:妹妹,妹妹,快六点啦!起来啦,懒骨头!

　　(朱师傅向家倩的房间走去。家倩趴在桌子上睡着了。)

　　朱师傅:家倩,起来啊!跟你说老是不听,又在桌子上睡成这个样子。这种姿势对身体
　　　　　　不好,你知道吗?

　　家　倩:医生说慢跑对你背不好,你怎么不听?

　　朱师傅:欷!

　　……

(2)(朱师傅在跑步。珊珊去上学,正在车站等车。)

　　朱师傅:珊珊!珊珊!

　　珊　珊:朱爷爷早!

　　朱师傅:早,上学去啊!怎么在这儿吃早点呢?

　　珊　珊:到学校要早自习就来不及吃了。看,这是你昨天做的汤包儿。不过妈妈已经
　　　　　　把里面的汤全部挤出来了,免得我吃得两手油油的。

　　朱师傅:中午到我家,我做饭给你吃。

　　珊　珊:今天上整天。

　　朱师傅:上整天?你的便当呢?

　　珊　珊:瞧!

　　(珊珊掏出钱来给爷爷看,这时车来了。)

　　珊　珊:公车来了!

　　乘　客:不要挤啊!

　　……

(3)（画面切换。老末家宁在补习班上外语会话课,朱师傅在家从洗衣机里拿出洗好的衣服,二女儿家倩在公司会议室开会。开会的场面。）

家　　倩：毫无疑问,现在美国航空业都不景气。这是我们全力抢下雪梨到曼谷这条航线的黄金时刻。同时英航的眼睛也盯着这个机会。他们应该是我们最大的竞争对手,这一仗不好打。

（一个男子走进会议室坐下。）

家　　倩：我应该可以在这两星期内把这些航线的标价评估出来。我的感觉是……这些航线我们的机会都很大。

社　　长：嗯！很好！谢谢朱副处长的报告。这个计划对我们公司的业务成长应该是一个非常好的机会。

社长儿子：问题是说,我们的飞机到底够不够多？能不能应付这么多城市？

社　　长：你少插嘴,你懂什么你？啊？

（社长儿子生气了,从椅子上站起来,冲出会议室。）

社　　长：小孩子,他刚毕业来实习的,慢慢地就进入状况了。噢！对了,我们的谈判高手到了。各位,让我们欢迎李凯先生！

（大家鼓掌。李凯走到前面,向大家打招呼。）

社　　长：他就是当年单枪匹马,替我们抢下阿姆斯特丹航线的战将。很高兴你及时赶到！

李　　凯：抱歉,迟到了,飞机误点。

社　　长：很会开玩笑。

（众人笑起来。）

社　　长：我们马上有一场硬仗要打。我现在宣布,由李凯来调兵遣将。他有什么需要,大家一定要全力支援配合。

…………

(4)（画面切换成朱师傅做菜的场面。朱师傅提着饭盒向珊珊的学校走去。午饭时间,珊珊所在的教室里,老师和学生们正在吃午饭。）

朱师傅：老师,我给珊珊送个便当。

老　师：好。

朱师傅：珊珊啊,时间不够,只给你预备几个小菜。无锡排骨、蟹肉菜心、青豆虾仁、五柳鸡丝。

（孩子们围着珊珊的书桌,老师站在后面观看。）

朱师傅：这是你最爱吃的苦瓜排骨粥。做得不多,怕你吃不完,来吧！趁热吃吧！

…………

14.1.2 词汇注释

清晨 —— 새벽	师傅 —— 1:1 대응시켜 번역하기 어려운 단어(직업에 따라 번역해야 적절)
懒骨头 —— 게으름뱅이	
趴 —— 엎드리다	姿势 —— 자세
背 —— 등	慢跑 —— 조깅
挤出来 —— 짜내다	车站 —— 정류장
便当 —— 도시락	汤包儿 —— 만두
乘客 —— 승객	免得 —— ~하지 않도록
画面 —— 화면, 장면	公车 —— 버스
补习班 —— 학원	挤 —— 밀다, 밀치다
毫无疑问 —— ~임이 틀림없다	老末 —— 막내
航线 —— (항공)노선	外语 —— 외국어
竞争对手 —— 경쟁상대, 경쟁자, 적수	不景气 —— 불경기, 불황
标价 —— 표준가격	盯,注视 —— 주시하다
副处长 —— 과장, 팀장, 부처장	打仗 —— 싸우다
插嘴 —— 참견하다	评估 —— 평가하다
鼓掌 —— 박수를 치다	应付 —— 대처하다, 대응하다
当年 —— 그 당시, 그 해	实习 —— 실습하다, 인턴, 수습
误点 —— 연착하다	打招呼 —— 인사를 하다
支援 —— 지원하다	单枪匹马 —— 홀홀단신
小菜 —— 간단한 요리, 반찬	调兵遣将 —— 지휘하다
曼谷 —— 방콕	配合 —— 협조하다
雪梨 —— 시드니(悉尼)	阿姆斯特丹 —— 암스테르담

14.1.3 参考译文

说明:

1) 일반적으로 자막에서는 화면 글자 수의 제한으로 인해 두 문장이 나열되는 경우를 제외하고는 마침표를 사용하지 않는다. 본 번역본에서는 문장의 종결을 명확히 하기 위해 마침표를 사용하였다.

2) 〔 〕로 표시한 부분은 자막 길이를 고려하기 전의 초벌번역(初步翻译)에 해당한다.

(1) (새벽 朱師傅의 집)

朱師傅: 〔가령아, 일어나거라. 6시 다 됐다. 이 잠꾸러기야〕
가령아, 6시 다 됐다! 어서 일어나거라.

(家倩의 방으로 간다, 책상에 엎드려 자는 모습을 본다.)

朱師傅: 〔가청아, 일어나거라!
이렇게 책상에서 자지말라고 몇 번이나 얘기했니?
몸에 안 좋다는 거 몰라?〕
가청아, 일어나거라.
책상에서 자지말라고 몇 번이나 말했니?
몸에 안 좋다는 거 몰라?

家　倩: 〔조깅이 등에 안 좋다고 의사선생님께서 그러는데 아버지는 왜 안 들으세요?〕
조깅이 등에 안 좋다는 의사 말은 왜 안 들으세요?

朱師傅: 〔나, 참! (이 녀석이!)〕
나, 참!

(중략)

(2) (朱師傅가 조깅하는 모습, 등교하는 珊珊이 정류장에서 버스를 기다리는 모습)

朱師傅: 〔산산아!〕
산산아!

珊　珊: 〔할아버지, 안녕하세요!〕
할아버지, 안녕하세요!

朱師傅: 〔그래, 학교 가는구나. 아니 그런데 왜 여기서 아침을 먹고 있니?〕
학교 가는구나. 아침을 왜 여기서 먹고 있니?

珊　珊: 〔학교 가면 바로 자습시간이라서 먹을 시간이 없어요.
이거 할아버지가 어제 만들어 주신 만두예요.
먹을 때 손에 기름이 묻을까봐 엄마가 육즙을 전부 짜냈어요(뺐어요).〕
학교 가면 바로 자습시간이거든요.
이거 할아버지가 (어제) 만드신 만두예요.
손에 묻는다고 엄마가 물기(육즙)를 다 뺐어요.

朱師傅: 〔점심 때 우리 집에 와서 밥 먹으렴.〕
점심 때 우리 집에 와서 밥 먹으렴.

珊　珊: 〔오늘은 하루 종일 수업이 있어요.〕
수업이 하루 종일 있어요.

朱師傅: [하루 종일? 도시락은 가지고 가는거니?]
　　　　그래?(하루 종일?) 그럼 도시락은?
珊　珊: [여기……]
　　　　여기…….
(珊珊이 돈을 꺼내 보여주는데, 버스가 온다.)
珊　珊: [버스 왔어요!]
　　　　버스 왔어요(차가 왔어요).
승　객: [밀지 마세요!]
　　　　밀지 마세요!

(중략)

(3) (화면이 바뀌며 막내 家寧이 학원에서 외국어 회화수업을 받는 모습, 朱師傅가 집에서 세탁한 빨래를 세탁기에서 꺼내는 모습이 차례로 이어진다. 그리고 둘째딸 家倩이 근무하는 회사의 회의실 광경)

家　倩: [아시다시피 현재 미국 항공업계는 불황에 빠져있습니다.
　　　　저희가 최선을 다하면 시드니-방콕 노선의 황금 시간대를 확보할 수 있을 것으로 예상됩니다. 영국항공도 이 기회를 노리고 있어 가장 유력한 경쟁 상대가 될 것입니다. 쉽지 않은 싸움이 될 겁니다.]
　　　　미국 항공사는 불황에 빠져있습니다.
　　　　시드니-방콕 노선을 확보할 수 있는 절호의 기회죠.
　　　　최대의 적은 영국항공입니다. 쉽지 않을 거예요(만만치 않을 거예요/쉬운 상대가 아니에요).

(한 남자가 회의장으로 들어와 앉는다.)

家　倩: [이번 주 내로 이 항공노선의 표준운임을 산출해 낼 수 있을 겁니다.
　　　　제 생각에는 ……(이 노선들을 저희가 확보할 수 있는) 가능성이 아주 높습니다.]
　　　　금주 내로 각 노선의 표준운임을 산출해내면 …… 우리의 승산이 큽니다.

사　장: [보고(브리핑) 잘 들었소. 주과장 수고했어요.
　　　　이번 프로젝트는 우리에게 아주 좋은 기회가 될 겁니다.]
　　　　브리핑 잘 들었소. 수고했어요.
　　　　이번 프로젝트는 아주 중요합니다.
　　　　(或)이번 프로젝트는 우리에겐 아주 좋은 기회입니다.
　　　　(或)우리가 발돋움할 수 있는 좋은 기회요.

사장 아들: [문제는 저희 비행기가 그만큼 충분한가 하는 거죠.
　　　　그렇게 많은 도시를 소화할 능력이 있나요?]

우린 많은 노선을 소화할 비행기가 없지 않나요?
사　장: 〔네 녀석이 뭘 안다고 그래?〕
뭘 안다고 큰 소리야!
(社長 아들이 화가 나서 자리를 박차고 밖으로 나간다.)
사　장: 〔아들 녀석인데 아직 철이 없어요. 얼마 전에 졸업하고 현재 업무를 배우는 중입니다. 조금씩 회사 상황을 이해하게 될 겁니다.〕
방금 졸업한 녀석이라 경험이 부족합니다.
사　장: 〔참, 협상의 귀재 이개 씨가 도착했군요. 박수로 환영해 주십이오.〕
참 협상의 귀재 이개 씨가 방금 도착했군요.
(사람들 모두 박수를 치고, 이개가 인사하러 앞으로 나온다.)
사　장: 〔당시 홀홀단신으로 암스테르담 노선을 따낸 영웅입니다. 회의 시간에 맞게 도착해서 다행이군.〕
당시 암스테르담 노선을 따낸 장본인입니다.
다행히 시간에 맞게 왔군. 한 마디 하지.
이　개: 〔늦어서 죄송합니다. 비행기가 연착해서요.〕
늦어서 죄송합니다. 비행기가 연착해서요.
사　장: 〔재치있는 조크군.〕
재미있는 조크군.
(사람들 모두 웃는다.)
사　장: 〔(저흰) 곧 힘든 전쟁을 치루게 될 겁니다. 총지휘를 맡게 될 이개 씨가 요청하는 일에 모두 협조해 주시기 바랍니다.〕
이제부터 우린 전쟁을 치뤄야 합니다.
(이제부터 힘든 싸움을 하게 될 겁니다.)
이개 씨의 지시에 따라 모두 전력투구하길 바랍니다.

(중략)

(4) (朱師傅가 요리하는 장면이 나온다. 도시락을 싸서 珊珊의 학교로 간다. 점심시간 珊珊의 교실, 선생님과 학생들이 점심을 먹고 있다.)
朱師傅: 〔선생님, 산산 도시락을 가져왔습니다.〕
산산 도시락을 갖고 왔어요.
선생님: 〔아……네.〕
아……네.
朱師傅: 〔산산아, 시간이 없어서 몇 가지만 해왔단다.
이건 갈비고, 저건 게살청경채볶음이란다. 그리고 이건 강낭콩 새우볶음과 닭고기볶음이란다.〕

산산아, 시간이 없어서 몇 가지만 해왔단다(산산아, 도시락 갖고 왔다).

무석갈비, 게살볶음, 새우볶음, 닭고기볶음.

(아이들이 珊珊의 책상으로 몰려든다. 선생님도 뒤에 서서 본다.)

朱師傅:〔(이건)네가 제일 좋아하는 쇠고기죽이란다.

　　　다 못먹고 남길까봐 조금만 만들었단다. 뜨거울 때 어서 먹으렴.〕

　　　네가 제일 좋아하는 쇠고기죽이란다.

　　　뜨거울 때 어서 먹으렴.

(중략)

14.2　正误评析

❶ 朱师傅:妹妹,妹妹,快六点啦! 起来啦,懒骨头!

错误翻译:

家寧아, 家寧아, 곧 6시 될 것이다. 일어나라. 게으름뱅이!

正确翻译:

가령아, 6시 다 됐다! 어서 일어나거라.

正误评析:

- "妹妹"는 여기서 이름으로 옮겨야 한다. 한국에서는 자녀를 부를 때 "이름+아(야)"로 대신하므로, "가령아" 또는 "자링아"로 번역 가능한데, 후자와 같이 외래어표기법에 의거하여 옮길 경우 다른 등장인물 이름의 음절 수가 길어져 자막 길이 제한에 영향을 주게 되므로 전자와 같이 한자독음으로 옮기는 것이 더 낫다. 그리고 자막 번역에서는 가독성을 고려하여 한자로 표기하는 경우는 거의 없다.

- "快+动词"는 일반적으로 "곧 ~하다"로 번역할 수 있으나, 시간의 경우는 일반적으로 "A시가 다 되었다" 또는 "벌써 A시다"로 표현해야 적절하다.

- "起来"를 강압적인 느낌의 명령체인 "일어나라"로 번역하는 것은 부적절하다. 완곡한 청유형 명령체인 "어서 ~하거라"로 번역해야 적절하다.

- "懒骨头"의 사전적인 의미는 "게으름쟁이" 또는 "게으름뱅이"이지만, 여기서는 의미상 "잠꾸러기"로 번역하는 것이 적절하다. 자막의 길이를 고려하여 생략해도 무방하다.(☞14.3.2 번역상식 참조)

❷ 朱师傅:家倩,起来啊! 跟你说老是不听,又在桌子上睡成这个样子。这种姿势对身体不好,你知道吗?

错误翻译:

가청아, 일어나라!
너는 또 말을 듣지 않고 책상 위에서 이렇게 잤니?
이런 자세는 몸에 좋지 않다고 했지, 알어?

正确翻译:

가청아, 일어나거라.
책상에서 자지 말라고 몇 번이나 말했니?
몸에 안좋다는 거 몰라?

正误评析:

- "你"는 번역에서 생략하는 것이 낫다. 두 사람간의 직접적인 대화를 번역할 때는 2인칭 대명사를 생략해야 자연스러운 경우가 더 많다.(☞14.3.5 번역상식 참조) 더구나 영상예술 번역에서는 자막 길이 제한도 고려해야 한다.

- "不听"을 "말을 듣지 않고"로 번역하는 것보다 줄임체인 "말을 안 듣고"로 번역하는 것이 좋다. 자막은 가능한 한 생생한 구어체로 번역해야 한다.

- "不好"를 "좋지 않다"로 번역하는 것보다 "안 좋다"로 번역해야 더 자연스럽다(이유는 위와 동일).

- "你知道吗?"를 "알어?" 또는 "알고 있니?"로 번역할 수 없다. 진정한 의미의 의문문이 아니기 때문이다. 여기서는 '책상에 엎드려 자는 것이 몸에 안 좋은 것을 알고 있으면서 왜 자주 책상에 엎드려 자는지를 꾸중' 하는 의미이므로 반의적인 의미로 표현하여 "~거 몰라?"로 번역해야 적절하다.

❸ 家倩:医生说慢跑对你①背不好,你②怎么不听?

错误翻译:

의사가 조깅이 아버지①의 등에 좋지 않다고 말했는데, 아버지②는 왜 듣지 않으세요?

正确翻译:

조깅이 등에 안 좋다는 의사 말은 왜 안 들으세요?

正误评析:

- 이 대사는 家倩이 아버지에게 하는 말이므로 번역에서 "你①, 你②"를 생략하는 것이 좋다. **첫째**, 두 사람간의 직접적인 대화를 번역할 때는 2인칭 대명사를 생략해야 자연스러운 경우가 많다. **둘째**, 자막 번역의 특성상 대사는 가능한 한 간결하게 번역해야 한다. 따라서 正确译文과 같이 26자 이내(빈칸 포함)로 짧게 줄여 주어야 한다. (☞14.3.2 번역상식 참조)

- "你背"를 "아버지의 등"으로 번역하는 것은 부적절하다. **첫째**, "A의 B"에서 A, B의 관계가 밀접한 경우에는 소유격 조사 "의"를 생략해야 자연스럽다. **둘째**, 구어에서

2인칭 대명사는 번역시 생략해야 자연스러운 경우가 많다.
- "不听"을 "듣지 않으세요?"로 번역하는 것보다 "안 들으세요?"로 줄여서 옮기는 것이 좋다. 자막은 간결한 표현의 생생한 구어체로 번역해야 한다.

❹ 珊珊：到学校要早自习就来不及吃了。看，这是你昨天做的汤包儿。不过妈妈已经把里面的汤全部挤出来了，免得我吃得两手油油的。

错误翻译：
학교에 도착하자마자 자습을 해야 하기에 먹을 시간이 없어서 그래요.
이거 좀 보세요! 이것은 어제 할아버지가 만들어 준 국물만두에요!
어머니는 제 두 손이 기름에 묻지 않도록 속에 있는 국물을 다 짜 주었어요.

正确翻译：
학교 가면 바로 자습시간이거든요.
이거 할아버지가 (어제) 만드신 만두예요.
손에 묻는다고 엄마가 물기(육즙)를 다 뺐어요.

正误评析：
- "这"를 "이것은"으로 번역하는 것은 부적절하다. 영상예술 번역은 생생한 구어체로 번역해야하므로 줄임체 표현인 "이거(또는 이건)"로 번역해야 적절하다.(☞14.3.1 번역상식 참조)
- "汤包儿"를 "국물 만두"로 번역하는 것은 부적절하다. 한국어에 없는 표현이라 "만두국(类似于馄饨汤——带饺子的汤)"으로 이해할 가능성이 높다. "汤包儿"는 '속에 육즙이 있는 만두'를 의미하지만, 한국에는 이에 해당하는 단어가 없어(찐만두/蒸饺, 군만두/锅贴, 왕만두/包子)", 여기서는 "만두"로 번역해도 내용 이해에 영향을 미치지 않는다.
- 세 번째 문장은 최대한 간결하게 번역해야 한다. 자막은 한 화면에 두 줄까지 가능하며, 한 줄에 빈 칸을 포함해서 13자를 넘지 않는 것이 일반적이다.(☞14.3.2 번역상식 참조)
- "妈妈"는 초등학생인 珊珊의 연령을 고려할 때 "엄마"로 번역해야 더 적절하다. 한국에서는 일반적으로 성년이 된 후에 "아버지", "어머니"로 호칭한다.
- "两手"를 "두 손"으로 번역하는 것은 부적절하다. 내용상 반드시 수사(两)가 필요한 것은 아니므로 생략해야 자연스럽다.
- "손이 기름에 묻다"는 비문법적인 표현이다. "A가 B에 묻다"에서 B는 처소격이다. 따라서 "손에 기름이 묻다" 또는 "기름이 손에 묻다"로 표현해야 옳다.
- "免得"를 "~하지 않도록"으로 번역하는 것보다 구어체 표현인 "~할까봐"로 번역해야 더 적절하다.

❺ 朱师傅:中午到我家,我做饭给你吃。
错误翻译:
점심에 우리 집에 와. 내가 밥을 만들어 줄게.
正确翻译:
점심 때 우리 집에 와서 밥 먹으렴.
正误评析:

- "밥을 만들다"는 어색한 표현이다. "만들다"의 목적어는 '목적하는 구체적인 사물' 이어야 한다(예:볶음밥을 만들다). 참고로 "做饭"은 문맥에 따라 "밥을 하다", "식사를 준비하다(또는 식사 준비를 하다)", "요리하다" 등으로 다양하게 번역 가능하다.
- 영화를 보면 朱师傅가 요리한다는 것을 알 수 있으므로 正确译文과 같이 번역해야 자연스럽다.

❻ 社长:嗯! 很好! 谢谢朱副处长的报告。这个计划对我们公司的业务成长应该是一个非常好的机会。
错误翻译:
음, 좋습니다! 주부처장 보고를 감사합니다.
이 계획은 우리 회사의 업무성장에 좋은 기회가 될 것 입니다.
正确翻译:
브리핑 잘 들었소. 수고했어요.
이번 프로젝트는 아주 중요합니다.(或)이번 프로젝트는 우리에겐 아주 좋은 기회입니다.(或)우리가 발돋움할 수 있는 좋을 기회요.
正误评析:

- "很好!"를 "좋습니다"로 번역하는 것은 부적절하다. 굳이 직역하자면 "아주 훌륭하군요"로 번역 가능하다. 참고로 중국어나 영어에서는 상대방을 칭찬할 때 "很好", "Very Good!(또는 "Good Job!)" 등으로 표현하지만 한국어에서는 일반적으로 "수고하셨습니다(수고했어요)"라는 표현으로 칭찬과 고마움을 대신한다.
- "朱副处长"을 "주부처장"으로 번역할 수 없다. **첫째**, "처장", "부처장"은 기관이나 대학에서 주로 사용되는 직급이다. **둘째**, 한국에서는 "正/副"로 나뉘어지는 직책은 극히 제한적이다(예:회장-부회장, 사장-부사장, 정교수-부교수 등). 따라서 "副处长"은 "과장"으로 번역해야 적절하다.(☞직책명은 1.3.4 번역상식 참조)
- "谢谢A的报告"를 "A의 보고를 감사합니다"로 번역할 수 없다. **첫째**, "감사하다"는 타동사가 아니므로 "-에 대해(서) 감사를 드린다"로 표현해야 옳다. **둘째**, 이 대사는 사장이 "朱副处长"에게 한 말이므로 "감사를 드린다"로 번역하는 것은 부적절하다. 한국에서는 윗사람이 아랫사람의 노고를 치하(致贺)할 때는 일반적으로 "수고했어요"라는 표현으로 고마움이나 칭찬을 대신한다.

◎ 두 번째 문장은 자막 글자 수를 고려하여 正确译文과 같이 간결하게 번역해야 한다.
(☞14.3.2 번역상식 참조)

❼ 社长儿子:问题是说,我们的飞机到底够不够多？能不能应付这么多城市?
错误翻译:
우리의 비행기 수가 도대체 충분한지 부족한지 문제입니다.
우리는 이렇게 많은 도시를 대응(대처)할 수 있나요?
正确翻译:
우린 많은 노선을 소화할 비행기가 없지 않나요?
正误评析:

◎ "到底"를 "도대체"로 번역하는 것은 부적절하다. "도대체"는 상대방이 말한 내용에 대한 의심, 확인, 걱정, 비난 등을 나타내는데, 한국어의 표현 습관상 예의바른 표현으로 볼 수 없다. 즉 회의 참석자들은 화자(話者)의 아버지인 사장과 회사 중견 간부들로, 전부 화자보다 연장자이므로 "도대체"로 번역하는 것은 부적절하다.

◎ "应付"를 "대응하다" 또는 "대처하다"로 번역할 수 없다. "도시를 대처하다(도시에 대처하다)"와 "도시를 대응하다(도시에 대응하다)"라는 표현은 목적어와 동사의 호응관계가 부적절하다. "应付"의 사전적인 의미는 "대응하다" 또는 "대처하다"이지만, 사전적 의미대로 번역하면 한국어에서 목적어와 호응관계가 어색한 경우가 많으므로 번역시 주의해야 한다.

☞ 교통사고 후 대처 요령, 여권 분실시 대처 요령, 감정적 대처, 변화에 신속하게 대처, 주차 위반에 강력히 대처, 불법스팸대응센터, 청년실업 증가의 문제점과 대응방안, 법적 대응, 경영진의 신속한 대응.

❽ 社长:小孩子,他刚毕业来实习的,慢慢地就进入状况了。噢！对了,我们的谈判高手到了。各位,让我们欢迎李凯先生!
错误翻译:
철없는 아이. 막 졸업하고 실습하고 있어요. 천천히 상황에 들어갈 수 있을 겁니다.
참, 우리의 담판고수가 왔군요. 여러분, 이개선생님을 환영합시다!
正确翻译:
방금 졸업한 녀석이라 경험이 부족합니다.
참, 협상의 귀재 이개씨가 방금 도착했군요.
正误评析:

◎ "小孩子"를 "철없는 아이"와 같이 명사구로 번역하는 것은 구어체 표현으로 보기에 부적절하다. 굳이 번역하자면 "(아들 녀석인데 아직)철이 없어요" 정도로 번역 가능하다.

◎ "来实习的"을 "실습하고 있어요"로 번역하는 것은 부적절하다. "실습하다"는 '배운 이론을 토대로 하여 실지로 해 보고 익히다'의 의미를 지니는데, "집에서 학교에서 배운 요리를 실습해 보았다" 등과 같이 목적을 뜻하는 '요리를' 등과 같은 말과 함께 쓰인다. 여기서는 "현재 업무를 배우는 중입니다" 또는 "현재 인턴 과정에 있습니다" 등으로 번역해야 적절하다.

◎ "进入状况"을 "상황에 들어갈 겁니다/상황에 진입할 겁니다"로 번역할 수 없다. "진입하다"의 주어는 사람일 수 없다. 굳이 번역하자면 "조금씩 회사 상황을 이해하게 될 겁니다" 또는 "업무에 익숙해질 겁니다" 등으로 번역 가능하지만, 여기서는 자막 글자 수에 대한 제한을 고려하여 번역시 생략해도 무방하다.

◎ "谈判"을 여기서 "담판"으로 번역하는 것은 부적절하다. "담판"은 '서로 맞선 관계에 있는 쌍방이 시비를 가리거나 결말을 짓기 위하여 함께 논의함' 또는 '부당한 점을 시정하도록 강력히 항의함'이라는 의미를 지니고 있어 중국어의 "谈判"과는 의미가 다르다(예:담판을 짓다). 여기서는 '공동의 문제를 해결하고 조정하기 위하여 서로 함께 토의하다'라는 의미를 지닌 "협상(하다)"으로 번역해야 적절하다.

◎ "李凯先生"을 "이개 선생님"으로 번역할 수 없다. **첫째**, 사장이 자신의 부하 직원인 "李凯"를 "선생님"으로 호칭하는 것은 부적절하다. **둘째**, "선생님"은 교사의 높임말로 사용되거나 서로 친숙하지 않은 사이에서 상대방에 대한 적당한 호칭을 찾기 어려운 경우에 한해 극히 제한적으로 사용된다. 구어체에서 상대방을 지칭하는 호칭으로 쓰인 "先生"은 일반적으로 "이개 씨" 또는 "이개 부장님"과 같이 "姓名+ 씨(대등한 관계 또는 아랫사람인 경우)" 또는 "姓+ 직책+ 님(연상자, 윗사람의 경우)"으로 번역해야 적절하다.(☞ 1.5.7 번역상식 참조)

◎ "让我们欢迎A先生"을 그대로 옮긴 표현인 "A씨를 환영합시다"는 어색한 표현이다. 한국어에서는 이와 비슷한 의미로 "이개 씨(성명+ 씨)를 또는 이개 부장님(성명+ 직책+ 님)을 뜨거운 박수로 환영해 주십시오"로 표현한다.

❾ 社长:我们马上有一场硬仗要打。我现在宣布, 由李凯来调兵遣将。他有什么需要, 大家一定要全力支援配合。

错误翻译:
우리는 곧 치열한(큰) 싸움을 해야 됩니다.
지금부터 나는 이개씨가 지휘하는 것을(이개씨한테 사람을 보내는 일을 맡기겠다고) 선포(선언)합니다. 이개 씨가 뭐가 필요하면 여러분이 힘을 다 써서(전력적으로, 최선하여) 지원하고 협력해야 합니다.

正确翻译:
이제부터 우린 전쟁을 치뤄야 합니다(이제부터 힘든 싸움을 하게 될 겁니다).
이개 씨의 지시에 따라 모두 전력투구하길 바랍니다.

正误평석:

- 자막 번역에서 "我们"을 "우리는"으로 번역하는 것은 부적절하다. 영상예술 번역은 실생활에서 사용되는 생생한 구어체로 번역해야 하며, 구어체에서는 주로 줄임체 표현인 "우린"을 사용한다.(☞14.3.1 번역상식 참조)

- "硬仗"을 "치열한 싸움" 또는 "큰 싸움"으로 번역하는 것은 부적절하다. "전쟁" 또는 "싸움"은 "치열하다"와 호응되어 쓰이지만, 여기서는 비유적으로 표현한 것이므로 "힘든 전쟁" 또는 "힘든 싸움"으로 번역해야 적절하다.

- "我宣布A"를 "나는 A를 선포합니다" 또는 "나는 A를 선언합니다"로 번역할 수 없다. 첫째, "선포하다"는 '공식적으로 어떤 법령이나 내용을 세상에 널리 알리다'라는 의미를 지니므로 문맥적 의미에 부합하지 않는다. 그리고 "선언하다"는 '결의 사항, 주장, 의견을 공적으로 널리 알리다'라는 의미를 지니고 있어 역시 문맥에 부합하지 않는다. 여기서 "宣布"는 국민이나 다른 국가에 대한 공식적인 알림이 아니고 '사내(회사 내부의) 정책결정을 회사 직원들에게 알린다'는 의미이므로 굳이 직역하자면 "-할 것임을 알려드립니다"로 번역하는 것이 적절하지만 구어체 표현의 특성과 자막 글자 수의 제한을 고려할 때 번역에서 생략해도 무방하다. 둘째, 구어에서 1인칭 대명사는 일반적으로 생략하는 것이 자연스러우므로 "我"를 번역에서 생략해야 자연스럽다.
    - ☞ 요한 바오로 2세가 선종하면 9일간의 애도기간이 선포되며 이 시기에 장례절차도 마무리하게 된다.

- "他有什么需要"를 "이개씨가 뭐가 필요하면"으로 번역하는 것은 부적절하다. 李凯가 관련 업무를 총괄(총지휘)하게 될 것이고, 이때 이개씨가 어떤 업무 요청이나 지시를 할 경우 이에 대해 모두 협조해 달라는 의미이기 때문이다. 따라서 "이개 씨가 요청하는 일에" 또는 "이개 씨의 지시에 따라"로 번역해야 적절하다.

- "全力"을 "힘을 다 써서", "전력적으로", "최선하여(비문법적인 표현)"로 번역할 수 없다. "힘을 다 써서"는 의미도 다를 뿐 아니라('체력 소진'의 의미), 회사의 최고책임자인 사장의 발언 내용으로 보기에는 부적절한 표현(太俗)이다. 그리고 한국어에서는 "전력을 다하다", "최선을 다하다"로 표현한다.

⓾ **朱师傅**:珊珊啊,时间不够,只给你预备几个小菜,无锡排骨、蟹肉菜心、青豆虾仁、五柳鸡丝。

错误翻译:
산산아, 시간이 없어서 반찬 몇 가지만 마련했어(준비했어).
무석갈비, 게살야채, 청두새우, 오유닭살(닭고기).

正确翻译:
산산아, 시간이 없어서 몇 가지만 해왔단다(또는 산산아 도시락 갖고 왔다).

무석갈비, 게살볶음, 새우볶음, 닭고기볶음.

正误评析:

- "预备"를 "마련하다" 또는 "준비하다"로 번역하는 것은 부적절하다. "반찬"은 "하다" 또는 "만들다"와 호응되어 쓰인다. 여기서는 '만들어서 가져왔다'는 의미이므로 "몇 가지만(몇 가지 반찬만) 해 왔단다"로 번역해야 적절하다.

- "蟹肉菜心"과 "青豆虾仁"을 "게살야채", "청두새우"로 번역하는 것은 부적절하다. 한국의 음식명은 일반적으로 "갈비찜", "순두부찌개" 등과 같이 "주된 요리재료 한 가지+ 주된 조리방식"으로 표현한다.(☞16.5.4 번역상식 참조) 따라서 "게살청경채볶음"으로 번역해야 정확하지만 자막 번역의 글자 수 제한을 고려하여 간결하게 "게살볶음"으로 번역해도 무방하다. 그리고 "青豆虾仁"을 "청두새우"로 번역하는 것도 부적절하다. 조리방식이 표현되지 않아서 새우의 한 종류로 이해될 가능성이 높아 음식명으로 부적절하다.

- "五柳鸡丝"를 한국인이 의미를 이해하기 어려운 "오유닭살"로 번역하는 것은 부적절하다. 한국인이 음식명으로 이해할 수 있도록 "닭고기볶음", "닭가슴살찜" 등과 같이 닭고기를 재료로 사용한 다른 음식명으로 대체해야 적절하다. 여기서는 유명한 요리사인 朱师傅 입장에서 생각하기에는 간단한 요리 몇 가지에 불과하지만 일반인들의 기준으로 보기에는 상당히 많은 종류의 음식을 준비했다는 것을 강조하는 의미이므로, 한 가지 음식명을 약간 다른 음식명으로 대체해도 영화 내용을 이해하는데 영향을 주지 않는다.

⓫ 朱师傅: 这是你最爱吃的苦瓜排骨粥。做得不多, 怕你吃不完, 来吧！趁热吃吧！

错误翻译:

이것은 네가 제일 좋아하는 고과 갈비죽(쓴 오이 갈비죽)이야.
다 먹지 못할까봐 조금만 만들었어. 자, 뜨거울 때 빨리 먹어.

正确翻译:

네가 제일 좋아하는 갈비탕(소고기죽)이란다.
뜨거울 때 어서 먹으렴.

正误评析:

- "这"를 "이것은"으로 번역하는 것은 부적절하다.(☞4번 설명, 14.3.1 번역상식 참조)

- "苦瓜排骨粥"를 "고과갈비죽" 또는 "쓴 오이 갈비죽"으로 번역하는 것은 부적절하다. "排骨"은 일반적으로 "갈비"로 번역되지만, 한국에서 죽이름은 "야채죽/쇠고기죽/전복죽/잣죽/단팥죽" 등과 같이 "음식 재료+ 죽"으로 표현한다. 따라서 한국에 없는 채소명인 "苦瓜"를 번역에서 생략하고 간결하게 "소고기죽"으로 번역하는 것이 적절하다.

- "다 먹지 못할까봐"로 번역하는 것보다 "다 못먹고 남길까봐(다 못먹을까봐)"로 번역해야 훨씬 자연스럽다.
- "吃吧"를 강압적인 명령체인 "먹어"로 번역하는 것은 적절하지 않다. 할아버지격인 朱师傅가 초등학생인 산산에게 하는 말이므로 완곡한 청유형 명령체인 "어서(빨리) ~하거라"로 번역해야 적절하다.

14.3 翻译知识

14.3.1 影视翻译的特点 —— 영상 번역의 특징

(1) 시각 정보와 청각 정보 제공

영상 번역(영상예술번역, 영상미디어번역)은 크게 더빙 번역(Dubbing Translation, 配音翻译)과 자막 번역(Subtitling Translation, 字幕翻译)으로 나뉘는데, 이러한 영상 번역은 독자가 아니라 시청자나 관객을 위해 시각 정보 외 청각 정보까지 제공해야 한다는 점에서 일반 번역과 다르다. 일반 번역은 원 텍스트의 내용을 가능한 한 충실하고 정확하게 옮기는 것이 원칙이며 필요한 경우에는 역주(譯註)도 제공할 수 있다. 영상 번역은 이와 달리 간결하고 경제적인 표현으로 번역해야 한다는 특징을 지닌다. 더빙 번역의 경우에는 대사 시간의 제약을 받고 자막 번역의 경우에는 화면 글자수 제한을 받기 때문이다. 이런 이유로 자막 번역은 화면 전개와 번역 내용의 일치 여부까지 확인하는 작업이 필요하고, 더빙 번역의 경우에는 배우들의 입 움직임과 대사 길이에 맞춰 성우가 녹음할 수 있도록 해야하기 때문에 영상 번역에는 더욱 세심한 주의가 필요하다.

☞ 배우의 입놀림을 고려한 더빙 번역의 예

"怕什么?"

说明: 더빙 번역인 경우에는 "겁 안나", "뭐가 겁나" 등으로 번역해야 배우의 입놀림에 훨씬 가깝다.

☞ 경제적인 표현을 사용한 예

"快,从这门跑"

说明: "빨리 이 문으로 도망 가"로 번역하는 것 보다는 "어서(빨리) 이리로"로 번역하는 것이 훨씬 간결하다. "跑"를 굳이 번역하지 않아도 시청자는 화면을 통해 의미를 충분히 이해할 수 있기 때문이다.

(2) 생생한 구어체 표현

　영화, TV드라마의 대사는 실생활에서 쓰이는 생생한 구어체 표현을 쓴다. 따라서 영상 번역은 상황에 맞는 가장 자연스런 대화가 될 수 있도록 단어의 선택에 신중을 기해야 하고 줄임체 표현, 적절한 호칭 등을 사용해야 한다. 이를 위해서는 초벌 번역을 한 후에 직접 읽어보면서 대사를 계속 수정하는 것이 필요하다. 특히 중국 영화의 자막 번역에서는 한자어의 영향으로 어색한 단어나 표현을 사용하는 경우를 종종 볼 수 있는데, 이는 적절한 번역이라 할 수 없다. 그리고 한국어는 경어법이 발달한 언어이므로 대화에서 화자와 청자의 나이, 성별 등을 정확하게 이해하고 상황에 맞는 어투로 번역하는 것이 아주 중요하다. 예를 들어 14과에 나오는 朱师傅-家倩(부모-자식 간), 朱师傅-珊珊(할아버지-손녀 간), 朱师傅-珊珊 담임 선생님, 사장-직원 간의 대화 등을 번역할 때 호칭과 어투에 주의해야 한다.

☞ 생생한 구어체 번역의 예
　不过妈妈已经把里面的汤全部挤出来了,免得我吃得两手油油的。
　错误翻译: 제 두 손이 기름에 묻지 않도록 엄마가 속에 있는 국물을 다 짜 주었어요.
　正确译文: 먹을 때 손에 묻을 까봐 엄마가 물기(육즙)를 전부 짜냈어요.
　说明: "免得"를 "~하지 않도록"으로 번역하는 것보다 생생한 구어체 표현인 "~할 까봐"로 번역하는 것이 적절하다.

☞ 줄임체 표현 사용의 예
　朱师傅:这是你最爱吃的苦瓜排骨粥。
　错误翻译: 이것은 네가 제일 좋아하는 ……이야.
　正确译文: 이건 네가 제일 좋아하는 ……이란다.

☞ 어색한 한자어를 사용한 경우의 예
　好像是从外地来的!(영화 方世玉 중 나오는 대사)
　错误翻译: 외지에서 온 것 같은데!
　正确译文: 촌놈 같은데!(촌놈이구먼!)
　说明: 구어에서 잘 사용하지 않는 "외지"라는 단어를 사용하여 다소 부자연스럽다. 영화의 내용으로 볼 때 번화한 도시가 배경이며 그와 맞지 않는 행색의 행인을 보고 말한 대사이므로 "시골 놈 같은데", "촌놈 같은데!", "촌놈이구먼!" 등과 같이 생동감 있게 번역하는 것이 바람직하다.

☞ 존칭과 문맥을 고려하지 않은 부적절한 번역의 예
　朱师傅:老师,我给珊珊送个便当。

老师:好。

错误翻译: 朱师傅: 선생님, 산산 도시락을 가져왔어요.
　　　　　　선생님: 좋아요.
正确译文: 朱师傅: 선생님, 산산 도시락을 가져왔어요.
　　　　　　선생님: 아, 네.
说明: 朱师傅(A)가 珊珊선생님(B)보다 나이가 많으므로 (B) 역시 (A)에게 높임체를 사용해야 하는데 "좋아요"는 높임체 표현으로 볼 수 없는데다 대화 흐름을 고려할 때 적절하지 않은 번역이다.

14.3.2　字幕的长短 —— 자막의 길이

　영상 번역의 경우 빠른 속도의 대사를 일일이 다 번역하면 시청자나 관객이 다 읽기도 전에 다음 화면으로 넘어가게 되므로 간결하고 경제적인 표현으로 '축약'해서 번역하는 것이 필수적이다. 특히 중국어는 함축적인 언어이므로 더욱 그러하다. 그리고 대사의 발성시간과 자막을 읽는 속도도 맞추어야 한다. 예를 들어 대사의 발성 시간이 5초이면, 자막도 가능한 한 5초 이내에 읽을 수 있도록 해야 한다. 또한 한 줄에 빈 칸을 포함해서 13자를 넘지 않도록 하며, 동시에 두 줄(총 26자)을 넘지 않아야 한다. 따라서 자막의 길이를 고려하여 '도치', '생략', '축약' 등 문법적 기술과 수사법을 동원하는 센스가 필요하다.

☞ 대명사의 번역 생략의 예
　家倩: 医生说慢跑对你①背不好, 你②怎么不听?
错误翻译: 의사가 조깅이 아버지의 등에 안 좋다고 말했는데, 아버지는 왜 안 들으세요?
正确译文: 조깅이 등에 안 좋다는 의사 말은 왜 안 들으세요?
说明: 家倩이 아버지에게 하는 말이므로 번역에서는 "你①, 你②"를 생략하는 것이 좋다. 자막 번역의 특성상 대사는 간결하고 경제적인 표현으로 옮겨야 한다.

☞ 자막 길이를 고려하지 않은 번역의 예
　李翘: 有录音带, 有唱片啊, 好便宜的。邓丽君啊, 人美歌甜, 邓丽君啊, 快点来买啊。
　　　(《甜蜜蜜》)
错误翻译: 테잎 있어요. 음반도 있어요. 아주 쌉니다.
　　　　　　등려군입니다. 아름다운 얼굴과 달콤한 노래의 등려군입니다. 빨리 와서 사세요.
正确译文: 등려군 테잎, 음반 있어요. 거저예요. 거저.
　　　　　　인물 좋고 노래 좋고. 빨리 사가세요.

说明: 张曼玉이 黎明과 함께 邓丽君의 노래 테이프와 비디오 테이프를 길거리에서 팔며 외치는 대사인데, 실제 영화에서 주인공이 빠르게 외치는 장면에서 나오는 대사로 발화 속도가 매우 빠르다. 자막 번역 시에는 경제적인 표현을 사용하는 것이 필수적인데, 错误翻译에서는 "人美歌甜"의 의미를 무려 12글자로 옮겼다.

14.3.3 中国电影片名的翻译── 중국 영화제목 번역의 문제점

영화 제목은 흥행에도 영향을 미치기 때문에 매우 중요하다. 지금까지 한국에 소개된 중국 영화의 제목들은 《秋天的童话(가을날의 동화)》, 《金陵十三钗(진링의 13소녀)》 등과 같이 직역한 경우도 있지만, 대부분은 《无间道(무간도)》, 《让子弹飞(양자탄비)》처럼 한국 한자독음으로 옮긴 경우가 많다. 중국 영화 제목을 한자독음으로 옮기는 가장 큰 이유는 중국어의 함축적 특징으로 인해 한국어로 번역할 경우 제목이 지나치게 길어지거나 제목으로는 어색한 표현이 되기 쉽기 때문이다. 그렇지만 한국 한자독음으로 음차(音借)한 제목들은 대부분 한국 관객들이 의미를 유추하기 어렵거나 불가능한 경우가 많고, 일부의 경우에는 그 의미를 잘못 이해하기 쉽다는 등 여러 가지 문제점을 지니고 있다.(☞14.8 참고문헌 참조) 향후 개봉되는 중국 영화 제목의 번역은 원제의 한자독음으로 옮기는 것에서 탈피하여 보다 참신하고 창의력이 돋보이는 제목으로 옮기는 노력이 필요하다.

☞ 의미를 유추하기 어려운 경우의 예
　　패왕별희(覇王別姬), 첨밀밀(甜蜜蜜)

☞ 의미를 잘못 이해하기 쉬운 경우의 예
　　영웅본색(英雄本色), 변검(变脸)
　说明: 한국어에서 "본색"은 주로 贬义로 쓰이며, "검"은 "剑"로 이해하기 쉬워 "변검"을 신비스러운 '신검(神劍)'의 일종으로 오해하기 쉽다.

14.3.4 饮食等文化名词的翻译 ── 음식명 등 문화를 반영하는 단어의 번역

영상작품이나 문학작품에는 그 나라만의 독특한 문화를 반영하는 단어나 내용이 포함되기 마련인데, 이를 적절하게 번역한다는 것이 사실 쉽지 않다. 예를 들어 영화 《甜蜜蜜》에는 "一帆顺风", "龙马精神", "大吉大利" 등의 덕담(관용적인 표현)이 연이어 등장하며(☞5.3.5 번역상식 참조), 《饮食男女》에는 여러 가지 음식명이 등장하는데, 이것들은 중국 역사와 문화의 산물로서 고유한 전통 언어 유산이라고 할 수 있다. 문제는 이런 표현들을 적절히 번역하기가 아주 어렵다는 점이다.

14과에 등장하는 음식명의 경우에는 크게 두 가지 방법으로 번역할 수 있다. 글자 수 제한이 따르는 경우에는 A와 같은 간결한 명사구로 번역하는 것이 적절하며, 글자 수 제한을 적게 받는 경우(如:菜单、介绍当地名胜古迹和风味小吃等与旅游有关的文章)에는 B와 같이 설명 방식으로 번역하는 것이 적절하다.

☞ 火锅(Hot Pot)
　　A. 간결한 명사구로 번역: 사천식 샤부샤부
　　B. 설명 방식으로 번역: 신선로 모양의 남비에 육류나 해산물, 채소 등의 각종 재료들을 살짝 담궈 익혀 먹는 요리

☞ 西湖醋鱼
　　A. 간결한 명사구로 번역: 항주식 생선 요리
　　B. 설명 방식으로 번역: 항주의 유명한 호수 이름(서호)을 딴 새콤달콤한 맛의 생선 요리

　그렇지만 많은 경우 A와 같은 간결한 명사구로 번역하기가 쉽지 않다. 한국의 음식명은 "주된 요리재료 한 가지+ 주된 조리방식"으로 표기하는 것이 일반적이다. 예:"갈비+찜", "순두부+ 찌개", "해물+ 탕", "오징어+ 볶음", "소고기+ 장+ 조림".
　이에 반해 중국의 음식명은 두 가지 주요 요리재료가 표현된 경우나 음식의 모양을 형상화한 표현이 포함된 경우가 적지 않아 간결하게 번역하기가 어려울 때가 많고(如:蟹肉菜心、青豆虾仁、松鼠桂鱼、红烧狮子头等) 구체적인 조리법이 음식명에 표현되어 있지 않은 경우도 많다(如:五柳鸡丝等). 이처럼 중국 음식명은 표현 방식과 중국어의 함축적인 특징으로 인해 글자 수 제약을 많이 받는 영상 번역의 경우에는 요리명 중 일부 성분을 번역에서 생략할 수 밖에 없거나 부자연스럽지만 한자독음으로 옮길 수밖에 없는 경우도 적지 않다.

14.3.5　人称代名词的翻译 —— 인칭대명사의 번역

　영상 번역 시에는 대명사의 번역에 특히 주의해야 한다. 한국어에서는 구어에서 1인칭 대명사는 생략되는 경향이 강하며, 2인칭 대명사는 생략하거나 이름 또는 다른 호칭으로 대신하고, 3인칭 대명사는 이름이나 다른 호칭으로 대체하는 것이 일반적이다.

☞ 2인칭 대명사 생략의 예
　　① 家倩:医生说慢跑对你ⓐ背不好,你ⓑ怎么不听?
　　错误翻译: 의사가 조깅이 아버지의 등에 안 좋다고 말했는데, 아버지는 왜 안 들으세요?
　　正确译文: 조깅이 등에 안 좋다는 의사 말은 왜 안 들으세요?

설명: 이 대사는 家倩이 아버지에게 직접 하는 말이므로 번역에서는 "你ⓐ, 你ⓑ"를 생략하는 것이 좋다. 자막번역의 특성상 대사는 가능한 한 간결하게 번역해야 한다.

② 朱师傅:…… 跟你说老是不听,又在桌子上睡成这个样子。这种姿势对身体不好,你知道吗?
错误翻译: …… 너는 또 말을 안듣고 책상 위에서 이렇게 잤니? ……
正确译文: …… 책상에서 자지 말라고 몇 번이나 말했니? ……

☞ 3인칭 대명사를 이름으로 대체한 예
社长: 我现在宣布,由李凯来调兵遣将。他有什么需要,大家一定要全力支援配合。
错误翻译: …… 그가 요청하는 일에 모두 협조해 주시기 바랍니다.
初步翻译: …… 총지휘를 맡게 될 이개 씨가 요청하는 일에 모두 협조해 주시기 바랍니다.
正确译文: …… 이개 씨의 지시에 따라 모두 전력투구하길 바랍니다.

14.4 翻译练习

14.4.1 翻译电影名

❶《红高粱》——　　　　❷《北京杂种》——
❸《天下无贼》——　　　　❹《活着》——
❺《阳光灿烂的日子》——　　❻《80日环游世界》——

14.4.2 翻译菜名

清蒸鲈鱼 ——　　北京烤鸭 ——　　红烧肉 ——　　西芹百合 ——
松鼠桂鱼 ——　　金陵盐水鸭 ——　牛腩煲 ——　　白灼芥兰 ——
水煮鱼 ——　　　宫保鸡丁 ——　　涮羊肉 ——　　杏仁西兰花 ——
冬菇鲍鱼 ——　　重庆辣子鸡 ——　红烧狮子头 ——　蚝油生菜——

14.4.3 翻译句子

❶ 当年我那个儿子呀，出生的时候五斤，你这个七斤二两，可以呀！
——

❷ 感谢你在过去的一年里对我无私的帮助。祝你在新的一年里健康幸福！
——

❸ 您不仅有渊博的知识，还有一颗和我们相通的心。老师，祝您节日快乐！
——

❹ 他是我的好朋友，今天是他的生日，我想送给他一件生日礼物。
——

❺ 老师，您对我的教导之恩比山高，比海深。今天是教师节，您的学生向您致以最真诚的敬意！
——

14.4.4 翻译电影对白

❶　　　　　《蛇雀八步》

成　龙：你是谁？
武　士：朋友。
成　龙：你从什么地方来？
武　士：城外。
成　龙：你为什么只用两个字回答？
武　士：习惯。

翻译提示：
1978년 成龙 주연의 무술영화『사학비권(蛇鹤秘拳)』(원제는 蛇鹤八步)
무림을 평정하기 위해 많은 사람들이 각 门派의 비밀 술기를 모아 만든 "蛇鹤秘拳"이라는 拳法书를 찾기 위해 혈안이 된다. 그래서 그 책을 가지고 있다는 주인공 成龙에게 수많은 무사들이 도전하게 된다. 위는 주막으로 成龙을 찾아 온 한 무사와의 대화 내용으로, 成龙의 질문에 대해 무사가 한결같이 두 글자로 대답하자 성룡이 그 이유를 묻는 장면이다. 한국어로 번역할 때 원어의 의미를 살리기 위해 두 글자씩으로 번역해야 이 대화의 묘미를 살릴 수 있다.

❷   《十面埋伏》
(唐太宗十三年,皇帝昏庸,朝廷腐败。民间以飞刀门反对官府的势力最大。朝廷深以为患,加以剿灭。飞刀门帮主柳云飞在与官府官兵的战斗中牺牲。新任帮主势力不减。官府令刘捕头和金捕头在十日之内捉拿新帮主。两捕头以牡丹坊盲舞女小妹为线索,开始了他们的行动,从而引来一系列情节。)
…………

捕　头：你究竟是何人？为何刺我？
小　妹：你们这些官府狗贼,我见一个杀一个！
捕　头：跟盲人交手,有趣！
捕　头：这里是你的头,你的肩,你的腰,这是你的腿。为你上了刑具,你永世不得起舞了,懂吗？我给你一天,好好想想。
捕　头：这个小妹让我想到一个人……
随　风：谁呀？
捕　头：柳云飞死后,传说他有一个目盲的女儿也失踪了。当时飞刀门上下震动,一边声称为帮主复仇,一面寻找帮主的女儿。
随　风：若是柳云飞的女儿,怎会来到此地？牡丹坊又是何人所开？难道飞刀门已然知晓？柳云飞之死与我们有关,别管啦！依我看,不如把她押送州府,换一笔赏银喝酒。
捕　头：我不能这样想,既然有线索,何不一查到底,立一个大功。
随　风：你要我查？
捕　头：非你莫属。

14.5 翻译作业

<首饰店>
军：我想给小婷买件东西,你帮我挑好不好？她快过生日了。
翘：我们穿得这么寒酸,进去一定会遭人白眼的。

军：怕什么？我有钱啊。我真的是买东西的嘛。

翘：对呀，有钱人。好，买金子。

军：有信心，今天有实力呀。

军：小姐，多少钱一粒呀？

售货员：请你们吃的。

军：哦，谢谢！来，吃呀。

翘：看来最漂亮的还是这一条啊。啊！哎哟……

军：你怎么啦？

翘：没事。

军：噢，我知道了。按摩了几个小时。啊，着重！你们的术语叫"着重"。干嘛？怎么啦？干什么？

翘：就要这一条，小姐，麻烦你。

售货员：好。

军：嗯？

翘：我不想让人知道我是做这一行的。

军：又没有偷，又没有抢，又不是做舞女，怕知道什么？按摩嘛！

售货员：先生，这一条你是不是也买啊？

军：嗯？嗯，买两条是不是便宜一点呀？

售货员：买多少条，我们都是一个价钱。

军：一个价钱？那来两条，谢谢。

翘：发财了？买两条啊。

军：不是啊，一条给小婷的，另一条是给你的。……那个手链很配你呀。你喜欢哪个？我有钱，我真的有，我真的有哇。

军：哦，对不起，我忘了你手疼。

翘：你是不是想告诉全世界的人我是做按摩的？我给你找个喇叭！

军：对不起啊。你这手链真的很称你。

翘：我没见过这么傻的人，送给两个女人的手链都是同一个款式。我和小婷不一样，她是你老婆，我是你朋友。我们是上过床，但这是……你送一条给她，还送一条给我，你这是什么意思啊？你知不知道你自己在做什么？

军：你，你不要生我的气啦，你是不是按摩太累了？干脆不要干啊，我再找别的事干帮你一起还钱啊。

翘：你不是说，你自己的理想是回无锡娶小婷吗？你回无锡娶小婷吧！我的理想跟你不一样。我们是两种完全不同的人。其实我现在要去哪里，去干什么，我自己都不知道。我没有安全感,我不喜欢这种感觉。前几天我给我妈打电话,告诉她我快发财了,可是我现在一毛钱都没有,还欠人一屁股债。为什么会这样啊?我不知道明天会发生什么事,我害怕,我心里好乱,我真不知道该怎么好。……如果小婷有一天认识了别的男孩子,两个人很投机,就像我跟你一样,经常见面,偶尔还会……但他们说只是好朋友。你会怎么想?

军:我……我会很不开心。
翘:黎小军同志呀,我来香港的目的不是为了你,你来香港的目的也不是为了我。

<李翘的车上>

婷:原来麦当劳是这么好吃的。
翘:你没去过麦当劳啊?
婷:嗯,以前小军常常拿麦当劳的纸片来给我写信的,不过现在一说起麦当劳他总是不起劲儿。
翘:既然你来了,给他多做点家乡菜不是很好吗?笑什么?
婷:我听人家说,广东人叫老婆是菜,家乡菜不就是乡下的老婆吗?
翘:那就是说你。你连广东话都不会,可是这个学会了。小军教你的?
婷:他才不会呢!他每天晚上从酒家回来,总是呼噜呼噜地睡,连一句话也不说。那时候在无锡,他的话才多呢。那时候一到黄昏,我们就会骑着自行车到处溜达溜达。来了之后,我问他自行车到哪里去了,他说丢了。
翘:香港这么多车,骑自行车太危险哪。
婷:他也是这么说。好看吗?
翘:好看。
婷:你戴应该挺好看的。
翘:小婷,你干吗?
婷:小小意思嘛。
翘:别这样,太客气了,不用送给我,不用送给我,真的不用了。不好意思啊,其实我也有条同样的。
婷:是吗?是不是一模一样的?
翘:是啊。以前一个朋友送给我的。
婷:我这条是小军送的。
翘:我知道。所以你更不能送别人了。
婷:可是我一直都想送点东西给你呀,你对我这么好。不如这样吧,今天晚上我请你吃饭,好不好啊?
翘: 好啊。

14.6 参考资料

중국 영화제목 번역 유형

지금까지 한국에 소개된 중국 영화의 제목들은 《秋天的童话(가을날의 동화)》, 《金陵十三钗(진링의 13소녀)》 등과 같이 직역한 경우도 있지만, 대부분은 《英雄本色(영웅 본색)》, 《无间道(무간도)》처럼 한국 한자독음으로 옮기고 있다. 중국 영화 제목을 한자독음으로 옮기는 가장 큰 이유는 중국어의 함축적 특징으로 인해 한국어 제목이 지나치게 길어지거나 제목으로는 어색한 표현이 되기 쉽기 때문이다. 현재까지 한국에 소개된 중국 영화(홍콩, 대만 지역 포함) 중 작품성이 있다고 평가 받았거나 흥행에 다소 성공한 영화의 제목들을 중심으로 그 제목 번역 유형을 살펴보면 다음과 같다.

(1) 음차(音借)한 경우

유독 중국 영화의 제목은 원제의 한국 한자독음을 그대로 사용하는 경향이 강하다. 한국말로 풀어서 옮기면 부적절한 경우가 많으니 아예 한국 한자독음으로 옮기는 것이 낫다고 여기는 번역사들이 많기 때문인 듯하다. 그렇지만 음차한 제목들은 대부분 한국인이 의미를 유추하기 어렵거나 불가능한 경우가 많고, 일부의 경우에는 그 의미를 잘못 이해하기 쉽다는 등 여러 가지 문제점을 지니고 있다.

A. 의미를 유추하기가 어렵거나 거의 불가능한 경우
① 『패왕별희(覇王別姬)』   ② 『첨밀밀(甜蜜蜜)』
③ 『천녀유혼(倩女幽魂)』   ④ 『무간도(无间道)』
⑤ 『양자탄비(让子弹飞)』   ⑥ 『용문비갑(龙门飞甲)』

B. 의미 유추가 약간 가능한 경우
⑦ 『와호장룡(臥虎藏龍)』   ⑧ 『음식남녀(飲食男女)』
⑨ 『동방불패(東方不敗)』   ⑩ 『홍등(大紅燈籠高高掛)』

C. 의미 유추가 약간 가능하지만 잘못 이해하기 쉬운 경우
⑪ 『영웅본색(英雄本色)』   ⑫ 『변검(変脸)』

①~⑥은 중국어를 모르는 한국인이 읽어보았을 때 무슨 뜻인지 전혀 알 수 없는 영화 제목들이다. 대부분의 단어들이 한국어에 존재하지 않는 표현이기 때문이다. ⑦~⑩의 경우에는 "음식", "남녀", "불패" 등과 같은 일부 단어는 한자독음에서 의미를 약간 유

추할 수는 있지만 정확한 의미를 알기는 어렵다. ⑪-⑫ 역시 좋은 번역으로 볼 수 없다. ⑪『영웅본색』중 "본색"은 한국어에서 '본래의 성질'이라는 의미를 지니는데 贬义词이다. 따라서 한국인은 '어떤 영웅의 숨겨진 이중적인 면'이라는 뜻으로 오해하기 쉽다. ⑫『변검』의 경우는 한자독음을 그대로 옮겨 '變劍(변화무쌍한 검술)' 또는 '神劍(신기한 劍)'이 나오는 무협영화로 오해를 불러일으켰던 제목이다.

(2) 직역한 경우
   ①『秋天的童话(가을날의 동화)』,   ②『喜宴(결혼피로연)』,
   ③『蓝风筝(푸른 연)』   ④『金陵十三钗(진링의 13소녀)』

(3) 영문 영화제목을 참고하여 옮긴 경우
   ①『香港制造』메이드 인 홍콩(Made in HongKong)
   ②『摇啊摇,摇到外婆桥』상하이 트라이어드(Shanghai Triad)
   ③『春光乍洩』해피투게더(Happy Together)/부에노스아이레스

《香港制造》를 직역할 경우 영화 제목으로 부적절하기 때문에 영문 영화 제목인 "Made in HongKong"을 한국 발음으로 표기한 경우.

《摇啊摇,摇到外婆桥》를 직역하면 "노를 저어라 저어, 외할머니네 다리까지"이다. 그런데 상하이 마피아 조직에 관한 이야기임을 감안한 번역사는 영어 영화 제목인 "상하이 트라이어드(Shanghai Triad)"로 옮긴 것이다.

《春光乍洩》는 직역하면 "봄빛이 갑자기 흘러나오다"이지만 번역사는 영화 내용과 팝송 제목 그리고 영문 영화제목을 종합적으로 고려하여 "해피투게더/부에노스아이레스"로 옮겼다.

<영화제목 번역이 우수한 경우>

영화 제목은 정식 개봉 전의 홍보기간 동안 관객이 영화를 이해하는데 결정적인 도움을 주기 때문에 번역사는 적절한 한국말로 옮길 수 있도록 심사숙고하여 결정해야 하는 부분이다. 이하는 원제를 응용하고 영화의 내용을 반영하면서 신선한 아이디어를 동원하여 멋진 한국어 제목으로 옮긴 예들이다. 중국과 중국 문화에 대한 관심이 급격히 높아지던 90년대 출시된 작품 제목들에서부터 이러한 추세가 나타났다. 향후 개봉되는 중국 영화의 제목은 원제의 한자음으로 옮기기보다는 번역사의 창의력이 돋보이는 참신하고 멋있는 제목으로 번역하는 것이 필요하다.

①『旺角卡门』열혈남아   ②『血色清晨』붉은 가마
③『边走边唱』현위의 인생   ④『推手』쿵푸선생
⑤『爱你爱我』아이니 아이워   ⑥『一个都不能少』책상 서랍 속의 동화
⑦『我的父亲母亲』집으로 가는 길

① 《旺角卡门》을 직역하면 "몽콕(Mongkok)의 카르멘(Carman)"이다. "旺角"은 홍콩 발음으로 "몽콕"에 가까운데 香港九龙쪽 번화가 이름이다. 직역하면 제목이 너무 모호할 것 같다고 생각한 번역사는 중국 영화임을 반영할 수 있는 한자어인 "열혈남아(熱血男兒/피가 뜨거운 남자)"를 떠올렸던 것으로 보인다. 당시 한국 한자독음으로 음차하는 관례를 고려해 볼 때 참신한 번역이 아닐 수 없다.

② 《血色清晨》을 직역하면 "피 빛의 새벽"이다. 번역사는 작품 내용을 감안해서 "清晨(새벽)"을 상징적인 단어 "가마"로 바꾸었다.

③ 陈凯歌 감독(导演)의 《边走边唱》은 직역하면 "걸으며 노래하며"이다. 그런데 영화 내용상 "走(길을 걷는다)"는 '인생을 영위한다'라는 의미이고 "唱(노래하다)"은 주인공의 '악기 연주'를 의미하므로 현악기(絃樂器)의 "현"으로 상징할 수 있다. 번역사는 원제의 뜻도 살리고 실제 작품 줄거리의 테마도 반영한 "현 위의 인생"이라는 멋있는 제목을 탄생시켰다.

④ 《推手》은 중국 전통무술 기술 동작의 하나인 '손으로 밀다'라는 의미인데, 이렇게 직역할 경우 한국인 관객이 이해하기에 다소 애매하다고 여긴 번역사는 은퇴한 주인공의 직업이 쿵푸선생임을 고려해서 알기 쉬운 전혀 다른 제목으로 바꾸었다.

⑤ 《爱你爱我》는 중국어 발음을 옮겨 "아이니 아이워"로 번역했다. 당시로서는 중국 원어 발음의 음성학적 효과를 고려한 참신한 발상으로 평가받았다.

⑥ 张艺谋 감독의 《一个都不能少》는 직역하면 "하나라도 모자라선 안된다"이다. 그런데 번역사는 직역할 경우 영화 내용을 유추하기 어렵다고 보고 전체 스토리를 반영하여 원제와는 완전히 다른 "책상 서랍 속의 동화"라는 참신한 제목을 탄생시켰다. 번역한 제목이 우수한 케이스로 평가받고 있다.

⑦ 《我的父亲母亲》는 "나의 아버지, 어머니"로 직역할 경우 제목이 너무 평범하다고 생각한 번역사는 "집으로 가는 길"이라는 서정적인 제목으로 바꾼 것이다.

<영화제목 오역한 경우>

이하는 오역으로 지적받고 있는 영화 제목들이다. 이런 오역은 번역사의 자질을 의심케 하는 무책임한 행위이다.

① 『秋菊打官司』 귀주이야기　　　　② 『流氓医生』 류망의생
③ 『胭脂扣』 인지구

① 《秋菊打官司(귀주이야기)》는 영화 제목을 오역한 대표적인 케이스로 지적받고 있다. "추국이 소송을 걸다"로 번역하기가 애매했던 번역사가 영어 번역 제목 《The Story of Qiuju》를 도용하였던 것이다. 그런데 "Qiuju"를 "귀주"로 전혀 엉뚱하게 발음하여 『귀주이야기』로 번역했던 것이다. 영화 내용을 모르는 관객이 보기에는 그럴 듯한 제목이지만 이 영화의 배경은 귀주(贵州) 지방과는 전혀 상관이 없다. 번역사의 실수로 엉뚱

한 제목을 탄생시켜 《秋菊打官司》는 한국에서 이 제목으로 개봉되었다.

②《流氓医生(한자 독음:유맹의생)》을 "류망의생"으로 옮긴 것은 납득하기가 어려운 번역이다.

③《胭脂扣(한자 독음:연지구)》를 "인지구"로 옮긴 것은 납득하기가 어려운 번역이다. 첫째, 한자독음을 그대로 音借한 경우에 속하지도 않는다. 둘째, 인명이나 지명 등과 같은 고유명사가 아닌 "流氓", "胭" 등과 같은 단어를 중국어 발음 그대로 옮긴 것은 한국인에게 아무런 의미가 없다. 더구나 대응되는 단어가 있는 "医生"조차도 "의사"로 옮기지 않고 한국인이 전혀 알 수 없는 한자독음으로 옮겼기 때문에 번역 기준을 전혀 이해할 수 없는 오역이다.

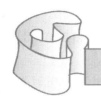

第15课　小说

15.1　课文范文

15.1.1　活着

我回家后的日子苦是苦,过得还算安稳。凤霞和有庆一天天大起来,我呢,一天比一天老了。我自己还没觉着,家珍也没有觉着,我只是觉着力气远不如从前。到了有一天,我挑着一担菜进城去卖,路过原先绸店那地方,一个熟人见到我就叫了:

"富贵,你头发白啦。"

其实我和他也只是半年没见着,他这么一叫,我才觉得自己老了许多。回到家里,我把家珍看了又看,看得她不知出了什么事,低头看看自己,又看看背后,才问:

"你看什么呀。"

我笑着告诉她:"你的头发也白了。"

那一年凤霞十七岁了,凤霞长成了女人的模样,要不是她又聋又哑,提亲的也应找上门来了。村里人都说凤霞长得好,凤霞长得和家珍年轻时差不多。有庆也有十二岁了,有庆在城里念小学。

当初送不送有庆去念书,我和家珍着实犹豫了一阵,没有钱啊。凤霞那时才十二三岁,虽说也能帮我干点田里活,帮家珍干些家里活,可总还是要靠我们养活。我就和家珍商量是不是把凤霞送给别人算了,好省下些钱供有庆念书。别看凤霞听不到,不会说,她可聪明着呢,我和家珍一说起把凤霞送人的事,凤霞马上就会扭过头来看我们,两只眼睛一眨一眨,看得我和家珍心都酸了,几天不再提起那事。

眼看着有庆上学的年纪越来越近,这事不能不办了。我就托村里人出去时顺便打听打听,有没有人家愿意领养一个十二岁的女孩。我对家珍说:

"要是碰上一户好人家,凤霞就会比现在过得好。"

家珍听了点着头,眼泪却下来了。做娘的心肠总

是要软一些。我劝家珍想开点,凤霞命苦,这辈子看来是要苦到底了。有庆可不能苦一辈子,要让他念书,念书才会有出息的日子。总不能让两个孩子都被苦捆住,总得有一个日后过得好一些。

村里出去打听的人回来说凤霞大了一点,要是减掉一半岁数,要的人家就多了。这么一说我们也就死心了。谁知过了一个来月,有两户人家捎信来要我们的凤霞,一户是领凤霞去做女儿,另一户是让凤霞去伺候两个老人。我和家珍都觉得那户没有儿女的人家好,把凤霞当女儿,总会多疼爱她一些,就传口信让他们来看看。他们来了,见了凤霞,夫妻两个都挺喜欢,一知道凤霞不会说话,他们就改变了主意,那个男的说:

"长得倒是挺干净的,只是……"

他没往下说,客客气气地回去了。我和家珍只好让另一户人家来领凤霞,那户倒是不在乎凤霞会不会说话,他们说只要勤快就行。

凤霞被领走那天,我扛着锄头准备下地时,她马上就提上篮子和镰刀跟上了我。几年来我在田里干活,凤霞就在旁边割草,已经习惯了。那天我看到她跟着,就推推她,让她回去。她睁圆了眼睛看我,我放下锄头,把她拉回到屋里,从她手里拿过镰刀和篮子,扔到角落里。她还是睁圆眼睛看着我,她不知道我们把她送给别人了。当家珍给她换上一件小红颜色的衣服时,她不再看我,低着头让家珍给她穿上衣服,那是家珍用过去的旗袍改做的。家珍给她扣钮扣时,她眼泪一颗一颗滴在自己腿上。凤霞知道自己要走了。我拿起锄头走出去,走到门口我对家珍说:

"我下地了,领凤霞的人来了,让他带走就是,别来见我。"

15.1.2 词汇注释

安稳 —— 평온하다
原先 —— 원래의, 기존의, 예전의
聋哑 —— 농아(聋:귀머거리, 哑:벙어리)
田里活 —— 밭 일
养活 —— 부양하다
托 —— 부탁하다
心肠软 —— 마음이 여리다
出息 —— 장래성, 발전성, 출세할 가능성
死心 —— 단념하다, 포기하다
锄头 —— 호미
镰刀 —— 낫
钮扣 —— 단추

挑 —— 지다
绸店 —— 주단점
提亲 —— 혼담을 꺼내다
家里活 —— 집안 일
心酸 —— 가슴이 아프다(쓰리다)
领养 —— 입양하다
想开 —— 긍정적으로 생각하다, 좋게 생각하다
勤快 —— 부지런하다
篮子 —— 바구니
割草 —— 풀을 베다

15.1.3　参考译文

살아간다는 것

　　내가 집으로 돌아온 뒤 형편이 좀 어렵긴 했지만 그래도 평온한 날들을 보냈다네. 봉하와 유경이는 하루가 다르게 (나날이) 커갔고, 나는 하루가 다르게 늙어갔지. 하지만 나는 내 자신이 그처럼 빠르게 늙어가고 있다는 사실을 아직 절감하지 못했고, 가진 또한 느끼지 못했다네. 다만 기력이 예전만 못하다는 느낌은 들었지(감은 가졌지). 그런데 어느 날인가 채소 한 짐을 지고 읍내로 팔러 나갔을 때 마침 예전의 주단상점께를 지나가는데 아는 사람이 나를 보고는 그러더라구.

　　"복귀, 자네 머리가 허옇구먼."

　　사실 그 사람을 마지막으로 본 게 반 년 정도밖에 안 되었는데, 그처럼 안됐다는 듯 말하는 것을 듣고서야 '내가 많이 늙었구나' 하는 생각을 했다네. 집에 돌아와 가진을 쳐다보고 또 쳐다보고 하니까(자꾸 쳐다봤더니), 가진은 무슨 영문인지 몰라서 머리를 숙여 자기 몸을 훑어보기도 하고 뒤를 돌아다보기도 하더니 나한테 묻더군.

　　"뭘 보는 거에요?"

　　나는 웃으면서 말했지.

　　"당신 머리도 허옇구만."

　　그 해에 열일곱 살이 된 봉하는 어느새 아가씨 태가 나기 시작했어. 그 애가 농아만 아니었다면 벌써 중매쟁이가 찾아왔을 거야. 마을 사람들은 모두들 봉하가 곱게 잘 자랐다고 했다네. (봉하가) 가진이 젊었을 때를 쏙 빼닮았다고 했지. 유경이는 그 때 열 두살이었는데 읍내에 있는 소학교에 다니고 있었다네.

　　당시 유경이를 학교에 보내는 문제를 놓고 나와 가진은 심각하게 고민을 했어. 돈이 없었기 때문이었지. 유경이가 학교에 입학할 나이가 되었을 당시 봉하는 열세 살쯤 되었는데, 나를 도와 밭일을 하고 가진의 집안 일을 거들어준다고는 했지만 아직까지는 우리 내외의 보살핌을 받아야했네. 궁리 끝에 나는 봉하를 다른 집에 보내는 문제에 대해 가진과 의논을 했지. 그렇게해서 얼마라도 절약하면 유경이의 학비를 댈 수가 있을 테니까.

　　봉하가 듣지도 못하고 말은 못했지만 아주 총명했다네. 나와 가진이 봉하를 다른 집에 보내는 일로 말만 꺼내면 그 애는 얼른 머리를 움츠리고 우리를 보면서 두 눈을 껌벅거리더군. 그런 모습을 바라보는 우리 내외의 마음이 어떠했겠나. 마음이 아파서 며칠 동안 그 일을 더 이상 거론하지 않았다네.

　　하지만 유경이를 학교에 보낼 날이 점점 가까워지고 있었으므로 그 일은 어떻게 하지 않을 수가 없었어. 나는 마을 사람이 읍내 나갈 때 어디 형편 되는 대로 열세 살 먹은 여자 아이를 잘 길러주겠다는 집이 없는지 수소문해 달라고 부탁하고는 가진에게 말했다네.

"좋은 집을 만나면 봉하는 지금보다 더 잘 지낼 수 있을게요."

가진은 그 말을 듣고 고개를 끄덕이긴 했지만 (연신) 눈물을 흘렸다네. 어미된 마음은 (심정은) 더 여릴 것이 아니겠나. 나는 가진에게 좋게 생각하라고 위로했네. '봉하는 궂은 운명을 타고났고, 한평생 삶이 고달플 수밖에 없다. 그렇지만 유경이까지 한평생 그렇게 살게 할 수는 없다. 유경이만이라도 공부를 시켜야 한다. 공부를 하면 좋은 날이 올 것이다. 두 아이 모두 고된 삶을 살게 할 수는 없지 않느냐. 어떻게든 한 아이만이라도 좀 더 나은 삶을 살게 해야 한다.' 그렇게 말하며 가진을 다독거렸다네.

내 부탁을 받고 봉하를 길러줄 데를(집을) 수소문했던 사람이 돌아와서는 봉하가 나이가 좀 많다고 하더군. 나이가 지금의 절반 정도만 되면 기르겠다는 사람이 많다니 우리는 낙담할밖에(단념할 수밖에).

그렇게 한 달쯤 지났을까, 두 집에서 우리 봉하를 데려가고 싶다는 소식을 보내왔더군. 한 집은 봉하를 딸로 삼겠다고 했고, 다른 한 집은 두 노인네의 시중을 들었으면 한다고 했네. 나와 가진은 아이가 없는 집이 좋겠다고 생각했지. 봉하를 딸로 삼는다면 조금이라도 더 그 애를 사랑해 줄 것이 아니겠나. 딸로 삼겠다는 집에다 (당사자들이) 직접 와서 봉하를 만나보라고 소식을 전했더니 그 집에서 찾아왔더군. 봉하를 보고 두 내외가 처음에는 기뻐하더구만. 그러나 딸 애가 말을 하지 못한다는 것을 알자 금새 마음을 바꾸더군.

"아주 깔끔하게 생기기는 했는데, 그게……"

남편 되는 사람은 더 이상 말을 하지 않고 계면쩍게 돌아갔다네. 나와 가진은 하는 수 없이 다른 집에 소식을 보내 봉하를 데려가라고 했지. 그 집은 봉하가 말을 못하는 것에 개의치 않고 부지런하기만 하면 된다고 하더구만.

봉하가 다른 집으로 가던 날, 내가 호미를 메고 밭에 나갈 준비를 하자 그 아이도 바구니와 낫을 들고 나를 따라나섰다네. 몇 년 동안 내가 밭에서 일을 할 때면 옆에서 풀을 베곤 했으니 그 날도 그러려니 했겠지. 그러나 어쩌겠나. 그 날 그 애가 따라오는 것을 보고 나는 봉하를 떠밀어 집으로 돌아가라고 했다네.

봉하는 (영문을 모르고) 눈을 동그랗게 뜨고 나를 빤히 바라보더군. 나는 호미를 내려놓고 그 애를 끌고 집으로 돌아가 그 애의 손에 들린 낫과 바구니를 구석에 던져 버렸지. 그랬는데도 봉하는 여전히 눈을 동그래가지고 나를 쳐다보고만 있었어. 자기가 다른 집에 보내지리라는 것은 꿈에도 몰랐던 게야.

가진이 봉하에게 꽃분홍빛 옷으로 바꿔 입히려고 하자 그 애는 그제서야 더 이상 나를 바라보지 않고는 고개를 떨구고 가진이 옷을 입히도록 몸을 맡기었지. 가진이 입던 치파오(역주:중국의 전통 의상)를 고쳐서 만든 그 옷의 단추를 채워주자 봉하의 눈물이 방울방울 옷 위로(직역:다리에) 떨어졌다네. 자기가 가야만 한다는 것을 봉하는 알았던 게야.

(봉하의 눈물 어린 얼굴을 차마 마주할 수가 없어서) 나는 호미를 들고 밖으로 나가다 문 앞에 이르러 가진에게 말했다네.

"나 밭에 가오. 봉하를 데리고 갈 사람이 오면 그냥 데리고 가라고 하구려. 나를 만나러 오지 말고."

15.2 正误评析

❶ 凤霞和有庆一天天大起来, 我呢, 一天比一天老了。

错误翻译:

鳳霞와 有慶은 날로 커지면서 나는 점점 늙어졌다.

正确翻译:

봉하와 유경이는 하루가 다르게 (나날이) 커갔고, 나는 하루가 다르게 늙어갔지.

正误评析:

- 이 소설은 1인칭 주인공시점의 소설(소설 속의 내가 화자인 동시에 주인공인 소설), 즉 주인공인 富贵의 입을 빌려 과거를 회상하는 형식으로 서술하고 있기 때문에 모든 서술어의 종결어미를 1인칭 주인공 화자의 어투로 번역해야 적절하다. 따라서 서술어 종결어미를 错误翻译처럼 "-다"로 번역하는 것은 부적절하다.
- 인명인 "凤霞"와 "有庆"을 한자로만 표기하는 것은 부적절하다. 가독성을 고려하여 한글로 표기하는 것이 바람직하며, 한국인 독자가 한자를 알 필요가 있는 경우에는 뒤에 역주 형식으로 한자를 병기하는 것이 일반적이다. 더구나 소설과 같은 문학작품은 새로운 사실이나 정보 제공을 목적으로 하는 글이 아니므로 번역시 특별한 경우를 제외하고는 한글로 표기하는 것이 바람직하다.
- "一天天大起来"를 "날로 커지면서"로 번역할 수 없다. 한국에서는 어린 자녀의 성장을 주로 "하루가 다르게 자라다(크다)"로 표현한다.
- "老了"를 여기서 "늙어졌다"로 번역하는 것은 부적절하다. 첫째, "늙다"는 "-지다"와 결합되어 사용될 수 없다. 둘째, 이 소설의 문체를 고려하여 구어체 어투로 번역해야 하므로 "-했다네" 또는 "-했지"로 번역해야 적절하다.

❷ 到了有一天, 我挑着一担菜进城去卖, 路过原先绸店那地方, 一个熟人见到我就叫了: "富贵, 你头发白啦。"

错误翻译:

어느 날까지, 나는 채소 한 짐을 지고 팔러 시내(시구, 성 안)에 가서 원래 주단점이 있었던 곳을 거쳤을 때(경유할 때), 어떤(한) 친구가 나를 보고 "복귀, 머리가 흰색으로 되었다(너 머리가 하얗게 변했다/흰머리가 생겼다)"라고 외쳤다.

正确翻译:
그런데 어느 날인가 채소 한 짐을 지고 읍내로 팔러 나갔을 때 마침 예전의 주단상점께를 지나가는데 아는 사람이 나를 보고는 그러더라구. "복귀, 자네 머리가 허영구먼."

正误评析:
- "到了有一天"을 "어느 날까지"로 번역할 수 없다. '자신이 늙어가고 있다는 것을 깨닫지 못하다가 읍내에 나간 날 그 사실을 깨달았다'는 의미를 강조한 것이므로 "到了"는 여기서 전환의 의미로 번역해야 적절하다. 따라서 "그런데 어느 날(인가)"로 번역해야 적절하다.
- "进城"에서 "城"을 "시내, 시구, 성 안" 등으로 번역할 수 없다. "시구"는 '詩句, 始球' 등의 뜻을 가지고 있고, "시내"는 "시외"의 반의어로 모두 문맥상 부적절하다. "성 안"이라는 표현은 이 문장만을 놓고 보았을 때는 문제가 없는 것처럼 보일 수 있지만, 소설의 배경이 고대가 아니기 때문에 역시 적절하지 않다. 여기서는 소설 배경을 한국의 행정단위 중 하나로 작은 시골마을을 의미할 때 주로 쓰는 "읍(邑)"으로 설정하여 "읍내(邑內)"로 번역해야 한국인이 쉽게 이해할 수 있다.
- "路过"는 여기서 '-의 앞을 지나가다'의 의미이므로 "거치다" 또는 "경유하다"로 번역할 수 없다. "경유하다"는 '어떤 곳을 거쳐서 지나다'의 의미를 지니고 있어 "路过"와 의미가 다르다. 예:대전 경유 부산행 열차.
- "一个熟人"을 "어떤 친구" 또는 "한 친구"로 번역한 것은 정확한 번역이라고 볼 수는 없다. 사실 원작의 원 표현을 모르는 한국인 독자들이 번역된 소설을 읽을 경우에는 문제점을 발견할 수 없겠지만 정확한 번역이라고 볼 수 없다.
- "你头发白啦"를 错误翻译처럼 번역하는 것은 부적절하다. **첫째**, "一个熟人"이 富贵를 "너"로 호칭할 수 없다. 중·장년층의 경우에는 어린 시절의 절친한 친구 사이에서만 "너"로 부르며, 일반적인 친구나 지인 사이에서는 "자네"로 호칭한다. **둘째**, 여기서 "白"은 '나이가 들어감에 따라 머리가 희어졌다(세다)'는 의미이므로, "자네 머리가 허영구먼"으로 번역해야 적절하다. 错误翻译 중 "머리가 흰색으로 되었다"는 호응관계가 부적절한 표현이다. 한국어에서는 "머리가 희다" 또는 "흰 머리"라는 표현을 사용한다. 그리고 "흰 머리가 생겼다"는 문법적으로 문제가 없는 표현이지만, "长出了白头发"의 의미이므로 정도상의 차이로 볼 때 정확한 번역이라고 할 수 없다.
- "叫了"를 "외쳤다"로 번역하는 것은 부적절하다. "외치다"는 '큰 소리를 질러서 알리다'라는 의미이므로 문맥상 적절하지 않은 번역이다.

❸ 其实我和他也只是半年没见着,他这么一叫,我才觉得自己老了许多。
  错误翻译:
  사실 우리는 못 만난 지 반년에 불과하였는데(반년 동안 못 만나는데), 그가 이렇게 말하는데 나는 비로소 많이 늙어진 느낌이 생겼다네.(많이 늙었다고 느꼈다네.)
  正确翻译:
  사실 그 사람을 마지막으로 본 게 반 년 정도밖에 안 되었는데, 그처럼 안됐다는 듯 말하는 것을 듣고서야 '내가 많이 늙었구나' 하는 생각을 했다네.
  正误评析:
  ☯ "只是半年没见着"을 "못 만난 지 반년에 불과하였는데"로 번역할 수 없다. "마지막으로 본 게 반년 정도 밖에 안 됐는데"로 번역해야 적절하다. "불과"는 일반적으로 수량을 나타내는 말 앞에 사용되며(예:불과 3주만에), "불과하다"가 서술어로 사용되는 경우에는 "A는 B에 불과하다"라는 형태로 사용되는데, 이 때 A와 B는 명사 또는 명사구라야 한다.
      ☞ 가게를 처음 열었을 때 고정 고객은 20명에 불과했다. 연간 10억 원 이상의 매출을 올린 곳은 5개사에 불과했다.
  ☯ "他这么一叫,我才觉得……"를 "그가 이렇게 말하는데 나는 비로소 -한 느낌이 생겼다네"로 번역하는 것은 부적절하다. "A+一+动词+……,B+才+动词+……"는 "A가 -하자/해서야 B는 (비로소) -하다"로 번역 가능하다. 따라서 직역할 경우 "그 사람이 이렇게 말하자(말해서야) 나는 비로소 ~한 느낌이 들었다"로 옮길 수 있다. 그렇지만 "这么"를 "이렇게"로 직역하는 것보다 "그처럼 안 됐다는 듯"과 같이 좀 더 구체적인 의미로 번역하는 것이 의미 전달 면에서 더 낫다.

❹ 村里人都说凤霞长得好,凤霞长得和家珍年轻时差不多。
  错误翻译:
  마을 사람들은 다 봉하가 잘 생기다고 말했다네. 봉하가 가진이 젊었을 때의 얼굴을 닮았다고 하였지.
  正确翻译:
  마을 사람들은 모두들 봉하가 곱게 잘 자랐다고 했다네. (봉하가) 가진이 젊었을 때를 쏙 빼닮았다고 했지.
  正误评析:
  ☯ "长得好"를 "잘 생기다"로 번역하는 것은 부적절하다. "잘 생겼다"는 남성에만 사용하며, 여성에게는 "예쁘게 생겼다"로 표현한다. 여기서는 "예쁘다, 아름답다"는 의미보다는 '참하고 곱게 생겼다'는 의미에 가까우므로 "곱게 잘 자랐다" 또는 "참하게 생겼다"로 번역하는 것이 적절하다.
  ☯ "说"을 "말했다"로 번역하는 것보다는 "했다네('-하다고들 하다'의 의미)"로 번역

하는 것이 더 적절하다. 서로 얼굴을 마주하고 직접 얘기한 것이라기 보다는 '마을 사람들이 봉하에 대해 그렇게 평가한다'는 의미이기 때문이다.

- "A长得和B年轻时差不多"를 "A는 B가 젊었을 때의 얼굴을 닮았다"로 번역하는 것은 부적절하다. "B를 닮다"는 '얼굴을 닮았다'의 의미를 내포하고 있기 때문에 B를 사람으로 표현해야 자연스럽다.(예:외할머니를 닮았다) 참고로 "B를 쏙 빼닮았다"라는 표현은 자주 쓰는 표현이다.

❺ 我劝家珍想开点,凤霞命苦,这辈子看来是要苦到底了。

错误翻译:
나는 가진에게 생각을 열 것을 권유했다네. 봉하는 운명이 좋지 않아서(팔자가 사납고) 한평생 고생할 것 같다고 했지.

正确翻译:
나는 가진에게 좋게 생각하라고 위로했네. '봉하는 궂은 운명을 타고났고, 한평생 삶이 고달플 수밖에 없다. ……'

正误评析:
- "想开点"을 한국인이 이해할 수 없는 표현인 "생각을 열다"로 번역할 수 없다.
- "劝"을 여기서는 "위로하다"로 번역해야 적절하다. "권유하다"는 '다른 사람에게 어떤 일을 하라고 권하다'의 의미이므로 문맥상 적절하지 않다.
- "命苦"를 "운명이 좋지 않다" 또는 "팔자가 사납다"로 번역할 수 없다. "궂은 운명을 타고났다"로 번역해야 적절하다. **첫째**, "운명"은 "좋다" 또는 "좋지 않다"와 호응되어 사용될 수 없다. 단음절 한자어인 "운(運)"은 "좋다(走运)" 또는 "나쁘다(倒霉)"와 호응되어 쓰일 수 있지만 의미가 다르다. "운명"은 주로 "기구하다(崎嶇하다)", "궂다"와 호응되어 쓰인다. **둘째**, "팔자가 사납다"는 '궂은 운명을 타고나다'라는 의미를 지니는데 주로 贬义로 사용된다. 아버지인 富贵가 자신의 딸인 凤霞에 대해 이렇게 말하는 것은 적절하지 않기 때문에 "팔자가 사납다"로 번역하는 것은 부적절하다.
- "这辈子看来是要苦到底了"를 "한평생 고생할 것 같다"로 번역하는 것은 적절하지 않다. 아버지인 富贵가 자신의 딸인 凤霞에 대해 언급하는 내용이므로 "한평생 삶이 고달플 수밖에 없다" 등과 같이 완곡한 표현으로 번역해야 적절하다.

❻ 村里出去打听的人回来说凤霞大了一点,要是减掉一半岁数,要的人家就多了。这么一说我们也就死心了。

错误翻译:
나가서 물어보는(알아보는) 마을 사람이 돌아와서 봉하는 나이가 좀 많고 나이를 반으로 줄이면(나이를 지금보다 반으로 되면/나이를 반으로 빼면) 원하는 집이 많아질 것이라고 말했다네. 이 말을 듣고 우리는 그냥 단념했다네.

正确翻译:
내 부탁을 받고 봉하를 길러줄 데를(집을) 수소문했던 사람이 돌아와서는 봉하가 나이가 좀 많다고 하더군. 나이가 지금의 절반 정도만 되면 기르겠다는 사람이 많다니 우리는 낙담할밖에 (단념할 수밖에).

正误评析:
- "出去打听的人"을 "나가서 물어보는 사람" 또는 "알아보는 사람"으로 번역하는 것은 적절하지 않다. **첫째**, "打听"은 "알아보다" 또는 "수소문(搜所聞)하다"로 번역할 수 있는데, 错误翻译에서는 목적어(무엇을 알아보는지/수소문하는지에 대한 것)를 표현해주지 않아 좋은 문장으로 볼 수 없다. **둘째**, "出去打听的"은 "人"을 꾸며주는 성분으로 번역해야 하는데 "알아보는"이 아니라 "알아보던"으로 번역해야 시제상 옳다.
- "减掉一半岁数"를 错误翻译과 같이 번역할 수 없다. 错误翻译은 전부 비문법적인 표현이거나 어색한 표현이다.
- "要的人家" 중 "要"를 "원하는"으로 번역할 수 없다. "원하다"는 타동사이므로 목적어를 밝혀주어야 하며 일반적으로 사람을 목적어로 대동할 수 없다. 따라서 "(봉하를) 기르겠다는" 또는 "(봉하를) 데려가겠다는"으로 번역해야 적절하다.

❼ 谁知过了一个来月,有两户人家捎信来要我们的凤霞,一户是领凤霞去做女儿,另一户是让凤霞去伺候两个老人。

错误翻译:
그런데 한달 쯤 후에, 두 집이 편지를 보내와 우리 봉하를 원한다고 하더군. 한 집은 봉하를 딸로 삼아 기르고 싶어하고, 다른 집은 ①봉하가 노인 두 분을 돌봐 달라고 하였다네.(②봉하로 하여금 두 노인을 모시게 할 것이라고 했네./③봉하에게 두 노인을 돌보고 싶어했어./④봉하에게 두 노인을 돌보기를 원했네.)

正确翻译:
그렇게 한 달쯤 지났을까, 두 집에서 우리 봉하를 데려가고 싶다는 소식을 보내왔더군. 한 집은 봉하를 딸로 삼겠다고 했고, 다른 한 집은 두 노인네의 시중을 들었으면 한다고 했네.

正误评析:
- "捎信"을 "편지를 보내왔다"로 번역하는 것보다 "소식을 보내왔다"로 번역하는 것이 더 적절하다. 여기서 "信"이 "口信"을 의미할 수도 있고 "信件"을 의미할 수도 있으나, 소설의 배경이 시골임을 고려할 때 인편을 통해 전했을 가능성이 높으므로 "소식을 보내왔다"로 번역하는 것이 더 적절하다.
- "要"를 "원하다"로 번역할 수 없다.(☞위의 ❻번 설명 참조)
- "领凤霞去做女儿"를 의미가 중복된 표현인 "딸로 삼아 기르고 싶어하고"로 번역하

는 것은 적절하지 않다. "딸로 기르고 싶어하다" 또는 "딸로 삼고 싶어하다"로 번역해야 더 자연스럽다.

◉ "让凤霞去伺候两个老人"에 대한 错误翻译(①-④)은 전부 부적절하다. **첫째**, "伺候"는 "시중을 들다", "돌보다", "모시다" 등으로 번역 가능한데, 여기서는 '어른이나 환자의 곁에서 직접 돕고 보살피다'의 의미를 지닌 "시중을 들다"로 번역해야 적절하다. 참고로 "모시다(가까이서 받들다)"는 "(부모님을) 모시고 살다" 등의 형태로 사용된다. 그리고 "돌보다"는 '관심을 가지고 보살피다'라는 의미를 가지고 있는데, "A를 돌보다"에서 A는 일반적으로 도움이나 보살핌을 필요로 하는 이들이다(예:환자를 돌보다/아이들을 돌보다). **둘째**, 의미상 "봉하로 하여금 두 노인네의 시중을 들게 하다" 또는 "봉하가 두 노인네의 시중을 들다"로 번역할 수 있는데, "봉하"를 주격으로 번역한 두 번째 번역이 훨씬 자연스럽다. (☞15.3.4 번역상식 참조)

❽ 当家珍给她①换上一件小红颜色的衣服时, 她②不再看我, 低着头让家珍给她③穿上衣服, 那是家珍用过去的旗袍改做的。

错误翻译 :
가진이 그녀①에게 작은 빨간색 옷을 갈아 입혀 줄 때, 그녀②는 나를 다시 보지 않고, 머리를 숙이고 가진으로 하여금 그녀③에게 옷을 입혀주게 했지. 그 옷은 가진이 옛 중국 여성의 전통 옷으로 개조한 것이었다.(예전의 치파오로 다시 만든 것이었다.)

正确翻译 :
가진이 봉하에게 꽃분홍빛 옷으로 바꿔 입히려고 하자 그 애는 그제서야 더 이상 나를 바라보지 않고는 고개를 떨구고 가진이 옷을 입히도록 몸을 맡기었지.
(那是家珍用过去的旗袍改做的。── 아래 9번 참조)

正误评析 :
◉ 본 문장에 세 번 등장하는 "她"를 "그녀"로 번역할 수 없다. 3인칭 대명사 "그" 또는 "그녀"는 구어에서는 거의 사용되지 않으며 문학작품에서는 사용될 수 있다. 그렇지만 이 소설은 아버지인 富贵의 입을 빌어 이야기를 서술하는 1인칭 주인공시점의 소설이므로 "그녀"로 번역하는 것은 부적절하다. 正确译文과 같이 "她①"은 "봉하"로, "她②"는 "그 애"로 번역하고 "她③"은 번역에서 생략해야 자연스럽다.
◉ "一件小红颜色的衣服"을 "작은 빨간색 옷"으로 번역할 수 없다. **첫째**, "小"는 여기서 "작은"으로 번역하면 어색하므로 생략해야 자연스럽다. 반드시 필요한 수식 성분이 아니므로 생략해도 무방하다. **둘째**, "红颜色的衣服"을 직역하면 "빨간색 옷"이지만 한국인의 정서상 문학작품에 나오는 옷 색깔이 원색(빨강, 파랑, 녹색)인 것은 부자연스럽다. 따라서 "꽃 분홍빛, 자주빛, 진홍색, 자홍색" 등과 같은 붉은 계통의 다른 색깔로 바꾸어 번역해야 자연스럽다. 봉하가 남의 집으로 가는 날 입는 옷이므로

화사한 느낌을 주는 "꽃분홍빛"으로 번역하는 것이 적절하다.
- "让家珍给她穿上衣服"을 "가진으로 하여금 그녀③에게 옷을 입혀주게 했지"로 번역하는 것은 부자연스럽다. 일반적으로 "让A……"는 正确译文과 같이 A를 주격으로 번역해야 자연스럽다.(☞15.3.4 번역상식 참조)
- "那是家珍用过去的旗袍改做的"을 앞의 문장 성분들과 함께 한 문장으로 번역하면 문장의 길이가 너무 길어지고 문맥상 연결이 부자연스럽기 때문에 분리하여 번역하는 것이 좋다. 그런데 错误翻译과 같이 별도의 한 문장으로 번역하면 그 다음 문장, 즉 아래의 9번 문장과 연결이 부자연스럽기 때문에 9번의 正确译文과 같이 "옷"을 꾸며주는 성분으로 "가진이 입던 치파오를 고쳐서 만든(그 옷의 단추)"으로 번역해야 자연스럽다.

❾ 家珍给她扣钮扣时,她眼泪一颗一颗滴在自己腿上。
错误翻译:
가진이 그녀에게 옷의 단추를 채워줄 때, 그녀의 눈물이 한 방울 한 방울 자기의 다리에 떨어졌다네.
正确翻译:
가진이 입던 치파오(역주:중국의 전통 의상)를 고쳐서 만든 그 옷의 단추를 채워 주자 봉하의 눈물이 방울방울 옷 위로 떨어졌다네.
正误评析:
- 본 문장에 두 번 등장하는 "她"를 "그녀"로 번역할 수 없다.(위의 ❽번 설명 참조)
- "滴在自己腿上"을 "자기의 다리에 떨어졌다네"로 번역하는 것은 부적절하다. 첫째, 이 소설은 1인칭 주인공시점 소설이므로, 봉하를 가리키는 "自己"를 "자기의"로 번역하는 것은 부적절하다. 굳이 번역하자면 "봉하의"로 번역 가능한데, 한 문장 안에서 중복된 표현을 피하기 위해 번역에서 생략해야 자연스럽다. 둘째, "在腿上"을 "다리에"로 번역하는 것보다 "옷 위로"로 번역하는 것이 치파오의 의상 형태를 잘 모르는 한국인이 내용을 이해하기에 더 자연스럽다.

❿ 我拿起锄头走出去,走到门口我对家珍说:"我下地了,领凤霞的人来了,让他带走就是,别来见我。"
错误翻译:
나는 호미를 가지고 걸어나가다가 문 앞에 이르렀을 때에 가진에게 말했다네.
"나는 밭에 간다. 봉하를 데려갈 사람이 오면 그냥 데려가게 하고 나를 보러 오지 마."
正确翻译:
나는 호미를 들고 밖으로 나가다 문 앞에 이르러 가진에게 말했다네.

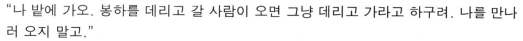

"나 밭에 가오. 봉하를 데리고 갈 사람이 오면 그냥 데리고 가라고 하구려. 나를 만나러 오지 말고."

正误评析:

- "走出去"를 "걸어나가다"로 번역하는 것보다 "밖으로 나가다"로 번역하는 것이 더 적절하다. "走出去" 중 "走"가 '걷다'라는 행위를 강조한 것이 아니기 때문이다.
- "我下地了"를 "나는 밭에 간다"로 번역할 수 없다. **첫째**, "나는"에서 주격조사 "-는"을 생략해야 자연스럽다. 본인을 포함하여 두 사람 이상의 행위를 대비·강조하는 경우를 제외하고는(예: "나는 ~하고 B는 ~하다" 등), 일반적으로 구어에서 1인칭 주격조사는 생략해야 자연스럽다. **둘째**, 일반적으로 장년층 부부 사이에는 '하오체(높임말이나 낮춤말이 아닌 중간체 또는 예사 높임에 해당)'가 쓰인다. 따라서 "나 밭에 가오"로 번역해야 적절하다.(☞15.3.4 번역상식 참조)
  - ☞ 하오체:상대편에 대하여 예사 높이는 뜻을 나타내는 높임법의 한 체. 예:가오, 하오, 읽소 등.
- "別来见我"를 직접적인 명령체인 "나를 보러 오지마"로 번역할 수 없다.

15.3 翻译知识

15.3.1 文学作品的翻译特征 —— 문학작품 번역의 특징

번역을 '1차 언어로 된 텍스트(source language text)를 2차 언어 텍스트(target language text)로 바꾸어 표현하는 것'으로 정의할 때, 번역하는 텍스트가 어떤 종류의 텍스트인가를 판단하는 일은 번역사가 내려야할 가장 기본적인 결정이다. 왜냐하면 번역하는 텍스트의 종류에 따라서 번역 방법이 달라지기 때문이다.

정보나 의사 전달의 목적보다 언어의 외적 표현을 중시하고 형식을 강조하는 문학작품의 번역에서는 언어철학적, 미학적, 해석학적 문제가 우선적으로 고려되어야 하기 때문에 문학 번역은 매우 어려운 작업이다. 최근 출판물의 홍수 속에서 다량의 번역작품이 출간되고 있지만 그 질적 수준은 현저하게 저하되고 있다. 그 이유는 아마도 비문학 장르 번역은 현대언어학 연구의 적용범위이지만 문학작품 번역작업은 규범의 문제가 아니라 창조적 선택의 문제이기 때문일 것이다. 이외에도 문학작품 번역의 난해성은 바로 그 대상 자체에서 연유한다. 이러한 관점에서 볼 때 문학작품 텍스트는 세계관, 문학전통, 사회, 문화, 언어 등 이미 주어진 조건과 제약 아래에서 생성된다.

<u>문제는 번역작품을 읽는 독자(외국인)의 배경과 미학적 경험이 원작을 접하는 독자의 그것과 다르다는 사실이다.</u> 따라서 이러한 문제는 수용미학적 관점에서 해결되어야 하

는데 원문과 번역문 독자의 相異한 미학적 기준에 상응할 수 있는 기준(비교점)을 찾는 것이 번역사의 중요한 임무이다. 물론 번역의 난해성은 이러한 기준을 찾는 작업이 극히 어렵다는 데 있다.

훔볼트(Humboldt)는 1796년에 슐레겔(Schlegel)에게 보낸 편지에서 번역의 불가능성을 주장했는데, 약 200년 후에 반드루츠카(Wandruzka) 역시 아래와 같은 이유에서 문학작품 번역의 불가능성을 언급했다.

(1) 문학작품이 쓰여진 형식은 문학작품의 본질적 특성 중의 하나이다.
(2) 번역은 원어 텍스트의 모든 본질적 특성을 보존해야 한다.
(3) 번역 텍스트는 필연적으로 원어 텍스트와는 다른 언어형식으로 쓰여졌다.
(4) 위의 1)부터 3)까지에서 문학작품은 번역될 수 없다는 명백한 결론이 나온다.

참고로 문학작품 번역에 대한 일반적인 평가 기준은 다음과 같다.
(1) 역자가 원작을 '문학적으로' 올바르게 이해하고 있는가, 그리고 원작의 전체적인 분위기가 제대로 반영될 수 있는 문체와 어휘들이 선택되었는가?
(2) 원작의 표현에 기계적으로 집착하여 그 결과 번역문이 도착어로서 어색하지 않은지 또는 원작의 문장들이 지나치게 작위적으로 이해되지는 않았는가?
(3) 번역문 문체의 수준이 원작 문체의 수준과 상응하는가? 예를 들면 원작의 일상적인 평범한 대화나 묘사가 번역문에서는 지나치게 정중한 대화체나 학술적인 언어로 옮겨지지 않았는가?
(4) 의미의 왜곡 또는 오해가 있는가?
(5) 원작이 누락 또는 생략된 부분 없이 충실하게 번역되었는가?

15.3.2 翻译是再创作 —— 번역은 제2의 창조

중국 소설이나 산문 작품의 한국어 번역 현황을 살펴보면 특정 작가 편중 현상이 두드러지게 나타난다. 자료에 따르면, 소설 번역의 경우 전체 번역서는 약 400권쯤 되는데, 이 중 鲁迅과 琼瑶 두 사람 작품의 번역이 135권 가량으로 전체 소설 번역서의 1/3 이상을 차지한다. 예를 들어 鲁迅의 소설 작품은 《呐喊》, 《彷徨》, 《故事新编》에 실린 것을 다 합쳐도 33편 정도밖에 안되기 때문에 한 권으로 출판해도 될 분량이다. 그럼에도 불구하고 鲁迅의 소설이 지금껏 60권 이상 출판된 것은 그의 작품이 중국 현대문학에서 대표적인 지위를 차지할 만큼 깊이가 있을 뿐만 아니라 지명도도 높기 때문일 것이다. 산문의 경우 전체 번역서는 약 150권 쯤 되는데, 그 중 절반이 林语堂의 것이며, 그 중에서도 『생활의 발견』이라고 이름 붙은 책만 해도 20권이 넘는다. 특히 1980년대 이전에는 거의 절대적으로 林语堂의 작품 일색이었고, 1950년대부터 1990년대까지 수십 년에 걸쳐 거의 매년 몇 권씩 林语堂의 산문집이 출판되었다.

이처럼 동일한 문학작품이 끊임없이 새로 번역되어 출판되고 있는 현상은 유명 작가의 대표적인 작품을 읽고 싶어하는 독자나 그러한 수요를 고려한 출판사에서도 그 원인을 찾을 수 있지만 더 중요한 원인은 바로 문학작품 번역의 특성에서 찾을 수 있다. 즉 정보나 의사전달의 목적을 지닌 비문학 쟝르의 번역과는 달리 문학작품 번역의 경우에는 역자들이 끊임없이 새로운 번역에 대한 충동을 가지게 되는 것이 그 주요 원인일 것이다. 문학작품 번역은 번역의 난해성을 가지고 있지만 이와 동시에 역자들은 자신만의 시각과 작품에 대한 이해를 바탕으로 끊임없이 새로운 번역에 도전할 수 있는 특징을 지니고 있다. 최근 들어 적지 않은 문학작품이 번역되어 한중 양국 독자들에게 소개되고 있는데 역자들은 한중 양국의 문화교류에 이바지한다는 사명감을 가지고 충실한 작품번역이 될 수 있도록 노력을 기울여야 할 것이다.

15.3.3 小说翻译的特征 —— 소설 번역의 특징

소설에는 다양한 인물과 사건이 등장하고 서술과 묘사 부분이 많기 때문에 번역 시 형상적이고 개성적인 표현으로 옮겨야 한다. 예를 들어 "你哭什么？ 有什么哭的呢?"는 누가(A) 누구(B)에게 어떤 분위기에서 말하는가에 따라 아래와 같이 다양하게 번역할 수 있다. 翻译①은 A가 B를 위로하는 상황에 적합한 번역이고, 翻译②-⑤는 그만한 일(小事:사소한 일)에 뭘 우느냐고 B를 약간 힐책(詰責— "责备"的意思)하거나 B에게 짜증을 내는 분위기에 적합한 번역인데, 翻译⑤는 그 힐책하는 정도가 가장 심한 경우로 볼 수 있다.

☞ 你哭什么? 有什么哭的呢?
　　翻译 ① 울지 마. 울게 뭐 있니? 응?
　　翻译 ② 왜 우니? 뭘 그리 울 게 있니?
　　翻译 ③ 울긴 왜 울어?
　　翻译 ④ 실없이 울긴. 눈물도 흔하지.
　　翻译 ⑤ 눈물은 왜 짜는거야? 그까짓(그깟) 일에.

15.3.4 使役态的翻译 —— 사역형 구문의 번역

"主语(A)+使/令/让/叫+宾语(B)+动词/形容词" 문형 중 "使/令"은 일반적으로 문어체의 평서문과 의문문에 쓰이며, "让/叫"는 구어체의 평서문, 의문문, 명령문에 주로 쓰인다.

　① 他不好好学习,使(令)妈妈很伤心。—— 문어체 평서문
　② 他不好好学习,让(叫)妈妈很伤心。—— 구어체 평서문
　③ 他不好好学,就别让(叫)他上学了! —— 구어체 명령문

그런데 이러한 "A 使/令/让/叫 B……" 문형을 전부 'A가 B로 하여금 ~하게 하다'라는 의미를 지니는 사역 형태의 문장으로 옮길 수 있는 것은 아니다.

　　像这样中翻韩时,中文的使动态翻译成韩文的主动态或被动态的情况也很多。反之,韩翻中时,会出现原文的使动态在译入语中翻译成主动态或被动态的翻译现象。例如:

☞ 因特网使普通市民得以自由地参与政治。—— 使动态
　　翻译: 인터넷이 시민들의 자유로운 정치 참여를 이끌어내고 있다. —— 主动态

☞ 尤其令人满意的是这些企业经营机制完全是市场化的,与外国跨国公司的机制十分接近。—— 使动态
　　翻译:
　　① 직역: 특히 이 기업들의 경영시스템이 완전히 시장화되어 다국적기업들의 시스템과 거의 비슷하다는 점은 아주 만족스러운 일이었다. —— 主动态
　　② 의역: 더구나 이 기업들의 경영시스템이 완전히 시장화되어 다국적기업들의 시스템과 거의 비슷하다는 점을 발견하고(비슷하다는 점에 대해) 다국적기업들은 만족감을 표시했다.

☞ 그 연기가 얼마나 출중했는지 그만 수많은 시청자들로 하여금 속절없이 흘러내리는 눈물을 연신 훔치게 만들었던 것이다. —— 使动态
　　翻译: 他的演技别提有多么逼真了,那么多观众都被感动得热泪盈眶。—— 被动态

　　한국어의 사역 형태에는 두 가지 유형이 있다. 하나는 술어의 어간에 '이/히/리/기/우' 등의 형태소를 첨가하는 방법으로 형태적 사동법이다. 그리고 다른 하나는 부사형 어미 '-게'와 동사 '하다'가 결합된 "-게 하다(-게 만들다)"라는 복합형태에 의한 방법으로 통사적 사동법으로 볼 수 있다.
　　그런데 한국어에서 사역 형태의 문장은 B를 특별히 부각시키고자 하는 경우에 주로 사용되기 때문에, "A 让/使/叫 B……" 문형을 무조건 사역 형태의 문장으로 옮기면 도착어인 한국어에서 부자연스러운 경우가 적지 않다. 다시 말하면 "A 让/使/叫 B……" 문형을 한국어로 번역할 때는 일반적으로 B를 주격으로 번역해야 자연스러우며, 간혹 B를 목적격으로 번역하거나 전혀 다른 문형으로 옮겨야 적절한 경우도 있다.
　　예를 들면 15과 본문에 나오는 아래 예문은 사역 형태의 문장으로 번역하는 것보다 B를 주격으로 번역하는 것이 훨씬 자연스럽다. 즉, "봉하로 하여금 시중을 들게 하다"로 번역하는 것보다 "봉하가 시중을 들다"로 번역하는 것이 훨씬 자연스럽다.

☞ 谁知过了一个来月,有两户人家捎信来要我们的凤霞,一户是领凤霞去做女儿,另一户是让凤霞去伺候两个老人。
　　翻译①: ……, 다른 한 집은 봉하로 하여금 두 노인네의 시중을 들게 할 것이라고 했네.
　　翻译②: ……, 다른 한 집은 (봉하가) 두 노인네의 시중을 들었으면 한다고 했네.
　　说明: "봉하로 하여금 두 노인네의 시중을 들게 하다" 또는 "봉하가 두 노인네의 시중을 들다"로 번역할 수 있는데, "봉하"를 주격으로 번역한 翻译②가 훨씬 자연스럽다.

　特히, "A로 하여금"이라는 표현을 사용할 때는 A가 주체가 되어 어떤 행위를 할 수 있는 행위자라야 한다는 점에 유의해야 한다.

☞ 双方商定今后5年内努力使双边贸易发展到1000亿美元,中韩经贸合作展现出令人鼓舞的美好前景。(5과)
　　错误翻译: (주어 생략)향후 5년 내 양국간 연간 무역규모로 하여금 1000억 불로 발전하도록 노력한다는 점에 합의함으로써, ……
　　正确译文: (주어 생략)향후 5년 내 양국간 연간 교역규모를 1000억불로 끌어올리도록 노력한다는 점에 합의함으로써, ……
　　说明: "양국간 교역규모(双边贸易)"는 행위를 할 수 있는 주체가 아니기 때문에 错误翻译과 같이 번역할 수 없다.

☞ 这件事使我和家里的关系更加紧张了。
　　翻译①: 그 일은 나와 가족들과의 관계를 더욱 악화되게 만들었다.
　　翻译②: 그 일로 (인해) 나와 가족들과의 관계는 더욱 악화되었다.
　　说明: 특별한 경우를 제외하고는 翻译①보다 翻译②가 더 자연스럽다. "这件事"는 '나와 가족들과의 관계가 더욱 악화된 원인(계기)'를 의미하므로 이유를 나타내는 "-로 인해"로 번역해야 적절하고, "关系"는 주격으로 번역하는 것이 더 자연스럽다.

15.3.5　敬语阶称的翻译 —— 경어법을 고려한 번역

　한국어는 중국어와 달리 경어법이 발달한 언어이다. 15과 본문 중 富贵가 부인인 家珍에게 하는 말인 "我下地了"를 "나 밭에 간다"로 번역할 수 없다. 장년층 부부 사이에는 일반적으로 하오체(높임말이나 낮춤말이 아닌 중간체 또는 예사 높임에 해당)가 쓰인다. 따라서 "나 밭에 가오"로 번역하는 것이 적절하다.
　하오체의 종결어미 중 가장 기본적인 것은 '①오(예:나 가오)'와 '②소(예:그 사람 벌써 갔소)'이고, 의문형으로는 '③ㅂ디까(예:그 사람이 그렇게 애기 합디까?)'가 있다. 그 외 '④ㅂ시다', '⑤ㅂ디다(예:그 사람이 그렇게 애기 합디다)'도 있다. 그리고 감탄형인 '⑥는구려(예:당신 오늘 따라 예뻐 보이는구려)'와 '⑦그려(예:오늘 따라 왠지 한 잔 하고 싶네 그려)'가 있다.

　　영상 작품이나 소설에 나오는 대화를 번역할 때는 반드시 경어법을 고려하여 번역해야 한다.

▶ 합쇼체(아주 높임)―하오체(예사 높임)―하게체(예사 낮춤)―해라체(아주 낮춤)

　　경어법(존대법)의 기본은 자신을 낮추고 남을 높이는 것이다. 일반적인 존대로는 아주 높임인 '합쇼체'를 들 수 있는데, '-니다', '-ㅂ니까?' 등과 같은 합쇼체의 종결어미가 뒤에 붙는 것이다. 보통 예사 높임인 '하오체'는 자기보다 아랫사람이나 대등한 사이에서 쓰는 높임말이다. 아랫사람에게 쓰는 아주 낮춤과 예사 낮춤인 평대에는 '해라체'와 '하게체'가 있다. 현재 실생활에서 흔히 쓰는 평대가 '-해라'이고, 상대방에게 '-해라'를 쓰기에는 좀 어려운 사이인 경우에는 '-하게'라는 표현을 쓴다. 예를 들어, 장인(岳父)이 사위(女婿)에게, 스승이 제자에게, 나이 차이가 얼마 안 나는 아래 항렬의 친척에게, 동년배이지만 그다지 가깝지 않은 친구에게, 또는 가까운 사이지만 피차 예의를 갖추고 싶은 친구에게, 남들 앞에서 격식을 차리고 싶은 경우 등등이다. 따라서 '-하게'는 '-해라'보다 상대를 대우하는 말로 볼 수 있다.

　　'합쇼체', '하게체', '해라체'만으로 충분한데 '하오체'가 쓰이게 된 이유는 고대가 비록 신분 사회였지만 아랫사람을 대접하고 그의 인격을 존중하기 위해서이다. 아랫사람의 인격, 학문, 품성, 지위, 나이 등을 고려하여 내가 윗사람이지만 그에게 걸맞는 대우를 해야하겠다는 판단을 했을 경우 바로 '하오체'를 사용했던 것이다. 예를 들어 임금이 신하에게, 동학(같은 스승에게 배우는 처지) 중 선배가 후배에게, 비슷한 관직에 있는 사람인데 서로 '하게'하기에는 어려운 경우, 항렬이 아래인 친척이지만 자기보다 나이가 많은 경우, 그리고 아랫사람이지만 그의 인격을 보아 함부로 대할 수 없다고 생각하는 경우 등이다. 즉, '하오'는 평대를 해도 무방한데 상대를 대접해 주는 것이 좋은 경우에 사용되었다.

15.4 翻译练习

15.4.1 改错

❶ 最令人激动的瞬间,就是胡锦涛总书记与连战主席握手的历史时刻。
사람들로 하여금 가장 감격하게 만든 순간은 바로 후진타오 총서기와 렌쟌 주석이 악수를 나눈 역사적 순간이었다.

❷ 每天笑15分钟可以**使**人的心脏更健康,因为笑和做有氧运动的效果差不多。
매일 15분씩 웃으면 사람들의 심장이 건강해질 수 있다. 웃음은 유산소 운동과 같은 효과를 지니기 때문이다.

❸ 1978年以来的改革开放**使**中国社会发生了巨大的变化。
1978년 이후 개혁개방은 중국 사회로 하여금 커다란 변화가 생기게 만들었다.

❹ 既然他想去,你就**让**他去吧!
그가 가고 싶어하는데 그를 가게 하세요.

❺ 他从来没有**让**我失望过。
그 사람은 이제까지 나로 하여금 실망하게 만든 적이 없다.

❻ 打电话告诉你哥,**叫**他今天早点下班回家。
오빠(형)한테 전화해서 오빠(형)더러 오늘 좀 일찍 퇴근해 집에 오라고 해.

15.4.2 翻译词汇

❶ 　　许三观坐在瓜田里吃着西瓜,他的叔叔,也就是瓜田的主人站了起来,两只手伸到后面拍打着屁股,尘土就在许三观脑袋四周纷纷扬扬,也落到了西瓜上。许三观用嘴吹着

尘土，继续吃着①嫩红的瓜肉。他的叔叔拍完屁股后重新坐到田埂上。许三观问他："那边②黄灿灿的是什么瓜？"

在他们的前面，在藤叶半遮半掩的西瓜地的前面，是一排竹竿支起的瓜架子，上面吊着很多③圆滚滚④金黄色的瓜，像手掌那么大，另一边的架子上吊着⑤绿油油看上去长一些的瓜。它们都在阳光下闪闪发亮，风吹过去，先让瓜藤和瓜叶摇晃起来，然后吊在藤上的瓜也跟着晃动了。

—— 허삼관이 밭에 앉아서 수박을 먹고 있는데, 밭 주인인 그의 삼촌이 일어나 엉덩이를 털었다. 엉덩이에 묻었던 흙이 허삼관 머리 주위로 날리며 수박에도 떨어졌지만, 허삼관은 입으로 훅훅 불고는 계속해서 (①嫩红的   ) 수박을 먹었다. 엉덩이를 털던 삼촌이 다시 자리에 앉자 허삼관이 물었다.
"저기 저 (②黄灿灿的   ) 뭐예요?"
그들 앞에는 등나무 잎으로 반쯤 가려진 수박밭의 앞쪽에 대나무로 밑을 받친 받침대가 있고, 그 위에 (③圆滚滚   ), ④金黄色的   ) 박이 매달려 있었다. 그리고 또 다른 받침대에는 좀 길고 (⑤绿油油   ) 열매가 달려 있었다. 그 열매들은 햇빛에 반사되어 빛이 났고, 바람이 불면 넝쿨과 이파리들이 흔들렸고 열매들도 따라서 흔들리곤 했다.

❷ 　　有位孤独的老人，无儿无女，又体弱多病，他决定搬到养老院去，并宣布出售他漂亮的住宅。购买者闻讯蜂拥而至，住宅底价6万英镑，但人们很快就将它炒到10万，价钱还在不断攀升。老人独自坐在沙发里，满目忧郁，是的，要不是健康状况不行了，他是不会卖掉这栋陪他度过大半生的住宅的。一个①衣着朴素的青年来到老人眼前，蹲下身，低声说："②先生，我很想买这栋住宅，可我只有1万英镑。"
　　老人淡淡地说："但是，它的底价就是6万英镑啊！"
　　青年人并没有放弃，真诚地说："如果您把住宅卖给我，我保证会让您依旧生活在这里，和我一起喝茶、读报、散步，天天都快快乐乐的。"
　　老人颔首微笑，他果真把这幢住宅卖给了这位仅有1万英镑的青年。
—— 친척도, 자식도 없는 노인이 있었다. 몸도 허약하고 병치레가 잦았던 노인은 남은 여생을 양로원에서 보내기로 마음 먹고, 살던 집을 내놓았다. ……
그러던 어느 날 (①衣着朴素的青年   ) 찾아와, 노인 앞에 무릎을 꿇으며 말했다. (②先生   ) 전 이 집을 꼭 사고 싶습니다. 그런데 제가 가지고 있는 돈은 만 파운드밖에 안 됩니다." ……

❸ 父亲下班回到家已经很晚了，发现六岁的儿子在门旁等他。

"爸爸,我可以问你一个问题吗?"

疲惫的父亲说:"什么问题呢?"

儿子问:"你一个小时赚多少钱?"

父亲有点生气地说:"这和你无关,你为什么问这个问题?"

儿子哀求道:"我只想知道,爸爸,你告诉我好吗?"

"好吧,告诉你,我一个小时赚20美元,现在你满意了吗?"

—— 아버지가 퇴근하고 집에 들어온 때는 아주 늦은 밤이었다. 그런데 여섯 살 된 아들이 그를 기다리고 있는 것이 아닌가.

"아빠, 여쭤볼 것이 하나 있어요."

피로에 지친 아버지가 말했다. "뭘 물어보고 싶은거니?"

아들이 물었다. ("①你一个小时赚多少钱?   )

아버지는 볼멘 소리로 말했다. ("②这和你无关,   ) 왜 그걸 묻는 거니?"

아들은 간절하게 말했다. "그냥 알고 싶어서요. 알려주세요. 예?"

"한 시간에 20달러 번다. (③现在你满意了吗?   )

15.4.3 翻译句子

❶ 她要一个订婚戒指。
___

❷ 这个公司的产品质量不好,所以要的人很少。
___

❸ 今年我们中学要两名语文教师。
___

❹ 北京大学每年向全国各地的高中要一千多名优秀学生。
___

15.4.4 翻译短文

❶   一夜与一生

很多年以前,一个暴风雨的晚上,有一对老夫妇走进一家旅馆,要订房。

"很抱歉",柜台后一位年轻的服务生说,"我们这里已经被参加会议的团体包下了"。看到老夫妇一脸的遗憾,服务生赶紧说:"先生、太太,这么晚了,我实在不忍看你们露宿街头。

如果不嫌弃的话,你们可以在我的房间里住一晚,那里虽然不是豪华套房,却十分干净,我今天晚上要在这里加班。"

第二天,当老先生下楼来付房费的时候,那位服务生婉言谢绝了老先生,说:"我的房间是免费借给你们住的。"

又过了几年,有一天,这个服务生忽然接到那位老先生的来信,老先生邀请他到曼哈顿见面,并附上了往返的机票。几天以后,服务生来到曼哈顿去见面,在一幢豪华建筑物前见到了老先生。老先生指着眼前的建筑物说:"这是我专门为你盖的饭店。"这家饭店后来在美国极富盛名,这位服务生也就成了饭店的第一任总经理,这位年轻人怎么也没有想到,自己无意的帮助换来的回报竟是一生的辉煌。经济学告诉我们,最稀缺的东西最值钱。在商业活动中,真诚是最稀缺的。

❷   以退为进

一位留美的计算机博士,毕业后在美国找工作,结果好多家公司都不录用他,思来想去,他决定收起所有的学位证明,以一种"低身份"的姿态再去求职。

不久,他就被一家公司录用为程序输入员,这对他来说简直是"高射炮打蚊子",但他仍干得一丝不苟。不久,老板发现他能看出程序中的错误,非一般的程序输入员可比,这时他拿出学士证,老板给他换了个与大学毕业生对口的岗位。

过了一段时间,老板发现他时常能提出许多独到的有价值的建议,远比一般的大学生要高明,这时,他又亮出了硕士证,于是老板又提升了他。又过了一段时间,老板觉得他还是与别人不一样,并与他深谈,此时他才拿出博士证。老板对他的水平已有了全面的认识,毫不犹豫地重用了他。以退为进,由低到高,这也是一种自我表现的艺术。

❸   不能去掉的

有个英国人到瑞士出差,办完事后,便打算尽快回家,可他到邮局给妻子发电报时,身上的钱已花得差不多了,于是他把拟好的电报交给营业员小姐,请她为他报价。

小姐数了一下字数并报了价,他发现身上的钱不够,就说:"请把电文中'亲爱的'三个字去掉,这样钱就够了。"不料,小姐却温和地笑起来:"不,这三个字无论如何不能去掉,你妻子最盼望的就是这三个字,请不必为难,这钱我替您出。"

故事不长,却极其感人。更有意思的是,那个发电报的人,原本是一个生性冷漠、心胸狭窄的人,自从那位姑娘用微笑点亮他的心灵之后,他渐渐地变了,变成了一个待人亲切、宽容大度的人。

❹   一枚硬币

两个年轻人一同找工作,一个是英国人,一个是犹太人。

地上有一枚硬币,英国青年看也不看地走了过去,犹太青年却激动地将它捡起。英国青年对犹太青年的举动露出鄙夷之色：一枚硬币也捡，真没出息！犹太青年望着远去的英国青年心生感慨：让钱白白从身边溜走，真没出息！

两个人同时走进一家公司。公司很小，工作很累，工资也低，英国青年不屑地走了，而犹太青年却高兴地留了下来。两年后，两人在街上相遇，犹太青年已成了老板，而英国青年还在寻找工作。英国青年对此不可理解，说："你这么没出息的人怎么能这么快地'发'了？"犹太青年说："因为我没有像你那么绅士般地从一枚硬币上迈过去。你连一枚硬币都不要，怎么会发大财呢？"

英国青年并非不要钱，可他眼睛盯着的是大钱而不是小钱，所以他的钱总在明天。这就是问题的答案。

❺ 一碗汤

在一家餐馆里，一位老太太买了一碗汤，在餐桌前坐下，突然想起忘了取面包，便站起身，去取面包。当她返回餐桌时，却发现自己的座位上坐着一个黑皮肤的男子，正喝着她的那碗汤。

老太太寻思着："这人或许太穷了，我还是不作声算了。不过，也不能让他一个人把汤全喝了。"于是，老太太拿了汤匙，与那人同桌，面对面地坐下。一声不响地用汤匙喝汤。就这样，两个人一起喝着那碗汤。他们都默默无语。

这时，那人突然站起身，又去端来了一盘面条，放在老太太面前，面条里插着两把叉子。两个人又继续吃起来。吃完后，各自起身，准备离去。

"再见！"老太太说。

"再见！"那个黑皮肤男子愉快地答道。

那人走后，老太太才发现旁边的一张餐桌上，摆着一碗汤，正是她忘了喝的那碗汤……

15.5 翻译作业

许三观卖血记

余 华

许玉兰问许三观："你是向谁借的钱？"

许玉兰伸直了她的手，将她的手指一直伸到许三观的鼻子前，她说话时手指就在许三观的鼻尖前抖动，抖得许三观的鼻子一阵阵地发酸，许三观拿开了她的手，她又伸过去另一只手，她说："你还了方铁匠的债，又添了新债，你是拆了东墙去补西墙，东墙的窟窿怎么办？你向谁借的钱？"

许三观卷起袖管,露出那个针眼给许玉兰看:

"看到了吗?看到这一点红的了吗?这像是被臭虫咬过一口的红点,那是医院里最粗的针扎的。"

然后许三观放下袖管,对许玉兰叫道:

"我卖血啦!我许三观卖了血,替何小勇还了债,我许三观卖了血,又去做了一次乌龟。"

许玉兰听说许三观卖了血,"啊呀!"叫了起来:

"你卖血也不和我说一声,你卖血为什么不和我说一声?我们这个家要完蛋啦,家里有人卖血啦,让别人知道了他们会怎么想?他们会说许三观卖血啦,许三观活不下去了,所以许三观去卖血了。"

许三观说:"你声音轻一点,你不去喊叫就没有人会知道。"

许玉兰仍然响亮地说着:"从小我爹就对我说过,我爹说身上的血是祖宗传下来的,做人可以卖油条、卖屋子、卖田地……就是不能卖血。就是卖身也不能卖血,卖身是卖自己,卖血就是卖祖宗,许三观,你把祖宗给卖啦!"

许三观说:"你声音轻一点,你在胡说些什么?"

许玉兰掉出了眼泪:"没想到你会去卖血,你卖什么都行,你为什么要去卖血?你就是把床卖了,把这屋子卖了,也不能去卖血。"

许三观说:"你声音轻一点,我为什么卖血?我卖血是为了做乌龟。"

许玉兰哭着说:"我听出来了,我听出来你是在骂我,我知道你心里在恨我,所以你嘴上就骂我了。"

许玉兰哭着向门口走去,许三观在后面喊叫:

"你回来,你这个泼妇,你又要坐到门槛上去了,你又要去喊叫了……"

15.6 参考资料

중국소설 번역 현황

중국의 문학작품 번역 상황을 살펴보면 무엇보다도 확연하게 눈에 뜨이는 것은 소설 번역이 양적으로 절대적인 우위 현상을 보인다는 점이다. 한 조사에 따르면 소설은 무협 소설류를 제외하고도 같은 작품이 중복 출판된 것을 포함하여 약 400권 이상이 출판되었는데, 이는 약 150권 가량의 산문, 25권 가량의 시, 겨우 대여섯 권에 불과한 극본에 비교한다면 압도적인 양이다. 이러한 현상이 나타나게 된 것에는 여러 가지 이유가 있을 것이다. 문학의 여러 장르 중에서 소설이 수적 우위에 있다는 점, 번역이 가지는 특성 때문에 시보다는 소설이 독자에게 어필하기 쉽다는 점, 중국인과 중국 사회에 대한 지적 호기심을 만족시켜 주기가 쉽다는 점 등 아무래도 다른 장르보다는 소설이 독자들에게 쉽게 접근할 수 있다는 특성이 가장 큰 이유일 것이다.

소설의 연도별 번역 추세를 살펴보면, 1970년 이전까지와 1970년대에는 각각 10권 남짓에 불과했던 것이 1980년대에 들어서면서 점차 그 숫자가 늘기 시작해서 1980년대 후반부터는 매년 10여 권이 번역되었고, 특히 한중 수교가 이루어진 1992년 이후부터는 비약적으로 증가하여 수 년 간 해마다 30권 이상 번역되었다. 이러한 양적인 면에서의 증가 추세는, 한국과 중국과의 관계 호전이 문학 분야에도 얼마나 큰 영향을 주었는지를 확연하게 보여준다.

그런데 소설 작품의 번역에 있어서도 수필과 마찬가지로 魯迅과 琼瑤라는 특정 작가의 작품이 집중적으로 번역되는 편중 현상이 보인다. 琼瑤의 소설은 1980년대 중반 이후 매년 2, 3권씩 번역되었는데, 처음에는 한국 독자들에게 그다지 크게 주목받지는 못했다. 그러다가 1992년 SBS에서 琼瑤의 소설『금잔화』를 각색하여 드라마로 방영했고, 이것이 크게 인기를 끌면서 1992년 한 해에만 무려 24권의 번역본이 나오는 등 해마다 몇 권씩 끊임없이 번역되어 지금까지 약 75권 이상이 출판되었다. 이 영향으로 비슷한 경향의 대중 작가인 朱秀娟, 李碧華 등의 소설도 상당 수 번역되었다. 또 한 가지는 중국 현대소설 번역에서 오랜 기간에 걸쳐 한결같이 이어지고 있는 현상으로, 魯迅 소설이 계속해서 되풀이 출판되고 있다는 점이다. 지금까지 魯迅의 소설 작품은 60권 이상 출판된 것으로 추산된다.

그런데 다른 장르보다 소설 장르가 월등히 많은 번역서가 출판된다든가, 소설 작품 중에서도 魯迅과 琼瑤의 작품이 집중적으로 번역된다든가 하는 것은 일종의 편중 현상이라고 볼 수 있는데, 이와 같은 편중 현상은 다른 측면에서도 나타나고 있다. 그 중 한 가지는 엄숙문학 작품은 거의 중국 대륙의 작품에 국한되고 대중문학 작품은 주로 대만, 홍콩 작가의 작품이라는 점이다. 달리 말하자면, 대중문학을 제외하면 대만, 홍콩의 엄숙문학 작품은 별로 소개되지 않고 있을 뿐만 아니라, 특히 홍콩의 경우에는 거의 찾아볼 수 없다. 또 한 가지는 그 동안 1949년 이전의 작품에 집중되어 있다가 최근 1976년 이후의 작품이 많이 번역되고 있는데, 1949년~1976년 사이의 작품은 상대적으로 보아 그다지 많지 않다는 점이다.

第 16 课 诗 歌

16.1 课文范文

(1) 静夜思

静夜思
李白

床前明月光,
疑是地上霜,
举头望明月,
低头思故乡。

(2) 偶然

偶 然
徐志摩

我是天空里的一片云,
偶尔投影在你的波心——
你不必讶异,
更无须欢喜——
在转瞬间消灭了踪影。

你我相逢在黑夜的海上,
你有你的,我有我的,方向;
你记得也好,
最好你忘掉,
在这交会时互放的光亮!

16.1.2 词汇注释

床 —— 침상, 침대
瞬间 —— 순식간에, 눈깜짝할 사이(새)

讶异 —— 놀라다
踪影 —— 행방, 자취, 흔적, 그림자

16.1.3 参考译文

정야사(靜夜思)

침상에서 달빛을 내다보자니
영락없이 땅 위에 서리 깔린 듯
고개 들어 밝은달 바라보고
머리 숙여 고향집 생각을 하네

우연

나는 하늘의 한 조각 구름
어쩌다 그대 물결치는 가슴에 그림자를 드리우더라도—
그대 놀라지 마오
기뻐할 필요는 더욱 없소—
눈 깜짝할 새 자취도 없이 사라지고 말테니
그대와 나 어두운 밤바다에서 만나
그대는 그대의, 나는 나의 갈 길이 있소
기억해도 상관없겠지만
가장 좋은 건 잊는 것이라오
우리 그 때 만나 서로에게 주었던 빛줄기들을……

16.2 正误评析

❶ 床前明月光,疑是地上霜。

错误翻译:
침대 앞에 비친 밝은 달빛을 보니,

땅 위에 내린 서리로 여겼네.

正确翻译：
(침/상/에/서) (달/빛/을) (내/다/보/자/니)
(영/낙/없/이) (땅/위/에) (서/리/깔/린/듯)

正误评析：
- 이백(李白)의 『靜夜思』는 5언 절구 형식을 띤 고시(古時)로 볼 수 있다. 이처럼 중국의 漢詩(古诗)는 엄격한 정형율을 따르기 때문에 한국어로 번역할 때 가능한 한 음수율(일정한 음절 수)을 지켜 옮겨야 한다. 따라서 초벌번역을 한 후 음절 수를 통일시켜야 하는데, 이는 쉽지 않은 작업이다. 正确译文에서는 4.3.5조의 음수율에 따라 번역했지만 반드시 이 음수율을 따라야 하는 것은 아니다. 한시는 암시적이고 비유적인 표현이 많기 때문에 번역에 있어 중국 현대시보다 더 어렵다. 따라서 한시를 번역할 때는 글자 하나하나 세심한 주의를 기울여야 한다. 한시 번역의 또 하나의 어려움은 시구(詩句)에 대한 주관적인 해석이 가능하다는 점이다. 같은 구절을 두고 오랫동안 엇갈린 해석이 있어온 것도 바로 이런 이유 때문이다.
- "床"을 여기서 "침대"로 번역할 수 없다. "침대"는 '사람이 눕는 데 쓰는 서양식 가구(bed)'의 의미를 지니고 있어, 한시에 사용하는 것은 부적절하다. 따라서 "침상(寢床)"으로 번역하는 것이 옳다.
- "달빛을 보니"로 번역하는 것은 부적절하다. "ⓐ를 보고 ⓑ로 여기다"의 의미로 옮겨야 적절하므로 "(바라)보고"로 번역하는 것이 옳으며, 음절수를 고려하여 正确译文에서는 "내다보자니"로 옮겼다. "~하자니"와 "~한 듯"의 의미를 연결해주기 위해서이다.
- 错误翻译의 "여겼네"에서 마침표를 없애야 한다. 한시에서는 일반적으로 마침표를 사용하지 않는다.
- 正确译文에서는 학생들의 이해를 돕기 위해 4.3.5조의 음수율을 부각시켜 "(침상에서) (달빛을) (내다보자니)"와 같이 괄호로 처리하였다. 이 때 (4), (3), (5)는 각각 의미상 독립성을 가질 수 있도록 번역해야 적절하다. 예를 들어 '4 음절(침상에서), 3 음절(달빛을), 5음절(내다보자니)'은 각각 부사구, 목적어, 동사로서 의미상 독립성을 지닌다.

❷ 举头望明月，低头思故乡。

错误翻译：
머리를 들어 밝은 달을 바라보고,
머리를 숙여 고향을 그리워한다.

正确翻译：
(고/개/들/어) (밝/은/달) (바/라/보/고)
(머/리/숙/여) (고/향/집) (생/각/을/하/네)

正误评析：
- ☯ 错误翻译과 같이 "머리를 들어(5) 밝은 달을(4) 바라보고(4)"로 번역했다면 그 다음 행 역시 (5), (4), (4)에 맞추어 "머리를 숙여(5) 고향집을(4) 생각하네(4)"와 같이 옮겨 음절수를 통일시켜야 한다.
- ☯ "头①"와 "头②" 중 하나는 "고개"로 다른 하나는 "머리"로 옮겨 표현의 중복을 피하는 것이 더 바람직하다.
- ☯ 모든 행을 4.3.5조의 음수율로 통일하는 것이 바람직하지만 세 번째 행의 "望"을 5음절로 옮기기 어려운 관계로 正确译文에서는 4음절인 "바라보고"로 옮겼다.

❸ 偶尔投影在你的波心
错误翻译：
우연히 너의 파도가 이는 가슴에 그림자를 던진다.
正确翻译：
어쩌다 그대 물결치는 가슴에 그림자를 드리우더라도
正误评析：
- ☯ "你"를 "너"로 번역하는 것보다 "그대" 또는 "당신"으로 번역하는 것이 시의 전체적인 분위기에 더 부합된다.
- ☯ "投影"을 "던진다" 또는 "비친다" 등으로 번역할 수 없다. 이 행(行)은 의미상 뒤의 "你不必讶异,更无须欢喜(그대 놀라지 마오/기뻐할 필요는 더욱 없소)"에 대한 조건절로 볼 수 있으므로 "~해도(하더라도)"로 번역해야 적절하다. 여기서는 "(그림자를) 드리우더라도"로 번역 가능하다.

❹ 在转瞬间消灭了踪影。
错误翻译：
눈을 깜짝일 새 흔적이 없어지고 말다.
正确翻译：
눈 깜짝할 새 자취도 없이 사라지고 말테니
正误评析：
- ☯ "在转瞬间"을 "눈을 깜짝일 새"로 번역하는 것은 부적절하다. "눈 깜짝할 사이(새)"가 고정적인 표현이다.
- ☯ "消灭了"를 "흔적이 없어지고 말다"로 번역하는 것은 부적절하다. "흔적(자취)도 없이 사라지다"가 고정적인 표현이다.

❺ 你有你的, 我有我的, 方向；
　错误翻译:
　너는 너의, 나는 나의 방향이 있다.
　正确翻译:
　그대는 그대의, 나는 나의 갈 길이 있소
　正误评析:
　☯ "你"를 "너"로 번역하는 것보다 "그대" 또는 "당신"으로 번역하는 것이 시의 전체적인 분위기에 더 부합된다.
　☯ "方向"을 "방향"으로 번역하는 것은 지나친 직역에 가깝다. "길"로 번역해야 자연스럽다.

❻ 你记得也好
　错误翻译:
　그대가 기억해도 좋고
　正确翻译:
　기억해도 상관없겠지만
　正误评析:
　☯ "你"는 번역에서 생략해야 자연스럽다. 굳이 번역하지 않아도 대상이 누구인지 명확하기 때문이다.
　☯ "也好"를 "좋고"로 번역하는 것은 부적절하다. "也"의 의미를 충분히 반영해서 옮기지 않았기 때문이다. 의미상 "상관없겠지만" 또는 "괜찮지만"으로 번역해야 적절하다

❼ 在这交会时互放的光亮！
　错误翻译:
　우리 만날 때 서로 주었던 빛!
　正确翻译:
　우리 그 때 만나 서로에게 주었던 빛줄기들을……
　正误评析:
　☯ "光亮"을 "빛!"으로 번역하는 것은 부적절하다. "光亮"은 그 앞의 행인 "你记得也好"와 "最好你忘掉" 중 "记得"과 "忘掉"의 목적어이므로 "빛을……" 또는 "빛줄기들을……" 등과 같이 목적격으로 번역해야 적절하다.

16.3 翻译知识

16.3.1 诗歌翻译的难点 —— 詩 번역의 난해성

문학작품은 한 민족의 특수한 전통과 문화의 맥락에서 작가 고유의 체험과 미학이 복잡한 언어과정을 통해서 구축된 구조물이다. 뿐만 아니라 문학작품의 번역과정에는 작가와 번역가의 주관적 개체성이 이중으로 투영되기 때문에 문학작품의 번역은 더욱 난해한 문제가 되고 있다.

문학작품 번역 중에서도 특히 詩 번역은 그 난해성(難解性)으로 인해 오래 전부터 찬반론이 엇갈려 왔으며, 이 같은 논의는 지금도 계속 되고 있다. 미국의 국민시인 로버트 프로스트(Robert Frost)는 "시란 번역 과정에서 사라지는 것이다/시는 번역을 하면 진가가 상실된다(Poetry is what is lost in translation. —— 詩意即翻译过程中失去的东西。)"라고 주장했는데, 이 말은 '시는 운과 리듬 및 소리와 뜻이 절묘하게 결합된 결정체로써 해석과 해설을 배제하는 그 자체의 존재 가치로, 즉 시는 의미하는 것이 아니라 그 자체로써 존재해야 한다'는 발상에서 나온 말이지만 대체로 시의 번역이 불가능하다는 뜻으로도 받아들여지고 있다. 영국 시인 존 데넘(John Denham)도 "시란 너무나 미묘한 정신을 담고 있어서, 그것을 한 언어에서 다른 언어로 쏟아 부으면 모든 것이 증발해 버린다. 그래서 번역의 과정에서 새로운 정신이 더해지지 않으면 거기에는 오직 찌꺼기만 남게 될 것이다"라고 언급함으로써 시 번역의 어려움에 대해서 피력한 바가 있으며, 시 번역을 언어학적 측면에서 고찰한 미국 언어학자 로만 야콥슨(Roman Jakobson) 역시 "시의 번역은 원칙적으로 불가능하다"고 말하면서, "서로 다른 형태의 시적 변형을 위해 상관된 언어로부터 창조적인 전위(transposition)만이 가능하다"고 말한 바 있다.

시는 특수한 문화권의 언어로 소리와 의미가 시인의 시학에 의해서 절묘하게 축조된 구조물로서 타 문화권의 언어로 옮기는 데에는 위에서 언급한 바와 같이 '번역불가성(untranslatability)'의 벽에 높이 가로막혀 있지만, 한편 시는 시인의 탁월한 감수성의 소산임으로 그 감수성을 다시 비춰보는 일은 어느 정도 가능하다. 하지만 좋은 시인이 되기 위해서 남다른 영감과 천재성을 가져야 하고 언어의 마술사가 되어야 하듯이, 시 번역가는 출발어 및 도착어에 능통해야 하고, 출발어 문화와 도착어 문화에 친숙해야 하며, 훌륭한 독자·비평가·작가로서의 능력과 소양을 겸비해야 한다. Cary는 "시의 번역은 시적 작업이다. 시를 번역하기 위해서는 스스로 시인이 되어야 한다"고 말한 바 있다. 어쩌면 시 번역가에게는 시인에게 요구되는 것 이상의 역량이 요구되므로 훌륭한 시 번역가의 탄생은 훌륭한 시인의 탄생보다 더 드문 일이 될지도 모른다. 왜냐하면 시 번역은 번역가가 할 수 있는 일 중에서 가장 어려운 작업 중의 하나이기 때문이다.

16.3.2 诗歌翻译技巧 —— 詩 번역 시 고려 사항

시를 번역할 때는 시인의 성향, 시의 종류와 특성에 따라서 번역 방법을 달리해야 한다. 이와 관련하여 오디세우스 엘리티스(Odysseus Elytis)는 시를 두 가지 부류로 분류하고 있다.

① 평면시(Plane Poetry): 평면적이고 직선적인 표현 형식으로 시의 전체 구조 속에 담긴 이야기나 메시지가 중심이 되는 시 – 서사시, 교훈시, 풍자시 등.
② 분광시(Prismatic Poetry): 시어 및 메타퍼(Metaphor, 은유)가 동일 차원에 머물지 않고 늘 파동 치고 빛을 발하면서 시의 의미를 결정하고, 시의 부분과 부분, 부분과 전체, 의미와 형식이 유기적인 통일성을 이루고 있어서 시적 효과가 의미(what the poet says)로부터 나오는지 아니면 형식(the way it is said)으로부터 나오는지 분간이 불가능하며, 독자의 직관과 상상력에 호소해서 독자로 하여금 다른 차원의 실재의 세계를 경험할 수 있도록 유도하는 시 – 서정시, 상징시, 주술 또는 마술적 성격을 지닌 신비주의 시 등.

엘리티스에 의하면 평면시는 번역이 가능하고 수월하나 분광시는 원천적으로 번역이 불가능하지만 번역가가 고도의 기술을 적용할 경우에만 어느 정도의 번역이 가능하다. 이 경우 유용하게 적용될 수 있는 방법이 이른 바 보충(compensation)인데, 이는 시를 번역할 때 상실되는 것을 더해주는 것을 지칭한다. 이와 관련하여 베이커(Baker)는 "보충은 번역의 어떤 단계에서 목표어 텍스트에 담아낼 수 없는 의미, 정서적 효과, 문체적 효과 등을 다루는 기술"이라고 정의한다.

보충하는 원전의 상실 부분과 동일 위치에 보충해 주는 '병행 보충(parallel compensation)', 인접 부분에 보충해주는 '인접 보충(contiguous compensation)', 원거리에서 보충해 주는 '원거리 보충(displaced compensation)', 2차 텍스트의 특정 부분이 아니라 전반에 걸쳐서 보충을 시도하는 '일반 보충(generalized compensation)' 등이 있는데, 번역가는 번역할 시의 종류와 특성, 출발어와 도착어 그리고 출발어 문화와 도착어 문화의 특성 등을 잘 고려한 뒤에 필요할 경우 보충의 방법을 사용하여, 원전 텍스트의 시의 정신은 물론이거니와 원전이 독자에게 주었던 효과를 도착어(목표어) 텍스트가 도착어(목표어) 독자에게 가능한 한 동일하게 줄 수 있도록 최선을 다해야 한다.

시 번역의 효율성을 제고할 수 있는 원칙들을 간단히 정리해보면 다음과 같다.
(1) 시는 내용과 형식이 시의 종류(the kind of poem), 시의 형식(poetic form), 운각(foot), 미터(metre), 함축(connotation), 리듬(rhythm), 소리(sound), 각운(rhyme), 두운(alliteration), 모운(assonance), 자운(consonance), 비유(figures of comparison)와 연유(figures of association)의 수사법, 성유법(onomatopoeia), 언어유희(wordplay) 등으로 교묘히 짜 맞추어진 구조물이다. 따라서 시 번역가는 번역 이전에 출발어의 특성과 도착어

의 특성을 십분 고려한 뒤에 사용 가능한 도착어의 활용 범위를 결정하여야 한다. 또한 번역된 시가 원작처럼 읽힐 수 있도록 도착어의 고유성과 자연스러움이 번역물에서 느껴지도록 해야 한다.

(2) 번역은 언어기호의 단순한 전환이 아니라 문자라는 형식 속에 그 언어를 사용하는 민족의 정신과 문화, 즉 복잡한 언어과정을 거쳐 형성되고 다양한 이질적 요소가 내포되어 있는 세계관을 다른 형식으로 바꾸어 표현하는 작업이다. 따라서 시 번역가는 위에서 아래로, 즉 거시적 차원에서 미시적 차원(문화→텍스트→텍스트의 구조→문장→구절→단어)으로 작품을 분석하면서 번역을 시도해야 한다.

시 번역에서 원작의 형식을 견지해야 하느냐 아니면 번역가 자신의 시 형식을 창안해내야 하느냐에 대해서 논란이 있을 수 있다. 물론 번역된 작품이 자연스러움을 잃지 않는 선에서 원작의 시 형식을 살리는 것이 바람직하겠지만, 번역을 단순히 재생이 아닌 하나의 창작으로 본다면 번역가의 창조성이 다소간 가미되는 것은 흠이 아니라 오히려 권장되어야 한다. 따라서 번역에서는 원작의 시 형식, 공간배열, 연(stanza), 행수, 시행의 길이 등을 그대로 따르기보다는 필요한 경우 도착어를 기준으로 해서 원작의 행면(space)의 제한에서 벗어나야 한다.

로버트 프로스트는 "시는 번역을 하면 진가가 상실된다"라고 했고, 오디세우스 엘리티스는 "시는 번역하면 단지 20-30%만이 남는다"고 말한 바 있듯이, 시 번역은 실로 난해한 일이 아닐 수 없다. 번역가가 할 수 있는 최선은 엘리티스가 주장한 비율을 높이기 위해 노력하는 것이다.

시 번역가는 시 작품 번역에 수반되는 한계성에도 불구하고 시 번역을 통하여 망각 속에 묻힌 위대한 시 작품의 본질적 요소를 복원해서 양국 문화와 문학을 풍요롭고 기름지게 하는 문화 변용의 투사라는 자부심과 사명 의식을 가져야 할 것이다.

16.3.3 诗歌翻译大忌 —— 바람직하지 못한 시 번역

'번역학(Translation Studies)'이라는 명칭을 처음으로 제안했던 앙드레 르페브르(Andre Lefevere)는 바람직하지 못한 시 번역의 방법을 다음과 같이 분류하고 있다.

(1) 음소론적 번역(Phonemic Translation): 1차 언어의 음성을 2차 언어로 재창출하려고 시도하는 동시에 원작의 의미를 의역을 통해 만족스러울 정도로 전달하려는 번역이다. 이에 대해 르페브르는 이러한 번역이 의성어를 번역하는 데는 어느 정도 좋은 결과를 가져오나 전반적인 결과는 우스꽝스럽고 또 원작의 의미가 거의 완전히 사라지는 경우가 종종 있다고 결론짓는다.

(2) 글자 그대로의 번역(Literal Translation): 단어 대 단어(word-for-word)의 번역에 치중함으로써 원작의 의미나 문법적 어구 배열이 왜곡된다.

(3) 운율 번역(Metrical Translation): 원작이 지닌 운율의 재창출이 주된 기준이다. 르페브르는 이 방법이 글자 그대로의 번역과 마찬가지로 원작의 운율이라는 한 가지 측면에만 치중한 나머지 전체로서의 작품을 다루지 못한다는 결론을 내린다.

(4) 운문을 산문으로 번역(Poetry into Prose): 이 방법은 원작의 느낌, 전달되어야 할 가치, 문법적 어구 배열이 왜곡되는 결과를 낳는다. 그러나 그 왜곡의 정도에 있어서는 글자 그대로의 번역이나 운율 번역보다는 덜하다고 할 수 있다.

(5) 압운 번역(Rhymed Translation): 여기서 번역가는 운율과 압운의 속박에 이중으로 얽매이게 된다. 르페브르는 이의 결과 또한 서투른 모방일 뿐이라고 혹평한다.

(6) 무운적 번역(Blank Verse Translation): 번역의 정확성을 기할 수가 있고 높은 수준의 글자 그대로의 번역이 된다는 점은 돋보이나, 하나의 구조를 선택하여 씀으로써 번역가에게 가해지는 제한적 요소가 생긴다.

(7) 해석(Interpretation): 원작의 내용은 남아 있으나 형식이 바뀐 개작(version)이나, 원작의 제목과 출발점만이 같은 번역가 자신의 모방작(imitation)이 될 가능성이 있다.

르페브르가 지적한 7가지 유형의 시 번역 방법들은 詩가 가지는 여러 속성들 중에서 단지 한 두 가지 속성에만 치우쳐 원작에 대한 충실성을 기하려고 한 나머지, 번역가의 기대와는 전혀 다른 어처구니없는 번역 작품을 낳게 된다. 이는 시를 유기적인 구조로 파악하지 못한 결과로, 번역가가 결코 선택해서는 안되는 균형 잡히지 못한 번역이라고 할 수 있다. 따라서 <u>번역가는 시를 번역하는 데 있어서, 원문 텍스트가 원문 독자에게 주는 인지적, 정서적 효과를 번역문 텍스트가 도착어 문화권 독자에게 동일하게 줄 수 있도록, 소위 유진 나이다(Eugene Nida)가 주장하는 '동의 효과(equivalent effect)'를 시 번역의 주 목표로 삼아야 한다.</u>

16.3.4 诗歌的格律与音韵 —— 율격과 음운

(1) 율격과 음보

한 시행의 리듬은 보통 <u>율격(律格)과 음보(音步)로 구성된다. 율격이란 음성적 충격에 의한 소리의 울림과 소멸이 동일한 시간적 간격을 두고 한 시행에서 최소한 두 번 이상 되풀이하여 나타나는 현상</u>을 말한다. 그리고 음보란 음성적 충격에 의한 소리의 울림과 소멸이 <u>한 시행에서 한차례 일어나는 현상</u>을 말하는데, 여기서 음성적 충격이란 다음의 네 가지를 말한다.

㉠ 음성의 강약: 강약율(英詩)
㉡ 음성의 장단: 장단율(프랑스시)
㉢ 음성의 고저: 고저율(漢詩)

㉢ 음수율:(한국시) — 음성의 강약, 장단, 고저 현상이 나타나지 않고 일정한 음절 수의 반복으로 리듬이 만들어지는 경우

　한국 전통시의 율격(리듬)은 영시의 강약율이나 한시의 고저율과는 다르게 음수율로써 4.4, 3.4조의 기본 율격을 취한다. 3보격은 발랄하여 역동적인 느낌을 주고 가창에 적합한 반면, 4보격은 안정되고 장중한 느낌을 주며 음송에 적합하다. 한국 시의 율격적 특징은 한 시행을 구성하는 음보의 규칙적인 배열, 즉 음보율에서 설명될 수도 있다.
　대부분의 한국 현대시에서는 정형율의 원칙이 지켜지고 있지 않지만 상당 부분에 전통시 율격이 내면화 되어 있음을 알 수 있다.
㉠ 2음보격 현대시: 3.4조, 4.4조, 3.3조, 5.5조로 된 중첩 2음보격의 시들이 있다.
㉡ 3음보격 현대시: 3.3.3조, 4.4.4조, 3.3.5조, 4.3.5조, 4.4.5조, 4.4.2조로 된 3 음보격 시들이 있다.

(2) 음운 배열
　음운 배열은 규칙적이던 불규칙적이던 시행에 같은 음운을 반복 제시하여 음악적 효과를 환기시키는 현상을 말하는데, 압운, 진술의 반복, 음성상징 등의 방법을 통해 이루어진다.

① 압운(고정된 틀)-시행의 일정한 위치에 일정한 형식으로 동일한 음운이 배열되는 것.
㉠ 모운(母韻, assonance):두 개 이상의 단어에 같은 강세음절의 모음이 반복되는 경우.
㉡ 두운(頭韻, alliteration):두 개 이상의 동일한 모음이나 자음이 어두에 나타나는 경우. 예:밤하늘에 부딪친 번갯불이니
㉢ 자운(字韻, consonance):각 단어의 어미에 동일한 음운이 반복 사용되는 경우. 예:무심코 야윈 볼도 만져 보느니
㉣ 각운(脚韻, rhyme):두 개 이상의 행 끝에 동일한 강음절의 음운이 반복되는 운.

☞ 저 곡조만 사라지면(김영랑)
　　저 곡조만 마조 호동글 사라지면
　　목속의 구슬을 물속에 버리려니
　　해와같이 떴다지는 구름속 종달은
　　내일 또 새론 섬 새구슬 머금고오리
　说明: 동일음이 시행의 끝에 오는 소위 종결운(각운)의 예로, 1행과 3행에서는 자음 "ㄴ"이, 2행과 4행에서는 모음 "ㅣ"가 서로 일치하며 끝난다.

☞ 돌담에 속삭이는 햇발 (김영랑)
　돌담에 속삭이는 햇발같이
　풀 아래 웃음짓는 샘물같이
　내 마음 고요히 고운 봄 길 위에
　오늘 하루 하늘을 우러르고 싶다

　새악시 볼에 떠오는 부끄럼같이
　시의 가슴 살포시 젖는 물결같이
　보드레한 에머랄드 얇게 흐르는
　실비단 하늘을 바라보고 싶다

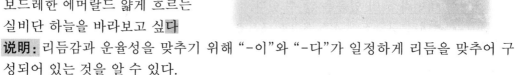

　说明: 리듬감과 운율성을 맞추기 위해 "-이"와 "-다"가 일정하게 리듬을 맞추어 구성되어 있는 것을 알 수 있다.

☞ 리듬은 시에 있어서 행갈이(行의 구분)를 하는 원리로 사용된다. 리듬에는 크게 두 가지 유형이 있는데, 하나는 리듬의 단위들이 일정한 격식을 따르는 경우, 다른 하나는 그러한 격식을 따르지 않는 경우이다. 흔히 전자를 '정형율', 후자를 '내재율('자유율'의 의미)'이라고 부른다.

② 진술의 반복
　-쌍관식 반복: 시행의 처음과 끝에 동일한 진술 반복
　-두괄식 반복: 매 시행의 첫 어절에 동일한 진술 반복
　-미괄식 반복: 매 시행의 끝 부분에 동일한 진술 반복
　-연속적 반복: 같은 단어가 연속적으로 동일한 진술 반복
　-교차식 반복: 행과 행을 번갈아 가며 동일한 진술 반복

③ 음성 상징-의성어, 의태어
　　정형시, 정형율로 씌어지는 시의 경우 시행은 전통적으로 일정한 규칙에 의해서 만들어진다. 英詩도 각 음보가 주어진 율격에 따라야 함은 漢詩의 경우와 같다. 한국의 전통시도 정형율에 따라 만들었다. 그렇지만 대부분의 한국 현대시에서는 정형율의 원칙이 지켜지고 있지 않다. 일반적으로 한 개의 시행이 명사형 문장인 경우에는 함축적이고 단단한 느낌을 주며, 시의 리듬이 급박해지고 의미 연결에 단절감을 준다. 반면 동사형 문장은 설명적이고 유연한 느낌을 주지만 사변적이 될 위험이 크다.
　☞ 명사형 문장의 예: 자목련이 지는 날은 하염없는 그대 생각
　☞ 동사형 문장의 예: 큰바위가 큰소리로 작은 바위를 타이릅니다

시 번역에 있어 중국 현대시보다 한시(古诗)의 번역이 더 어렵다. 한자가 갖는 문자적 특성 때문에 한시는 암시적이고 비유적인 표현이 많다. 그렇기 때문에 한시를 번역할 때는 글자 하나하나 세심한 주의를 기울여야 한다. 한시 번역의 또 하나의 어려움은 시구(詩句)에 대한 주관적인 해석이 가능하다는 점이다. 같은 구절을 두고 오랫동안 엇갈린 해석이 있어온 것도 바로 이런 이유 때문이다. 한시는 표음문자인 한국어와 표의문자인 한자 사이에서 비롯된 문자상의 특성과 번역자가 표현한 수법상의 개성 때문에 번역 양상이 다양하게 드러나고 있다. 원시는 일정한 형식을 갖춘 정형시라도 번역자의 자의대로 3언, 4언, 5언, 7언 또는 자수에 전혀 구애를 받지 않고 구수도 4구나 6구 등 일정한 기준 없이 번역되고 있다.

16.4 翻译练习

16.4.1 改错

❶ 春望
国破山河在，
城春草木深，
感时花溅泪，
恨别鸟惊心。

春望
나라는 부서져도 산천은 그대로다
옛서울 봄이언만 초목만 우거졌다
시절이 느껴우니 꽃봐도 눈물이다
이별을 한탄하니 새소리 안타깝다

❷ 读杜甫诗偶题
杜甫文章世风宗，
一回披读一开胸，
神飙习习生阴壑，
天乐嘈嘈发古钟。
云尽碧空横快鹘，
月明沧海戏群龙，
依然步入仙山路，
领略千峰更万峰，

杜詩를 읽고 나서
두보의 문장은 세상의 마루이다
읽으면 읽을수록 가슴이 트인다
그늘진 골짝에 신풍이 일고 있다
예로운 쇠복에다 과가른 천락이다
해맑은 창공에 독수리가 날고 있다
달밝은 바다에서 용이 나는 듯하다
차분히 선경에 거닐어 들었다
천봉을 거느려도 또다시 만봉이 보인다

❸　　望乡　　　　　　　　　　　　　　望鄕
　　迟日江山丽，　　　　　　　긴긴해 강산은 가직건 곱다
　　春风花草香，　　　　　　　봄바람 향글다 꽃내음 난다
　　泥融飞燕子，　　　　　　　언땅이 풀리어 청제비 날았다
　　沙暖睡鸳鸯。　　　　　　　모랫벌 다사뤄 원앙이 존다
　　江碧鸟逾白，　　　　　　　강물이 파라니 새 더욱 희다
　　山青花欲燃，　　　　　　　산빛이 푸르니 꽃 붉게 탄다
　　今春看又过，　　　　　　　이봄도 그렁정 또 지나간다
　　何日是归年。　　　　　　　고향엔 어느날 돌아가나

16.4.2　填空

❶　明月几时有，　　　　　　　밝은 달 있은지 그 얼마던가?
　　把酒问青天。　　　　　　　(　　　　　　　　　) 푸른 하늘에 물어본다

❷　人有悲欢离合，　　　　　　사람에게는 (　　　과　　　), 이별과 만남이 있으니
　　月有阴晴圆缺，　　　　　　달에게도 (　　　과　　　), 차고 이지러짐이 있겠지
　　此事古难全。　　　　　　　이는 예로부터 모두 이뤄지기 어렵나니

❸　　月下独酌　　　　　　　　　　　月下獨酌
　　花间一壶酒，　　　　　　　꽃 사이에 한 병의 술을 놓고서
　　独酌无相亲。　　　　　　　친구가 없다 보니 (　　　　　) 마신다
　　举杯邀明月，　　　　　　　잔 들고 해밝은 달을 맞으니
　　对影成三人，　　　　　　　그림자 알아서 (　　　　　　)

❹　　登高　　　　　　　　　　　　　　登高
　　风急天高猿啸哀，　　　　　(　　　　)세고 (　　　　　)높고 남의울음 구슬픈데
　　渚清沙白鸟飞回，　　　　　강물맑고 모래희고 (　　　　)들은 날아돈다
　　无边落木潇潇下，　　　　　떠지는잎 가이없다 (　　　　　) 흩나리고
　　不尽长江滚滚来。　　　　　저강물은 다할세라 치렁치렁 (　　　　　　　)

❺　　山中问答　　　　　　　　　　　山中答俗人
　　问余何意栖碧山，　　　　　묻노니, (　　　　)는 왜 푸른 산에 사는가
　　笑而不言心自闲。　　　　　웃을 뿐, 답은 않고 마음이 (　　　　　　　)

桃花流水杳然去，　　복사꽃 띄워 물은 아득히 흘러가나니
别有天地非人间。　　별천지 따로 있어 (　　　　) 아니네

❻　雪花的快乐　　　　　　눈꽃의 즐거움
假如我是一朵雪花，　　만일 내가 한 송이 (　　　　　　)
翩翩的在半空里潇洒，　(　　　　) 하늘에서 자유로이 날아다니리
我一定认清我的方向——　나는 나의 (　　　　) 을 알고 있다 —
飞扬，飞扬，飞扬，——　날고 날고 날아서 —
这地面上有我的方向。　이 땅 위에 내가 갈 곳이 있으므로

16.4.3　译诗

偶然

偶然！就是那么偶然，
让我们并肩坐在一起，
唱一首我们的歌。
纵然不能常相聚，
也要常回忆。
天涯海角不能忘记，
我们的小秘密。
为什么忘不了你？
为什么惦记着你？
多少的时光溜走，
多少的记忆在心头。
你悄悄地来，又悄悄地走，
留给我的只是一串串落寞的回忆。

16.5 翻译作业

再别康桥
徐志摩

轻轻的我走了,
　　正如我轻轻的来;
我轻轻的招手,
　　作别西天的云彩。

那河畔的金柳
　　是夕阳中的新娘
波光里的艳影,
　　在我的心头荡漾。

软泥上的青荇,
　　油油的在水底招摇;
在康河的柔波里,
　　我甘心做一条水草

那树荫下的一潭,
　　不是清泉,是天上虹
揉碎在浮藻间,
　　沉淀着彩虹似的梦。
寻梦?撑一支长篙,
　　向青草更青处漫溯,
满载一船星辉,
　　在星辉斑斓里放歌
但我不能放歌,
　　悄悄是别离的笙箫;
夏虫也为我沉默,
　　沉默是今晚的康桥!

悄悄的我走了，
　　正如我悄悄的来；
我挥一挥衣袖，
　　不带走一片云彩。

16.6　参考资料

(1) 서시
윤동주

죽는 날까지 하늘을 우러러
한 점 부끄럼이 없기를
잎새에 이는 바람에도
나는 괴로워했다.
별을 노래하는 마음으로
모든 죽어가는 것을 사랑해야지.
그리고 나한테 주어진 길을
걸어가야겠다.
오늘 밤에도 별이 바람에 스치운다.

(2) 가을의 기도
김현승

가을에는
기도하게 하소서……
낙엽들이 지는 때를 기다려 내게 주신
겸허한 모국어로 나를 채우소서.

가을에는
사랑하게 하소서……
오직 한 사람을 택하게 하소서.
가장 아름다운 열매를 위하여
이 비옥한 시간을 가꾸게 하소서.

가을에는
호올로 있게 하소서……
나의 영혼,
굽이치는 바다와
백합의 골짜기를 지나,
마른 나뭇가지 위에 다다른 까마귀 같이.

附录1 中韩常用经贸术语

B
罢工	파업
保值	가치보존
报废	폐기처분
报价	오퍼(offer)
暴跌	폭락
标价	정가, 정찰가격
不景气	경기 침체, 불황
不平衡	언밸런스

C
采购	구매
菜篮子物价	장바구니물가
产品	제품, 상품
长期不景气	만성적 불황
常客, 回头客	단골
厂家, 制造商	제조업자, 제조업체
成本	원가, 코스트(cost)
成交额, 成交量	거래량
成套设备出口	플랜트수출
承包商	청부업자
乘兑汇单	D/A
尺寸	규격, 사이즈(size)
出场费, 演出费	개런티
出口密集型产业	수출집약적산업
出租权	임대권
创汇	외화획득
存货	재고품
存款	예금

D
大股东	대주주
大型项目	대형 프로젝트
代理商	에이전트(agent)
代销	판매대리업
贷款	대출, 차관
到岸价	CNF
涤纶	폴리에스터(polyester)
抵押	저당, 담보
抵押品	담보물
电汇	T/T
订单	오더장
订货	주문, 오더(order)
订货人商标生产, 原始设备制造商	주문자상표생산(OEM)
定金	착수금, 선금
董事会	이사회
独家代理	독점 에이전트
独家代理合同	독점계약
多种经营	경영 다각화

E
恶性膨胀	악성 인플레
恶性循环	악순환

F
发达国家	선진국
发货	출하
发票	송장, 인보이스(INVOICE)

发展中国家	개발도상국	国际货币基金组织	국제통화기금(IMF)
反倾销	반덤핑	国民生产总值	국민총생산
分货供人	하청공급자	国民收入	국민소득
分期偿还	할부상환	过户	명의 변경
分期付款	할부	**H**	
风险	리스크(risk)	海关	세관
风险投资	벤처캐피탈	海关税号	세관HS.CODE
服务费	봉사료, 서비스료	韩国工业标准规格	KS마크
服务行业	서비스업	行业	업종
服装模特(橱窗展示)	마네킹	合同	계약, 계약서
福利	복리후생	合作伙伴	합작파트너
抚恤金	위로금	黑市	암시장
付款汇单	D/P	黑市交易	암거래
付款人	지급인	红利	배당금
付清	완납	宏观经济	거시경제
G		汇款	송금
个人收入	개인소득	货币紧缩	통화긴축
工厂交货价	공장도 가격	**J**	
工薪阶层	샐러리맨	机制	메커니즘
工业园	공업단지	基本工资	기본급
工资	임금, 급여, 월급	即期信用证	L/C AT SIGHT
工资差距	임금 격차	集装箱	콘테이너(container)
公款	공금	技术诀窍	노하우(Know-how)
公司章程	기업 정관	技术密集型	기술집약형
公债	본드	技术密集型产业	기술집약적 산업
供不应求	공급부족	技术转让	기술이전
供过于求	공급과잉	加班费	시간외 수당, 잔업수당
股东	주주	加工贸易	가공무역
股东表决权	주주의결권	加息	금리인상
股东大会	주주총회	减薪	감봉
股份	주식, 지분	奖金,红利	보너스(bonus)
股价	주가	降价	가격 인하
股票红利	주식배당	交货价格	인도 가격
关税堡垒	관세장벽	交货条件	인도 조건
关税及贸易协定	관세 및 무역에 관한 일반협상	交易银行	거래은행
		结算货币	결제통화

结转	이월(移越)	利息,利率	금리
进出口配额	수출입 쿼터(quota)	联合	제휴
进出口许可证	수출·입 허가증	零部件	부품
进口限制	수입규제	零售价格	소매가격
经济道德	경제윤리	垄断	독점
经济地域化	경제블록화	**M**	
经济复苏	경기호전, 경제회복	买方,客商	바이어(buyer)
经济合作	경제협력	毛	울(wool)
经济基础	경제토대	贸易额	교역액
经济危机	경제위기, 경제공항	贸易逆差	무역수지적자
经济一体化	경제통합	棉涤纶丝	폴리에스테르
经济增长率	경제성장률	免费	무료
经济扶植政策	경기부양책	面料	원단
经济制裁	경제제재	名牌	유명 상표, 유명 브랜드
经销商	딜러(dealer), 대리점	募捐	모금
拒付	지급거절	**N**	
聚乙烯	폴리에틸렌	内用消费品	내구소비재
决策	정책결정	尼龙丝	나이론필라멘트
K		尼龙纤维	나이론스테이플
开工率	조업율	年产量	연간 생산량
开户银行	개설은행	女装	여성복
开证行	신용장 개설은행	**P**	
可行性研究报告	타당성 연구보고서	拍卖	경매
空白收据	백지 영수증	牌价,标价	공시가격
库存	재고	赔本价格	출혈가격
跨国企业	다국적기업	赔偿损失	손해배상
L		配额	쿼터(quota)
蓝图	청사진, 로드맵 (road map)	配额,分配	할당
劳动密集型	노동집약형	批发商	도매상
劳动市场	구인시장	皮包公司	유령회사
劳动所得税	근로소득세	平均,均衡	균형, 밸런스(balance)
劳务费	인건비	凭证,有效证明	증빙서류
累积	축적	破产	부도
累进征税	누진과세	**Q**	
离岸价	FOB	期货	선물(futures)
		洽谈会	상담회

倾销	덤핑	通货膨胀	인플레이션
清单	명세표, 명세서	偷税	탈세
晴纶	아크릴	投保人	보험가입자
取消	취소, 캔슬(cancel)	投标	입찰

R

		推销	판촉
热钱	핫머니(hot money)	推销员	세일즈맨
人均生产率	1인당 생산성	拖欠	체납
人力资源	인적자원	脱销	매진

S

W

商标,标签	라벨(label), 상표	外汇	외국환
商会	상공회의소	外汇储备	외화보유액
商品目录	카탈로그(catalog)	外逃资金	도피자금
商业客户	거래선	外向型企业	수출주도형 기업
商业银行	시중은행	外资企业	외국인투자기업
上市	상장	微观经济	미시경제
设计,式样	디자인	违法贷款	부당 대출
申报	신고	违约金	위약금
生产成本	생산원가	乌拉圭回合	우루과이라운드
生产流程	생산공정	无息贷款	무이자 차관
生产率	생산성	无增长	제로(zero)성장
市场机制	시장메커니즘		

X

收费表	요금표	夕阳产业	사양산업
收入差距	소득격차	消费观念	소비성향
收购	인수	纤维	섬유
顺差	(무역수지)흑자	萧条	불경기
私吞	횡령	萧条,衰退	슬럼프, (경기)침체
所得税	소득세	销路	판로
售后服务	애프터서비스, A/S	销售量	판매량
索赔	배상청구, 클레임(claim)	小费	팁(tip)
		协调效应	시너지효과

T

		新能源	대체에너지
特许使用金	(특허기술사용) 로열티(royalty)	信用贷款	신용대부
		信用证	L/C
提单	B/L	休闲	캐쥬얼(casual)
同比增长	동기대비	许可证	라이센스
通货贬值	통화 평가절하	询盘	인콰이어리

样品	견본, 샘플(sample)	涨价	가격 인상

Y

引进外资	외자도입	账户	구좌, 계좌
印花	수입인지	招标	입찰
印花税	인지세	招聘广告	구인 광고
盈利	이윤, 마진	针织	니트
营销	마케팅	证券交易所	증권거래소
营业执照	영업허가증	知识产权	지적재산권
佣金	수수료, 커미션	职员	사원, 직원
优化, 升级	고도화	滞期费	연체료
优惠政策	우대·장려정책	滞销	판매 부진
有效期	유효기간	中标	낙찰
余额	잔고	中介贸易	중개무역
娱乐业	유흥산업	注册会计师	공인회계사
娱乐用品	레저용품	注册商标	등록상표
预付款	전도금	注册资本	등록자본
原材料	원자재	专利	특허
远期信用证	L/C USANCE	专利发明	특허발명
		专利权	특허권

Z

再出口	역수출, 재수출	转口贸易	중계무역
暂定合同, 临时契约	가계약서	转让	양도, 이전
暂付款项	가불금	追加金	가산금
增值	부가가치	资金短缺	자금난
增值税	부가가치세	资金周转	자금회전
赠券	경품권	总产值	총생산액
债券	채권	走私物品, 水货	밀수품
债务	채무	租赁业	리스산업
展览会	전시회	租用	임차, 리스(lease)
展品	출품, 전시제품	最低工资	최저임금

附录2 中韩IT、计算机术语

A

安全模式	안전모드	safe mode
安全性	보안	security
安装	설치	install
安装程序	셋업 프로그램	setup program
按键	키	key

B

版本	버전	version
版权	저작권	copyright
保存	세이브	save
备份	백업	backup
备份文件	백업파일	backup file
奔腾	펜티엄	Pentium
便携式计算机	랩탑 컴퓨터	laptop computer
编程	프로그래밍	programming
编辑器	에디터	editor
编译	컴파일링	compile
编译器	컴파일러	compiler
标签/标识/标记	태그	tag
并行	병렬	parallel
并行端口	병렬 포트	parallel port
病毒	바이러스	virus

C

菜单	메뉴	menu
菜单栏	메뉴바	menu bar
操纵杆/游戏杆	조이스틱	joystick
操作系统	운영체제	OS (Operating System)
测试版	베타버전	beta version

插件程序/嵌入组件	플러그인	plug-in
查询语言	질의언어	query language
查询	질의	query
常见问题	FAQ	FAQ (Frequent Asked Questions)
超级文本标签语言	HTML	HTML (HyperText Markup Language)
超级文本传输协议	HTTP	HTTP (HyperText Transfer Protocol)
超链接	하이퍼링크	hyperlink
撤销	되돌리기, 작업 취소	undo
程序	프로그램	program
程序设计语言	프로그래밍 언어	programming language
程序员	프로그래머	programmer
重启	리셋	reset
冲突	충돌	collision
出错信息	에러 메시지	error message
传真调制解调器	팩스모뎀	fax modem
存储卡	메모리 카드	memory card
存储器/内存	메모리	memory
错误	에러	error
错误检查	에러 검사	error checking

D

打印	인쇄,프린트	print
打印机	프린터	printer
打印预览/预览	인쇄 미리보기	preview
大师	최고 전문가, 권위자	guru
大写锁定键	캡스록 키	caps Lock key
代码/编程序	코드	code
带宽	대역폭	bandwidth
单击	클릭	click
到期	사용기한 종료	expire
登录	로그인	login
点	도트	dot
点距	도트피치	dot pitch
电缆	케이블	cable

电缆调制解调器	케이블 모뎀	cable modem
电源	전원, 파워 서플라이	power supply
电子广告牌/岗亭	키오스크	kiosk
电子货币	전자화폐, e-머니	e-cash (e-money)
电子期刊	웹진	ezine (Electronic Magazine)
电子商务	전자상거래	e-commerce
电子图书馆	전자도서관	cybrarian
电子邮件	이메일, e-mail	e-mail
电子邮件地址	e-mail 주소	e-mail address
调制解调器	모뎀	modem
顶置盒、机顶盒	셋톱박스	set-top box
动态	다이나믹 HTML	dynamic HTML
动态效果	애니메이션	animation
端口	포트	port
断开连接	연결 끊기	disconnect
对称数字签名线	SDSL	SDSL (Symmetric digital Subscriber Line)
多媒体	멀티미디어	multimedia
多媒体扩展	MMX	MMX (Multi-Mediae Xtensions)
多址广播	멀티캐스팅	multicasting

F

防火墙	방화벽	firewall
仿真	에뮬레이트	emulate
仿真器	에뮬레이터	emulator
访问	방문, 액세스	access
访问统制	액세스 컨트롤	access control
非对称数字用户线路	ADSL	ADSL (Asymmetric Digital Subscriber Line)
封装软件	소프트웨어 패키지	packaged software
服务器	서버	server
复制	카피	copy

G

高速缓冲器	캐쉬 메모리	cache memory
高速数字用户传输线	HDSL	HDSL (High-bit-rate Digital Subscriber Line)

格式/格式化	포맷	format
更新	업데이트	update
工具栏	도구상자	toolbar
工作站	워크스테이션	workstation
公告牌系统	게시판, BBS	BBS (Bulletin Board System)
公共网络接口	CGI	CGI (Common Gateway Interface)
功能/函数	펑션	function
功能键	펑션키	function key
共享软件	셰어웨어	shareware
骨干网	기간망	backbone
关键字	키워드	keyword
光标/游标	커서	cursor
光盘	디스크	disk
光盘驱动程序	디스크 드라이버	disk driver
广域网	광역통신망	WAN (Wide Area Network)
硅谷	실리콘밸리	Silicon Valley
滚动	스크롤	scroll
滚动条	스크롤바	scroll bar
国际标准化组织	ISO	ISO (International Organization for Standardization)
国际互联网电话	인터넷폰	Internet phone
国际互联网电视广播	인터넷 TV	Internet television
国际互联网访问	인터넷 접속	Internet access
国际互联网骨干网	인터넷 백본망	Internet backbone
国际互联网广播	인터넷 방송	Internet broadcasting
国际互联网协议	인터넷 프로토콜	IP (Internet Protocol)
国际互联网账号	인터넷 어카운트	Internet account
国家信息基础设施	국가정보인프라	National Information Infrastructure
过滤器	필터	filter

H

黑客	해커	hacker
横幅	배너	banner
宏	매크로	macro

宏程序	매크로 프로그램	macro program
后备存储器	백업 메모리	backup memory
后门	백 도어	back door
互联网	인터넷	internet
互联网服务供应商/互联网接入服务商	인터넷 서비스 제공사업자 (ISP)	ISP
互联网内容提供商	ICP	Internet Contents Provider
缓冲/缓冲区	버퍼	buffer
黄页	옐로우페이지	Yellow Pages
回车键	엔터키	Enter key
汇编语言	어셈블리 랭귀지	assembly language
活动桌面	액티브 데스크탑	Active Desktop

J

机箱	케이스	case
基本输入输出系统	BIOS	BIOS (Basic Input Output System)
基于Windows的应用程序	윈도우 기반 어플리케이션	Windows-based application
激光打印机	레이저 프린터	laser printer
即时连接	핫링크	hot link
集成/综合	통합	integration
计算机/电脑	컴퓨터	computer
计算机安全	컴퓨터 보안	computer security
计算机病毒	컴퓨터 바이러스	computer virus
计算机程序	컴퓨터 프로그램	computer program
计算机犯罪	컴퓨터 범죄	computer crime
计算机辅助设计	캐드(CAD)	CAD (Computer-Aided Design)
计算机工程学	컴퓨터 엔지니어링	computer engineering
计算机实用程序	컴퓨터 유틸리티	computer utility
计算机图形学	컴퓨터 그래픽	computer graphics
计算机系统	컴퓨터 시스템	computer system
计算机游戏	컴퓨터 게임	computer game
计算机语言	컴퓨터 언어, 컴퓨터 랭귀지	computer language
寄存器	레지스터	register
加密	암호화	encryption
加密/编码	부호화, 코드변환	encode

监视器/显示器	모니터	monitor
剪切和粘贴	오리기와 붙이기	cut and paste
剪贴画	클립아트	clip art
键盘	키보드	keyboard
交互程序	쌍방향 프로그램	interactive program
交互的	쌍방향성의	interactive
交谈/闲聊/聊天	채팅	chat
接口/连接点/界面	인터페이스	interface
解密高手	크래커	cracker, cf. hacker
解压缩	압축풀기	unzip
镜像站点	미러 사이트	mirror site
局域网	랜(LAN)	LAN (Local Area Network)
矩阵	매트릭스	matrix

K

卡/插件	카드	card
开关/开关设备	스위치	switch
抗病毒程序	바이러스 치료 프로그램	antivirus program
可重写光盘	CD-RW	CD-RW
客户	클라이언트	client
空格键	스페이스바	spacebar
控制	컨트롤	control
控制代码	컨트롤 코드	control code
控制总线	컨트롤 버스	control bus
口令	패스워드	password
快捷键/加速器		accelerator
框架源	프레임 소스	frame source
扩展	확장	expansion
扩展标签语言	XML	XML (Xtened Markup Language)
扩展卡	확장카드	expansion card

L

来源	출처	feed
连接器	커넥터	connecter
联合图像专家组规范	JPEG	JPEG (Joint Photographic Experts Group)
联机/在线	온라인	online

联机服务/在线服务	온라인 서비스	online service
联机聊天系统/实时在线交谈	IRC	IRC (Internet Relay Chat)
聊天室	대화방	chat room
临时文件	임시 파일	temporary file
浏览	브라우즈, 찾아보기	browse
浏览器	브라우저	browser
路径/传递	경로	path
路由器	라우터	router
逻辑锁/锁	잠금	lock

M

门户网站	포탈 사이트	portal site
模拟的	아날로그	analog
模拟计算机	아날로그 컴퓨터	analog computer
模拟线路	아날로그 통신망	analog line
默认	기본 설정, 디폴트	default
目录	디렉토리	directory

N

| 内存芯片 | 메모리칩 | memory chip |
| 内容 | 콘텐츠 | contents |

P

旁路	바이패스	bypass
配置	구성, 환경설정	configuration
批处理文件	배치파일	batch file
频道访问	채널 액세스	channel access
平台	플랫폼	platform
苹果电脑	애플컴퓨터	apple computer
屏幕保存程序	스크린 세이버	screen saver
屏幕	스크린	screen

Q

企业对个人/商家对个人	B2C 또는 BtoC	BtoC
企业对企业/商家对商家	B2B 또는 BtoB	BtoB
企业内部互连网/企业内联网/内联网	인트라넷	Intranet
千年虫 (2000年问题)	Y2K	millennium bug
墙纸	바탕화면	wallpaper
情绪图标	이모티콘	emoticon
区域	존	zone

曲奇	쿠키	cookie
驱动程序	드라이버	driver
驱动器	드라이브	drive
缺陷、错误	오류, 버그	bug
群件	그룹웨어	groupware

R

热键	핫키	hot key
软件	소프트웨어	software
软件包/封装	패키지	package

S

三原色	RGB	RGB (Red-Green-Blue)
扫描器	스캐너	scanner
删除	삭제	delete
闪电内存/闪存	플래쉬 메모리	flash memory
扇区	섹터	secter
商务信息系统	BIS	BIS (Business Information System)
商用软件	상업용 S/W	business software
上载	업로드	upload
设置	셋업	setup
升级	업그레이드	upgrade
声卡	사운드카드	sound card
实例查询	예제를 통한 질의	query by example
实时	리얼타임	real-time
市域网	MAN	MAN (Metropolitan Area Network)
视窗/窗口	윈도우	Windows
视频的	비디오	video
视频剪辑	비디오 클립	video clip
视频卡	비디오 카드	video card
视频图形适配器	VGA	VGA (Video Graphic Array)
书签	북마크	bookmark
输入/输出设备	입·출력 장비	input/output device
输入/输出	입·출력	input/output
输入/输出网线	입·출력 버스	input/output bus
鼠标	마우스	mouse

鼠标垫	마우스 패드	mouse pad
数据	데이터	data
数据包	패킷	packet
数据传输	데이터 전송	data transfer
数据格式	데이터 포맷	data format
数据管理	데이터 관리	data management
数据库	데이터베이스	database
数码照相机	디지털 카메라	digital camera
数字式的	디지털	digtal
数字视盘	DVD	DVD (Digital Video Disk)
双击	더블클릭	double click
双态的/二进制的	이진수, 바이너리	binary
搜索	검색	search
搜索引擎	검색엔진	search engine
算法	알고리즘	algorithm
随机访问存储器	램(RAM)	RAM (Random Access Memory)
缩略图/微缩图/缩微图	썸네일	thumbnail
索引	색인, 인덱스	index

T

台式计算机、台式机	데스크탑 컴퓨터	desktop computer
通道/频道/信道	채널	channel
通信	통신	communication
通信程序	통신 프로그램	communication program
通信服务器	통신 서버	communication sever
通信链路	통신 링크	communication link
通信软件	통신 소프트웨어	communication software
通信网络	통신 네트워크	communication network
通信协议	통신 프로토콜	communication protocol
统一资源定位符	URL	URL (Uniform Resource Locator)
图标	아이콘	icon
图像	이미지	image
图像放大	줌인	zoom in
图像缩放/图像变化	줌	zoom
图像缩小	줌아웃	zoom out

图形卡	그래픽 카드	graphics card
图形用户界面	GUI	GUI (Graphical User Interface)
退出登录	로그아웃	logout
拖动	끌기, 드래그	drag
拖放	끌어다 놓기	drag and drop
脱机	오프라인	offline

W

web管理员	웹마스터	webmaster
web广播	웹캐스팅	webcasting
web节点	웹사이트	web site
万维网	월드와이드웹(www)	www (world wide web)
网关/盖特威	게이트웨이	gateway
网卡	네트워크 카드	network card
网络	네트워크	network
网络公民	네티즌	netizen
网络集线器	허브	hub
网络计算机	네트워크 컴퓨터	network computer
网络警察	사이버 경찰	cybercop
网络礼节	네티켓	netiqutte
网络软件	넷웨어	network software (netware)
网络数据库	네트워크 데이터베이스	network database
网桥	브리지	bridge, cf. gateway
网上冲浪	인터넷 서핑	net surfing
网上社会	인터넷 커뮤니티	online community
网页	웹	web
位、比特	비트	bit
位图	비트맵	bitmap (bmp)
文本	텍스트	text
文本文件	텍스트 파일	text file
文档	문서	document
文件	파일	file
文件传输协议	파일 전송 프로토콜	FTP (File Transfer Protocol)
文件格式	파일 포맷	file format
文件夹	폴더	folder
文件扩展名	파일 확장자 이름	file extension

文件类型	파일 종류	file type
文件碎片	파일 조각	file fragmentation
文字处理软件	워드프로세서	word processor
无线的	무선	wireless
无线应用程序协议	WAP	WAP (Wireless Aplication Protocol)

X

系统	시스템	system
系统操作员	시삽	sysop (system operator)
下载	다운로드	download
显示	디스플레이	display
像素	화소, 픽셀	pixel
消息	메시지	message
小型、家庭办公	소호(SOHO)	SOHO (Small Office/Home Office)
协议	프로토콜	protocol
卸载	프로그램 삭제하기(제거하기)	uninstall
芯片	칩	chip
芯片组	칩셋	chip set
新闻组	뉴스그룹	newsgroup
信息	정보	information
信息高速公路	정보 고속도로	Information Highway
信息中心	정보센터	information center
虚拟的/假想	가상, 버츄얼	virtual
虚拟咖啡屋	사이버 카페, 인터넷방, PC방	cybercafe
虚拟空间	사이버 공간	cyberspace
虚拟现实	가상현실	virtual reality
循环	루프	loop

Y

压缩	압축	compress
压缩文件	압축파일	compressed file
研究与开发	연구·개발(R&D)	R&D (Research and Development)
颜色位	칼라비트	color bit
演示版	데모 버전	demo version
样式表	스타일 시트	style sheet

页面	페이지, 웹페이지	page/web page
页面布局	페이지 레이아웃	page layout
页面设置	페이지 셋업	page setup
液晶显示	LCD	LCD (Liquid Crystal Display)
因特网/国际互联网 网际网	인터넷	Internet
引导/引导程序	부팅	boot
引导盘/启动盘	부팅 디스크	boot disk
引导区	부팅 섹터	boot sector
引导驱动器/启动驱动器	부팅 드라이브	boot drive
引擎	엔진	engine
应用程序	응용 프로그램	application program
应用服务提供商	ASP	ASP (Application Service Provider)
应用情绪网关	어플리케이션 게이트웨이	application gateway
应用软件	응용 소프트웨어	application software
硬件	하드웨어	hardware
硬盘	하드디스크	hard disk
硬盘驱动器	하드디스크 드라이브(HDD)	hard disk drive
用户名	사용자 이름	user name
用户组	사용자 그룹	user group
邮件炸弹	e-mail 폭탄	mailbomb
邮局协议版本3	팝3	POP3 (Post Office Protocol 3)
游戏	게임	game
语音识别	음성인식	voice recognition
语音网络	VON	VON (Voice On the Net)
语音邮件	보이스 메일	voice mail
域	도메인	domain
域名	도메인 네임	domain name
域名地址	도메인 네임 주소	domain name address
域名系统	도메인 네임 시스템	DNS (Domain Name System)
源	소스	source
源代码	소스 코드	source code
源目录	소스 목록	source directory
远程登录/远程登录程序	텔넷	telnet
运动图像专家组	MPEG	MPEG (Moving Pictures Experts Group)

Z

掌上型计算机	팜탑 컴퓨터	palmtop computer
账号	계정	account
兆	메가	mega
兆位	메가비트	megabit
兆字节	메가바이트	megabyte
帧/框架/图文框	프레임	frame
只读光盘存储器驱动器	CD롬 드라이브	CD-ROM drive
只读光盘存储器	CD롬	CD-ROM
致命错误	치명적 에러	fatal error
智能数据库	인텔리전트 데이터베이스	intelligent database
中央处理器/中央处理单元	중앙처리장치 (CPU)	CPU (Central Process Unit)
主板	메인보드	mainboard
主机	호스트	host
主机名	호스트 이름	host name
主页	홈페이지	homepage
注册表	레지스트리	Registry
爪哇	자바(Java)	Java
爪哇/描述语言	자바 스크립트	JavaScript
爪哇小应用程序	자바 애플릿	Java applet
字符	글자와 부호	character
字节	바이트	byte
字体	폰트	font
自然语处理	자연어 프로세스	natural-language processing
自由软件	프리웨어	freeware
综合业务数字网	ISDN	ISDN (Integrated Services Digital Network)
总线	버스	bus
最大化	최대화	maximize
最小化	최소화	minimize
串行的	직렬	serial
串行端口	직렬포트	serial port

世界著名IT企业/세계 유명 IT 기업

爱立信	에릭슨	Ericsson
爱普生	앱손	Epson
安普	AMP	AMP

奥多比	어도비	Adobe
Borland软件	볼랜드	Borland
戴尔电脑	델 컴퓨터	DELL Computer
电脑公冠群	컴퓨터어쏘시에이트(CA)	Computer Associate
东芝	도시바	Toshiba
富士通	후지쯔	Fujitsu
高通	퀄컴	Qualcomm
国际商业机器	IBM	IBM
惠普	휴렛팩커드(HP)	Hewlett-Packard
佳能	캐논	Cannon
甲骨文	오라클	Oracle
康柏电脑	컴팩	Compaq
昆腾	퀀텀	Quantum
来科斯	라이코스	Lycos
朗讯	루슨트	Lucent
摩托罗拉	모토롤라	Motorola
诺基亚	노키아	Nokia
苹果电脑	애플 컴퓨터	Apple Computer
赛门铁克	시만텍	Symantec
升阳电脑	선마이크로 시스템	Sun Micro System
索尼	소니	Sony
网景	넷스케이프	Netscape
微软	마이크로소프트, MS	Microsoft
西思科系统	시스코 시스템즈	Cisco Systems
雅虎	야후	Yahoo
英特尔	인텔	Intel
Google	구글	Google
劳特斯	로터스	Lotus
Crystal Decisions	크리스탈디시젼스	Crystal Decisions

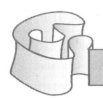

附录3　中国最佳企业名称

《财富》中文版2003年最受赞赏的在华外商投资企业问卷调查结果
포춘 중문판 2003년 평가 우수 외국인투자기업 대상 설문조사 결과

* 综合评价最佳的公司 종합 평가 우수기업

排序 2003年	排序 2002年	公司名称
1	3	青岛海尔空调电子有限公司 칭다오하이얼에어컨전자유한공사
2	11	宝洁中国有限公司 피엔지(P&G)중국유한공사 (참고:한국P&G)
3	1	上海大众汽车有限公司 上海폭스바겐자동차유한공사 (참고:Volkswagen)
4		诺基亚(中国)投资有限公司 노키아(중국)투자유한공사 (참고:Nokia)
5		IBM中国有限公司 IBM중국유한공사
6	4	可口可乐(中国)饮料有限公司 코카콜라(중국)음료유한공사 (참고:한국코라콜라㈜)
7		联想集团有限公司 리엔샹(聯想)그룹유한공사, Lenovo(聯想)그룹유한공사
8		摩托罗拉中国投资有限公司 모토롤라중국투자유한공사
9		微软(中国)有限公司 마이크로소프트(중국)유한공사 또는 MS(중국)
10	5	上海通用汽车有限公司 上海GM유한공사

排序	排序	
2003年	2002年	公司名称
11	8	一汽大众汽车有限公司 一汽폭스바겐자동차유한공사
12	18	戴尔计算机(中国)有限公司 델컴퓨터(중국)유한공사 (참고:Dell)
13	9	广州本田汽车有限公司 廣州혼다자동차유한공사 (참고:Honda)
14	7	柯达(中国)股份有限公司 코닥(중국)주식유한공사 (참고:Kodak)
15	26	中国惠普有限公司 중국휴렛팩커드유한공사 (참고:Hewlett Packard)
16		三星(中国)投资有限公司 삼성(중국)투자유한공사
17		飞利浦中国有限公司 필립스중국유한공사 (참고:Philips)
18		英特尔科技(中国)有限公司 인텔과학기술(중국)유한공사 (참고:인텔코리아)
19	19	TCL集团有限公司 TCL그룹유한공사
19	10	索尼(中国)有限公司 소니(중국)유한공사 (참고:Sony)
19		西门子(中国)有限公司 지멘스(중국)유한공사 (참고:Simens)
22		杭州娃哈哈保健食品有限公司 杭州와하하보건식품유한공사
23		LG(中国)有限公司 LG(중국)유한공사
24		北京麦当劳食品有限公司 북경맥도날드식품유한공사
25		沃尔玛中国公司 월마트(중국)
26		通用电气中国公司 제너럴일렉트릭(중국) 또는 GE(중국) (참고:General Electric)

排序 2003年	排序 2002年	公司名称
27	37	安利日用品(中国)有限公司 암웨이일용품(중국)유한공사 (참고:Amway)
28		家乐福中国公司 까르프(중국) (참고:Carrefour)
29	12	青岛啤酒股份有限公司 青岛맥주주식유한공사
30		强生中国有限公司 존슨앤존슨중국유한공사 (참고:한국존슨앤존슨)
31	28	上海光明乳业股份有限公司 上海광밍유업주식유한공사
31	24	松下电器(中国)有限公司 파나소닉(중국) (참고:Panasonic)
31		统一企业(中国)投资有限公司 統一기업(중국)투자유한공사
34		雀巢中国有限公司 네슬레중국유한공사 (참고:Nestle)
35	22	西安杨森制药有限公司 西安얀센제약유한공사 (참고:Janssen)
36		3M 中国有限公司 3M 중국유한공사
36		中美天津史克制药有限公司 中美천진스미스클라인제약유한공사 (참고:Glaxo SmithKline)
38	29	爱立信(中国)有限公司 에릭슨(중국)유한공사 (참고:Ericsson)
39	14	联合利华股份有限公司 유니레버주식유한공사 (참고:Unilever)
39	14	上海贝尔有限公司 上海벨유한공사 (참고:Bell)
41		佳能中国有限公司 캐논중국유한공사 (참고:Canon)
42		拜尔(中国)有限公司 바이엘 (중국)유한공사 (참고:Bayer)

排序 2003年	排序 2002年	公司名称
43		东芝中国有限公司 도시바중국유한공사 (참고:Toshiba)
43	48	顺德市格兰仕电气实业有限公司 順德市 Glanz전기실업유한공사
45	17	康佳集团股份有限公司 캉지아그룹주식유한공사
46		假日酒店(中国)有限公司 홀러데이인호텔(중국)유한공사 (참고:Holiday-Inn)
46		思科系统(中国)网络技术有限公司 시스코시스템즈(중국)네트워크기술유한공사 (참고:Cisco Systems)
48		ABB中国公司 ABB중국공사 또는 ABB(중국)
48		爱普生中国有限公司 엡슨중국유한공사 (참고:Epson)
48	29	中国国际海运集装箱(集团)有限公司 중국국제해운컨테이너(그룹)유한공사 (주의:중국 다음에 띄워쓰지 말 것)
51		海南航空股份有限公司 하이난항공주식유한공사

附录4　韩国100强企业名称

2011년한국 100대기업

资料来源：韩国每日经济报社2012年发布

1. 三星电子　　　　　　삼성전자
2. SK创新公司　　　　　SK이노베이션(SKInnovation)
3. 韩国电力公社　　　　한국전력공사
4. 现代汽车　　　　　　현대자동차
5. GS加德士　　　　　　GS칼텍스(GS Caltex)
6. 浦项制铁　　　　　　포스코 (POSCO)
7. LG电子　　　　　　　LG전자
8. 友利银行　　　　　　우리은행
9. LG显示器有限公司　　LG디스플레이(LG Display)
10. SK网络公司　　　　　SK넥트웍스(SKNetworks)
11. 起亚汽车　　　　　　기아자동차
12. 新韩银行　　　　　　신한은행
13. 韩国煤气公社　　　　한국가스공사
14. 现代重工业　　　　　현대중공업
15. 国民银行　　　　　　국민은행
16. S-OIL炼油公司　　　S-OIL
17. 韩国电信　　　　　　KT(Korea Telecom)
18. 渣打第一银行　　　　한국스탠다드차타드제일은행(한국StandardChartered제일은행)
19. 中小企业银行　　　　중소기업은행
20. 韩亚银行　　　　　　하나은행 (HANA은행)
21. LG化学　　　　　　　LG화학
22. 大宇国际公司　　　　대우인터내셔널 (대우International)
23. 现代摩比斯　　　　　현대모비스 (현대Mobis)
24. 乐天购物　　　　　　롯데쇼핑 (롯데Shopping)
25. 现代石油公司　　　　현대오일뱅크(현대OilBank)
26. 三星重工业　　　　　삼성중공업
27. 三星物产　　　　　　삼성물산

28. 韩国GM	한국GM	
29. SK电信	SK텔레콤 (SK Telecom)	
30. 教保生命人寿保险	교보생명보험	
31. 韩国外换银行	한국외환은행	
32. 大韩生命人寿保险	대한생명보험	
33. 大宇造船海洋	대우조선해양	
34. 韩国花旗银行	한국씨티은행 (한국City은행)	
35. SK海力士	SK하이닉스 (SK Hynix)	
36. 大韩航空	대한한공	
37. SLCD	SLCD	
38. 新世界百货公司	신세계	
39. 现代制铁	현대제철	
40. 现代建设	현대건설	
41. 韩进海运	한진해운	
42. 晓星	효성	
43. 现代商船	현대상선	
44. LG电信	LG유플러스 (LG U+, LG U plus)	
45. GS建设	GS건설	
46. 现代海上火灾保险	현대해상화재보험	
47. LS-Nikko铜业	LS니꼬동제련	
48. 湖南石油化学	호남석유화학	
49. 大宇建设	대우건설	
50. 丽川石脑油裂解中心	여천NCC (여천Naphtha Cracking Center)	
51. 浦项制铁建设	포스코건설 (POSCO건설)	
52. 大林产业	대림산업	
53. 斗山重工业	두산중공업	
54. LG商社	LG상사	
55. 现代HYSCO	현대하이스코 (현대HYSCO)	
56. 现代GLOVIS	현대글로비스 (현대GLOVIS)	
57. 韩国水力核能发电公司	한국수력원자력	
58. HOME PLUS	홈플러스	
59. 世腾船务有限公司	STX팬오션(STX Pan Ocean)	
60. 三星道达尔	삼성토탈 (삼성Total)	
61. 三星康宁精密材料有限公司	삼성코닝정밀소재 (삼성Corning정밀소재)	
62. 友利投资证券	우리투자증권	
63. E1	E1	
64. 东国制钢	동국제강	
65. 韩华	한화	
66. 雷诺三星汽车	르노삼성자동차 (Renault삼성자동차)	

67. 韩国南部发电	한국남부발전	
68. 韩亚航空	아시아나항공	
69. 第一毛纺	제일모직	
70. SK煤气	SK가스	
71. 三星工程建设	삼성엔지니어링(삼성Engineering)	
72. 韩国中部发电	한국중부발전	
73. SK建设	SK건설	
74. 韩国西部发电	한국서부발전	
75. 三星显示器有限公司	삼성디스플레이	
76. 韩国东西发电	한국동서발전	
77. 现代威亚	현대위아(현대Wia)	
78. 斗山工程机械	두산인프라코어 (두산Infracore)	
79. 现代三湖重工业	현대삼호중공업	
80. 韩国南东发电	한국남동발전	
81. 信韩卡	신한카드	
82. 三星SDI	삼성SDI	
83. CJ第一制糖	CJ제일제당	
84. STX造船海洋	STX조선해양	
85. 锦湖石油化学	금호석유화학	
86. LG电线	LG전선	
87. 现代尾浦造船	현대미포조선	
88. LG伊诺特	LG이노텍 (LGInnotek)	
89. 乐天建设	롯데건설	
90. 东部制铁	동부제철	
91. 现代综合商社	현대종합상사	
92. 三星电气	삼성전기	
93. 韩华化学	한화케미칼 (한화Chemical)	
94. 三星SDS	삼성SDS	
95. LGSERVEONE	LG서브원	
96. GS零售公司	GS리테일 (GS Retail)	
97. 诺基亚TMC	노키아TMC (Nokia TMC)	
98. 大林公司	대림코퍼레이션 (대림Corporation)	
99. 韩国轮胎	한국타이어 (한국Tire)	
100. 东洋生命人寿保险	동양생명보험	

附录5　全球部分500强公司一览表

名称	网址
1. 通用汽车公司——제너럴모터스(GM)	http://www.gm.com
2. 戴姆勒-克莱斯勒公司——다임러크라이슬러	http://www.daimlerchrysler.com
3. 福特汽车公司——포더(Ford)	http://www.ford.com
4. 沃尔-马特百货公司——월마트(Wal-mart)	http://www.wal-mart.com
5. 三井公司——미쯔이(Mitsui)	http://www.mitsui.co.jp
6. 伊腾忠商社——이토츄(Itochu)	http://www.itochu.co.jp
7. 三菱公司——미쯔비시(Mitsubishi)	http://www.mitsubishi.co.jp
8. 埃克森公司——엑슨(Exxom)	http://www.exxon.com
9. 通用电气公司——제너럴 일렉트릭(GE)	http://www.ge.com
10. 丰田汽车公司——도요타(Toyota)	http://www.toyota.co.jp
11. 皇家荷兰壳牌集团——쉘(Shell)	http://www,shell.com
12. 丸红公司——마루베니(Marubeni)	http://www.marubeni.co.jp
13. 住友公司——스미토모(Sumitomo)	http://www.sumitomocorp.co.jp
14. 国际商用机器公司——아이비엠(IBM)	http://www.ibm.com
15. AXA公司——AXA	http:/www.axa.com
16. 花旗集团——시티그룹	http://www.citi.com
17. 大众汽车公司——폭스바겐(Volkswagen)	http://www.volkswagen.de
18. 日本电报电话公司——일본전신전화	http://www.ntt.co.jp
19. BP阿莫科公司——BP아모코	http://www.bpamoco.com
20. 日胜公司——닛쇼이와이(Nisshoiwai)	http://www.nisshoiwai.co.jp
21. 日本人寿保险公司——일본생명보험	http://www.nissay.co.jp
22. 西门子公司——지멘스(Siemens)	http://www.siemens.de
23. 安联保险——알리앙스보험(Allianz)	http://www.allianz.com
24. 日立公司——히타치(Hitachi)	http://www.hitachi.co.jp
25. 美国邮政服务公司——US포스털서비스(USPS)	http://www.usps.gov
26. 松下电器产业公司——파나소닉(Panasonic)	http://www.panasonic.co.jp

27. 菲利普-莫里斯公司——필립 모리스(Philip Morris)　　http://www.philipmorris.com
28. ING集团公司——ING그룹　　http://www.inggroup.com
29. 波音公司——보잉社(Boeing)　　http://www.boeing.com
30. 美国电报电话公司——AT&T　　http://www.att.com
31. 索尼公司——소니(Sony)　　http://www.world.sony.com
32. 城市持股公司——메트로(Metro)　　http://www.metro.de
33. 日产汽车公司——닛산(Nissan)　　http://www.nissan.co.jp
34. 菲亚特公司——피아트(Fiat)　　http://www.fiat.com
35. 美洲银行公司——아메리카은행　　http://www.bankofamerica.com
36. 雀巢公司——네슬레(Nestle)　　http://www.nestle.com
37. 瑞士信贷公司——크레딧스위스(Credit Swiss)　　http://www.csg.ch
38. 本田汽车公司——혼다(Honda)　　http://www.honda.co.jp
39. 通用保险股份公司——제너럴보험　　http://www.generali.com
40. 莫比尔公司——모빌(Mobil)　　http://www.mobil.com
41. 惠普公司——휴렛팩커드(HP)　　http://www.hp.com
42. 德意志行——도이치뱅크(Deutsche Bank)　　http://www.deutsche-bank.com
43. 联合利华公司——유니레버(Unilever)　　http://www.unilever.com
44. 国家农场保险公司——스테이트팜社(Statefarm)　　http://www.statefarm.com
45. 台市互助人寿保险公司——다이이치생명보험　　http://www.dai-ichi-life.co.jp
46. 费巴集团公司——페바(Veba)그룹　　http://www.veba.de
47. 汇丰控股有限公司——홍콩상하이뱅크(HSBC)　　http://www.hsbc.com
48. 东芝公司——도시바(Toshiba)　　http://www.toshiba.co.jp
49. 雷诺公司——르노(Renault)　　http://www.renault.com
50. 西尔斯-罗巴克公司——시어스 로벅사社　　http://www.sears.com
51. 富士通公司——후지쯔(Fujitsu)　　http://www.fujitsu.co.jp
52. 东京电力公司——도쿄전력　　http://www.tepco.co.jp
53. 德国电讯公司——도이치텔레콤　　http://www.telekom.de
54. 住友寿险公司——스미토모생명보험　　http://www.sumitomolife.co.jp
55. 杜邦公司——듀퐁(Dupont)　　http://www.dupont.com
56. 苏黎世金融服务公司——쥬리히 파이낸셜　　http://www.zurich.com
57. 菲利浦电气公司——필립스(Philips)　　http://www.philips.com
58. CGU公司——CGU　　http://www.cguplc.com
59. 标致公司——PSA　　http://www.psa.fr
60. NEC公司——NEC　　http://www.nec.co.jp
61. 宝洁公司——피엔지(P&G)　　http://www.pg.com

62. 法国电力公司——프랑스전력공사　　　　　　http://www.edf.fr
63. RWE集团公司——RWE그룹　　　　　　　　http://www.rwe.de
64. 帕斯奇塞纳蒙特银行——티아 크레프(TIAA-CREF)　　http://www.tiaa-cref.org
65. 宝马公司——BMW　　　　　　　　　　　　http://www.bmw.com
66. 埃尔夫阿基坦公司——엘프(Elf)　　　　　　　http://www.elf.com
67. 美林公司——메리린치(Merrill Lynch)　　　　　http://www.ml.com
68. 慕尼黑RE集团——MunichRe　　　　　　　　http://www.munichre.com
69. 威武安迪公司——Viveni　　　　　　　　　　http://www.viveni.com
70. 莱昂纳斯奥克斯公司——Suez Lyonnaise Ds Eaux　　http://www.suez-lyonnaise-eaux.com
71. 美国谨慎保险公司——프루덴샬보험(Prudential)　　http://www.prudential.com
72. ABN阿莫罗持股公司——ABN AMRO　　　　　http://www.abnamro.com
73. 中国石油化工集团公司——SINOPEC　　　　　　http://www.SINOPEC.com.cn
74. 谨慎公司——프루덴샬(Prudential)　　　　　　http://www.prudentialcorporation.com
75. 凯马特公司——K마트(Kmart)　　　　　　　　http://www.kmart.com
76. 美国国际集团公司——AIG　　　　　　　　　http://www.aig.com
77. 农业信贷公司——Credit Agricole　　　　　　　http://www.credit-agricole.fr
78. 埃尼公司——ENI　　　　　　　　　　　　　http://www.eni.it
79. 奇斯曼哈顿公司——체이스 맨하탄　　　　　　http://www.chase.com
80. 抵押银行集团——히포베레인스방크(Hypovereinsbank)　http://www.hypovereinsbank.d
81. 德士古公司——Texaco　　　　　　　　　　　http://www.texaco.com
82. 大西洋贝尔公司——벨애틀랜틱(Bell Atlantic)　　http://www.bellatlantic.com
83. 法尼梅公司——패니매(FannieMae)　　　　　　http://www.fanniemae.com
84. 福蒂斯公司——포르티스(Fortis)　　　　　　　http://www.fortis.com
85. 安隆公司——엔론(Enron)　　　　　　　　　　http://www.enron.com
86. 拜耳公司——바이엘(Bayer)　　　　　　　　　http://www.bayer-ag.com
87. 康帕克计算机公司——컴팩(Compaq)　　　　　http://www.compaq.com
88. 摩根-斯坦利集团——모건스탠리(Morgan Stanley)　http://www.msdw.com
89. 戴顿哈德逊公司——타겟(Target)　　　　　　　http://www.dhc.com
90. TOMEN公司——TOMEN　　　　　　　　　　http://www.tomen.co.jp
91. 东京-三菱银行——도쿄-미쯔비시은행　　　　　http://www.btm.co.jp
92. ABB阿斯那布劳恩勃沃里公司——ABB　　　　　http://www.abb.com
93. 巴斯夫公司——바스프(BASF)　　　　　　　　http://www.basf.com
94. 皮切尼公司——JC페니　　　　　　　　　　　http://www.jcpenney.com
95. 加福尔公司——까르프(Carrefour)　　　　　　　http://www.carrefour.fr
96. 霍姆·德波特公司——홈데포(Home Depot)　　　http://www.homedepot.com

97. 朗讯科技——루슨트(Locent)　　　　　　　　http://www.lucent.com
98. 社会通用公司——속젠(Socgen)　　　　　　　http://www.socgen.com
99. 三菱电气公司——미쯔비시전기　　　　　　　http://www.mitsubishielectric.com
100. 摩托罗拉公司——모토롤라(Motorola)　　　　http://www.mot.com

101—500

三星公司——삼성(SamSung)　　　　　　　　　http://www.samsungcorp.com
鲜京公司——SK그룹　　　　　　　　　　　　　http://www.sk.co.kr
英国电信——브리티쉬텔레콤(British Telecom)　　http://www.bt.com
法国电讯公司——프랑스텔레콤　　　　　　　　http://www.francetelecom.com
巴黎国民银行——BNP　　　　　　　　　　　　http://www.bnp.fr
沃尔沃汽车公司——볼보(Volvo)　　　　　　　　http://www.volvo.com
英特尔公司——인텔(Intel)　　　　　　　　　　 http://www.intel.com
第一银行公司——뱅크원(Bank One)　　　　　　http://www.bankone.com
联合包裹服务公司——UPS　　　　　　　　　　http://www.ups.com
强生公司——존슨앤존슨(Johnson & Johnson)　　http://www.jnj.com
阿尔卡特-阿尔斯通集团公司——알카텔(Alcatel)　http://www.alcatel.com
爱立信公司——에릭슨(Ericsson)　　　　　　　　http://www.ericsson.com
南方贝尔公司——벨사우스(Bellsouth)　　　　　 http://www.bellsouthcorp.com
沃尔特·迪斯尼公司——월트디즈니(Walt Disney)　http://www.disney.com
三菱重工公司——미쯔비시(Mitsubishi)중공업　　　http://www.mhi.co.jp
百事公司——펩시(Pepsi)　　　　　　　　　　　http://www.pepsico.com
诺华制药公司——노바티스(Novartis)　　　　　　http://www.novartis.com
佳能公司——캐논(Canon)　　　　　　　　　　　http://www.canon.com
日本钢铁公司——니쁜스틸(Nippon Steel)　　　　http://www.nsc.co.jp
第一联合公司——퍼스트 유니온(First Union)　　　http://www.firstunion.com
商业银行——코메르츠방크(Commerz Bank)　　　http://www.commerzbank.de
中国银行——중국은행(Bank of China)　　　　　 http://www.bank-of-china.com
住友银行——스미토모뱅크(Sumitomo Bank)　　　http://www.sumitomobank.co.jp
富士银行——후지뱅크(Fuji Bank)　　　　　　　 http://www.fujibank.co.jp
施乐公司——제록스(Xerox)　　　　　　　　　　http://www.xerox.com
雷声公司——레이시온(Raytheon)　　　　　　　　http://www.raytheon.com
美国捷运公司——아메리칸익스프레스(American Express)　http://www.americanexpress.com
三和银行——산와뱅크(Sanwa Bank)　　　　　　http://www.sanwabank.co.jp
可口可乐公司——코카콜라(Coca Cola)　　　　　http://www.cocacola.com
道氏化学公司——Dow Chemical　　　　　　　　http://www.dow.com

JP.摩根公司──JP 모건(JP Morgan)	http://www.jpmorgan.com
三星电子公司──삼성전자	http://www.sec.co.kr
布里斯托迈耶斯施贵宝公司──BMS(Bristol Myers Squibb)	http://www.bms.com
戴尔电脑──델(Dell)	http://www.dell.com
公爵能源公司──듀크에너지(Duke Energy)	http://www.duke-energy.com
北方电讯──노텔네트워크(NortelNetworks)	http://www.nortelnetworks.com
电子数据系统──EDS(Electronic Data Systems)	http://www.eds.com
联邦捷运公司──FedEx	http://www.fdxcorp.com
英国航空公司──영국항공(British Airways)	http://www.british-airways.com
塞斯克公司──시스코(Sysco)	http://www.sysco.com
三洋电气公司──산요(Sanyo)	http://www.sanyo.co.jp
时代华纳公司──타임워너(Time Warner)	http://www.timewarner.com
诺基亚──노키아(Nokia)	http://www.nokia.com
微软──마이크로소프트, MS	http://www.microsoft.com
三角航空公司──델타항공(Delta)	http://www.delta-air.com
米切林公司──미쉐린(Michelin)	http://www.michelin.fr
夏普公司──샤프(Sharp)	http://www.sharp.co.jp
加拿大皇家银行──캐나다 로얄뱅크	http://www.royalbank.com
伊斯特曼·柯达公司──Eastman 코닥(Kodak)	http://www.kodak.com
新闻公司──뉴스코프(Newscorp)	http://www.newscorp.com
汉莎航空集团公司──루프트한자(Lufthansa)	http://www.lufthansa.com
泰克国际公司──Tyco International	http://www.tycoint.com
金伯莱-克拉克公司──킴벌리 클라크사(Kimberly Clark)	http://www.kimberly-clark.com
日本航空公司──JAL	http://www.jal.co.jp
理光公司──리코(Ricoh)	http://www.ricoh.co.jp
法国航空公司──에어프랑스(AirFance)	http://www.airfrance.net
吉列公司──질레트(Gillette)	http://www.gillette.com
太阳公司──썬(SUN)	http://www.sun.com
浦项钢铁公司──포항제철(포스코:Posco)	http://www.posco.co.kr
耐克公司──나이키(Nike)	http://www.info.nike.com
亨氏──헤인즈(Heinz)	http://www.heinz.com
西北航空公司──노스웨스트항공(North West)	http://www.nwa.com
高露洁公司──콜게이트(Colgate)	http://www.colgate.com
高盛集团──골드만삭스그룹(Goldman Sachs)	http://www.gs.com

附录6 世界100所著名大学

中文	韩文	英文
(奥地利)维也纳大学	(오스트레일리아)비엔나대학	Univ. Vienna Austria
(澳大利亚)国立大学	(오스트레일리아)오스트레일리아 국립대학	Australian National Univ. Australia
(澳大利亚)墨尔本大学	(호주)멜버린대학	Univ. Melbourne Australia
(丹麦)哥本哈根大学	(덴마크)코펜하겐대학	Univ. Copenhagen Denmark
(德国)柏林洪堡大学	(독일)베를린홈볼트대학	Humboldt Univ. Berlin Germany
(德国)波恩大学	(독일)뮌스터본대학	Univ. Bonn Germany
(德国)佛雷堡大学	(독일)프레이버그대학	Univ. Freiburg Germany
(德国)古腾堡大学	(독일)괴팅겐대학	Univ. Goettingen Germany
(德国)海德堡大学	(독일)하이델베르그대학	Univ. Heidelberg Germany
(德国)慕尼黑大学	(독일)뮌헨대학	Univ. Munich Germany
(德国)慕尼黑理工大学	(독일)뮌헨공과대학	Tech Univ. Munich Germany
(俄国)莫斯科国立大学	(러시아)모스코바국립대학	Moscow State Univ. Russia
(法国)巴黎第11大学	(프랑스)파리제11대학	Univ. Paris 11 France
(法国)巴黎第六大学	(프랑스)파리제6대학	Univ. Paris 06 France
(法国)巴黎高等师范学院	(프랑스)고등사범대학	Ecole Normale Super Paris France
(法国)斯特拉斯堡第一大学	(프랑스)스트라스버그 제1대학	Univ. Strasbourg 1 France
(芬兰)赫尔辛基大学	(필란드)헬싱키대학	Univ. Helsinki Finland
(韩国)首尔大学	(한국)서울대학	Seoul National University
(荷兰)莱顿大学	(네들란드)라이던대학	Univ. Leiden Netherlands
(加拿大)不列颠哥伦比亚大学	(캐나다)브리티쉬 콜럼비아대학	Univ. British Columbia Canada
(加拿大)多伦多大学	(캐나다)토론토대학	Univ. Toronto Canada
(加拿大)麦克吉尔大学	(캐나다)맥길대학	McGill Univ. Canada

(加拿大)麦克马斯特大学	(캐나다)맥메스터대학	McMaster Univ. Canada
(美国)北卡罗来那大学	(미국)노스캐롤라이나대학	Univ. North Carolina - Chapel Hill USA
(美国)宾夕法尼亚大学	(미국)펜실바니아대학	Univ. Pennsylvania USA
(美国)宾夕法尼亚州立大学	(미국)펜실바니아주립대학	Pennsylvania State Univ. - Univ Park USA
(美国)波士顿大学	(미국)보스톤대학	Boston Univ. USA
(美国)布朗大学	(미국)브라운대학	Brown Univ. USA
(美国)德州大学奥斯丁分校	(미국)텍사스대학-오스틴분교	Univ. Texas - Austin USA
(美国)德州大学西南医学中心	(미국)텍사스대학 사우스웨스턴 의과대학	Univ. Texas Southwestern Med Center USA
(美国)杜克大学	(미국)듀크대학	Duke Univ. USA
(美国)俄亥俄州立大学	(미국)오하이오주립대학	Ohio State Univ. - Columbus USA
(美国)范德比尔特大学	(미국)밴더빌트대학	Vanderbilt Univ. USA
(美国)佛罗里达大学	(미국)플로리다대학	Univ. Florida USA
(美国)哥伦比亚大学	(미국)콜롬비아대학	Columbia Univ. USA
(美国)哈佛大学	(미국)하버드대학	Harvard Univ. USA
(美国)华盛顿大学(圣路易斯)	(미국)와싱턴대학(세인트루이스)	Washington Univ. - St. Louis USA
(美国)华盛顿大学(西雅图)	(미국)와싱턴대학(시애틀)	Univ. Washington - Seattle USA
(美国)加州大学伯克利分校	(미국)캘리포니아대학-버클리	Univ. California - Berkeley
(美国)加州大学戴维斯分校	(미국)캘리포니아대학-다비스	Univ. California - Davis USA
(美国)加州大学旧金山分校	(미국)캘리포니아대학-샌프란시스코	Univ. California - San Francisco USA
(美国)加州大学洛杉矶分校	(미국)캘리포니아대학-로스앤젤레스	Univ. California - Los Angeles USA
(美国)加州大学桑塔巴巴拉分校	(미국)캘리포니아대학-산타바바라	Univ. California - Santa Barbara USA
(美国)加州大学圣地亚哥分校	(미국)캘리포니아대학-샌디에고	Univ. California - San Diego USA
(美国)加州理工学院	(미국)캘리포니아공과대학	California Inst Tech USA
(美国)卡耐基梅隆大学	(미국)카네기멜론대학	Carnegie Mellon Univ. USA

(美国)凯斯西保留地大学	(미국)캐이스 웨스턴 리저브대학	Case Western Reserve Univ. USA
(美国)康奈尔大学	(미국)코넬대학	Cornell Univ. USA
(美国)科罗拉多大学	(미국)콜로라도대학	Univ. Colorado - Boulder USA
(美国)莱斯大学	(미국)라이스대학	Rice Univ. USA
(美国)罗切斯特大学	(미국)로체스트대학	Univ. Rochester USA
(美国)罗特格斯州立大学新布朗思维克分校	(미국)럿거스주립대학(New Brunswick)	Rutgers State Univ. - New Brunswick USA
(美国)洛克菲勒大学	(미국)록펠러대학	Rockefeller Univ. USA
(美国)麻省理工学院	(미국)매사추세츠공과대학 또는 MIT공대	Massachusetts Inst Tech (MIT) USA
(美国)马里兰大学	(미국)메릴랜드대학	Univ. Maryland - Coll Park USA
(美国)密歇根大学	(미국)미시건 안알바대학	Univ. Michigan - Ann Arbor USA
(美国)密歇根州立大学	(미국)미시건주립대학(MSU)	Michigan State Univ. USA
(美国)明尼苏达大学	(미국)미네소타대학	Univ. Minnesota - Twin Cities USA
(美国)南加州大学	(미국)사우던캘리포니아대학	Univ. Southern California USA
(美国)纽约大学	(미국)뉴욕대학	New York Univ. USA
(美国)匹兹堡大学	(미국)피츠버그대학	Univ. Pittsburgh - Pittsburgh USA
(美国)普渡大学	(미국)퍼듀대학	Purdue Univ. - West Lafayette USA
(美国)普林斯顿大学	(미국)프린스톤대학	Princeton Univ. USA
(美国)斯坦福大学	(미국)스탠포드대학	Stanford Univ. USA
(美国)塔夫茨大学	(미국)투프츠대학	Tufts Univ. USA
(美国)威斯康星大学	(미국)위스콘신대학	Univ. Wisconsin - Madison USA
(美国)西北大学	(미국)노스웨스턴대학	Northwestern Univ. USA
(美国)亚利桑那大学	(미국)아리조나대학	Univ. Arizona USA
(美国)耶鲁大学	(미국)예일대학	Yale Univ. USA

(美国)伊利诺大学UC分校	(미국)일리노이스대학	Univ. Illinois - Urbana Champaign USA
(美国)犹他大学	(미국)유타대학	Univ. Utah USA
(美国)约翰·霍普金斯大学	(미국)존홉킨스대학	Johns Hopkins Univ. USA
(美国)芝加哥大学	(미국)시카고대학	Univ. Chicago USA
(挪威)奥斯陆大学	(노르웨이)오슬로대학	Univ. Oslo Norway
(日本)大阪大学	(일본)오사카대학	Osaka Univ. Japan
(日本)东北大学	(일본)도호쿠대학	Tohoku Univ. Japan
(日本)东京大学	(일본)도쿄대학	Tokyo Univ. Japan
(日本)京都大学	(일본)교토대학	Kyoto Univ. Japan
(日本)名古屋大学	(일본)나고야대학	Nagoya Univ. Japan
(瑞典)卡罗林斯卡学院	(스웨덴)카로린스카의과대학	Karolinska Inst Stockholm Sweden
(瑞典)兰德大学	(스웨덴)룬드대학	Lund Univ. Sweden
(瑞典)斯德哥尔摩大学	(스웨덴)스톡홀롬대학	Stockholm Univ. Sweden
(瑞典)乌普萨拉大学	(스웨덴)웁살라대학	Uppsala Univ. Sweden
(瑞士)巴塞尔大学	(스위스)바젤대학	Univ. Basel Switzerland
(瑞士)联邦理工学院	(스위스)취리히공대(ETH)	Swiss Fed Inst Tech - Zurich Switzerland
(瑞士)苏黎世大学	(스위스)쮜리히 스위츠랜드 대학	Univ. Zurich Switzerland
(以色列)希伯莱大学	(이스라엘)히부르대학	Hebrew Univ. Jerusalem Israel
(意大利)罗马大学	(이탈리아)로마대학	Univ. Roma - La Sapienza Italy
(英国)爱丁堡大学	(영국)에딘버그대학	Univ. Edinburgh UK
(英国)伯明翰大学	(영국)버밍험대학	Univ. Birmingham UK
(英国)布里斯托大学	(영국)브리스톨대학	Univ. Bristol UK
(英国)剑桥大学	(영국)캠브리지대학	Univ. Cambridge UK
(英国)伦敦帝国学院	(영국)임페리얼 콜 런던대학	Imperial Coll London UK
(英国)伦敦国王学院	(영국)런던킹스칼리지	King's Coll London UK
(英国)伦敦学院大学	(영국)런던대학(UCL)	Univ. Coll London UK
(英国)曼彻斯特大学	(영국)맨체스트대학	Univ. Manchester UK
(英国)牛津大学	(영국)옥스포드대학	Univ. Oxford UK
(英国)诺丁汉大学	(영국)노팅험대학	Univ. Nottingham UK
(英国)谢菲尔德大学	(영국)쉐필드대학	Univ. Sheffield UK
(中国)北京大学	(중국)북경대학	Peking University China

附录7 汉语拼音与韩国语音节对照表(外来词标记法)

<음절별 표기법>

음절	정부안							
a	아	ce	처	cun	춘	er	얼
ai	아이	cen	천	cuo	춰	fa	파
an	안	ceng	청	da	다	fan	판
ang	앙	cha	차	dai	다이	fang	팡
ao	아오	chai	차이	dan	단	fei	페이
ba	바	chan	찬	dang	당	fen	펀
bai	바이	chang	창	dao	다오	feng	펑
ban	반	chao	차오	de	더	fo	포
bang	방	che	처	dei	데이	fou	퍼우
bao	바오	chen	천	deng	덩	fu	푸
bei	베이	cheng	청	di	디	ga	가
ben	번	chi	츠	dia	댜	gai	가이
beng	벙	chong	충	dian	덴	gan	간
bi	비	chou	처우	diao	댜오	gang	강
bian	볜	chu	추	die	뎨	gao	가오
biao	뱌오	chuai	촤이	ding	딩	ge	거
bie	볘	chuan	촨	diu	듀	gei	게이
bin	빈	chuang	촹	dong	둥	gen	건
bing	빙	chui	추이	dou	더우	geng	겅
bo	보	chun	춘	du	두	gong	궁
bu	부	chuo	춰	duan	돤	gou	거우
ca	차	ci	츠	dui	두이	gu	구
cai	차이	cong	충	dun	둔	gua	과
can	찬	cou	처우	duo	둬	guai	과이
cang	창	cu	추	e	어	guan	관
cao	차오	cuan	촨	ê	/	guang	광
		cui	추이	en	언	gui	구이

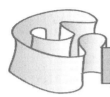

408

gun	군	kan	칸	lü	뤼	nou	너우
guo	궈	kang	캉	luan	롼	nu	누
ha	하	kao	카오	lüe	뤠	nuan	놘
hai	하이	ke	커	lun	룬	nüe	눼
han	한	ken	컨	luo	뤄	nuo	눠
hang	항	keng	컹	ma	마	o	/
hao	하오	kong	쿵	mai	마이	ou	어우
he	허	kou	커우	man	만	pa	파
hei	헤이	ku	쿠	mang	망	pai	파이
hen	헌	kua	콰	mao	마오	pan	판
heng	헝	kuai	콰이	me	머	pang	팡
hong	홍	kuan	콴	mei	메이	pao	파오
hou	허우	kuang	쾅	men	먼	pei	페이
hu	후	kui	쿠이	meng	멍	pen	펀
hua	화	kun	쿤	miu	뮤	peng	펑
huai	화이	kuo	쿼	mo	모	pi	피
huan	환	la	라	mou	머우	pian	펜
huang	황	lai	라이	mu	무	piao	퍄오
hui	후이	lan	란	na	나	pie	페
hun	훈	lang	랑	nai	나이	pin	핀
huo	훠	lao	라오	nan	난	ping	핑
ji	지	le	러	nang	낭	po	포
jia	자	lei	레이	nao	나오	pou	퍼우
jian	젠	leng	렁	ne	너	pu	푸
jiang	장	li	리	nei	네이	qi	치
jiao	자오	lia	랴	nen	넌	qia	차
jie	제	lian	렌	neng	넝	qian	첸
jin	진	liang	량	ng	/	qiang	창
jing	징	liao	랴오	ni	니	qiao	차오
jiong	중	lie	레	nian	녠	qie	체
jiu	주	lin	린	niang	냥	qin	친
ju	쥐	ling	링	niao	냐오	qing	칭
juan	쥐안	liu	류	nie	녜	qiong	충
jue	줴	lo	/	nin	닌	qiu	추
jun	쥔	long	룽	ning	닝	qu	취
ka	카	lou	러우	niu	뉴	quan	취안
kai	카이	lu	루	nong	눙	que	줴

qun	췬	shuai	솨이	wang	왕	zai	짜이
ran	란	shuan	솬	wei	웨이	zan	짠
rang	랑	shuang	솽	wen	원	zang	짱
rao	라오	shui	수이	weng	웡	zao	짜오
re	러	shun	순	wo	워	ze	쩌
ren	런	shuo	쉬	wu	우	zei	쩨이
reng	렁	si	쓰	xi	시	zen	쩐
ri	르	song	쑹	xia	샤	zeng	쩡
rong	룽	sou	써우	xian	셴	zha	자
rou	러우	su	쑤	xiang	샹	zhai	자이
ru	루	suan	쏸	xiao	샤오	zhan	잔
ruan	롼	sui	쑤이	xie	셰	zhang	장
rui	루이	sun	쑨	xin	신	zhao	자오
run	룬	suo	쒀	xing	싱	zhe	저
ruo	뤄	ta	타	xiong	슝	zhen	전
sa	싸	tai	타이	xiu	슈	zheng	정
sai	싸이	tan	탄	xu	쉬	zhi	즈
san	싼	tang	탕	xuan	쉬안	zhong	중
sang	쌍	tao	타오	xue	쉐	zhou	저우
sao	싸오	te	터	xun	쉰	zhu	주
se	써	teng	텅	ya	야	zhua	좌
sen	썬	ti	티	yan	옌	zhuai	좌이
seng	썽	tian	톈	yang	양	zhuan	좐
sha	사	tiao	탸오	yao	야오	zhuang	좡
shai	사이	tie	톄	ye	예	zhui	주이
shan	산	ting	팅	yi	이	zhun	준
shang	상	tong	퉁	yin	인	zhuo	줘
shao	사오	tou	터우	ying	잉	zi	쯔
she	서	tu	투	yo	/	zong	쭝
shei	세이	tuan	퇀	yong	융	zou	쩌우
shen	선	tui	투이	you	유	zu	쭈
sheng	성	tun	툰	yu	위	zuan	짠
shi	스	tuo	퉈	yuan	위안	zui	쭈이
shou	서우	wa	와	yue	웨	zun	쭌
shu	수	wai	와이	yun	윈	zuo	쭤
shua	솨	wan	완	za	짜		

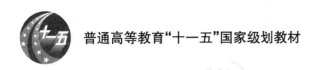

普通高等教育"十一五"国家级划教材

《中韩翻译教程》(第二版)指南信息

尊敬的老师:

您好!

为了方便您更好地使用《中韩翻译教程》(第二版),我们特向使用该书作为教材的教师赠送教学用书《中韩翻译教程(第二版)指南》。该指南是内部材料,非公开出版物,里面有所有练习题和翻译作业的参考答案。如有需要,请完整填写"教师联系表"并加盖所在单位系(院)公章或培训中心公章,免费向出版社索取。

北京大学出版社

教 师 联 系

教材名称	《中韩翻译教程》(第二版)			
姓名:	性别:	职务:		职称:
E-mail:	联系电话:		邮政编码:	
供职学校:		所在院系:		(章)
学校地址:				
教学科目与年级:		班级人数:		
通信地址:				

填写完毕后,请将此表邮寄给我们,我们将为您免费寄送《中韩翻教程(第二版)指南》。谢谢合作!

北京市海淀区成府路205号　　　　市场营销部电话:010-62750672
北京大学出版社外语编辑部　刘虹　　外语编辑部电话:010-62754382
邮政编码:100871